世界史研究新进展

河南大学世界史系论文集

主编　史晓红　李　恒

中国社会科学出版社

图书在版编目(CIP)数据

世界史研究新进展:河南大学世界史系论文集/史晓红,李恒主编.
—北京:中国社会科学出版社,2016.9
ISBN 978-7-5161-8888-0

Ⅰ.①世… Ⅱ.①史…②李… Ⅲ.①世界史—研究进展
Ⅳ.①K107

中国版本图书馆 CIP 数据核字(2016)第 217303 号

出 版 人 赵剑英
责任编辑 张 湉
责任校对 董晓月
责任印制 李寡寡

出 版 中国社会科学出版社
社 址 北京鼓楼西大街甲 158 号
邮 编 100720
网 址 http://www.csspw.cn
发 行 部 010-84083685
门 市 部 010-84029450
经 销 新华书店及其他书店

印 刷 北京君升印刷有限公司
装 订 廊坊市广阳区广增装订厂
版 次 2016 年 9 月第 1 版
印 次 2016 年 9 月第 1 次印刷

开 本 710×1000 1/16
印 张 25
插 页 2
字 数 360 千字
定 价 89.00 元

凡购买中国社会科学出版社图书,如有质量问题请与本社营销中心联系调换
电话:010-84083683

目　　录

河南大学世界史专业发展源流(代序) ……………………………… (1)

英国史研究专题

“自由大宪章”还是“权利大宪章”?

——为《大宪章》问世800周年而作…………………… 阎照祥(3)

20世纪中期以来西方中世纪英国王权研究 …………… 邱胜利(19)

试论盎格鲁—撒克逊时期英格兰的世俗贵族等级

——以法律材料为中心的考察……………………… 孙银钢(31)

美国史研究专题

当代中国的美国史学史研究述评………………………… 王金虎(53)

威尔逊与菲律宾的“菲化” ……………………………… 史晓红(70)

乔治·华盛顿及其民主共和思想的演变与实践………… 王　翠(82)

美国种族主义“正当性”的来源与建立 ………………… 梅祖蓉(106)

犹太—以色列研究专题

“马斯基尔”与犹太社会

——以启蒙视阈下的德国为个案 …………………… 张倩红(129)

外国学者研究哈斯卡拉运动综述 …………………… 张礼刚(154)
族群政治视野下的埃塞俄比亚犹太人
移民 ………………………………………… 胡 浩 于金金(169)
开封犹太人“道经”的传承与维护 …………………… 刘百陆(190)
比罗比詹计划始末 …………………………………… 马丹静(205)
西方“犹太人文主义运动”的构建 …………………… 卢 镇(222)

亚太研究专题

阿博特政府的对华政策与中澳关系前景 ……………… 孙君健(241)
第三方国际力量与近代中日关系的互动模式初探 …… 朱海燕(259)
论中国改革开放政策对中日贸易关系的
影响(1978—1991) ………………………………… 李愿富(281)

史学理论与史学史研究专题

对象化历史世界的生成、再现和建构 ……………… 周祥森(299)
历史:人类生活经验的回忆
——关于历史是什么及其作用的理解 …………… 刘克辉(330)
波利比乌斯历史思想初探
——兼与早期希腊史家比较 ……………………… 褚新国(341)
安克斯密特历史表现理论研究 ……………………… 李 恒(374)

后记 …………………………………………………………… (390)

河南大学世界史专业发展源流(代序)

河南大学位居古都开封，黄河岸南侧，是百年老校，底蕴深厚。其世界史专业历经数代，至今已有八十多年的历史。

第一代的世界史教师骨干，是几位留学回国的博士硕士。

最年长的是方镇中先生（1902—1968），南阳唐河人，高大魁伟，堂堂一表。1926年在李大钊的帮助下留学法国，1932年毕业于巴黎政法学院，获博士学位后归国任教。1935年赴日本深造，很快回国参加救亡，出任国民政府中央军官学校政治教官。抗战胜利后在河南大学任教，讲授法学和世界史，1948—1949年河大三千师生和家属南渡苏州，先生经推选主持校务，拒绝赴台，并在欢送500名大学生参加解放军之后，带领其余师生家属返汴京校园，从而保全河大主脉。50年代因“历史问题”屡遭批判，1958年被“拔白旗”，失去薪职，只好以病弱之躯拉人力车糊口。“文化大革命”开始两年后，先生在妻离子散、饥寒交迫中殒世。

鞠秀熙教授（1907—1992），为人谦和儒雅，诚恳热心。他早年献身国民教育，曾在20世纪30年代任中学校长，几年后官费留学美国，在普林斯顿大学研读西方教育史，博士论文题为《贝拉图和孔子教育思想比较研究》。太平洋战争炽烈时，先生搭乘客轮，绕道大西洋、印度洋归国，在国立河南大学讲授西洋史等课程，着重介绍罗斯福新政。可在50年代国内反美浪潮高涨之际，这些成果成为批判口实。先生被贬至系资料室，任主任，其麾下是三名戴帽的“分子”。1978年先生平反昭雪，重返教师队伍，已是古稀老翁。

与鞠先生同年的张绍良教授（1907—1993）是留美硕士，体格健壮，开朗豁达，抗战时期怀拳拳之心，回国教书。他屡屡宣传民族救亡，鼓励青年学子投笔从戎，投奔红区延安。先生讲课声情并茂，获师生一致好评。1957 年他被打为右派，开除公职，交街道居委会监管。先生在家以糊火柴盒为生，幸赖家庭和睦，贤妻眷顾。1978 年得以平反，两年后重登讲台，已是老态龙钟，发枯齿落了。老人家但凡回首自身经历，总是悲戚长叹，唏嘘不止。

世界史教研室主任宋泽生教授（1914—1970）也是留美博士。他为人谨慎活泛，言辞潇洒，历次运动未罹大难。中苏关系友好之际，他号召教研室青年教师发奋学习俄语，提高理论水平和专业素养，争取留苏深造，“向副博士进军”。不料这竟成为“文化大革命”中被批判的把柄。1970 年，高校知识分子改造的口号惊天动地，他在乘坐拖拉机去农场劳动的途中遭遇车祸去世，终年 56 岁。

1948 年应聘河南大学史地系主任的黄元起教授（1909—1990）学贯中西，名声卓著。早在 30 年代，先生已熟稔马克思主义。50 年代初主编《世界通史》出版，并被译为日语。此乃当时国内高校最早编撰的世界史教材，由此扩大了河南大学世界史学科的影响，迅速壮大了世界史规模和实力。“双百”之后，黄先生亦被打为右派分子，贬为系资料室副主任，降薪留用。1979 年欣逢“改正”，重任历史系主任。

首代先师们的曲折经历，警示了世界史教研室后代学人，学业上变得积极而谨慎。所谓积极，是主动参加政治学习，接受思想改造；常读马列著作、毛选和《联共（布）党史教程》，用来指导教学，政治学习中主动发言表态，紧跟运动形势；而所谓谨慎，是发表论著时本着批判和内省精神，小心翼翼，不逾政治常规，曲意避祸。遗憾的是创新精神总会悄然缺位。

我世界史第二代教师人数较多，其中几位曾在东北师范大学师听过苏联专家讲座，领受苏联教学体系的影响，课堂上重视对马列主义理论观点的介绍，讲课时重视对学生的思想教育，擅长革命史的研究和阐释。以齿为序，他们有任重教授（1916—2000）、王存华副教授（1916—1997）、李承德教授（1925—1903）、韩承文教授（1926—

1992）、陈文艺副教授（1929—1901）、郭振铎副教授（1932—2002），以及仍然健在的林加坤教授、王继麟教授、赵步云副教授、赵克毅教授、胡益祥教授、欧正文教授、万松玉教授等人。第二代教师的共同经历是屡经政治运动洗礼和体力劳动磨炼，多次参加社会主义农村教育和改造，生活朴实，吃苦耐劳。高考恢复后他们有的尚处盛年，可继续担当教学主力，有的年逾花甲，继续发挥余热，老有所为。就专业研究来看，当时韩承文教授的1848年欧洲大革命史研究，在国内居领先地位。陈文艺老师的近代国际关系史研究，得到学界普遍认可。令人遗憾的一点，是当时高校教师大多仅通晓俄语，外语材料使用中局限性明显，这在一定程度上制约了学科研究范围和深度。

20世纪八九十年代，为突出优长和特色，世界史部分教师先后组建了欧美史研究室和日本史研究所。前一机构由韩承文牵头，日本所则肇始于王继麟老师的国际性学术交往。1985年，经王老师联系，日本政府将其世界博览会的一批历史著作赠送我系，由此打下了物质基础。研究所建成后由伊文成教授（1925—2001）任所长。

1988年，全系世界史教师多达29名，规模可观。他们的共同遗憾是，多年内连续三次申请硕士学位授予权，均未通过。前后十多年教研室培养的20余位毕业研究生，必须到外校申请硕士学位。

1989年，十几位老教师大多退休，为数不多的第三代中年学者成了教研骨干，起着承上启下的作用，却有着青黄不接人才断层的担忧。五六位颇有才华青年学者或出国不归，或盛年离世，团体实力受损，此为又一遗憾。但困难是暂时的。很快，通过自行培养和外来引进，世界史的队伍迅速得到补充和优化，一批60后、70后和80后学人迅速成长起来。他们大多拥有研究生学历和博士学位，具有明确的专业方向，富于创新精神，并有着较高的外语表达、沟通和讲授水准，娴熟的计算机和网络数据库搜索使用能力，多次出国访学，见闻广博，视野开阔。大家依靠学校和学院的支持，同心协力，强化学科建设。仅在近年就在人民出版社、中国社会科学出版社、商务印书馆等出版单位出版专著和教材30余种，在《历史研究》《世界历史》《史学理论研究》《宗教研究》《民族研究》《世界民族》《史学史研究》《世界经济与政治》等重要刊物上，发表学术论文40余篇。2011年，河南大学世界史专业获得世界史一级学科博士学位授予权，学科建设呈繁荣势头。

在欧美史研究室和日本史研究所之后，另一富于活力的机构也纳入筹建进程。1999年，加拿大华侨丘才廉先生慕名来汴，在河南大学设立奖学金。这为我系以后继续强化开封犹太人和犹太中东史的教学和研究，提供了助力。稍后至今，丘先生热诚襄助研究所，提供资金，捐赠图书，支持学术交流和学人培养。我犹太中东史研究所同人一再举办国际学术研讨会，举办专业培训班和丘才廉论文评奖活动，迅速扩大了影响。国际化成为我专业的又一特色。

知识结构更新、学科交叉以及重视史学理论研究成为我世界史学科的另一特点。哲学、政治学、宗教学、民族学和中外比较研究一向受到重视。这首先有赖于几位研究史学理论学者的发奋努力。其次是各位教师学术经历和自我养成。

除了强化学术研究、不断推出专业论著之外，教材编写始终为教研室另一要务。几十年来，我教研室出版了《世界史》《近代国际关系史》《英国史》《以色列史》《英国政治制度史》等多种教材，并为提升教学水平在学术刊物上发表多篇论文。

目下，我世界史系共有教师20名。其中教授7名，副教授11名。设有世界通史、地区国别史、史学理论等二级学科方向。其中世界通史包括古代、中古和近现代等时段，地区国别史则包括英国史、美国史、犹太中东史、日本史等方向。其中英国史、美国史和史学理论等方向，以可观的成果灿然学界，而犹太中东史研究所同人则借天时、地利和人和优势，朝乾夕惕，团结努力，不断扩大国内外学术交往，成为一方学术重镇。回顾我河南大学世界史专业发展，可知其路途曲折蜿蜒，但始终朝着进步创新的方向，一代代学人坚忍顽强，不断拼搏攀升，最终为现在的境况而欢欣。

当下，大家还想到，迄今，我们从未出版过学术论文集，眼前理当一致弥补这一缺憾。换言之，这册论文集亦是我们世界史专业发展的新标志和新起点。

比起中国史来，世界史乃属年轻学科，但改革的时代需要新型的学科设置和发展，需要更多的世界史研究成果。我们仓促汇集而成的这册论文集，归属方向数种，其中疏漏和错误难免，恳请各方师友不吝赐教。

阎照祥

2016 年 1 月

英国史研究专题

“自由大宪章”还是“权利大宪章”？
——为《大宪章》问世 800 周年而作

阎照祥

【摘要】 在中国，《大宪章》久被称为“自由大宪章”，此名称有误。关键是未能区别其关键词“Liberties”的确切含义。包括对其他相近语汇，如“concessions”“franchises”等的含义理解不确切。实际上，这些语汇均与“right”（权利）和“Privilege”（特权）含义相同。若认真核对该文献一系列语汇的词义和文本内容，并考虑到它始终没有使用单数形式的“Liberty”，该文件汉语名称可被译为“权利大宪章”。而且，“权利”不仅是该文件的关键词，还因它在重点维护教会贵族和世俗贵族的基础上，兼顾了城镇工商业者的权利。以后《大宪章》一再被重新颁布，则最终具备了长效性法律文件的某些特征。

【关键词】 中古英国；《大宪章》；权利

引　言

在中国学界，《大宪章》屡被提及，且常被称为“自由大宪章”。

人们称它为“自由大宪章”，是因为该名称源自英文的“Great Charter of Liberties”。[①] 而“liberties”一词的原形是 liberty，乃汉语的

---

① 《大宪章》原本用拉丁文写就。

“自由”。粗略查点，可发现“liberties”在《大宪章》中共使用了8次，另加“freedom”1次，“free”2次；总共使用与“自由”含义相同的字眼当有十余次之多。所以，称《大宪章》为自由大宪章，不是颇有道理吗？

在中国学界，使用“自由大宪章”词组次数最多的，是一部题为《自由大宪章研究》的专著，数十万言，其中屡将“自由”与“大宪章”组合一起多次使用，却始终未对“liberties”一词做出准确解读。这与英国学界的用法和解读形成明显偏差。遗憾的还有，该书还错引国外名著：“在1217年，大宪章被定名为‘Magna Carta’，这一拉丁文术语的含义就是‘自由大宪章’。”[①] 其实，拉丁文“Magna Carta”与英语“Great Charter”相同，并无“自由”的含义。而且，该书所引的古德哈特等人的英文著作的对应页码中并无类似的释义。[②]

在中国，英格兰《大宪章》被称为“自由大宪章”由来已久，可溯至1900年前后。笔者窃思，对其使用之起点的考察即是一个颇具学术性、但又有较大难度的课题。

多年前，笔者就关注到了上述问题，出于谨慎，未公开自己的看法。2010年，应《历史教学》之邀，笔者曾撰写短文《〈大宪章〉的重读和思考》，[③] 提及国内学界多年来有关该文献关键词翻译的失当。可因篇幅限制和着力不足，其中某些解读仍不够准确、深刻、全面。另外，笔者还注意到，近三四年来，“自由大宪章”的名称仍然在中国流传着。打开网上论文目录，可见近时不少已发表的论文依旧使用着“自由大宪章”名谓。2011年以来，国际学术界纪念《大宪章》的活动渐显热点，国内发表的有关论文增多。在史学、法学、政治学、经济学、哲学等领域，继续使用“自由大宪章”称谓的论

---

① 齐延平：《自由大宪章研究》，中国政法出版社2007年版，第187页。

② 见亚瑟·L. 古德哈特《英格兰法律》（Arther L. Goodhart, *Law of the Land*），弗吉尼亚大学出版社1966年版，第37页。

③ 见《历史教学》2011年第5期。

文依然较多。存在类似问题的研究生毕业论文还在推出。[①] 甚至2014年某省的公务员考试所出的"常识判断题"中，依然将之称为"自由大宪章"。最近公布的"国考常识"中，照旧保留了"自由大宪章"的名称。

时间的脚步刚刚跨进2015年，国际上纪念《大宪章》的论文已是连篇累牍。值此之际，中国学界有必要对《大宪章》的有关问题继续探究，厘清某些误解。

本文的问题集中在：《大宪章》被称为"自由大宪章"，是否正确？与英国学界的观点有何距离？换言之，《大宪章》的关键词究竟是"自由"还是"权利"？

笔者屡屡研读该文件的英文版本，以为所谓"自由大宪章"的提法，是源于对该文件关键词的望文生义，是一种曲解和误读，是缺乏对《大宪章》内容的正确理解，缘由如下。

一 语汇考辨："权利"乃《大宪章》的关键词

先要解读的，是英文词组"Great Charter of Liberties"中的"liberties"的本意。它不是"自由" （freedom），[②] 而是它的另一含义——"权利"（right）。查阅工具书，几乎所有的英文词典，均载明：当"liberty"用作不可数名词时，因它具有抽象性，其单数形式与freedom的是一样的，乃汉语"自由"；而当它用作复数形式，即

---

① 典型者如：石儒标：《重新解读〈自由大宪章〉的形成与实质——基于历史唯物主义的视角》，《重庆理工大学学报》2013年第4期，第53—59页；郑鹏程：《试论〈自由大宪章〉与正当法律程序原则——以英美宪政史为基点》，《湖南广播电视大学学报》2013年第4期，第44—47页；敖中恒：《妥协的艺术：浅析英国〈自由大宪章〉》，《环球人文地理》2014年第18期，第55—56页；安天祥：《1215年〈自由大宪章〉基本精神研究》，《法制与社会》2014年第13期，第149—151页；雷闪：《税收法定与类推适用之冲突与协调研究》，中南民族大学2012年硕士学位论文。

② 这里指出，英文中的Liberty和freedom并非与汉语的"自由"具有完全对等的含义。即便在中古时代，英国人所说的Liberty和freedom含义比较宽泛，包含了"权利"的部分含义。需要谨慎判定的是，所谓自由，在封建主义盛行的欧洲中古时期的各个王国中，"自由"并非流行的政治概念。

为可数名词“liberties”时，其含义则应与英文名词“right（s）”和“privilege”相近，其汉语的对应词自然就应是“权利”或“特权”了。《大宪章》中“liberties”和“right（s）”，在中古时代应该是指英格兰僧、俗两界贵族的封建特权。而且，该文件中的“Liberties”前后8次均使用了复数形式，单数形式未见一例，所以都可翻译为汉语中的“权利”。另外，该文件还先后5次使用了“right（s）”的单复数形式，连同8个Liberties，则前后总共13次使用了与汉语“权利”含义相同的词语。它们分别见于《大宪章》的第1、13、40、41、52、56、59、60、61、63款中。①

这还不是有关“权利”的全部。除了liberties和right之外，《大宪章》中还有其他近义词，同样不容忽略。

一是“franchises”，分别见于第52款和第59款，② 用的也是复数形式，意为“特权”，与Liberties或privileges同义。

二是“concessions”，见于第62款和第63款。③ 也是复数形式，意为“特权”或“特许权”，也与privileges同义。

以上可见，在英文版《大宪章》中，表达了具有汉语“权利”之含义的词语起码有4个：Liberties、right（s）、franchises和concessions。它们总共使用了17次，其中仅right具有单数和复数两种形式。另外3个，都作为可数名词使用了复数形式，并因此而具有了与汉语“权利”相关和相近的含义。

行笔至此，另一个相关的问题提出来了，究竟《大宪章》中有多少与“自由”（Liberty）相关的词汇？

答案令人吃惊。它通篇没有使用单数形式的“liberty”。与其含义与“自由”等同的英文词freedom，仅在第1款中出现一次。而

---

① 哈利·罗斯维尔：《英国历史文件，1189—1327年》（Harry Rothwell, *English Historical Documents, 1189 - 1327*），厄瑞和斯博特斯伍德出版社1975年版，第317、318、320、322、323、324页。另有一次使用right，是在第41款，它与customs连用，是作为形容词使用的，故不计算在内。

② 哈利·罗斯维尔：《英国历史文件，1189—1327年》，第322—323页。

③ 同上书，第323页。

“free”一词虽然出现了两次，但都是用作形容词，不具备完整实义。比如第15款的“自由租佃农”（free tenants），① 与其中使用甚多的组合词“freeman”近于同义，不具备独立的“自由”（liberty、freedom或free）含义。

这还不是与“权利”相关的英文语汇的全部，还有一些单词和词组，主要也是用指“权利”的，如第3—5款中，仅“wardship”（监护权）就出现了5次。② 另有一些词组，如“right customs”、“ancient customs”，都是以前宪章中认定过的法定权利或特权。若就全篇而言，此类语汇就更多了。

后世读者很容易想到，上述各类关键性词汇，在当时封建主义时代，实指贵族特权；可为何这份文件始终未见特权“privilege”一词？这是因为所谓特权，乃是他人和后人的政治判断。而两界贵族作为当事人，身居“庐山”，则认为言之有理，受之无愧，何况他们还借用了国王的名义。

故而，《大宪章》理应被称为“权利大宪章”。

可惜的是，国内多种出版物，在提及《大宪章》时，多把“liberties”译为“自由”，曲解了原意。

庆幸的是，在近现代中国，也有个别学者对《大宪章》中的Liberties做了适当的翻译。如著名历史学家戚国淦先生，知识渊博，学贯中西，几十年前，他在其《大宪章》汉译本中，将其中所有复数形式的“liberties”一律译作“自由权”。③ 这种兼顾形意和法律实意的译法，是基于对该词的深刻领会和正确解读。

《大宪章》被错译为“自由大宪章”由来已久，可以溯至清朝末年。早期中国学者翻译外文历史文件择意不准，则因不同语言中相近语汇的含义的非对称性。语言学家经过比对，发现在任何两种语言中，含义完全相同的语汇仅竟然不超过10%。其次，

---

① 哈利·罗斯维尔：《英国历史文件，1189—1327年》，第319页。

② 同上书，第311页。

③ 见The New Encyclopedia Britannica“Magna Carta”条以及《不列颠百科全书》（中国大百科全书出版社2002年版）Magna Carta条。

是受限于早期的客观条件和译者的水平。比如缺少内容精到、含义准确、释义完备的工具书。甚至还有不少经日语转译至汉语的情况。当时，一些外国传教士在向中国传播西方文化和培养翻译人才时，起到了沟通中西文化之桥梁的作用，成绩是应该肯定的。可他们之中精通汉语者仅为少数，故翻译书刊典籍时错译、曲解在所难免。还有某些译者，对包括文字在内的中国社会文化，理解不够全面，在翻译西文著作时出现歧义或误译；甚至还会将错就错地影响到中国学人。当时中国学者，缺少适当介绍西方社会政治的书籍，见解有限，容易使用中国人的传统型习惯性视角，判断和解析西方语汇，中西对比不确切，也难免会有误解，出现错误。

可见，翻译时，若是遇到此类语汇，则须通读上下文，推敲掂量，认清原始文献的语境和本意，做一些补充性的阐释。在课堂上，对一些翻译不够确切的语汇，也须仔细剖析，说明错在何处。

认定权利或特权为《大宪章》的关键词，不只是笔者对文本的探究结果，还受了英国学者的启发。尽管，迄今为止，尚未见到任何精通汉语的英国学者，能窥见中国学界将“liberties”译为“自由”的谬误，可英国学者对《大宪章》的以“权利”为核心内容的明确认定，也总是毫无疑义并富有启发性的。

此类例子不胜枚举。1886 年，法学权威威廉·雷奈尔·安森爵士在其代表作《法律和宪法惯例》中宣称：“《大宪章》部分上是一份权利宣言，部分是君主和民众之间的一分协议。”①

一个世纪之前，当英国学界纪念《大宪章》签署 700 周年时，学者威廉·S. 夏普·麦克奇尼一面在其专著《大宪章评介》中，称国王约翰在 1215 年“赐予英国自由人及其继承人予某些特定的权利和特权”，又在纪念性论文中赞扬它代表着“宪政的核心，还是英国

---

① 威廉·雷奈尔·安森爵士：《法律和宪法惯例》（Sir William Reynell Anson, *The Law and Custom of Constitution*）第一卷，伦敦，1886 年版，第 14 页。

人权利的壁垒”。[①]

半个多世纪之前，海伦·卡姆明确断言：“《大宪章》不是一部自由宪章，而是权利宪章。”[②] 1961 年，W. L. 沃伦在《英王约翰》中写道：“实质上，大宪章乃是权利宪章而非自由宪章。”[③] 20 多年前，英国当代学者 J. C. 霍尔特认为：《大宪章》“是一部权利声明书，而非主张自由”。[④] 还有，睿智的格特菲尔德·迪耶泽考虑到《大宪章》最初是用拉丁文起草的，他专门说明：拉丁文题目“‘Magna Carta Libertorum’的标题意为‘权利大宪章’。”[⑤]

大略算来，笔者见到的有关论断起码有十五六种。篇幅所限，这里就不一一列举了。

二　内容求证：封建君臣关系和贵族特权

笔者之所以坚持《大宪章》为“权利大宪章”，还基于对其内容的全面考量。

《大宪章》包括序言和诸多条款，[⑥] 内容宽泛，但主要是重申王

---

① 威廉·夏普·麦克奇尼：《大宪章评介》（William Sharp Mckechnie, *Magna Carta, A Commentary on the Great Charter of King John*），被遗忘典籍出版社 1914 年版，第 107 页。夏普·麦克奇尼：《〈大宪章〉七百年纪念》，见亨利·埃利奥特·马尔登主编《英国皇家历史学会纪念〈大宪章〉论文集》[S. McKechnil, “Magna Carta（1215 – 1915）, An Address Delivered on Its Seventh Century, to the Royal Historical Society and the Magna Carta Cellebration Committee”, See Henry Elliot Malden, *Magna Carta Commemoration Essays*, Royal Historical Society]，伦敦，1917 年版，第 9 页。

② 海伦·莫德·卡姆：《中古英国的权利和群体》（Helen Maud Cam, *Liberties & Communities in Medieval England*），剑桥大学出版社 1963 年版，第 183 页。

③ W. L. 沃伦：《英王约翰》（W. L. Warren, *King John*），加利福尼亚大学出版社 1961 年版，第 236 页。

④ J. C. 霍尔特：《大宪章》（J. C. Holt, *Magna Carta*），剑桥大学出版社 1999 年版，第 5 页。

⑤ 格特菲尔德·迪耶泽：《维护财产》（Gottfried Dietze, *In Defense of Property*），阿莫里加大学出版社 1995 年版，第 54 页。

⑥ 应该指出的是，《大宪章》的原始文本系拉丁文，是不分段落，未使用序号，连着写下来的。我们现在见到的 63 条条款乃是后世学者经过对内容的斟酌鉴别，重新划定的。

国贵族的封建权利并防止国王侵夺这些权利。其内容大致可分为几类：

第一类，关于僧、俗两界贵族的权利。

首先，是维护宗教贵族的权利。如开宗明义申明：“英吉利教会应该是自由的”，不得随意削弱和剥夺其法定的权利和特权。《大宪章》之所以将教会权利置于显著位置，是因为该文件是由坎特伯雷大主教斯蒂芬·郎顿（Stephen Langton，？—1228）主持起草的。他是罗马教廷任命的枢机大主教，地位显赫，精通拉丁语，在当时英格兰两界贵族中无人可出其右。史书记载，在《大宪章》撰写的关键时刻，正是枢机主教斯蒂芬·郎顿成为贵族代表的头号领袖，并作为教皇英那森三世的代表，出面与约翰王激烈争吵，继而又娓娓协商，软硬兼施，晓以利害，于1215年6月15日，在泰晤士河畔的一块草地上，迫使国王接受并签署了《大宪章》。① 他将教会权利安排在宪章开篇和结尾，首尾呼应，格外显著。另外，其他有关世俗贵族的多项条款里，不少内容实际上兼顾到了宗教贵族的权益。如第22款就对教士的“俗产”罚款事宜做了专门说明。自此十余年后，编年史家赞扬了郎顿的斗争策略，说他早在1213年，就机敏地援引亨利一世时期的“旧时权利”（ancient liberties），劝说国君珍视并归还贵族权益。②

郎顿等人力图伸张教会权利事出有因。从诺曼王国时代的威廉一世、威廉二世，到安茹王朝的亨利二世和理查德一世，在治理英格兰岛国时，都怀着“天高教廷远”的侥幸心理，对教会和高级神职人员加以刁难。他们侵夺教会财产的一个通用手法，是借某主教逝世、职位空缺之际，隐而不报或拖延上报罗马教廷，并成年累月地将这些

① 德比·胡弗曼·勒维：《〈大宪章〉的签订》（修正版）（Debbie Hoffman Levy, *The Signing of the Magna Carta*），明尼阿波利斯2013年版，第79页；H. E. 勒曼：《英国君主列传》（H. E. Lehman, *Lives of England's Monarchs*），勒末尔出版集团2005年版，第83页。

② 彼得·林因保：《大宪章之宣言：公众的权益》（Peter Linebaugh, *The Magna Carta Manifesto: Liberties and Commons for All*），加利福尼亚大学出版社2008年版，第269页。

教区的收入攫为己有。另外还颐指气使，乃至暴力相侵，[1] 一再引发了教皇的责怪和英格兰主教们的怨恨。

其次，是维护世俗贵族的权利。多达二十余款，包括保障贵族和骑士的封地继承权和租用权，保护贵族的幼年继承人和孀妇利益，以及认可世俗贵族在领地上的司法裁判、履行军务等传统的权利。出于防范，文件还特意规定：对于犯罪的世俗大贵族，“只应视其犯罪的程度科以罚金”。[2] 其他有关自由人的权利自然也会将贵族包括在内。这就充分体现了《大宪章》的封建主义“贵族纲领”特色。自然，当时的世俗贵族，主要是指那些能成为“大会议”成员的大贵族——伯爵和男爵。他们才是当时封建王国的基础和中坚。

第二类，是对王权的限制。内容不止一端，如规定国王必须遵守宪章，不可违背，否则贵族会议有权对其宣布战争。其他有关解散外国雇佣军的文字，也是为了防止国王借用外部力量，压制贵族和骑士。再如，该宪章明文限制王室官吏行为，实为对王室特权的约束和限制。

对后世具有久远性影响的是，该宪章还规定了国王不可随意征税的原则：除传统捐税贡赋外，不可加征新税，任何赋税的征收都须得到国民的“一致同意”。《大宪章》中关于不许对商人任意课税的规定，已突破了以往贵族反抗王权的局限性，有助于当时内战状态下，贵族与市民的互相支持。

针对此点，后世学者揭示：《大宪章》通过与国王达成协议的方式，限制国王及其官员的封建税收权力，保护教会、贵族和商人的法定权益。这一做法演变为一种政治原则：统治者的行为必须得到臣民的认可。而这一原则以后成为君主立宪制的基础。[3]

---

① 最典型的事件，是在1170年，坎特伯雷大主教贝克特被4名忠君骑士杀死。

② 哈利·罗斯维尔：《英国历史文件，1189—1327年》，第319页。

③ 克雷格·罗卡德：《社团、网络和变化：全球史》（Craig Lockard, *Societies, Networks, and Transitions: A Global History*）第2卷，森咖奇·勒宁出版社2010年版，第359页。

《大宪章》的内容并非创新而得，而是援引了一些旧宪章的内容，强调了一些传统惯例，使之具有更明显更多的合法性。这是《大宪章》内容的特色之一，也是文件起草人的捍卫自身权利的策略。

《大宪章》中，令人惊心动魄的是第61款：若国王及国王宫廷的法官、管家或其他官员，在某方面侵犯某人之权利，或触犯任何和平条款，而为二十五男爵中的四人发觉时，四位贵族可尽快面君申辩；当国王不在英格兰时，则可通过宫廷近臣，指出国王错谬，并要求他限时尽快改正。若因君王的坚持，法官不愿改正错误，可由四名贵族禀报贵族会议；贵族会议的二十五男爵即可共同使用其权力，联合全国民众，采用多种措施向国王施压，包括夺取王室的城堡、土地与财产，迫使国王改正错误。①

此条非同小可，且具有显著的反抗意向。可问题在于，这一权利还竟然是国王约翰被迫允诺的，即宪章起草人冠冕堂皇地借用了约翰王的名义。可以想象，当时国王约翰的尴尬和无奈自不待言。至此，笔者感慨：在有关英国中古史研究中，有关“法律至上”和“王在法下”的时限问题长期以来争论不休。但有一点是没有疑义的。即从《大宪章》中有关对王权限制的条款中，后人可以明确看到“王在法下”的精神。也正因如此，学界还认为，正是《大宪章》培育了英国有限君主制乃至立宪君主制的幼芽。

《大宪章》之所以能将“反抗权”写进其中，不仅因为它是在内战中产生的，有着暴力斗争的背景，还因其签订暂时结束了一场内战。拥兵自重的贵族能够迫使约翰王签署《大宪章》，是他们在与君主的军事对峙中，掌握了一定军事优势，打破了原有的政治平衡，占据了主动性，并通过谈判和妥协，迫使国王让步。

精明的英格兰贵族们借机扩充战果。他们强调了“被协商权”的必要性，从而把《大宪章》当作国王和贵族之间的政治协议书。它申明：凡有关立法、征税等要事，均需与全国人民普遍协商，以征

---

① 哈利·罗斯维尔：《英国历史文件，1189—1327年》，第323—324页。

得“一致同意”。其中第14款特意规定：为得到贵族们的认可，国王应依照特定的时间，召集僧俗大贵族和有关人员协商。同时在召集令上写明理由，及时送出。如此规定，比起早年的宪章来，多了新意，它既限制英格兰君主制，使贵族们有可能获得一种有着法律依据的依托性机构，又为以后议会的产生以及国王受议会的制约，提供了法律前提。

言及贵族权利，应看到英国封建制的变化，以及这种变化对贵族与国王之关系的影响。我们知道，诺曼征服之后的一段时期里，英格兰封建制最基本的特征是“分封”。即国王根据军功大小和关系亲疏，将土地划为条田，分赐属下，酬劳他们多年追随自己南征北战的辛劳，以此表明自己有情有义。这种酬谢是他们在未来继续对君主保持忠诚的催化剂。这不仅意味着，王权是贵族财富、荣誉和地位的源泉，还意味着，若某贵族及其后裔违背君命，恣意而为时，国王即可收回封地封号，终结其特权。就这样，土地分封成为诺曼王朝建立以来确立封君封臣制的经济基础。而且，在该王朝早期，尤其是威廉一世和威廉二世在位时，此种分封关系意味着“可予可夺”。即国王保持着绝对的主导性，他既然可以根据军功、忠诚程度或亲情关系赐予某贵族土地，也可以随时根据情况变化，包括根据某封臣的效忠与否，改变意念，增赐或褫夺封地。然而，随着岁月的流逝，这种土地分封关系潜移默化地发生了变异。尤其是到了13世纪，当亨利二世允许贵族和骑士通过缴纳代役捐摆脱了军务，并致力于庄园管理时，因他们军务意识的淡化，贵族封地屡经传宗接代，再加上地租形式、面积、地块分布和投资改造等多方面的变化，以及某些转赠赐授，本来具有某种临时性质的条田领地使用权，已在不知不觉间演变成了一种近似土地所有权的东西。于是，封建土地领有制就在某种程度上逐步演化为血缘继承制。从国王那里分封的土地逐渐要变为私有土地。国王和贵族之间的封君封臣关系已经弱化，前者已经不能像先王那样从封臣手里轻易收回领地了。在如此情势之下，贵族们也极想通过缔结双方认可的书面协议，固化地产私有性质，认可和确定新型的君臣关系。英国两界贵族迫使国王约翰签署《大宪章》的重要目的即在于此。只是他们的这种想法隐藏于心，未曾直抒胸臆，还可以说是一种渐生性心态，却又不够明晰。所以在制定《大宪章》时，在行文上还需借用国王的名义。

于此，我们可以说，《大宪章》的关键词不仅是英国贵族们的权利和特权，而且主要是以地产为主的财产权。其内容集中证实，13世纪的英国贵族已经意识到：为了防止国王随意褫夺贵族封地和其他财产，有必要通过签署宪章这一传统方式，与国王约翰达成正规协议，使他们的既得利益不受侵犯。

三 权利兼顾："长效"的秘密

斯蒂芬·郎顿等贵族起草人在制定《大宪章》时，唯恐它昙花一现，便于1216年、1217年和1225年，再三将之重新颁布。但内容分别做了不同程度的删减、更新或合并，分别减为42款、47款和33款，即减少了1/4—1/2。正文中有关权利和特权的语汇也做了大幅度的删减。因在前言中增添了一个"liberties"，其含义概括性地辐射到全文，各宪章的"权利"特色依然未变。

渐渐地，《大宪章》的地位和效能得到人们认可，13世纪30年代，其条款已被用作为反对君主专权的依据。[①] 而后，亨利三世于1237年、爱德华一世在1297年，乃至1399—1413年在位的亨利四世，都郑重认可了《大宪章》的效能。司法审判中，其诸多条目屡被法官和律师们援引。15—16世纪，《大宪章》的影响一度式微，可到了17世纪，随着反对斯图亚特专制王权斗争的深入，它重新显露生机，成为清教徒反对君主专制的利器。1628年，下院上诉法庭大法官、著名法学家爱德华·科克称《大宪章》为"王国所有基本法的源泉"，评价之高前所未有。19世纪后期，英国中古政治体制史权威、钦定讲座教授威廉·斯塔布斯盛赞它是"国家首部重大的公议

① 尼古拉斯·文森特：《〈大宪章〉述要》(Nicholas Vincent, *Magna Carta: A Very Short Introduction*)，牛津大学出版社2012年版，第4页

案……英格兰的全部的宪政史仅仅是对《大宪章》的一种诠释”。[①] 近代以来，1225 年《大宪章》还被列为英国成文制定法（statute laws）的首篇，后人则公认《大宪章》为英国成文制定法的发端。[②] 1948 年 12 月，联合国在撰写《世界人权宣言》时，将《大宪章》列为重要参考文本。自此以后，越来越多的人将它视为英国有限君主制的重要发端和宪政的源头。[③] 还有许多人推而广之，将《大宪章》视为西方宪政之源头。

一件岛国法律能够彪炳史册，不是凭借偶然的机遇，而是因其内容具有生命要素。无疑，诞生于中古盛期的英国《大宪章》，在它所言及的多种权利中，最多的是封建主的权益。若用一个比较恰当的英文词来概括：它们大多是封建贵族特权（privileges），而非后世的所说的民权或公民权。可耐人寻味的是，随着时间的流逝，《大宪章》的某些条款还可以做出新的解释，进而使新生中产阶级，包括乡绅、自耕农、城市市民和社会其他阶层的权益，得到维护。这个中原因，不是后人的曲解和牵强附会，而是因它不只是一份仅仅顾及起草人私利的文件，不单单维护教会和世俗贵族的特权，而是它还使用比较明确的文句，兼顾了当时城镇工商业者的利益。这即是说，《大宪章》虽有封建主义的本质，但其部分条款是维护其他自由人的权利的。其中最突出的是第 13 款，它明确维护工商都市伦敦和其他城市与港口的权益：

> 伦敦城，无论水上或陆上，俱应享有其旧有之权利与自由习惯。其他城市、郡县、市镇，港口，余亦承认或赐予彼等以保有

---

① 弗兰克·萨克雷和约翰·芬德令主编：《1066—1714 年间改变了英国的事件》（Frank W. Thackeray, John E. Findling, ed., *Events that Changed Great Britain, from 1066 to 1714*），格林伍德出版社 2004 年版，第 33 页。

② F. W. 梅特兰：《英国宪政史》（Frederic William Maitland, *The Constitutional History of England*），剑桥，1908 年版，第 15—16 页。

③ 乔治·巴顿·亚当斯：《英国宪制的起源》（George Burton Adams, *The Origin of the English Constitution*），彼尔德出版社 1912 年版，第 168 页。

权利与自由习惯。①

《大宪章》在维护本国市镇和港口的权益时，特别将伦敦单列出来，是因为它作为英国最大城市，不仅居民多达数万，且市内富商巨贾最多，是当时羊毛、葡萄酒等商品进出口的最重要码头，其纳税能力遥遥领先于全国任何郡县。另外。在当时逼迫国王约翰签署《大宪章》的内战中，伦敦居民提供了最多的人力、财力和物力，他们对反抗贵族的支持成为震慑国王的要素，所以，以君主名义颁布的《大宪章》专门顾及伦敦的权益，是不言而喻的。

维护城镇商人利益的内容还有第35款："全国应有统一的度量衡。酒类烈性麦酒与谷物的量器，以伦敦夸尔为标准。"② 其他如第33、41和44款，均是声明在各种条件下，包括在对外战争时，维护水陆商道贸易，消除苛捐杂税，营造宽松和谐的工商业贸易环境，并一再声称维护工商业者的经济权益。这些条款，与东方重农抑商的狭隘政策形成鲜明对照，并一再引起后世人们慨叹。

《大宪章》内容略显宽泛，兼顾了其他社会群体。如第15、16款规定："任何贵族不得向自由民征收任何贡金"；"对于因提供骑士服务而领有采邑者或其他自由土地持有人，不得强迫其服额外的役务。"其中提到的"自由民"和"自有土地持有人"，似显笼统，但起码不是封建统治阶级行列的世俗贵族或骑士。第28—31款规定：郡守等官吏不得强取任何人的谷物或其他动产，不得肆意征调任何人的马匹车辆用以运输，不得夺取他人的木材以修建城堡或做其他私用，等等，连同上述的关于保障城镇自由经营和统一度量衡的规定，足以显示：《大宪章》的受益人明显超出了上层贵族的特权范围，使包括市民和商人的中产阶级受惠，这有助于避免社会发生大的分裂，有助于维持一个相对稳定的社会政治和经济秩序。

以上可见，《大宪章》之所以能够流传到近现代，就因它同时维

---

① 哈利·罗斯维尔：《英国历史文件，1189—1327年》，第318页。

② 哈利·罗斯维尔：《英国历史文件，1189—1327年》，第320页。

护了当时社会中层阶级的权利，能使后人对之做出有利于新生资产阶级利益的解释。换言之，对多个阶层权利的兼顾，恰恰是其宪政价值和生命力所在。

《大宪章》因兼顾某些“次要阶层”的权利而具有政治长效性，发人深省。它提醒人们：人类社会，形态各异，类型多多，却绝少纯粹的“单一阶级属性”的范例。譬如，不少国家或地区的奴隶社会中，会有自由职业者的存在；而一些典型的封建社会，也会有城镇中产阶级的萌生和崛起。社会阶级和等级的多样性，是许多国家共同特点，中古时期的不列颠亦是如此。当时英国君主面对多方矛盾，在尽力维护封君封臣制的同时，还设法增加财源和扩大社会基础，并一再通过出售市场和城市特许状的方式，缔造了一个相对独立于郡县政权和地方贵族的城市平民等级，并由此缔造了一个代表未来社会的有生力量。英国这一新生阶级，随着自身力量的不断壮大，还在维护自身利益的斗争中，或借助王权支持，抵制贵族群体的侵权行为；或利用贵族的分化和贵族之间的矛盾，与部分贵族结盟，抵制君主专制，使英国最终选择了君主立宪的政府体制。而英国的“王在议会”的立法机构，君主和上下两院的三位一体模式，体现了不同等级的阶级分权与合作，并通过国家立法兼顾着社会不同阶级的利益，从而弱化了社会矛盾和阶级对立。

说到权利问题，还应关注《大宪章》中有关司法的条款。其中第 39 款规定：若不经“合法裁决和本国法律的审判，不得将任何人逮捕监禁、不得剥夺其财产、不得宣布其不受法律保护、不得处死、不得施加任何折磨，也不得命我等群起而攻之和肆行讨伐”。[1] 该条款使用了一连串的“不得”，其规定如此严格的意义在于：国王无权随意决定臣民的权利和命运。而且，对于侵权诉讼，国王必须依照“正当法律程序而非强力做出裁决”——此乃约束国王和贵族行为的经典表述，于当时虽然不能骤然生效，可因它具有强制力的法律规范，具有创新性，则为当时和后世人们做广泛的解释，提供了文字依

---

① 哈利·罗斯维尔：《英国历史文件，1189—1327 年》，第 320 页。

据；为1628年的《权利请愿书》和1679年的《人身保护法》、1689年的《权利法案》的制定，提供了蓝本。《大宪章》其他有关司法审判的条款，见于第17、34、36、38、40、44、45、54款。这些条款，以后有助于促成建立以国王为名义首脑的隶属于普通法系的中央司法体制，摈弃了陈腐荒谬的神判法，催生了别具一格的英格兰司法体系。《大宪章》第18款允许各郡选派2名法官和4名骑士，每年4次出席郡法庭，由此为各地治安法官的出现提供了法律根据。

诸多有关城镇商业立法的条款和一系列的司法规定，使《大宪章》在某种程度上摆脱了极端性和阶级狭隘性，使之有可能得到后人的认可。换言之，正是权利的兼顾，使1215年的《大宪章》拥有了长效性和"宪章"特色。

在世界历史上，至今屡被多国人们援引的古老法律文件屈指可数，英国《大宪章》则是其中的一部。2007年，《大宪章》原始存件在大英博物馆的图书馆展览时，吸引了世界多家媒体。同年12月，它的一份存放710年的羊皮纸抄件，在纽约拍卖会上被竞拍为21300000美元，创下了单页历史文献竞价的最高纪录。大约同时，不列颠独立电视台选出了12部"影响世界"的英文作品，其中有詹姆士一世的钦定版《圣经》、达尔文的《物种起源》、莎士比亚戏剧全集（第一版）、牛顿的《自然哲学的数学原理》、亚当·斯密的《国富论》、法拉第的《电学的实验研究》等。可与这些皇皇巨著并驾齐驱的，竟有篇幅短小而又最古老的的《大宪章》。英国《大宪章》拥有如此价值、地位和影响，是值得人们认真纪念的。

【作者简介】阎照祥，男，山东成武人，河南大学历史文化学院教授、博士生导师，河南大学世界历史研究所研究员。

20 世纪中期以来西方中世纪英国王权研究

邱胜利

【摘要】 长期以来，中外学者在对中世纪英国王权的性质和地位的认识上存在较大的分歧，至今尚未形成广泛的共识。20 世纪中期以来，西方学者从宪政、契约、法理、财政等不同的角度出发，对中世纪英国王权进行了系统的研究，并取得了重要的研究成果，但成熟的理论体系尚未建立。有的学者认为王权受到制约，王权没有公权；有的学者则强调国王的公共政治权威。争论的焦点在于王权是否受到来自法律的限制，或者说多大程度上受到限制，王权是有限的还是专制的。在这些方面的研究，有助于我们更好地理解中世纪英国王权的性质和地位。

【关键词】 20 世纪中期；中世纪英国；王权

英国王权是中世纪英国政治统治的核心，在西方政治史上占有重要的地位。在中世纪西欧特定的历史条件下，王权的性质和地位至今在学术界仍存在较大的分歧。当代美国著名学者 W. L. 沃伦在谈到中世纪西欧封建[①]王权（feudal monarchy）时曾说："王权是重要而又最

---

① 本文的"封建"（feudal）、"封建主义"（feudalism）与中国传统的"封建"、"封建主义"完全是两个不同的概念。二者不能对译。"西欧 feudalism 的基本特征——国家统治权力的分散，庄园制度和武士等级制，领主附庸制及其包含着的原始契约因素等几个方面——是西欧社会历史的产物，不具有普遍性，对中国传统社会尤其秦代至清代社会而言，恰好是陌生的，难以用同一个概念涵盖之。"（详见侯建新《"封建主义"概念辨析》，《中国社会科学》2005 年第 6 期）下文涉及的"封建"概念均与此同。

难以理解的中世纪的政治特征。它的起源与本质样式特别多，以至于在一个定义的范围内难以被理解，或难以被归纳为一种简单的概念。”① 英国著名学者 N. 扎考尔认为，“复杂的历史背景，使中世纪国王的地位变得模糊不清”。② 英国王权问题是一个复杂的政治史现象，对此问题的深入研究具有重要的学术价值。相对来说，我国史学界对英国王权的研究多集中在中世纪中后期，而对早期情况的研究相对薄弱。中世纪英国王权与贵族、教会、财政及法律的关系，是西欧中世纪政治史研究中的重要课题，在这些方面的研究，不仅有助于深化对英国政治史的探讨，而且对西欧其他国家的研究也有重要参考价值。认真梳理学术界在此方面的研究成果，对于推进西欧政治史研究的深入具有重要的学术价值。

一　关于英国宪政史的研究

中世纪英国宪政史一直是西方学术界热衷的研究领域。20 世纪 80 年代之前的英国宪政史研究主要关注国王的废黜、政治机构和政治斗争等，其中充满了“辉格传统”（Whig tradition）的色彩。80 年代之后，“新宪政史”（ New constitutional history ）成为主流，学者们开始采用社会史的视角，更多地关注政治事件背后的深层结构以及价值体系等政治文化现象。西方史学界对英国宪政史的研究先后经历了几次转型：由研究政治机构到研究政治人物，特别是在政治生活中发挥重要作用的国王及其权力运行方式；由研究中央政治机构到研究地方组织机构；重新回归到研究中央政治机构的道路上来。

英国宪政史的发展经历了长期的历史进程，史学界对它的研究常常追溯到中世纪时代，而中世纪英国王权是英国宪政史研究无法绕开的问题。英国宪政史主要包括王权与法律、王权与议会、王权与贵族、王权的运作等重要问题，对这些问题的探讨，起源于 17 世纪英

① W. L. Warren, *Henry II* , London, 1983.

② N. Zacour, *An Introduction to the Medieval Institution*, London, 1978, p. 97.

国革命时期“辉格党”与“托利党”即“保皇派”的论战。辉格党代表资产阶级和新贵族的利益，主张限制王权而由议会掌握最高权力；托利党代表大地主的利益，主张君主专制政体。“辉格派”史学作为一个史学流派由于自身存在着一定的缺陷，虽然从 19 世纪 50 年代已经淡出历史舞台，但其影响并没有完全消失，其史学价值和社会意义不容忽视。

在英国资产阶级革命的过程中，为英国王权的统治辩护的代表性人物是“托利党”人费尔麦（Sir Robert Filme），他提出：国王的权力直接来自上帝，他的王位是应该世袭的。费尔麦等人认为国会必须听命于国王，国王拥有最高立法权。J. R. 维斯顿认为：“在一个君主国家，国王必须居于法律之上。”[①] 而霍布斯既赞成君主制，又极力为绝对主义辩护。以洛克等为代表的“辉格党”人与“托利党”人的观点针锋相对。洛克专门针对费尔麦的君权神授学说进行了批驳：“由于没有自然法，也没有上帝的明文法，来确定在任何场合谁是合法继承人，就无从确定继承权，因而也就无从确定应该由谁来掌握统治权。”[②] 他倡导“王在法下”与国王听命于国会的“宪政”主张。在评判这场政治论战时有学者指出，“托利党采取的是‘封建’的国家观，而辉格党崇奉是‘资产阶级’的国家观”。[③] 这场辩论是宪政主义发展中一个重大的转折，洛克不再承认圣经或上帝是君主权力的来源，并推导出了自然权利论和契约论。

19 世纪初期，属于辉格党的一些历史学家从辉格党的利益出发，用历史作为工具来论证辉格党的政见。1827 年，辉格党人英国著名历史学家哈兰（H. Hallam）提出这样一种论点：英国自古以来就有一部不成文的宪法，一向是主权在民的，国王只是在国会之中，而不是在国会之上。这部著作成了一部具有深远影响的英国近代史，也开创了一代辉格史学。因为它“虽然完全避免了党派热情，却自始至

① John R. Western, *Monarchy and Revolution: the English State in the 1680's*, London: Macmillan Publishing Company, 1985, p. 13.

② 洛克：《政府论》（下卷），商务印书馆 2007 年版，第 1 页。

③ John R. Western, *Monarchy and Revolution: the English State in the 1680's*, p. 31.

终地充满了辉格党的原则”。[①]

另一位有代表性的辉格党的历史学家麦考莱（T. B. Macaulay）则更明确地指出，在很长的时间中，“所有辉格党的历史学家都渴望要证明，过去的英国政府几乎就是共和政体的；而所有托利党的历史学家都要证明，过去的英国政府几乎就是专制的”。[②] 麦考莱探究英国宪政问题时，注重宏观考察，从《大宪章》和议会的发轫中寻找历史根源。麦考莱借用现代科学语汇，赞扬英国宪政的历史遗产，并将这些中古遗产称为现代政府体制的“微生物”（germ），而后成为小树苗，再长成参天大树。麦考莱作为一名辉格—自由党人，有意无意地在他的史学著作中夸大了英国政治民主发展进步的程度。

对英国宪政史真正的系统研究，开始于19世纪下半期的史学大师斯塔布斯及其开创的“牛津学派”。斯塔布斯的代表作是1874年至1878年出版的3卷本的《英国宪政史》，他论证了日耳曼的自由民主政治传统对英国中世纪宪政制度形成的重要作用，强调贵族、教会对王权的制约因素。他认为：“英格兰的历史就是一部与国王斗争的历史，其目的是为了享有自己的权利和自由，或者说是怎样地保卫这些古老的权利和自由。”[③] 牛津学派及其宪政主义史学观对西方史学界产生了深远的影响，但也不断受到质疑和修正。

德国著名学者F. 科恩提出日耳曼法律的有限王权论。他系统地提出了这一观点：古代日耳曼法的客观法律秩序是中世纪西欧有限王权形成的基础，并进一步论述了王权和法律的关系。他论证了“王从属于法”是中世纪西欧王权的主要特征。他认为，中世纪西欧的国王并不是国家的最高政治权威，王权也不是象征着国家公共政治权威的公权。就臣民以法律来选举国王或承认国王继位这一政治形式而言，国王与一个小的共同体首领的差别，“仅是程度上而不是类型上

---

① Fisher Hal, *The Whig Historians*, *Humphrey Milford Amen House*, 1928, p. 12.

② Ibid. , p. 6.

③ W. Stubbs, *The Constitutional History of England in Its Origin and Development*, Vol. Ⅱ, Oxford: Clarendon Press, 1896, p. 1.

的不同”;[①] “国王在某种意义上仅仅是一个公共首领”,[②] 按照法律建立起来的王权要求统治的权力，与农民对所继承土地的要求一样，两种要求都同样的神圣，而同时也面临着被剥夺的危险”，在这种意义上，“国王的权利与其他任何个人的权利没有什么不同，王权也是一种私人权利”。[③]

二 关于公权与私权的研究

受西欧封君封臣制的影响，中世纪的英国王权在不同时期的性质也不相同。在法权理论上，王权通常划分为作为一国之君的公共权力和代表各个领主的私人权力。关于英国王权的性质与地位的探讨，F. W. 梅特兰与坎托罗维奇等学者以法权理论对英国中世纪王权的性质和地位作了明确界定和详细论证。

F. W. 梅特兰和 F. 波洛克指出，16 世纪的法学家们提出了国王的两个形体的理论：“国王在自然的形体中有一个法人的形体，而在法人的形体中有一个自然的形体。”[④] 他们认为，封建制度（feudal system）没有公法与私法之分，所有公法由于土地所有权的等级分割、独享而转化成为体现了私家所有权或财产权的私法，“司法权是财产权，职位是财产权，王权本身也是财产权”。[⑤] 公权与私权既然是同一的财产权，国家或国王的公共权威就不存在，“任何诸如‘国家’之类的概念在法律层面几乎未出现，在国王的公共和私人的职位之间并未划有界线……国王是一个非常富有且拥有很多特权的人，但他的特权只是扩大和强化了的私人权利。他比其他领主拥有更多的权力，但只是程度上的不同……‘公共法律’显得只是一种‘真正

① F. Kern, *Kingship and Law in the Middle Age*, Oxford: Blackwell Press, 1956, p. 13.

② Ibid., p. 6.

③ Ibid., p. 196.

④ F. Pollock & F. W. Maitland, *The History of English Law*, Vol. l. Cambridge University Press, 1968, p. 511.

⑤ Ibid., p. 230.

的财产法律’的附属物”。[①] 这种财产权或法权上的私家性质，从根本上决定了国王的土地、财富及其财产权利是属于国王个人而不是国家的，从而也就决定了王权只是一种私权而非公权。梅特兰指出：“王权是一种所有权形式”，它与对一件动产的所有和贵族对土地的占有等所有权形式是同一的，国王和其封臣的权力都是私权，这两者之间并无本质区别。因为在所有权上，这两者都具有世袭特征，且两者的权力运作并无差异，例如国王对其总封臣拥有司法、军役上的权力，总封臣对其封臣亦有此类权力。梅特兰认为王权与贵族的领主权“只是在程度上而不是种类上存在差异”[②]，其本质上没有区别。他解释说，国王的权力比其他领主强大并不证明它是公权，这只能说明这是一种“特权”。英国爱德华一世时的法官有“国王就是特权”一说，“这是指国王通过法律给予他人权利的特权”。但是“国王的特权“只是扩大和加强了的私人权利”，这只是一种例外权。例如，当国王在行使其权利时，例如在他对封臣行使其监护、婚姻等权利时，这种权利就被强化，在程度上就超过其他领主对下属的这类权利。因此，梅特兰指出王权只是例外。从法理学的角度看，在中世纪，“抽象的国王这个单独法人并不存在”。[③] 而且，在中世纪将一个国家人格化也不可取。因为没有一个中世纪国王说“朕即国家”，国王的财产、职位只是他私人拥有的。[④] 只有到了 14 世纪，国王在财产拥有上才有了公、私之分，体现了国家公权并包含着国王个人特权的“君权”才开始出现。[⑤] 梅特兰从财产权、所有权、特权到“例外权”阐发了王权的“封建”特征，指出英国封建王权只是一种私权的扩张和强化，而非公权的凝聚与体现；国王只是若干领主中权力最大的一个，而非国家的公共政治权威。他在《英国宪政史》中也表明了公权私权同一的观点：在封建社会中，几乎所有公共权利、义务

---

① F. Pollock & F. W. Maitland, *The History of English Law*, Vol. 1, p. 231.

② Ibid. , p. 512.

③ Ibid. .

④ Ibid. , p. 520.

⑤ Ibid. , p. 525.

与土地占有权经纬交织，难以分解，“整个财政、军事和司法的统治制度都是私人财产法的组成部分”，每一个职位都是世袭的财产。[①]

继梅特兰之后，坎托罗维奇也对国王的权力作了公权与私权的划分。他指出，从 12 世纪开始，中世纪西欧就一直存在这样的观念：国王既是一个与普通人一样都要经历生老病死的“自然形体”，也是一个作为权力象征而“不朽”的“政治形体”。到 17 世纪，英国都铎时代的法学家从法理的角度将这两种“形体”作出明确区分，“君权”的概念也就正式形成。他认为，“君权是不可分割的财产权的所有者……君权是整个王国内外的国家所有权利的化身，它超然于王国所有单个的成员之上，包括国王在内，尽管它与他们并没有分离”，坎托罗维奇还指出，“在很多方面，君权是与国王作为政治机构的首脑相符合的，的确是与作为王朝统治者的国王相一致的，因为通过世袭的权利，君权传递到国王那里。然而在同时，君权也是作为一个混合的机构而出现的，是一个由国王与那些负责支持这个君权和王国不可分割的权利的一个集合体……君权本身具有法人的特征，是国王与贵族一起组成的合作机构”。[②] 这样就从理论上将国王个人的私权与代表国家的君权区分开来。

三　对原始契约关系的研究

需要说明的是，这里所说的契约关系不同于现代意义上的契约关系，它只是在一定范围内和一定程度上发生，梅因称它为“原始契约”。一些学者从契约关系的视角探讨中世纪王权，明确提出国王与其封臣之间的原始契约关系及其对王权的限制。

英国中世纪史研究权威 W. 乌尔曼对“封建契约的有限君权”作了系统地阐述。他在其著作《中世纪的政府和政治原理》中认为，

---

① F. W. Maitland, *The Constitutional History of England*, Cambridge University Press, 1946, p. 41.

② E. H. Kantorowicz, *The King's Two Bodies*: *A Study in Medieval Political Theology*, New Jersey: Princeton University Press, 1997, p. 381.

英国王权是从日耳曼蛮族王权经由契约因素的影响转化而来。他明确指出，以相互间的权利和义务将封君封臣联系起来的契约，是王权确立的根本基础，因为“无论在何种形式或状态中，中世纪封建主义（feudalism）的根本特征就是它的契约性质”。“由于土地封授，国王和他的总封臣都被置于契约之下。”[①] 若国王不守契约，契约就废止，臣民就可以行使抵抗国王的权利。[②] 英国政治思想史专家 R. W. 卡莱尔等人强调，“封建制度（feudal system）本质上是一种契约关系的制度”，它所体现的封君封臣之间双向的权利与义务的关系，始终制约着国王公共政治权威的存在。只有在古代国家政治原则复苏并驱散封建契约的影响和每个自由人“向国家主权效忠”时，国王的公共政治权威才确立起来。[③] 英国著名史学家 N. 扎考尔认为，在以契约为基础的政治体制中，国王具有一个领主的特征，受到相应的权利与义务关系的约束，即使教会赋予他“王权神授”的光环，国王也难以摆脱契约的束缚。依据契约关系的原则，臣属可以要求国王尽一个好的领主应尽的义务与责任，同时臣属有权反抗国王的暴政。[④]

在西欧中世纪史领域，法国著名史学家马克·布洛赫的《封建社会》堪称经典之作。他在表述契约观念时认为，“附庸的臣服是一种名副其实的契约，而且是双向契约。如果领主不履行诺言，他便丧失其享有的权利。因为国王的主要臣民同时也是他的附庸，这种观念不可避免地移植到政治领域时，它将产生深远的影响”。并进一步指出，“古老的观念认为，国王以一种神秘的方式对臣民的福祉负责，一旦发生公共灾难，应接受惩罚”。依据这种古老的观念，“一个人在他的国王逆法律而行时，可以抗拒国王和法官，甚至可以参与发动对他的战争……他并不由此而违背其效忠义务”。[⑤] 因此，各封臣群体可以依据

---

① W. Ullmann, *Principles of Government and Politics in the Middle Ages*, London, 1975, p. 151.

② Ibid., p. 152.

③ R. W. Carlyle & A. J. Carlyle, *A History of Medieval Political Theory in the West*, Vol. Ⅲ, Edinburgh and London: Blackwood, 1903–1936, pp. 74, 75.

④ N. Zacour, *An Introduction to the Medieval Institution*, London, 1978, p. 2.

⑤ 马克·布洛赫：《封建社会》，商务印书馆 2004 年版，第 713 页。

这种契约来反叛君主。马克·布洛赫指出，“西欧封建义的独创性在于，它强调一种可以约束统治者的契约观念”。“这种‘契约’观念一旦移植到政治领域，就不可避免地限制了王权。”[①] 西方史家的契约观念为我们理解中世纪英国王权的性质提供了一种思路。

四　王权与教权关系的研究

中世纪时期，英国长期处于王权与教权的二元统治之下，在王权与教权的斗争和妥协过程中对社会制度的发展产生了深远的影响。

哈佛大学教授伯尔曼对“教皇革命”后王权与教权的关系作了经典表述。伯尔曼认为 11 世纪末到 13 世纪末发生的“教皇革命”是政教二元化权力体系正式形成的标志。从“教皇革命”起，教会与世俗国家才真正形成各自独立的权力实体，教皇对各国教会的最高管辖权得以确立。与此同时，“教皇革命在西方世界产生了一种新的王权观念。国王不再是教会的最高首脑了。‘神圣王权’的时代逐渐结束，在称作‘属灵’的事物方面，教皇是最高权威”。[②] 经过“教皇革命”，产生了教权与俗权并立的政教二元结构，并确立了法律的最高权威。伯尔曼还将 11 世纪晚期至 13 世纪早期西欧王权的一般特征概括为 9 个方面。他认为，“国王不再是他统治领土上最高的宗教领袖了，而是一位世俗的统治者”，在政治和法律理论上，“国王的权力受宪法的限制，包括他的管辖权及在管辖权内如何行使权力的限制，这些限制甚至在理论上表现为赋予他的臣民以抵制错误的命令乃至诉诸暴力反抗暴君的权利和义务”。在政治和法律实践中，“国王的权力受王国内各种各样社会共同体的限制，其中包括其权力超越王国疆界的神职人员这个阶层”。[③] 狄金森的《中世纪英国宗教史》、[④]

---

① 马克·布洛赫：《封建社会》，商务印书馆 2004 年版，第 714 页。

② 哈罗德·J. 伯尔曼：《法律与革命》，中国大百科全书出版社 1993 年版，第 489 页。

③ 哈罗德·J. 伯尔曼：《法律与革命》，法律出版社 2008 年版，第 493、494 页。

④ J. C. Dickinson, *An Ecclesiastical History of England in the Middle Ages*, 2 Vols, London, Adam & Charles Black 1979.

维塔利斯的《宗教史》[1] 等著作从不同角度论述了中世纪英国王权与教会的关系。

五 王权与财政关系的研究

王权与财政的关系是研究中世纪英国王权的重要切入点。S. K. 米切尔、哈里斯等学者从不同时期和视角论述了英国由王室财政向国家财政的演变过程，揭示了王权性质的转变过程。

S. K. 米切尔在《中世纪英格兰税收》[2] 一书中，主要论述了从亨利二世到亨利三世时期的税收情况，详细阐释了国王征税必须经过共同同意的原则。哈里斯的《中世纪英国的国王、议会和公共财政》,[3] 则探讨了国王与议会的斗争、议会授予制等对赋税的影响，从理论上分析了共同同意等问题。另外还有拉姆塞的《1066—1399年英格兰国王财政史》、[4] 道沃尔的《英国税收史》、[5] 霍以特的《英国宪政史上的王领》[6] 等著作，无论从理论上还是实证方面，对我们从财政税收方面理解英国王权的性质都具有重要的参考价值。

西方还有一部分学者从封建政治分裂的视角来研究王权。德国学者布伦齐尔认为，土地分封基础之上的国王与封臣之间的等级关系，是国王权威被分割的主要根源。[7] 马克·布洛赫指出，封土制与封君封臣关系包含着政治离心倾向，它所导致的个人的人身依附关系，是构建、实施国家公共权威与官僚制度的障碍，“必然导致混乱状态的

---

① O. Vitalis, *The Ecclesiatical History*, 6 Vols, Oxford: Clarendon Press, 1983.

② S. K. Mitchell, *Taxation in Medieval England*, Yale: Archon Books, 1971.

③ G. L. Harriss, King, *Parliament and Public Finance in Medieval England*, Oxford: The Clarendon Press , 1975.

④ J. H. Ramsay, *A History of the Revenues of the Kings of England (1066 – 1399)*, Vol. Ⅰ, Oxford: The Clarendon Press , 1925.

⑤ S. Dowell, *A History of Taxation and Taxes in England*, London, A. M. Kelley, 1965.

⑥ J. C. Hoyt, *The Royal Denmense in English Constitutional History*, New York: Greenwood Press, 1968.

⑦ J. K. Bluntschil, *The Theory of the State*, Oxford: The Clarendon Press , 1921.

权力分割”。[1] 由此，王权发展必然受到遏止，“尽管凌驾于众多小权利之上的公共权力的观念仍持续存在，但封建主义是与国家的极度衰弱、特别是与国家保护能力的衰弱同时发生的”。封建社会不同于建立在血族关系基础之上的社会，“虽然它特有的个人从属关系仍保留着原始亲兵制中准家族性成分，但无数小首领所行使的政治权力在外表上大部分是对‘国王’权利的僭取”。[2]

20 世纪 60 年代，英国政治史学家理查德森和瑟尔斯对斯塔布斯的史学观点提出了批评。他们认为英王的权力是至高无上的，因为“所有司法权都从属于英王的司法权，所有的地方法都受普通法支配”。[3] 他们甚至认为，12 世纪的英国已经像 17 世纪的法国那样，建立了一套完备的非个人王权的国家行政制度。[4] 很显然，他们对斯塔布斯观点的修正有些矫枉过正了。而 J. 坎农和格里菲斯从军事征服的角度考察中世纪英国王权，从而强调王权具有强大的公共政治权威。然而这并不能说明英国王权的性质，因此他们不得不承认，“无论国王感到自己的权力有多么强大，都难以忽视在战争、社会及统治之中起重要作用的封建贵族阶级，把这一时期标明为‘封建王权时代’是无用的，但是国王对他们巨大而重要的因素贵族的依赖的确是一个明显和重要的事实”。[5] 美国法律史学家莱昂的观点则明显有些极端，他甚至认为诺曼王朝与安茹王朝的国王，“通过政治与军事手段创造出一个强大、统一和中央集权的国家”，[6] 已经实现专制统治了。

此外，H. R. 洛因的《盎格鲁—撒克逊时期英国的政治统治》、[7]

---

① 马克·布洛赫：《封建社会》，中国商务出版社 2004 年版，第 704 页。

② 同上书，第 700 页。

③ H. G. Richardson & G. O. Sayles, *The Governance of Mediaeval England from the Conquest to Magna Carta*, Edinburgh University press, 1974, p. 30.

④ Ibid., p. 168.

⑤ J. Cannon & R. Griffiths, *The Oxford Illustrated History of the British Monarchy*, Oxford University Press, 1988, p. 86.

⑥ B. Lyon, *A Constitutional and Legal History of Medieval England*, New York: Norton, 1980, p. 644.

⑦ H. R. Loyn, *Anglo - Saxon England and the Norman Conquest*, London: Longmans, 1962 .

D. C. 道格拉斯的《征服者威廉》①、C. A. 纽曼的《亨利一世统治时期的盎格鲁一诺曼贵族》②、C. W. 霍莱斯特的《盎格鲁一诺曼社会中的王权、贵族与制度》③、J. A. P. 琼斯的《约翰王与大宪章》④ 等专著，通过考察某一朝代国王的统治权力与政治体制、国王与贵族、国王与教会的关系等具体历史问题，来揭示英国中世纪王权的性质、地位和英国王权与教、俗贵族之间关系的真实状况。这使得我们对有关英国王权的一系列重要问题的认识，有了进一步准确与深化的可能。

西方学者在论述中世纪西欧王权时，分别从宪政、契约、法理、财政等不同的角度出发，得出了不同的结论。有的学者认为王权受到制约，王权没有公权；也有的学者则强调国王的公共政治权威。争论的焦点在于王权是否受到来自法律的限制，或者说多大程度上受到限制，王权是有限的还是专制的。对于这一问题的回答，我们需要运用历史的方法具体分析。

总体上看，20 世纪中期以来对中世纪英国王权的研究有一定程度的深化和拓展，取得了较大的成绩。国内学者在王权与贵族、教会、财政及法律的关系方面，都有不同程度的探究，研究的角度和方法也有很多可取之处，并取得了一些显著的学术成就，同时也应看到存在的诸多缺陷与不足。及时梳理王权问题已有的研究成果，不仅有助于我们更好地理解中世纪英国王权的性质和地位，而且对进一步深化中世纪英国政治史的研究也有重要参考价值。

【作者简介】邱胜利，男，河南安阳人，天津师范大学历史学博士，现为河南大学历史文化学院副教授、河南大学世界历史研究所研究员，主要研究方向为英国中世纪史的王权与社会。

---

① D. C. Douglas, *The Conqueror William*, London: Eyre & Spottiswoode, 1983.

② C. A. Newman, *The Anglo – Norman Nobility in the Reign of Henr*, University of Pennsylvania Press, 1986.

③ C. W. Hollister, *Monarchy , Magnates and Institutions in the Anglo – Norman world*, London: Hambledon Press, 1986.

④ J. A. p. Jones, *King John and Magna Carta*, London: Longman Group Ltd. 1971.

试论盎格鲁—撒克逊时期英格兰的世俗贵族等级

——以法律材料为中心的考察

孙银钢

【摘要】 在盎格鲁—撒克逊时期英格兰世俗贵族等级中，厄德曼、格塞特和塞恩是重要的组成部分。早期厄德曼的内涵比较宽泛，表示为高级军事首领，而后才开始拥有治郡的职能。9世纪末，厄德曼的权力地位不断提升，领有若干郡，10世纪末走向衰落，渐为伯爵所取代。格塞特是盎格鲁—撒克逊早期存在的普通贵族，伴随着塞恩影响力的提升，塞恩逐渐占据了先前格塞特的位置。在盎格鲁—撒克逊晚期，贵族等级中领主权获得重要发展，在社会中发挥着重要的影响，贵族等级关系中已出现封建制的萌芽。

【关键词】 盎格鲁—撒克逊时期；厄德曼；格塞特；塞恩

较之中世纪晚期英国史，国内学术界对早期的盎格鲁—撒克逊史关注不是太多，诸多问题有待进一步探讨。本文的撰写正是基于此种尝试，选取的探讨对象是盎格鲁—撒克逊时期英格兰的世俗贵族等级。目前看来，国内对于该问题的研究，依然较为薄弱，仅有部分学者的论著有所涉及。① 诚然，国外学者对此已有论述，然而学者们论

① 重要论述有马克垚：《英国封建社会研究》，北京大学出版社2005年版，第12—30页；阎照祥：《英国贵族史》，人民出版社2000年版，第7—32页。

述的角度，也不尽相同。[①] 在盎格鲁—撒克逊时代，判断某个群体属于何种社会等级，关键是要看法律如何规定，而法律中的偿命金条款，则是决定性的判断依据。因此，笔者试图以法律材料为中心，着重探究厄德曼（ealdorman）、格塞特（gesith）和塞恩（thegn）三种世俗贵族地位的变迁，最后对贵族等级中领主权的增长问题作粗浅论述。

在盎格鲁—撒克逊世俗贵族等级中，国王及王室成员居于首要地位，因此，探讨三种世俗贵族之前，笔者要对此作简要论述。早期国王主要来自部落时代的军事首领，在早期肯特王国的《埃塞尔伯特法典》中，国王的至高地位即已获得法律的强化。比如，国王的保护金（mund - byrd）为 50 先令，远高于贵族的 12 先令和普通自由民的 6 先令。[②] 在麦西亚法中，国王的偿命金相当于贵族偿命金 1200 先令的 6 倍，即 7200 先令。[③] 国王如此高额的偿命金，基本上难以偿付，也表明了国王人身的不可侵犯性。当然，国王的至高地位也不是绝对的，早期也出现过国王遭到废黜的实例。如 757 年，西撒克逊国王西吉伯特被基内伍尔夫和议政大臣们剥夺王位，774 年和 806 年诺森伯里亚人曾将自己的国王驱逐出去等。[④] 总体来说，此时英格兰王权处于不断增长之中，鉴于王权问题的复杂性，也非本文论述的重点，因此，笔者仅作以上简要论述。除了国王及王室成员之外，世俗贵族主要有厄德曼、格塞特和塞恩，笔者接下来对此予以历史的和动态的考察。

---

① 相关论述主要有 F. M. 斯坦顿：《盎格鲁—撒克逊英格兰》（F. M. Stenton, *Anglo-Saxon England*），克拉伦登出版社 1947 年版，第 274—314、463—493 页；D. 怀特洛克：《英国社会之发轫》（D. Whitelock, *The Beginnings of English Society*），企鹅出版社 1952 年版，第 83—96 页；H. R. 洛因：《盎格鲁—撒克逊英格兰和诺曼征服》（H. R. Loyn, *Anglo-Saxon England and the Norman Conquest*），朗曼出版社 1991 年版，第 220—231 页。

② B. 索普编：《古代英格兰的法律和制度》（B. Thorpe, ed., *Ancient Laws and Institutes of England*），剑桥大学出版社 1840 年版，第 2—3 页。

③ D. 怀特洛克编：《英国历史文献》（D. Whitelock, ed., *English Historical Documents*）第 1 卷，劳特利奇出版社 1979 年版，第 470 页。

④ 寿纪瑜译：《盎格鲁—撒克逊编年史》，商务印书馆 2004 年版，第 52、57、67 页。

一　厄德曼

在盎格鲁—撒克逊时代，厄德曼（ealdorman）是仅次于国王的高级贵族。有关“ealdorman”的翻译，国内学者常译作“郡长”，然而，在英格兰郡产生之前，厄德曼就已经存在，是故将其译作“郡长”并不完全准确，有鉴于此，笔者将其音译作“厄德曼”，此点是值得厘清之处。厄德曼的内涵非常丰富，有关厄德曼及其地位变迁，笔者认为可由以下三个阶段来阐释：早期的厄德曼、兼有治郡职能的厄德曼，以及厄德曼渐为伯爵所取代。

由盎格鲁—撒克逊人迁居不列颠至诸王国初建时期，“厄德曼”意为盎格鲁—撒克逊人的“首领”“酋长”或“将领”，常担任军队的指挥，这可通过当时的记载予以证实。据编年史记载，西撒克逊王国创立者彻迪克和其子金里克来到不列颠时，即被称作厄德曼。[①] 568年，西撒克逊的查乌林和卡撒同肯特的埃塞尔伯特作战，曾在威班顿杀死奥斯拉夫和克内巴两名厄德曼。[②] 厄德曼常担任军队的高级指挥官，比德记述诺森伯里亚国王奥斯维和麦西亚的彭达王的战争时，曾提到麦西亚人军队拥有30个军团，装备精良，由出色的厄德曼担任指挥；686年，南撒克逊的两名厄德曼伯桑和安德恒，曾指挥军队同西撒克逊的卡德沃拉国王作战。[③] 对早期的厄德曼而言，他们在持续不断的战争当中，承担着重要的军事职责，地位高贵，仅次于国王，甚至有些国王就来自某位厄德曼。如编年史653年纪事提到，厄德曼皮达统治下的中盎格鲁人接受了真正的信仰，而到655年，这位皮达继承了麦西亚王位。[④]

---

① J. A. 贾尔斯编：《盎格鲁—撒克逊编年史》（J. A. Giles, ed., *The Anglo - Saxon Chronicle*），贝尔父子出版社1914年版，第9页。部分论证之处，必须仰赖编年史的英文原本，笔者会引证贾尔斯的编校本，在此说明以释读者。

② J. A. 贾尔斯编：《盎格鲁—撒克逊编年史》，第11页。

③ 比德著：《英吉利教会史》，陈维振、周清民译，商务印书馆1997年版，第202—203、259页。

④ J. A. 贾尔斯编：《盎格鲁—撒克逊编年史》，第18页。

以上文献的记载，主要体现出的厄德曼显赫的军事地位，而有关其高级贵族的身份，可由法典材料来审视，特别是偿命金条款中包含着厄德曼。如前所述，国王拥有非常高的偿命金，厄德曼的偿命金要低于国王，但也数倍于普通贵族的金额。如诺森伯里亚的法律规定，厄德曼的偿命金是8000斯雷萨斯（thrymsas），而普通贵族塞恩的偿命金，则为2000斯雷萨斯。[①] 由此可知，在偿命金方面，厄德曼也是高于塞恩的高级贵族。再据《伊尼法典》，在国王住宅中斗殴的人，要交付其全部财产以作罚金，至于其生死，由国王去裁决；在教堂中斗殴的人，要交付120先令的赔偿金；在厄德曼或其他贤人的住宅中斗殴的人，要交付60先令的赔偿金和另外60先令的罚金；此外，侵入厄德曼住宅的罚金为80先令，也仅低于侵入国王或主教住宅的120先令罚金。[②] 此两个条款表明，在世俗贵族等级中，厄德曼是仅次于国王的高级贵族。总体来看，早期厄德曼的内涵依然相当宽泛，地位非常显赫。

随着盎格鲁—撒克逊人逐渐占据英格兰，此时的厄德曼，渐渐具备一种官职的含义，常常表示为“一个拥有郡的人”，即“郡长”。在《伊尼法典》中，首次显现了厄德曼的官职内涵，该则材料规定：一个抓获盗贼的人，而后又将盗贼放跑或隐匿其盗窃事实，要令他依据其偿命金来为盗贼赔付；假如此人是一名厄德曼，要令他丧失自己的郡，除非国王宽恕于他。后来的《阿尔弗雷德法典》则规定：一个来自某一地区的人，希望在另一地区寻求一名领主，必须要告知该郡的厄德曼。[③] 由此可知，此时厄德曼担负的官职角色，已经颇为明显。

除了担负军事职责以外，征缴税款和司法审判等事务，亦是厄德曼重要的治郡之责。比如，交送于罗马教廷的款项，常由厄德曼去征缴和呈送。如887年，厄德曼埃塞尔赫尔姆郡长，曾将西撒克逊人的

---

① B. 索普编：《古代英格兰的法律和制度》，第79页，斯雷萨斯是一种计量单位，相当于3/4先令。

② B. 索普编：《古代英格兰的法律和制度》，第46、56页。

③ 同上书，第38、54页。

施舍物送至罗马，而888年厄德曼贝奥卡，也曾担负此职。[①] 另外，依据《埃德加法典》规定，厄德曼要主持郡内的司法集会（一年两次），并对法律条文作详细诠释。[②] 厄德曼通常占有着很多土地，此点可由遗嘱材料证实。笔者对9—10世纪的两名厄德曼的遗嘱进行了考察，其中一个名叫艾尔弗雷德的厄德曼，曾将共计104海德的土地，遗留给自己的妻儿，这些土地分散于6个地方；而在厄德曼埃塞尔沃尔德的遗嘱中，仅给予温切斯特教会的土地就有12海德。[③]

早期英格兰的每个郡，都拥有一名厄德曼。[④] 9世纪末出现了一种新变化，即随着厄德曼地位不断提升，其数量在减少，而管辖的区域却在渐渐扩大。这个时期厄德曼一人领有数郡的情形较为常见，比如阿尔弗雷德之婿、长者爱德华的姊夫埃塞尔雷德，就是如此，不但整个麦西亚皆为其控制，而且他还掌管着伦敦和牛津两地。[⑤] 众所周知，整个麦西亚包含若干个郡。再如，德文郡的厄德曼奥德加，不仅领有德文郡，同时还治理着康沃尔地区。[⑥]

随着丹麦人不断涌入不列颠，新来者带来了自己的文化，来自斯堪的纳维亚的文化元素，或多或少地对盎格鲁—撒克逊文化，产生着重要影响。在古英语中，"eorl"本是早期肯特王国贵族的称谓，伴随着肯特王国的消失，7世纪后就不再被使用，后来它在丹麦人的使用下得以复兴，再度被赋予贵族身份的内涵。在丹麦语中，"雅尔"（jarl）常常表示一种仅次于国王的高级贵族，来到不列颠的丹麦人，渐渐融合雅尔和古英语的"eorl"。也正是此时，厄德曼渐为"伯爵"

① J. A. 贾尔斯编：《盎格鲁—撒克逊编年史》，第57页。

② B. 索普编：《古代英格兰的法律和制度》，第113页。

③ F. H. 哈默编：《九、十世纪英国历史文献选辑》（F. H. Harmer, ed., *Select English Historical Documents of the Ninth and Tenth Centuries*），剑桥大学出版社1914年版，第13—15、33、47—49、63页。

④ J. 坎贝尔：《盎格鲁—撒克逊国家》（J. Campbell, *The Anglo – Saxon State*），汉姆布莱顿出版社2000年版，第16页。

⑤ J. A. 贾尔斯编：《盎格鲁—撒克逊编年史》，第57、66页。

⑥ H. p. R. 芬伯格：《韦里顿的早期历史》（H. p. R. Finberg, "The Early History of Werrington"），《英国历史评论》（*The English Historical Review*）第59卷，1944年第2期，第238页。

所取代。当然，此种变化是一个渐进的过程，由阿尔弗雷德至克努特时期，两种术语曾长期并存。典型的例证是10世纪末诺森伯里亚的统治者，已被称作伯爵（因该地为丹麦人所控制）。据编年史992年纪事，有关同丹麦人战斗的记述，同时提到汉普郡的厄德曼埃尔弗里克和诺森伯里亚伯爵索雷德。再如，1017年克努特获取整个英格兰，将其分成四个部分，西撒克逊归自己，东盎格利亚归索凯尔，麦西亚归埃德里克，诺森伯里亚归埃里克，此处索凯尔和埃里克被称作伯爵，而埃德里克被称作厄德曼。①

除了编年史材料外，盎格鲁—撒克逊时期众多文书的见证人名单，也是考察两种术语使用的重要材料。当时文书后面必须附有见证人名单，它是文书有效性的保证，而名单中都包含着见证人身份的信息。例如，1018年克努特国王授予康沃尔主教布什沃尔德的赐地文书，其见证人名单即包含3名伯爵和3名厄德曼；1019年克努特国王曾将汉普郡的某块土地，授予温切斯特教会，该文书见证人名单，包含4名伯爵和2名厄德曼。② 由此可知，当时存在同时运用厄德曼和伯爵的现象。

在文献记录中，有时厄德曼和伯爵两个词的运用，似乎没有区别。然而，厄德曼渐为伯爵取代，表面上是术语的变化，实质上却是厄德曼这一盎格鲁—撒克逊高级贵族渐趋衰落的表征。厄德曼的衰落主要受到三种因素的影响，而以王权力量的增长和丹麦人的入侵两种因素最为关键。由埃塞尔雷德统治的后半期至克努特时期，英格兰众多厄德曼家族消失。如埃塞尔雷德在位时，很多厄德曼遭受残害或被谋杀。993年，厄德曼埃尔弗里克的儿子埃尔夫加的眼睛被国王弄瞎，1006年南诺森伯里亚的厄德曼埃尔夫赫尔姆被杀，两个儿子伍尔夫赫亚和乌费吉特亦被国王下令弄瞎眼睛。克努特在位时，许多厄德曼家族被其清除，由同其他有血缘或姻亲关系的伯爵所取代。比如，1017年，克努特杀死了厄德曼埃德里克、诺思曼、厄德曼埃塞

---

① D. 怀特洛克编：《英国历史文献》第1卷，第234、251页。

② 同上书，第599、601页。

尔默之子埃塞尔沃德等，1020 年放逐了厄德曼埃塞尔沃德。[①] 当然，厄德曼家族衰落的主要原因，还在于众多成员阵亡于同丹麦人的战争。比如，1016 年的阿兴顿山一役，阵亡的有厄德曼埃尔弗里克、林赛的厄德曼戈德温、东盎格利亚的乌尔夫基特尔、厄德曼埃塞尔温之子埃塞尔沃德，以及参战的所有其他英格兰贵族。[②] 第三种因素则来自塞恩等级实力的增强，他们后来渐渐取代了厄德曼军事方面的职能。[③] 有关塞恩等级的情况，笔者将在后文中详述。

基于以上三种主要因素的影响，诺曼征服前夕，厄德曼已经失去了表示一种高级贵族的含义，但是，至于其地位究竟何时才完全为伯爵替代，已难以查证。通常认为，由于克努特国王的影响，在他统治后期“伯爵”已是比较普遍存在的高级贵族称谓。由编年史可知，克努特去世后的纪事中，已难觅厄德曼的踪影，而“伯爵”一词则不断出现。

以上是对高级贵族厄德曼所做的论述，接下来将主要对两种普通贵族进行考察，即格塞特和塞恩。

二　格塞特

在盎格鲁—撒克逊早期社会，格塞特是最主要的普通贵族。以格塞特标示一种贵族等级，出现于 7 世纪中叶至 8 世纪中叶的文献当中，肯特的《威特雷德法典》就曾提到格塞特。该法典规定：一个格塞特等级的人若违背国王、主教和法律的要求，沉溺于淫乱生活之中，按照古代习惯，责令此人交付 100 先令的罚金；如若一个刻尔[④]等级的人如此这般，责令他交付 50 先令的罚金，（违犯者）既要忏悔，也要终止先前的不当行为。[⑤] 这里格塞特的地位，要高于普通自

---

① J. A. 贾尔斯编：《盎格鲁—撒克逊编年史》，第 88、96、107—108 页。

② 同上书，第 106—107 页。

③ H. R. 洛因：《盎格鲁—撒克逊英格兰和诺曼征服》，第 221 页。

④ 刻尔（ceorl）是盎格鲁—撒克逊时期英格兰普通自由民等级的一种通称。

⑤ B. 索普编：《古代英格兰的法律和制度》，第 17 页。

由民刻尔等级，当是一种贵族等级。

在盎格鲁—撒克逊法中，有关偿命金标准的区分，体现着当时社会等级的差异。《伊尼法典》规定，一个偿命金为200先令的人，必须向其领主交付30先令；一个偿命金为600先令的人，则要交80先令；一个偿命金为1200先令的人，则要交120先令。[①] 以偿命金来划分，伊尼时代西撒克逊社会至少存在三个等级，即1200先令之人、600先令之人和200先令之人。学者们通常认为，1200先令之人即是格塞特等级，而200先令之人为普通自由民刻尔等级的人，对于此处的600先令之人，他们可能是那些没有土地的格塞特。[②] 因此就偿命金标准来说，格塞特也是高于普通自由民的贵族等级。

除了偿命金以外，有关格塞特的其他信息，来自西撒克逊的《伊尼法典》。该法典规定，假如一个拥有土地的格塞特等级的人，懈怠军役，责令他交付120先令的罚金，令其丧失自己的土地；一个没有土地的格塞特等级的人，懈怠军役，责令他交付60先令的罚金；一个刻尔等级的人，懈怠军役，则要交付30先令的罚金。[③] 由此可知，伊尼时代的格塞特等级主要包括两类，即拥有土地和未有土地的，两者皆负有承担军役的义务。鉴于实际存在着以占有土地与否相区分的两种格塞特，有必要对其具体含义予以细分：一种为忠诚的扈从，另一种则是土地持有者。[④]

有关拥有土地的格塞特，法律中有若干相应的规定。一般来说，此种格塞特拥有3—20海德不等的土地，而且有权选择是否离开这块土地，但在离开之前要保持一半以上的土地获得耕种；同样，他们也有可能被驱逐，但只能将其逐出家门，而不能剥夺他的耕地。[⑤] 有关这类格塞特土地的来源，国外学界至今未有明确结论。有些格塞特的

---

① B. 索普编：《古代英格兰的法律和制度》，第63页。

② H. R. 洛因：《盎格鲁—撒克逊英格兰和诺曼征服》，第208页。

③ B. 索普编：《古代英格兰的法律和制度》，第58页。

④ H. R. 洛因：《七至十世纪盎格鲁—撒克逊英格兰的格塞特和塞恩》（H. R. Loyn, "Gesiths and Thegns in Anglo-Saxon England from the Seventh to the Tenth Century"），《英国历史评论》（*The English Historical Review*）第70卷，1955年第4期，第530页。

⑤ B. 索普编：《古代英格兰的法律和制度》，第62—63页。

土地，来自国王的授予，如前所述，假如他们懈怠职守、不服军役，将会丧失自己的土地。也有格塞特占有的土地，可能来自家族自有的土地。依据法典规定，此类格塞特一般拥有自己的住宅，侵犯其住宅所处罚金为 35 先令，他们还拥有自己的管事、铁匠和孩子的保姆等。[①] 因此，拥有土地的格塞特，其境况还是比较好的，能依赖自己土地谋生，而有别于那种依靠服役来谋生的贵族，没有土地的格塞特，即属于这种服役贵族。

然而，有关无地的格塞特，涉及他们的材料鲜有留存。前述住宅受侵犯的有关条款中，也仅提到拥有土地的格塞特，某种程度上表明，无地的格塞特，很可能也没有自己的住宅，而是寄居在国王或高级贵族家中，平时充当他们的扈从，战时则随同出征。相比较而言，此类无地的格塞特，其境况要差于拥有土地的格塞特。

通常认为，《伊尼法典》中的格塞特，同国王之间并没有一种直接的领主关系。而且，在早期甚至有格塞特杀死国王的实例。例如，诺森伯里亚国王奥斯温，即因其格塞特亨沃尔德的出卖而遭杀害；另外，西格伯特国王的一名格塞特，由于不满国王对自己的敌人过于仁慈，遂起杀念，在邀请国王至家中吃饭时将其杀害。[②] 早期格塞特拥有一定的独立性，在后来的危险时代这种独立性则已难以维持。[③] 如前所述，拥有土地的格塞特，可以依靠自己的土地过活。即便是没有土地的格塞特，获得国王或高级贵族的犒赏而拥有土地，但是，他们也有权选择离开土地。[④] 因此，在格塞特和国王或高级贵族之间，并不存在一种依附关系。应该说，早期格塞特的地位和权益的保障，主要依赖于宗族关系，而非后来塞恩与其领主之间服从与保护的关系。格塞特这种贵族等级存在的时间并不长，9 世纪时已不再作为一种贵族等级，其身份地位也渐由塞恩所取代。

① B. 索普编：《古代英格兰的法律和制度》，第 57、62 页。

② 比德：《英吉利教会史》，第 179、198 页，中译本均将 “gesith” 译作 “家臣”。

③ H. R. 洛因：《盎格鲁—撒克逊英格兰和诺曼征服》，第 218 页。

④ J. 坎贝尔：《盎格鲁—撒克逊国家》，第 241 页。

三 塞恩

首先，有必要对“塞恩”的基本含义予以说明。在古英语中，塞恩的原意为“一个服役的人”或“一个为他人服务的人”，指士兵、官员、扈从和门徒等，后来该术语逐渐具备了一种专门含义，同国王联系起来，表示在王庭和王室领地内提供服务的一类人。[①] 因此，就塞恩而言，它最初具有多重含义，而其内涵是一个不断演变的过程，实非一开始就有表示贵族等级的内涵。

基于以上认识，笔者首先梳理法典中有关塞恩的材料。在早期法典中，提到塞恩的有两处，分别出自《威特雷德法典》和《伊尼法典》。《威特雷德法典》规定：一个外乡人可于圣坛之上通过誓言来洗清对于自己的指控，一个国王的塞恩，（可采取）同样的方式。[②] 第二个例证见于《伊尼法典》：国王的住宅和主教辖区遭受侵犯时所处的罚金，当为120先令；如果是厄德曼，则为80先令；如果是国王的塞恩，则为60先令。[③] 很显然，两个条款的用词都是“国王的塞恩”。有一种观点认为，此处的“国王的塞恩”，还未形成一种贵族等级，而条款中提到的高额罚金，主要赖于他们同国王的亲密关系。[④] 而且，早期法典中有关偿命金的条款，皆未提及塞恩，而是采用前述提到的格塞特。因此，早期塞恩通常专指“国王的塞恩”，即在王室中提供服务的一种群体，多充当国王的扈从或士兵。

在整个8、9世纪有关塞恩的情况，因未有法典材料留存，只能借助编年史等其他材料来论述。如757年纪事提到，西撒克逊国王基内伍尔夫在威尔德地区被基内赫德杀死，随同的国王的塞恩全部战死，而国王的其他塞恩，则在第二天早上赶到肇事地点继续战斗，并

① J. 博斯沃思、T. N. 托勒编：《盎格鲁—撒克逊词典》（J. Bosworth and T. N. Toller, eds., *An Anglo-Saxon Dictionary*），牛津大学出版社1898年版，第1043—1044页。

② B. 索普编：《古代英格兰的法律和制度》，第18页。

③ 同上书，第57页。

④ H. R. 洛因：《七至十世纪盎格鲁—撒克逊英格兰的格塞特和塞恩》，第541页。

将基内赫德等杀死；871 年纪事提到，众多国王的塞恩随同国王抵抗丹麦人；896 年纪事记载，近三年里国王在国内的许多最精锐的塞恩死亡，而且给出一份主要人物的名单，里面还包括管事和司马官这类人等。[①] 由此可知，这个时期的塞恩群体，依然是以“国王的塞恩”这一名称出现，其内涵也较为宽泛，有扈从、士兵和官员等。《阿尔弗雷德法典》颁布于 9 世纪末，然该法典竟未有一则条款涉及塞恩，依然沿用伊尼时代的用语，说明塞恩作为一种普通贵族的含义，尚未获得法律的认可。

但是，这段时期也有材料显示，塞恩的影响力正在不断地提升。比如，阿尔弗雷德和古思伦的条约中明确规定：如果国王的塞恩被指控杀人，假如他敢于自行洗清指控，则须连同 12 名国王的塞恩来这样做；假如有人指控比国王的塞恩身份低的人，则要令其连同 11 名自身等级的人和 1 名国王的塞恩来自我洗清。[②] 很显然，由每次助誓的塞恩人数来看，可知当时各地这个群体的数量不在少数；而且，由后半部分规定可知，在地方审判事务中，国王的塞恩已开始充当一定的角色。

随着抵抗丹麦人入侵的战争不断深入，塞恩的影响力也在继续提升。有关塞恩崛起的进程，似乎可以这样来看待，即把它看作一种“走出王室”的过程，即塞恩们由一种服务于王室的群体，逐渐转变为社会中主要的贵族等级。10 世纪的法律中涉及塞恩的条款不断增加，有助于深化我们的认识。《埃塞尔斯坦法典》相关条款规定，塞恩如同管事一样，不能接受贿赂和抑制他人的权利，逃至塞恩那里的盗贼，许其拥有保全性命的三天期限；塞恩还可充当助誓人，同样拥有土地的塞恩，要维持国王确立的社会秩序等。[③] 很显然，在众多事务中塞恩都发挥着作用，而且，此处提到获得土地的塞恩。国王的塞恩因军功而得到土地的犒赏，他们逐渐走出单纯服务于王室的狭窄空间，到社会中去发挥更重要的作用。《埃德加

① 寿纪瑜译：《盎格鲁—撒克逊编年史》，第 52—54、79、93 页。

② B. 索普编：《古代英格兰的法律和制度》，第 66 页。

③ 同上书，第 94—95 页。

法典》进一步证实，此时的塞恩已经普遍拥有土地和依附者。如法典规定，塞恩的自有地要缴什一税；如果塞恩于其书田之上拥有一座教堂和一块墓地，要保证其什一税的三分之一缴予该教堂；同国王的人一样，塞恩的人（依附民）也要缴纳什一税。该法典还规定，对他人审判有误的法官，要向国王交付120先令赔偿金，除非他敢于宣誓证明自己无误；如果他知晓自己的不公正（行为），责令其永远丧失自己的塞恩身份。[①] 此处塞恩已担任司法之职，须维持公正审判，当其不能维持判决公正时，将会丧失自己的塞恩身份。笔者认为，这里的塞恩身份，不仅具有了一种法官“职位”的意味，也是一种影响力提升的表现。

在英格兰人和威尔士人之间缔结的“邓塞塔斯”（Dun - setas）协定中，有关杀人罪的条款规定，威尔士人杀死一个“塞恩出身”或“刻尔出身”的英格兰人，必须予以惩罚。[②] 条款中塞恩和表示普通自由民的刻尔等级同时出现，说明塞恩已具备贵族等级身份的含义。在《埃塞尔雷德法典》和《克努特法典》中，塞恩的贵族等级身份获得进一步的认可，法律中已出现“塞恩—偿命金”之类的术语。[③] 此时，塞恩也常和奴隶、刻尔和伯爵等表示等级身份的术语同时并用。除了国王法典以外，流传下来的11世纪初地方习惯法汇编中，更加清晰地表明了塞恩已成为当时主要的普通贵族。据这份材料记载：在麦西亚人的法律中，普通自由民刻尔的偿命金为200先令，塞恩的偿命金为其6倍，即1200先令。[④] 前述早期格塞特的偿命金为1200先令，而此时塞恩已占据先前格塞特的位置。

如前所述，塞恩最初总是和国王联系起来，以“国王的塞恩”的面目出现，没有材料显示存在其他的塞恩。然而，当塞恩成为社会中主要的贵族等级后，其内部也出现了分化的现象。《克努特法典》曾规定，继承金（heriot）的交纳要适应于不同人的身份等级，属于

---

① B. 索普编：《古代英格兰的法律和制度》，第111、113页。

② 同上书，第151页。

③ 同上书，第130、156页。

④ D. 怀特洛克编：《英国历史文献》第1卷，第470页。

伯爵等级的人须交付 8 匹马、4 顶头盔、4 副盔甲、8 支长矛、8 面盾、4 柄剑和 200 马库斯（mancus）的黄金；列在其后的是国王的塞恩，为 4 匹马、2 柄剑、4 支长矛和 4 面盾、1 顶头盔和 1 副盔甲，以及 50 马库斯的黄金；而次级塞恩：在西撒克逊规定为 1 匹马及其马饰，以及他的武器或他的罚金，麦西亚为 2 镑，东盎格利亚为 2 镑。至于丹麦人中拥有审判权的国王的塞恩，则为 4 镑；同国王有远亲关系的塞恩，为 2 匹马、1 柄剑、2 支长矛和 2 面盾，以及 50 马库斯的黄金；再次一级的塞恩，仅为 2 镑。[①] 由此可知，在后来塞恩等级内部地位也不尽相同，英格兰人塞恩可划分为国王的塞恩和次级塞恩两种，而丹麦人的塞恩则列有三种。

有关塞恩等级的权利和义务，主要来自 10、11 世纪相关材料所提供的信息。11 世纪的一份文献曾提到，塞恩享有国王通过文书所赐予的土地，除了兵役、修筑城墙和修筑桥梁三项役务外，塞恩可以免于其他世俗的款项和服务。同时，该份文件的作者亦承认，某些领地上的塞恩，可能会在国王的要求下承担其他的役务，如守护国王、护卫海岸和宴客时设置防卫、装备舰船和修筑鹿苑围篱等。[②] 很显然，承担以上三项役务的塞恩即享有土地权利，而且塞恩的土地通常可世袭继承。例如，960 年埃德加国王曾将罚没的财产归还给塞恩伍尔夫里克，这些财产包括伯克郡的 8 个村庄、南撒克逊的 5 个村庄和汉普郡的 2 个村庄，其中除了汉普郡的 1 个村庄来自温切斯特主教的遗嘱外，其他均来自其祖辈的土地。[③]

塞恩除享有土地的权利外，笔者认为，较为重要的是司法审判方面的权利，在前述中此点已有所涉及。依据《埃塞尔雷德法典》的规定，塞恩是地方司法集会的重要成员，在审判中塞恩们的意见，对判决有非常重要的影响；除了国王自身外，任何人不得审判国王的塞恩，而在司法权限方面，塞恩也仅次于国王、伯爵和主教。[④] 前述那

① B. 索普编：《古代英格兰的法律和制度》，第 177 页。
② D. 怀特洛克：《英国社会之发轫》，第 85 页。
③ F. M. 斯坦顿：《盎格鲁—撒克逊英格兰》，第 18 页。
④ B. 索普编：《古代英格兰的法律和制度》，第 125—126 页。

份习惯法汇编还提到：如果一名刻尔家运亨通，拥有 5 海德土地、教堂、厨房、钟楼和城堡，以及在国王宫廷中享有一个官位和专门的职责，今后他将具有塞恩的权利；如果一名商人家道殷富，以自己的花费出海 3 次以上，今后他也将具有塞恩的权利。[①] 此种规定不仅证明塞恩已是高于普通自由民的贵族，而且，该等级并非固定或封闭的，不同等级之间存在流动的可能。

简而言之，早期塞恩是专指一个为王室服务的群体（以充作扈从和士兵主），后来则逐渐演变为一种普通贵族等级。两者的差异主要在于，先前塞恩的身份地位由其所服务之人的地位来决定，到后来则由偿命金额及自身占有土地的数量等因素来确定。

四　领主权的增长和封建制的萌芽

基于以上论述，笔者要对当时世俗贵族等级中领主权（lordship）的增长问题略作探讨。由前述可知，早期的格塞特拥有一定的独立性，而后来的塞恩则带有鲜明的依附性。有关盎格鲁—撒克逊晚期贵族等级之间的关系，表现为这样一种变化：以塞恩为主的普通贵族，要依附于国王和教会等领主谋生，而这种依附关系的核心，表现为土地的授予和服务的提供，即一种贵族等级内部领主权的增长。

在盎格鲁—撒克逊晚期，塞恩成为社会中主要的普通贵族，因此，要对塞恩和国王等高级贵族的关系作一番考察。首先，在崛起之前，塞恩即已同国王建立起了一种领主和下属的关系，这种关系甚至要超越宗族关系。据编年史 757 年纪事，西撒克逊的基内伍尔夫和议政大臣剥夺了西吉伯特的王位，获得王位的基内伍尔夫试图驱逐基内赫德王子（西吉伯特的兄弟），却被基内赫德杀死，部分随同基内伍尔夫国王的塞恩也当场全部战死。第二天早上，国王的其他塞恩赶到出事地点。基内赫德王子提出，如若他们许以王国，将按照他们的要

① D. 怀特洛克编：《英国历史文献》第 1 卷，第 468—469 页。

求给予金钱和土地，而且还告诉他们，他们（塞恩）的亲属也将跟他一起，不会抛弃他。然而，这些塞恩却答道，他们决不为杀害自己领主的凶手效劳。结果，基内赫德王子及其身边的人悉数被杀。① 即便是对方许以优厚的酬劳，自己的亲属也支持敌人，塞恩们也不为所动，誓要为自己的领主复仇。此事例似乎可以说明，最初塞恩就已同国王建立起了一种超越宗族的关系。9、10 世纪的这种关系纽带，更多的是以授予土地和提供服务为基础。

塞恩随同国王作战或提供服务，常常会获得国王的赐地。如 955 年，英格兰国王埃德雷德授予其塞恩埃尔夫西耶以 5 海德土地，以为其永久财产，需要他承担兵役、修筑城墙和桥梁三项役务，以及教会捐、葬礼费和什一税等教会税款。② 再如 995 年埃塞尔雷德国王，赏赐跟随他的一名塞恩位于邓布尔顿的 2.5 海德土地，以为其永久财产，作为对他忠诚顺从和谦逊服务的回报。③ 由这些赐地文书可知，国王的塞恩常常能永久拥有赐地。仅有少数例外，如克努特曾授予布里特温班位于加沃斯的 5 海德土地，不过布里特温死后，该地要归伊夫舍姆修道院所有。④ 更为特殊的是，有时塞恩会为手中已有土地之地，向国王寻求赐地文书，体现出当时塞恩对国王的依附。如埃塞尔斯坦国王就曾授予塞恩埃尔雷德这种赐地文书，其中涉及的 5 海德土地，乃是埃尔雷德自己花费 10 镑购买而来。⑤ 塞恩们期望通过这种行为，同国王之间建立起一种服从与保护的关系，进而有助于保障自己的权益。

除了国王以外，塞恩还和教会领主结成类似的关系。在盎格鲁—撒克逊时代，主教和修道院长等都是占有大量土地的高级贵族，神甫和塞恩要依附他们，以获取土地谋生。现存 10 世纪伍斯

---

① D. 怀特洛克编：《英国历史文献》第 1 卷，第 175—176 页。

② A. J. 罗伯逊编：《盎格鲁—撒克逊文书集》（A. J. Robertson, ed., *Anglo - Saxon Charters*），剑桥大学出版社 1956 年版，第 57 页。

③ D. 怀特洛克编：《英国历史文献》第 1 卷，第 573—574 页。

④ F. E. 哈默：《盎格鲁—撒克逊令状集》（F. E. Harmer, ed., *Anglo - Saxon writs*），曼彻斯特大学出版社 1952 年版，第 227 页。

⑤ D. 怀特洛克编：《英国历史文献》第 1 卷，第 546 页。

特主教奥斯瓦尔德的诸多土地租约即是例证。如 991 年，奥斯瓦尔德给予塞恩的租约文书这样记道：吾，奥斯瓦尔德，经由文书授予吾忠诚而可靠的塞恩埃德里克一块土地，是因为他如此谦逊地顺从于吾。[①] 笔者对涉及该主教的十多份材料进行梳理，除了塞恩以外，奥斯瓦尔德给予土地的对象还有神甫、扈从等，而获得土地者通常要承担教会捐及三项役务；诚然，也有塞恩要承担其他职责。例如，963 年奥斯瓦尔德给予塞恩埃塞尔斯坦土地时，要求他在割牧草和收获时节为其服务；1042 年，利芬主教将位于阿姆斯科特的 2 海德土地，给予塞恩埃塞尔里克，条件是他要谦逊地服从、提供部分钱财和承担三项役务。[②]

当然，有时塞恩会主动依附某个教会领主，向其表示服从以求利。例如，一个名叫埃尔德雷德的人，曾和圣奥古斯丁修道院院长伍尔弗里克缔结协议，即将他自己以及位于克利夫的土地转置于院长名下，而且每年交付 1 镑以象征这种服从。[③] 该协议是在其父利芬（塞恩）在场的情况下缔结，用意在于延续这种服从与保护的关系。忏悔者爱德华国王曾赐予威斯特敏斯特修道院两块土地，而且发布令状要求，两块土地上的全部塞恩，此后都要服从修道院长和承认其领主权。[④] 此种服从和承认领主权的声明，也常出现于教会给予塞恩土地的租约文书当中。如伍斯特主教埃尔德雷德给予伍尔夫吉特的土地租约，曾着重强调伍尔夫吉特以及两代继承人，都要承认伍斯特主教的领主权。[⑤]

基于以上赐地文书和租约文书的内容，通常来说，获得教会土地的塞恩仅享有三代的使用权，即经过教会允许可传于自己的两代子孙，而有些土地仅能自己终身享用或享用两代。塞恩常可永久使用国王赐赠的土地，而教会的塞恩终究要将土地归还给教会。

---

① A. J. 罗伯逊编：《盎格鲁—撒克逊文书集》，第 139 页。

② 同上书，第 135、181 页。

③ 同上书，第 129 页。

④ F. E. 哈默：《盎格鲁—撒克逊令状集》，第 364—365 页。

⑤ A. J. 罗伯逊编：《盎格鲁—撒克逊文书集》，第 209 页。

塞恩自领主那里获得的土地，起初他们可对其自由处置，在此方面具有一定的独立性。比如，西撒克逊国王基内伍尔夫曾将位于贝德文的土地，授予自己的塞恩比卡，并附有交换、出售和遗赠的自由。[①] 而且，早期贵族自由处置土地的现象，也比较常见。[②] 10 世纪末 11 世纪初，塞恩对其土地的处理，要征得国王或教会等领主的许可，表明其依附性在不断增强，有关此点可由当时的令状材料证实。如忏悔者爱德华国王曾发布令状，许可利奥弗里克、埃塞尔弗里克、伍尔夫、埃什雷、艾尔里克、利奥夫西、斯韦吉和托斯蒂等人的土地遗赠。[③]

除了文书和令状材料以外，亦可从法典材料来考察贵族等级中领主权的增长。9 世纪末的《阿尔弗雷德法典》曾规定：假如一个人的领主遭遇攻击，此人应为自己的领主而战；同样，领主也可以为自己的人而战。[④] 该条款还规定，当自己的亲族遭受不正当攻击时，一个人可以为其亲族作战，但不能因此而去对抗自己的领主，说明当时一个人同其领主的关系，似乎已经超过了宗族关系。11 世纪的《克努特法典》更强调，假如某人密谋对抗国王或自己的领主，责令他负有偿命和丧失全部财产之责，除非他愿意接受神判，来洗清对自己的指控。[⑤] 因此，在盎格鲁—撒克逊晚期法律中，以塞恩为主的普通贵族，也已经同国王或教会等领主，建立起了一种超越宗族的依附关系。

以上着重分析了盎格鲁—撒克逊晚期贵族等级关系的变化，尽管这种关系同封建制下的附庸关系存在相似之处，然而，两者间依然存在诸多差异。首先，附庸关系以采邑的授予和军役的提供为基础，而附庸和领主间的关系，通常是及身而终。但是，前述塞恩们获得的土地，却不同于采邑，国王的赐地可永久持有，即便是来自教会领主的

---

① F. M. 斯坦顿：《盎格鲁—撒克逊英格兰》，第 304 页。
② 相关论述请见 J. 坎贝尔《盎格鲁—撒克逊国家》，第 227—246 页。
③ F. E. 哈默：《盎格鲁—撒克逊令状集》，第 219—221、340—359 页。
④ B. 索普编：《古代英格兰的法律和制度》，第 40 页。
⑤ 同上书，第 175 页。

土地，也常可享用三代。其次，封建制下附庸的军役提供，同领主的采邑授予息息相关，即同土地有直接关系。然而，在盎格鲁—撒克逊时代，塞恩的军役是否同土地有关，抑或是一种与土地授予无关的公共义务等，都体现了英格兰的特殊性。比如，902 年温切斯特主教德内伍尔夫，曾授予塞恩贝奥恩伍尔夫 15 海德土地，而且要求他必须担负整个民族皆要承担的军役。[①] 此处表明塞恩军役的提供，同领主的土地授予没有直接关系，更多的是为了拱卫整个民族的安全（抵抗丹麦人），有别于欧洲大陆上附庸的军役，多是为了领主之间的私战。再则，诸如附庸关系中附庸的帮助金等，都是盎格鲁—撒克逊晚期的赐地文书所未曾涉及的。

综上所述，在盎格鲁—撒克逊晚期，以塞恩为主的普通贵族，逐渐依附于国王和教会等领主，贵族等级中领主权获得重要发展。在维护贵族地位和权益方面，较之先前宗族关系发挥着主导作用，如今领主关系渐渐取而代之，尽管它同封建制下的附庸关系有稍许差异，但是其中已经孕育着封建制的萌芽。

结　　语

诚然，盎格鲁—撒克逊时期世俗贵族等级问题相当复杂，例如有关其具体的划分，有可能来得更细，《埃塞尔伯特法典》曾提到：破坏贵族出身的寡妇的监护权，最高等级者须交付 50 先令，第二等级者须交付 20 先令，第三等级者要交付 12 先令，第四等级的，要交付 6 先令。[②] 显然，此处所说的贵族妇女，至少能划分成四个等级，而对其具体情况，因未有更多材料留存，以致不得而知。因此，笔者仅作了一些初步的梳理和分析，诸多问题有待进一步探讨。简言之，在英国历史上，盎格鲁—撒克逊时代是一个社会流动性较为明显的时期，各种世俗贵族的地位，都处于不断变化当中，其中较为显著的特

① F. H. 哈默编：《九、十世纪英国历史文献选辑》，第 60 页。

② B. 索普编：《古代英格兰的法律和制度》，第 8 页。

征——即宗族关系影响力的衰落和领主权的增长，以及它对社会影响力的增强。

【作者简介】孙银钢，男，安徽贵池人，华东师范大学历史学博士，现为河南大学历史文化学院讲师、河南大学世界历史研究所研究员，从事世界古代史和英国早期史的研究和教学。

美国史研究专题

当代中国的美国史学史研究述评

王金虎

【摘要】 近30年来，端赖新老两代学者的努力，中国的美国史学史研究取得了长足的进展。从已有成果数量看，专题论文数量翻增，学术著作从无到有。就成果内容而观，研究范围和精深度俱有较大进展。当然，若与中国史学史研究成就相对照，中国学者对美国史学史的研究仍显微少。中国学者对美国史学趋势和现象的宏观分析、史学流派的评介和史学家的个案研究虽已有所开拓，但尚有许多课题可供学者追寻发掘，对美国史学史的整体进行多方位透彻的综合研究也尚未开展。

【关键词】 当代中国；美国史学；史学家

自改革开放国策施行以来，迄今历时已30余年。端赖新老两代学者的努力，当代中国的美国史研究已从几近荒芜而成茂林，作为美国史和西方史学史研究一个分支领域的美国史学史研究也取得了长足的进展。从已有成果数量看，专题论文数量翻增，学术著作从无到有。就成果内容而观，研究范围和精深度俱有较大进展。当然，若与中国史学史研究成就相对照，中国学者对美国史学史的研究仍显微少。中国学者对美国史学趋势和现象的宏观分析、史学流派的评介和史学家的个案研究虽已有所开拓，但尚有许多课题供学者追寻发掘，对美国史学史的整体进行多方位透彻的综合研究也尚未开展。中国学者的美国史学史研究仍然任重道远。

一 史学现象和趋势研究

对长时段的史学现象和发展趋势进行宏观审视，是史学史研究的应有课题。中国学者对美国史学现象和发展趋势确有研究，但文论不多，且选题分散。对于殖民地时期北美的史学，李世洞做过简要梳理。他提出，殖民地时期北美史学以1700年为界分为两个明显不同的阶段，1700年以前的史学特点，首先是史学著作的狭窄性和孤立性，其次史学中心位于以马萨诸塞为主的新英格兰地区，再次是史学著作多出于清教领袖、神职人员和清教思想浓厚的殖民地行政官员之手，最后是历史著作具有宗教性。进入18世纪，新英格兰失去了史学中心地位，历史著作者也由清教神职人员变成了世俗有产阶级，而史学思想也发生了从神本到人本的转变，不过，大多数史学家在史著中表现的政治倾向却具有保守乃至反动的色彩。[①] 李剑鸣对20世纪美国史学现象进行的论析围绕着这样一个令人困惑的问题，即在20世纪里，美国的史学著作丰厚，成绩斐然，“但是，在这种史学繁荣的表象之下，却存在一个令人困惑的事实：具有世界性影响的史学著作，很少是出自美国学者的手笔，美国也未产生世界公认的史学大师。”为解内中玄奥，他从分析这样两个问题着手，即“应当如何看待20世纪美国史学的基本趋势？20世纪美国史学留下了何种启示和教训？”究其原因发现：20世纪美国史学的最大问题就在于史学研究者太过于与时俱进，“历史解释跟随时代而不断变化和求新，每一代史学家的崛起，都以‘解构’既往学术为起点；他们热心追逐时尚，以‘标新立异’为研究鹊的；他们过于迎合大众口味，片面注重史学的工具性。这一切导致了思想的浅薄平庸和知识的实用化，未能在美国史学建立一种追求纯正知识的‘高贵’传统。于是，史学的高度繁荣活跃只是一种表面的景象，由于缺乏深沉的历史感和深厚的人

---

① 李世洞：《北美殖民地时期史学综论》，原载《武汉大学学报》1994年第3期。此处引自其《拾贝栽刺集》，河北人民出版社2011年版，第32、33、34、35、38页。

文底蕴，也就不具备产生史学大师的土壤”。第二个原因是历史学的社会科学化。历史学变成社会科学是20世纪的世界现象。可是，“社会科学之于史学，实在是一把双刃剑：它给史学带来生机，同时也使史学不断丧失自身的特性和功能”。第三个原因是美国史学中重专题研究轻宏观综合。“一国史学的理想状态应当是在专题研究和宏观综合之间保持平衡；专题研究为宏观综合提供学术资源，而宏观综合反过来推进和深化专题研究，两者相辅相成，相得益彰，齐头并进，乃为史学的真正繁荣。而20世纪美国史学以专题研究见胜，宏观综合相对薄弱，不能产生影响世界的史学巨著，也就不足为怪了。”[①] 张广智本着借鉴参考的目的对20世纪美国史学发展及其对中国的影响进行了论析。他以为，美国史学的现代化就是它的社会科学化。“从总体上看，现代美国史学的引入，无论对改造中国传统史学的陈腐部分，还是作为发展中国马克思主义史学的一种参照与借鉴，都将起到积极的作用。百年来的美国史学现代化的进程给我们以启示：在现代化进程中，应当充分重视国民的历史教育；需要摄取与借鉴外来的史学遗产，历史学的现代化需要历史学家自身的现代化。”[②]

对第二次世界大战后美国史学的发展，程群的研究用力颇多。其专著《论战后美国史学：以〈美国历史评论〉为讨论中心》，“主要是考察新史学的发展流变，重在历史思维、历史方法等方面”。她的看法是，“战后美国史学与西方史学在战后所发生的重新定向一样，其本质是传统史学向新史学的转换，其表现就是新史学与传统史学的抗衡、新史学的繁荣发展与危机”。[③] 关于第二次世界大战后美国史学的碎化现象。她认为，第二次世界大战后的美国史学出现疏离宏大叙事的趋势，要重建宏大叙事却面临种种难题。“这些难题从理论上讲是由于宏观社会理论的缺失与后现代理论的瓦解作用造成的，这是当代西方史

① 李剑鸣：《关于二十世纪美国史学的思考》，《美国研究》1999年第1期，第17、18、23—24、27、36—37页。

② 张广智：《论现代化进程中的美国史学》，《江海学刊》1994年第2期，第138页。

③ 程群：《论战后美国史学：以〈美国历史评论〉为讨论中心》，光明日报出版社2009年版，第2页。

学乃至整个世界史学需要直面的问题。而宏观社会理论的缺失、后现代理论的产生与宏大叙事的缺失一样都可以追溯到更深层的社会历史根源。"① 她对第二次世界大战后美国史学多元化发展原因的看法是，第二次世界大战以来美国史学的多元性发展显现研究主体多元化、研究客体多元化、研究理论多元化和研究方法多元化等四大表征。究其原因主要有三："一是新史学的倡导和实践、史学研究体制方面的多元性以及高等教育的平民化等；二是文化的多元性提供了参照系和动力来源，使得美国的史学多元性发展与其他国家的史学多元性发展有所区别；三是新技术革命造成的日新月异的大环境对美国史学提出了多元性发展的要求，也为多元性发展提供了有利条件。"②

除程群之论外，罗凤礼对于当代美国史学则另有一说。他认为"当前美国史学的首要新趋势是从'碎化'走向综合"。此外，"另一个新趋势是走出象牙之塔，重新向广大社会公众和社会实践靠拢，争取扩大史学的社会影响"。此外，由于后现代主义的冲击，当代美国史学还面临着重大危机。"这个危机就是史学的相对主义倾向日益严重，尤其因为近来又有新的因素的介入和助长，这种倾向越发得以恶性的发展和蔓延。这里所说的相对主义就是指否定历史事实的客观存在及其可认识性，以及否定历史学的'客观性'等唯心主义观点。"③ 张广勇对当代美国史学的梳理认为："当代美国史学理论虽然五花八门，但却有其基本取向：一是由下而上的理论取向；二是世界主义的理论取向。推动美国史学理论取向转变的力量是科学的突飞猛进、工业化的发展、大众社会的兴起和全球性世界联系的形成，它们不但引起了历史学的激烈变动，而且推动了西方文化的根本变革，具体来说，当代美国史学理论取向的形成，是与这些力量的推动而产生的历

① 程群：《宏大叙事的缺失与复归——当代美国史学的曲折反映》，《史学理论研究》2005年第1期，第51页。

② 程群：《六十年来美国史学多元化发展的成绩与问题》，《河北学刊》2004年第4期，第183页。

③ 罗凤礼：《当代美国史学新趋势》，《史学理论研究》1992年第2期，第125、129、133页。

史学的国际化和新的世界主义观念紧密联系在一起的。”①

20 世纪 90 年代，美国史学界、教育界、政治界和社会大众围绕美国国家历史标准的制定进行过激烈的辩论，王希撰文对这种辩论进行了解读。“为什么《全国历史教学标准》会引起如此强烈地反响？它对美国历史的解释与传统史观究竟有何不同？反对和支持《标准》的人怎样看待它的作用？他们争论的焦点是什么？围绕《标准》的辩论与美国史学界在过去几十年来发生的变化有什么关系？与近年来美国社会对多元文化主义的讨论有什么关系？”② 王希在叙论中解答了这些问题，较为详细地介绍了这一史学事件的来龙去脉和纷争因由。

二　史学流派研究

相对来看，中国学者对美国史学流派的研究要多一些，多种美国史学流派得到了或详或略的评介。关于第二次世界大战前的史学流派，钱皓对科学史学派进行了分析。她指出：科学史学派兴起于美国社会从农业社会步入工业社会转型期的 19 世纪 80 年代前后，消逝于 20 世纪初，其短暂的生命周期再现了美国史学的变迁和美国社会演化。“科学史学家提出的史学领域规范化、职业化的标准不仅指导着该时期的史学研究，同时也为美国成为法制国家播下了思想种子。由于时代的发展，科学史学家自身的不完善导致最终被进步主义学派所取代，但其在美国那个特定年代所作出的贡献不容忽略。”③ 对于继科学史学派之后的进步主义学派，李世洞的研究认为，进步学派“萌发于 19 世纪末，成型和流行于 20 世纪 20—30 年代，40 年代初期开始出现危机。第二次世界大战以后受到新保守派史学的全面挑战与否定，逐渐衰落下去。其史学观点对美国的

---

① 张广勇：《论美国史学理论趋向》，《史林》1996 年第 4 期，第 95 页。

② 王希：《何谓美国历史——围绕〈全国历史教学标准〉引起的辩论》，《美国研究》1998 年第 4 期，第 8—9 页。

③ 钱皓：《科学史学与史学研究——美国科学史学的历史地位》，《世界历史》1998 年第 4 期，第 96 页。

历史研究发生过重大影响”。[①]

第二次世界大战后初期，新保守派史学曾显赫一时。李世洞撰文提出，这个学派“史学思想的核心是‘一致论’或者叫‘和谐论’。它是第二次世界大战后美国保守社会思潮的一部分，是美国新的政治、经济格局的产物”。[②] 不过，陈茂华则另有一说，她认为：“‘共识’学派的史家们并没有因为强烈地关注现实而牺牲了历史的真实性，也没有因为国内、国际政治取向的变化而做出了相应的变更（他们的历史研究并没有为冷战摇旗呐喊）。他们仅仅以一个历史学家所具有的社会良心深切地关怀着现实，希望通过历史著述的实践方式安抚国民的不安情绪，给他们找回一些信心而已。历史对于他们而言，乃是一种思考现在的方式，不仅可以帮助人们解释和理解过去与现在，而且也有助于预测未来。在此，历史研究成了一种信仰。他们没有把历史学看作一门政策科学，只是把它的基本功用定位于了解此在的概念和意义。”[③] 在其看来，“‘和谐论’史学以批判进步主义史学为己任，抗议该学派强调社会冲突与对立是美国历史发展的根本动力这种看法，指出美国各种利益群体在基本价值观方面的一致性，认为正是基本价值观体现了美国历史的连续性。因此，他们认为，非常有必要为美国历史发展和民族的一致性与连续性辩护！有理由为美国独特的政治文化喝彩！”[④]

第二次世界大战以后，特别是60年代以来，随着美国社会的巨大变革，美国史学呈多元化发展趋向，各种学派并起，竞相争鸣，其中颇受中国学者关注的是新社会史学派、“新左派”史学和马克思主义史学。对于20世纪50—60年代兴起的新社会史学派，陈其认为：“新社会史家强

---

① 李世洞：《美国进步主义学派史学》，原载《世界历史研究动态》1988年第7期，此处引自其《拾贝裁刺集》，第72页。

② 李世洞：《美国新保守派史学》，原载《世界史研究动态》1988年第4期，此处引自其《拾贝裁刺集》，第96页。

③ 陈茂华：《史学与政治——美国“共识”史学初探》，《史学理论研究》2005年第1期，第70页。

④ 陈茂华：《“和谐论”史学之旨趣——以理查德·霍夫施塔特为例》，《史学月刊》2004年第5期，第95页。

调多元文化的美国中各社会集团的特殊性，特别是族群特性。他们反对精英垄断的政治历史，努力建立以‘普通人的日常生活’构成的‘自下而上的历史’。新社会史学在史学目的、理论、方法等方面做出了重要贡献，但也出现很多偏差。”① 夏学花探讨的结论是，美国60年代思想潮流和思维方式的变化是美国新社会史学产生的思想渊源。不过，“新社会史在它的发展过程中遇到了许多无法解决的问题，出现了许多弊病，80年代美国史学界针对这一切提出了改进方案，重新确立了自己独到的史学理论”②。对于“新左派”史学，徐良分析说：20世纪50—60年代发展起来的“新左派”史学，“以激进主义为标榜，以改革美国社会为目的，从当时社会的需要出发，以阶级冲突的‘二元论’分析入手，对广大下层民众的生活进行了广泛的考察，自下而上地对美国社会提出了一系列批评，试图以此找寻到解决美国现实问题的历史良方”。③ 这种“新左派”史学以其强烈的批判精神，“打破了长期以来为保守主义史学所垄断的美国史学界沉闷压抑的气氛，开阔了人们的视野，极大地活跃了美国史学界对美国历史的讨论，造成了美国历史研究领域的一些革命性变动。其所倡导和践行的‘自下而上’的历史研究，不仅引起了许多美国人对国内诸多社会问题的关注与批判，而且也成为美国史学不断发展壮大的新的增长点”。④ 对于当代美国的马克思主义史学，王立端的研究认为：20世纪60—70年代以来美国有一批新马克思主义史学家，“他们倡导总体史观、坚持‘自下向上看’的研究视角、重视文化研究以及地区和地方社区的研究，他们充分利用社会科学其他学科的理论和方法，通过自己的史学研究实践发展了美国的马克思主义史学”。⑤

中国学者对美国的宪法史学流派也有研究。侯学华撰文指出：

---

① 陈其：《历史“重塑”中的得与失》，《历史教学》2003年第4期，第42页。

② 夏学花：《美国新社会史述评》，《史学史研究》2002年第1期，第72页。

③ 徐良：《略论美国“新左派”史学的兴起》，《学术研究》2005年第3期，第103—104页。

④ 徐良：《美国“新左派”史学衰落原因及其遗产探析》，《史学理论研究》2007年第3期，第91页。

⑤ 王立端：《二战后美国马克思主义史学及其特点》，《史学理论研究》2007年第1期，第116页。

“无论在进步史学时期，还是修正派史学繁荣时期，由于‘制宪史’在美国史学和政治学等其他学科中的根本性地位，对制宪史的研究都成了热点内容。”尤其在20世纪，“正统派”“思想史学派”“共和学派”“新左派”等不同派别的史学家，“在制宪史研究领域都做出了各自的探索性研究，对美国革命的立宪动机、立宪思想的解释不断翻新，为后人解读这段历史增加了不同的理解背景”。[①] 李世洞的析论总结了第二次世界大战后美国的独立革命和宪法史学的4个特点：第一，已深入到探讨个别殖民地的革命历史；第二，对独立革命斗争中的另一方——英国及其在殖民地的代理人有了较多的研究；第三，对革命本身的研究领域也扩大了；第四，在史学史潮上经历了一个“否定之否定”的过程后，开始走向多元化。[②]

正如其书名已经明示，曲升的《美国外交史学中的“威斯康星学派”研究》研究对象是美国外交史学中“威斯康星学派”。这部著作较为细密地梳理了这个学派的来龙去脉，归纳出了威斯康星学派的四个学术特征：“第一，从研究理路来看，威斯康星学派遵循‘由内而外’的路径，即他们都是从美国国内社会探寻美国外交政策的根源。”“第二，从基本学风来看，威斯康星学派表现出既注重实证研究，又热衷于创新和综合的双重特征。”“第三，从目的论上看，威斯康星学派主张‘现时主义’，倡导一种‘有用的、承载价值’的历史。”“第四，从基本史观或立场上来看，威斯康星学派持一种激进主义的评判史观。”[③]

对于美国史学流派演变，胡锦山撰文叙论道：美国的专业性史学始于19世纪末20世纪初。在此之前，美国史学由业余史家所承担。专业史学兴起后，美国史学的发展成长既以美国社会和文化生活的巨

① 侯学华：《历史解释与美国宪法史学流派》，《西安交通大学学报》2005年第4期，第84页。

② 李世洞：《二战后美国独立革命和宪法史学述评》，原载《兰州学刊》1986年第6期，此处引自其《拾贝栽刺集》，第41—42页。

③ 曲升：《美国外交史学中的“威斯康星学派”研究》，吉林大学出版社2010年版，第279、280、282、283页。

大变化为前提，同时又构成了这些变化的一个方面。“不同时期不同流派的史学家对美国历史的解释不仅表现了他们对于过去美国的认识，而且更反映出了他们是如何认识现在的美国。”[①] 张小兵、王军则考究了美国现代史学历经的进步主义史学、新保守主义史学、新左派史学和多元文化主义史学等四大流派。在他们看来：“美国现代史学在发展过程中呈现出实用主义、多元化和国际化这三种鲜明的特点。美国现代史学每一学派的兴盛与衰落都是和美国社会思潮的演变分不开的，每一学派既是美国历史发展的产物，也是美国历史发展在史学领域的反映。”[②]

三　历史学家个案研究

仅从数量看，中国学者对美国史学家的个案研究成果更多一些。不过，中国学者的选题相当分散，即便是审视同一个对象，关注的面也很少相同。在得到一个以上中国学者研究的美国史学家中，相对而言，詹姆斯·鲁滨逊受到的审视较多。肖华锋对鲁滨逊的史学思想研析认为：“鲁滨逊史学思想最明显的特征是其实用性，就根本意义而言，是在为当时美国社会的调整和改革摇旗呐喊。”在他看来，“鲁滨逊的新史学是现代美国工业社会的产物，同时，也在为美国社会的现代化服务并提供历史根据”。[③] 19 世纪末 20 世纪初“美国社会现代化可以说是产生‘新史学’的社会大背景；传统史学无法解释日益复杂的美国社会，以特纳为代表的历史学家以全新视角纷纷登台亮相，为‘新史学’提供了专业理论依据；而当时自然科学、社会科学的最新研究成就，尤其是马克思主义和实用主义思潮，不仅更新了历史学研究视角，且扩大了历史学研究方

① 胡锦山：《20 世纪美国史学流派》，《厦门大学学报》2000 年第 3 期，第 74 页。

② 张小兵、王军：《现代美国史学主要流派的演变和反思》，《宁夏社会科学》2006 年第 6 期，第 113 页。

③ 肖华锋：《鲁滨逊的史学思想——兼论〈新史学〉》，《江西师范大学学报》1999 年第 2 期，第 38、39 页。

法和内容”。[①] 李勇从史学内部分析鲁滨逊新史学思想的来源指出：“鲁滨逊新史学继承了本土史学在认识论和方法论方面的遗产，从欧洲汲取了丰富的知识营养，是美国本土和欧洲文化共同孕育的结果。社会进步理论、实用主义价值观、历史广泛性的理念、历史的经济和心理的诠释理论、历史学既是科学又是艺术的思想、历史相对主义以及前人对科学史学的批判等，都成为它的学术渊源。”[②] 在其著作《鲁滨逊新史学派研究》中，李勇对“对美国史学史上的一代宗师鲁滨逊及其所开创的美国新史学派的史学思想及其影响进行了详细的考察与理性的重评，对其重要的历史地位和历史功绩给予了充分的肯定”。[③] 关于鲁滨逊新史学对中国史学的影响，李孝迁的解析是：“五四”时期中国史学界很欢迎鲁滨逊的新史学，在他们影响下，鲁滨逊新史学“对民国时期史学理论和史学史学科建设产生了深刻影响。但是，鲁滨逊新史学派的理论和方法毕竟与本土史学范式差距较大，一时难以找到结合点，其影响力始终停留在观念层面，没有在史学实践中出产可观的成果”。[④]

对美国边疆学说创始人弗雷德里克·杰克逊·特纳也有多篇论文。杨生茂就特纳的史学成就和贡献进行了评述。他认为，特纳的史学著作并不多，没有史学巨著留世。其贡献在于提出了一个历史观点，并培养了一批学生。“特纳虽然是一位有影响的历史学家，但著作不多。他一生主要著作是两本论文集和专著，其中两本还是死后由他的学生代为整理出版的。论文约计 30 篇。”杨先生对特纳的文辞能力颇有诟病，指出“特纳著作的通病是前后重复，支离松散，有时语欠修饰含混不清。1941 年乔治·W. 威尔逊发出调查表，征询关于特纳著作的意见。106 份的答复意见是，原著过于简单暧昧，闪烁

---

① 肖华锋：《鲁滨逊“新史学”的起源》，《史学理论研究》2004 年第 1 期，第 73 页。

② 李勇：《鲁滨逊“新史学”的学术渊源》，《史学理论研究》2004 年第 1 期，第 65 页。

③ 徐良：《美国史学史研究的新成果——评〈鲁滨逊新史学派研究〉》，《安徽史学》2005 年第 1 期，第 108 页。

④ 李孝迁：《美国鲁滨逊新史学派在中国的回响》，《青岛大学学报》2006 年第 1 期，第 74 页。

其词”。[①] 吴倩倩对特纳则给予高评，认定特纳对史学的最大贡献或许并不在于他的边疆学说，而在于他在边疆学说中体现的史学思想。“特纳史学的诸种贡献纠正了美国史学的发展方向，使美国史学逐渐向独立、成熟发展，新史学运动悄然兴起，而特纳本人就是这一运动的真正奠基人。”[②] 王邵励探讨了特纳的史学观念和治史方法，指出他的史学贡献是：特纳“强调历史认识的现时性与相对性，主张根据国情时势变迁而修正历史认识；倡导对历史现象进行综合性的整体把握，以世界史的视野来考察区域史，从经济、环境、社会等现实维度来探寻历史成因，由此全面论证社会进化史的主题；他还注重强化历史学的阐释功能，借用地理学、图表计量等新方法来提高历史认识的精确性。上述认识论与方法论的提出及其在边疆假说体系构建中的应用，示范性地推动了美国史学职业化的进程，引导了20世纪西方新史学运动的潮流，奠定了日渐成熟之际的美国史学的实用主义与社会科学化取向”。[③]

查尔斯·比尔德和理查德·霍夫斯塔特也得到不止一个中国学者的关注。对于美国进步主义学派旗手比尔德的评说，王晴佳辩称：比尔德虽然写出了不少有影响的美国史学名著，然而，作为资产阶级历史学家，他始终未能摆脱唯心史观，“比尔德把整部美国史看作是‘利益冲突’的结果，却不能把它上升到阶级斗争的高度来加以充分认识”。[④] 李世洞的研究却强调：“比尔德在史学上的重要地位主要表现在他参与提出并系统论述了经济史观，而且把它具体运用到美国史的著述之中。”[⑤] 丁则民对比尔德的美国宪法史观和第二次世界大战

---

① 杨生茂：《试论弗雷德里克·杰克逊·特纳及其学派》，载杨生茂《探径集》，中华书局2002年版，第22、23页。

② 吴倩倩：《边疆学派创始人——特纳的史学思想研究》，《山东省农业管理干部学院学报》2008年第6期，第107页。

③ 王邵励：《特纳的史学观念与其编纂实践》，《史学理论研究》2010年第3期，第38页。

④ 王晴佳：《查尔斯·比尔德经济史观的形成及其影响》，《史学史研究》1985年第1期，第79页。

⑤ 李世洞：《美国进步主义学派历史学家查·奥·比尔德》，原载《世界史研究动态》1988年第9期，此处引自其《拾贝栽刺集》，第88页。

后美国史学界对其所做的批评进行了叙论，认为比尔德“忽视了奴隶制问题在美国宪法形成过程中的重要作用”。[①] 关于在第二次世界大战后史学界颇具影响的理查德·霍夫斯塔特，李世洞撰文对其生平和著述进行了简要述评，提出“他的史学著作对战后美国史学发生过巨大影响，是主张‘一致论’的新保守派史学主要代表人物之一”。[②] 陈茂华对霍夫施塔特的地位革命史观进行分析认为：“这一史观强调，在社会转型的关键时期，经济利益并非导致社会变化的唯一决定性要素，体现人的尊严的‘地位政治’同样具有不容忽视的作用，有时甚至会引发社会性革命。”[③]

除上述诸位大史学家外，还有一些美国史学名家成了个别中国学者研究的论题，不过所论重点也是多种多样。分而论之，杨生茂考论了班克拉夫特的史学研究。他认为班克拉夫特是美国史学史发展第一阶段最杰出的代表。“班克拉夫特从当时欧洲文化中汲取了两大精华：一是民族主义，二是浪漫主义，前者主要取自德意志，后者主要取自英法。他鉴别吸收欧洲史学方法和理论，是以新英格兰精神，即资本主义精神为依据的。他的宗教信仰是唯一神论（清教），思想走向是扩张主义使命观，治史目的是为年轻的共和国呐喊。这既是他史学研究取得成功的关键，也是他受后人推崇的原因所在。”[④] 吴道如分析了卡尔·贝克尔的史学思想。他指出：“贝克尔试图表明史学家在进行历史研究时并不像科学历史学家所主张的那样，必须而且能保持一种超然态度，而是从历史研究开始的那一刻起，史学家的个人因素和他的时代因素就已经渗透其中，这一点既无可避免又很有必要，所以历史认识只是相对于得出这一认识的史学家才是客观的，而随着

---

① 丁则民：《查尔斯·比尔德与美国宪法——美国史学对比尔德关于美国宪法的解释的评论》，《东北师范大学学报》1982 年第 2 期，第 69 页。

② 李世洞：《美国新保守派史学家理查德·霍夫斯塔特》，原载《世界史研究动态》1990 年第 1 期，此处引自其《拾贝裁刺集》，第 107 页。

③ 陈茂华：《解读霍夫施塔特的地位革命史观》，《史学理论研究》2006 年第 3 期，第 59 页。

④ 杨生茂：《论乔治·班克拉夫特史学——兼释“鉴别吸收”和“学以致用”》，《历史研究》1999 年第 2 期，第 130 页。

史学家和时代的变化，这些历史认识会变成适应另一个史学家、另一个时代的形式。”①。杨彪简析了美国总统伍德罗·威尔逊的历史研究和史学思想，认为威尔逊“不仅是一位有巨大影响的政治家，同时也是一位杰出的历史学家，在美国史学发展过程中有着相当重要的地位”。②李剑鸣对伯纳德·贝林史学思想和研究方法进行的评述指出：“在历史观方面，贝林既无那种客观再现过去真相的兰克式雄心，又拒斥卡尔·贝克尔那种过去实在无法确知的悲观论调。一方面，他反对将‘过去实在’和历史知识相互等同，同时又坚信表现过去历史的努力可以尽量精确和充分为目标。”在研究方法方面，“贝林史学在方法论上最突出的特点，是力图重建历史中人的思考和活动的具体时空结构，使研究者深入其中，为历史中的人设身处地，而不是以现在的观点改造过去的实际，从而致使过去的独特性丧失殆尽”。③ 李爱慧对奥斯卡·汉德林的研究关注的是他的美国移民史学研究。她发现，汉德林的数部移民史著作中，真正具有影响力的只有《波士顿移民》和《离别故土的迁徙者》这两部著作。从史学观念上看，汉德林是传统社会史学向新社会史学转变的过渡性人物。他始终没有放弃“熔炉论”，还没有彻底放弃种族优越论。④ 李世洞撰文对著名黑人史学家赫伯特·阿普特克的生平和著述作了简要介绍。⑤ 此外他还撰写了介绍丹尼尔·布尔斯廷生平和著述的文章，提出“布尔斯廷的史学观点，对美国新保守派史学的一度兴盛，对50年代出现的按照‘一致论’改写美国史的浪潮起了很大作用”。⑥ 张玉栋对科默·

① 吴道如：《重评贝克尔的相对主义史学》，《史学理论研究》2006年第1期，第71页。

② 杨彪：《作为历史学家的威尔逊》，《历史教学》1996年第6期，第17页。

③ 李剑鸣：《伯纳德·贝林的史学初论》，《史学理论研究》1999年第1期，第134、137页。

④ 李爱慧：《奥斯卡·汉德林与美国移民史学》，《世界历史》2000年第4期，第120、125页。

⑤ 李世洞：《美国研究黑人历史的专家赫伯特·阿普特克》，原载《世界史研究动态》1981年第6期，此处引自其《拾贝裁刺集》，第126—131页。

⑥ 李世洞：《美国新保守派史学家丹尼尔·布尔斯廷》，原载《世界史研究动态》1991年第8期，此处引自其《拾贝裁刺集》，第124页。

V. 伍德沃德的研究发现，伍德沃德“在长期的学术实践中他形成了注重史学的社会功能、强调历史发展的非连续性和善用反讽的史学研究风格。他以自己对美国南部历史与现实的深切关怀，积极推动了南部史的研究。其贡献既表现在对新的史学领域和问题的开拓，也体现在围绕他的著述所展开的学术商榷、学术批评中，以及由此而形成的良性的学术研究氛围上”。[①] 周兵对林·亨特与新文化史的论析认为，林·亨特是20世纪最后20年中西方新文化史运动的主要倡导者和领导者之一，她不仅在法国大革命史研究领域积极实践新文化史的研究主张，她主编的《新文化史》和《超越文化转向》这两部新文化史理论文集，“确立起了新文化史最基本的研究范畴与规范”。[②]

四　进步与不足

从研究者的主体来看，当代中国的美国史学史研究经历了新老两代学者的代际更替。本文述及的成果作者中，杨生茂、丁则民、李世洞、张广智和张广勇属于老一代学者。而其他作者，尽管其中年龄有差，名望相异，但大致上属于改革开放时代成长起来的新一代学者，这个群体不仅人数多，而且大多受过研究生教育，已成为中国的美国史研究以及美国史学史研究的主力。正是新老两代学者的代际更替，促成了中国美国史学史研究取得了长足进步。老一代学者虽然个人学养深厚，治学态度谨严，可惜在他们人生的精华岁月恰逢时势不利于治学，及至耄耋之年才遇学术氛围渐归正常，故虽有老骥伏枥之志，且笔耕不辍，奈何精力和条件所限，留给后学看的只是寥寥数篇文章而已。而新一代学者恰逢学术氛围宽松之时代，研究条件改善之机遇。与老一代学者相比，他们既可以安心于学术探究，又有越来越多的图书资料可以利用。恰似巧妇有米自能炊，自然学术研究也就愈益精进。

① 张玉栋：《科默·V. 伍德沃德与南部史学》，《史学史研究》2004年第4期，第66页。

② 周兵：《林·亨特与新文化史》，《史林》2007年第4期，第170页。

当代中国美国史学史研究的进步，第一，表现在学术成果的数量上。从本文述及的成果看，发表于20世纪80年代的文章不及10篇。从90年代以来，发表的相关学术文章数量增多增快，学术著作从无到有。第二，从选题的演进来，中国学者的研究范围越来越宽。老一代学者在20世纪80年代发表的少数几篇美国史学史文章只是研究了比尔德、特纳和班克拉夫特这几个美国著名史学家。而随着改革开放时代成长起来的中青年史学家则将美国史学流派、史学趋势和更多的美国历史学家纳入了审视剖析的范围。研究范围拓展在个案研究中也有例证，如在杨生茂对特纳的研究中没有涉及特纳史学观念，而王邵励研究特纳的文章则正是针对他的史观和治史方法，这就正好填补了特纳研究中的一个遗漏点。第三，从论述的行文观察，历经30多年的发展，中国学者的美国史学史研究已经回归到了学术研究的本位。在改革开放之前，由于时势的桎梏，所谓的史学研究只是时势宣传的工具，其功能限于为宣称的论点用历史的名义寻解作注。那是一个阶级斗争史观时代，对近现代西方的非马克思主义学者戴上资产阶级学者的帽子是必需的表达方式。随着改革开放时代的春风化雨，中国学者思维中的阶级定性意识渐趋消失。80年代虽有文章仍旧把他们的论述对象定性为资产阶级史学家，但论述内容已经不再是简单的阶级分析。时至今日，绝大多数的学术研究已经不再简单戴帽，而是对研究的主题进行学术上的学理分析，这是中国的美国史研究已经回归学术本位的标志。学术研究虽然与现实社会有着剪不断理还乱的复杂纠缠，但其本身只能是研究者的自主活动，以其学识为依托，以其获取的材料为基础，运转其思维，寻求研究的结论，舍此并无其他途径。中国的美国史学史研究在改革开放时代渐归此径，表明中国美国史学者的治史理念渐臻成熟。第四，研究成果的质量总体上趋向提高。学术成果的质量高低因其专业性极强而难以轻易判断。每个时代的学术成果质量会因作者治学能力、用力程度和条件优劣的相异而千差万别。但就总体而言，改革开放时代中国的美国史学史研究总体质量的历时性提升，可从资料的渐趋增加上做推定。受制于资料的匮乏，改革开放早期的中国学者的世界史研究往往难以精深。史学研究是直接受制于参考资料的。虽然不能说引文多就等于论述精深，但反过来，只有几本书可看确实是难以写出高质量成果，此为史学常理，史家自知。而时至今日，研究美国史学史的文章著作大多有较多的参引文献，此可作为学术成果质量提高的一个佐证。另一个佐证是美国史学史研究专著的从无到有发展。近年来出版的美国史学史研究专著多以作者的博士论文为基础，这些人在读博士期间和毕业后集中数年精力于一题研究，当然就能取得质量较高的学术成果。

当然，如果与中国史学史研究相比较，中国美国史学史研究就显得很是微少。其一，迄今并没有出现对美国史学史进行整体性的综合透彻研究著作。现有的研究总体上呈现一种散碎状态，实际上只是学者们对于具体史学史问题的探讨，没有人对美国史学史从起始到现今的发展历程、思潮演变，史学家的代际交替等诸多方面进行综合论述。其二，美国史学史的很多内容仍未触及。仅以美国史学家的研究为例，尽管得到中国学者研究的美国史学家愈益增多，但是他们仍只是美国史学名家中的极少数。就以克莱德·威尔逊主编的美国史学家辞典选入的人物而论，1984 年出版的《美国历史学家：1607—1865》中选入的 46 位美国史学家中，只有乔治·班克罗夫特得到了研究。1986 年出版的《美国史学家：1866—1912》中包括的 47 位史学家中，只有成了美国总统的伍德罗·威尔逊得到了审视。1983 年出版的《20 世纪美国历史学家》记述的 59 位史学家中，只有比尔德、霍夫斯塔特、特纳和伍德沃德数人得到研究。更多有影响的美国史学家，像美国专业史学的奠基者赫伯特·巴克斯特·亚当斯、亨利·亚当斯，像 20 世纪的詹姆森、菲利普斯、邓宁，以及康马杰、莫里森等美国著名的史学家，还有如黑人史学家伍德森、富兰克林，都未得到详评细论。其他方面也有很多论题尚待开拓。其三，当代中国的美国史学史研究中缺少学术批评和争鸣。从学术生态来看，当代中国的美国史学史研究宛如一幅“齐物世界”景象。学者们各自选课题，自论自叙展示学识，相互之间在学术问题上既不呼应也无争鸣，颇像一个和谐社会的生态。这种现象的形成，固然是由于中国的美国史学史研究尚处于拓荒阶段，还有太多的生荒之地可供开拓，且对学术新领域的开疆拓土易显成就，学人们当然乐意为之。但恐怕也有学者们为避免批评他人引发怨愤而刻意回避争鸣的心思。和谐固然让人舒心体面，可是个人和整体学术研究水平的提升却有赖于相互争鸣和批评。综上以观，中国的美国史学史研究仍然任重道远。

【作者简介】王金虎，男，河南安阳人，南开大学历史学博士，现为河南大学历史文化学院教授、博士生导师，河南大学世界历史研究所所长。

威尔逊与菲律宾的“菲化”

史晓红

【内容提要】美国统治菲律宾初期，共和党对其采取双重的殖民政策，拒绝对其独立做出明确的承诺。威尔逊执政以后，不仅委派弗朗西斯·哈里森在菲律宾推行一系列“菲化”政策，而且还力促议会讨论通过并亲自签署《琼斯法案》，答应在菲律宾人建立稳定政府后就给予他们最终的独立。但他又认为，自治是一种性格，菲律宾的独立，要等到美国所强加的命令和他们应该拥有的自治达到最好调节的时候，扩大自治的速度和兑现独立承诺的时间要视菲律宾的安全和美国的长远利益而定。所以，威尔逊对菲政策的实质仍然是为了维护美国的国家利益。

【主题词】伍德罗·威尔逊；菲律宾化；自治；独立

在菲律宾“菲化”的历史过程中，作为美国著名的“理想主义”总统的伍德罗·威尔逊起了非常重要的作用。他不仅委派弗朗西斯·哈里森在菲律宾推行一系列“菲化”政策，使菲律宾人在菲律宾议会和行政机构中占有大多数席位，通过实践提高他们的管理自治能力，而且还力促议会讨论通过并亲自签署《琼斯法案》，答应在菲律宾人建立稳定政府之后给予他们最终的独立。但他同时又是美国利益的忠实维护者，具有很强的“使命观”和扩张思想。他是如何把这两者结合在一起的？其本质又是什么？西方学者对此做过一定的探讨，如弗兰克·H. 高利的《直面帝国：美菲关系 1898—1946》、皮特·W. 斯坦利的《国家的建立：菲律宾和美国 1899—1921》、斯坦利·卡诺的《按照我们的形象：美利坚帝国在菲律宾》和 H. W. 布兰迪斯的《帝国的界限：美国和菲律宾》等。这些著作都对威尔逊“菲化”政策的背景、内容及结果进行了描述，但作者们大都站在西方殖民主义的立场上，为美国的殖民统治进行辩护，没有也不可能揭示出威尔逊“菲化”政策的深层本质。本文拟对威尔逊的“菲化”政策及其实质作一探讨。

一 共和党时期美对菲政策的矛盾性

1898 年美西战争之后，西班牙战败，被迫将菲律宾割让给美国。1899 年 1 月 4 日美国驻菲律宾军政总督奥蒂斯公布了麦金莱总统的《开明同化宣言》，声称美国在菲律宾享有主权，从此开始了美国对菲律宾殖民统治的历史。美国统治菲律宾的最初十多年一直是共和党执政，其对菲律宾的统治主要通过麦金莱总统（1897—1900）、西奥多·罗斯福总统（1901—1908）、威廉·塔夫脱总统（1909—1912）以及驻菲律宾总督等殖民官员所推行的政策体现出来。和其他西方帝国主义国家一样，美国对菲律宾实行民族压迫与民族剥削的殖民统治，但美国又是自认为负有天然使命，具有民主、自由思想和非殖民主义传统的国家，正如国务卿威廉·马西所说：“遥远的殖民地对于任何政府来说都不是力量的源泉，而是一个绝对的弱点。”他认为殖民主义与美国的政治和意识形态体系是不相容的。① 所以美国早期对菲律宾的政策就表现出双重性。比如，1898 年参议院对《巴黎条约》进行投票表决，一方面认为菲律宾适宜成为美国的殖民附属地，美国可以对菲律宾的领土进行统治和殖民化；另一方面又声称：美国“不是试图把菲律宾群岛的土著转变为美国的公民，也不是永久性的合并这些岛屿作为美国领土完整的一部分，而是要在菲律宾建立一个

① William H. Becker & Samuel F. Well, *Economics and World Power: An Assessment of American Diplomacy Since 1789*, Columbia University Press, 1984, p. 64.

适合当地人民需要及其状况的政府，并为当地建立自治政权做准备，在计划的时间内做好对这些岛屿的安排，最大可能地促进美国公民和这些岛屿居民的利益"[①]；麦金莱、西奥多·罗斯福和威廉·塔夫脱总统时期，美国一方面残酷镇压菲律宾的民族独立运动；另一方面又于1902年颁布《菲律宾法案》（Organic Act），允许菲律宾立法机关派出两名菲律宾人作为常驻华盛顿的专员。这些代表享有美国众议院议员的权利，他们虽没有表决权，但有机会和途径不断地把菲律宾人要求独立的呼声带到美国国会中去；一方面美国议会及总统握有立法、委派官员及否决等大权，对菲律宾实行殖民统治；另一方面他们又声称美国希望建立一种为菲律宾人民所能够接受的开明的政府体系，美国的统治呈现给菲律宾人民的将是"最慷慨的自由的福祉"。[②] 1901年3月2日美议会通过《斯普诺修正陆军拨款法案》，并于7月4日在菲律宾成立文官政府。一方面他们认为，菲律宾人民还不能自立，"菲律宾人总体上没有自治的能力，民众是懵懂无知的和缺乏经验的"，[③] 骤然的独立会使其很难获得和平和有序的自治；另一方面他们又宣称，美国占领菲律宾不是为了剥削，而是为了发展、开化、教育，在自治的科学上对菲律宾人加以训练，"在经过一段不确定的受到美国训练的时期之后使其获得最终的独立"；一方面他们声称，一旦菲律宾人表明他们自己有能力行使统治权，美国将逐渐对其实行一种程度越来越高的自治措施，当菲律宾人作为一个整体表明其能够实行普遍的自治，能够保持法律和社会秩序而要求获得独立时，他们将会被授予这些权利；另一方面他们又认为菲律宾人需要相当长时期的训练才能实现"盎格鲁—撒克逊民族的自由"。这个过程塔夫脱总统认为大约需要一个世纪之久，西奥多·罗斯福则相信至少需要12、

① Usha Mahajani, *Philippine Nationalism: External Challenge and Filipino Response, 1565 - 1946*, St. Lucia: University of Queensland Press, 1971, p. 212.

② "Schurman Report", Vol. 1, pp. 82 - 83, in Usha Mahajani, *Philippine Nationalism: External Challenge and Filipino Response, 1565 - 1946*, pp. 225 - 227.

③ H. W Brands, *Bound to Empire: the United States and the Philippines*, Oxford University Press, 1922, pp. 67 - 68.

甚至20年的时间。他们都认为在近期内给予菲律宾独立是有害无益的。[①] 总而言之，共和党统治时期美国的对菲律宾政策，一方面是对菲律宾实行殖民统治，另一方面又表现出不同于老牌资本主义国家的非殖民化倾向，对菲律宾实行了一定程度的教育和自治，但他们又都坚决反对马上让菲律宾独立，也不愿对这一结果给予任何明确的承诺，理由是菲律宾人还不适合独立。

威尔逊出身于学者，深受资产阶级民主自由等政治思想的影响，加之他对基督教的虔诚信仰和他认为历史是进步的社会观念，使他作为普林斯顿大学校长和新泽西州长时期，就以进步主义和理想主义而闻名。在菲律宾问题上，威尔逊赞成推行更为民主自由的外交政策。他希望“不仅要在国内推行新民主，而且要把民主推向国外，即推行利他主义的而非仅仅考虑国家物质利益的外交政策”。[②] 他声称：“我们现在所要面对的……乃是人权、国家完整、机会这些问题，而不是物质利益”，“任何国家都不应将其政体强加于其他国家和人民，每个民族都应自行决定自己的政体……而不受大国和强国的阻挠、威胁及恐吓”。[③] 所以，威尔逊在1912年大选中告诫同胞：“在处理菲律宾群岛问题上，我们不能有丝毫骄傲自满……不然，我们必会犯下其他国家已经犯下的自私自利的大错。我们不是菲律宾的主人，我们只是受托管理住在那儿的人民。岛屿是他们的，是他们生活的来源，我们甚至连他们的伙伴都算不上。”[④] 他指责共和党的政策使美国没有履行好对菲律宾的责任，宣称“反对在菲律宾的帝国主义政策和剥削”，表示将为菲律宾未来获得独立而进行准备，呼吁“马上宣布美国的目的在于一旦菲律

---

① Usha Mahajani, *Philippine Nationalism: External Challenge and Filipino Response, 1565 - 1946*, pp. 240 - 244.

② Arthur S. Link, *Wilson the New Freedom*, Vol. 2, New Jersey: Princeton University Press, 1956, p. 55.

③ Charles A. Beard, *The Idea of National Interest: An Analytical Study in American Foreign Policy*, The McCmillan Company, 1934, pp. 377 - 378.

④ John Wells Daridson, *A Crossroads of Freedom*, New Haven: Yale University Press, 1956, p. 31.

宾建立起稳定的政权，就将承认该群岛的独立”[①]。他认为美国已经承诺是为了菲律宾人的利益才去统治他们的，并且给该群岛带去了民主制度，这个承诺一定要兑现。这些言论预示着威尔逊的对菲政策将会发生一定程度的变化。

二 “菲化”政策的实行

上台伊始，威尔逊就于1913年10月7日在菲律宾政策演说中宣称：“我们作为受托者，不是为了美国的利益，而是为了菲律宾人民的利益。我们要采取的任何步骤都将是为了菲律宾群岛的最终独立和为这一目的所做的准备。”[②] 这一政策演说标志着威尔逊对菲律宾新外交政策的开始。

1913年12月13日，威尔逊在致国会的年度国情咨文中再次重申：“在菲律宾群岛问题上，我们必须走得更远一些。我们必须支持他们独立，我们必须朝着这个独立的时间迈进，”[③] 并明确宣布了菲律宾化的政策。他决心不再任命在马尼拉的美国人进入菲律宾委员会，并把9个席位中的5个给了菲律宾人，这使得菲律宾人在委员会中占有了多数，加上菲律宾人所控制的菲律宾议会，菲律宾人实际上控制了立法权。威尔逊指出，这种允许菲律宾人在委员会中占据大多数的举措，只是朝着自治迈出了第一步，菲律宾人将能够管理自己的事务。[④] 在他看来，菲律宾独立只是个时间问题，美国对此必须做出明智的选择。与其让菲律宾通过自下而上的革命走

---

① Arthur M. Schlesinger, Jr., ed., History of American Presidential Elections, New York: 1971, p. 2176, in H. W Brands, Bound to Empire: *the United States and the Philippines*, p. 104.

② Ray S. Baker and William E. Dodd, *The Democracy Presidential Messages: Addresses and Other Papers (1913 - 1917)*, Vol. 1, New York: Harper and Brothers Publishers, 1926, p. 53.

③ Ray S. Baker and William E. Dodd, *The Democracy Presidential Messages: Addresses and Other Papers (1913 - 1917)*, Vol. 1, p. 77.

④ Usha Mahajani, *Philippine Nationalism: External Challenge and Filipino Response, 1565 - 1946*, pp. 253 - 254.

向独立，不如由美国自上而下安排它的独立进程，使之成为美国精神的认同者。

为深入了解菲律宾的实际情况，威尔逊派出以亨利·福特（Henry Ford）为首的非官方调查团去考察菲律宾的情况。福特的报告与以往的“舒尔曼委员会”和“塔夫脱委员会”的报告不同，它不仅对共和党的菲律宾政策进行批评，而且认为菲律宾人参与管理的权利比英国殖民地居民的还要少，正是这种缺乏参政权力的处境，才导致菲律宾人种种痛苦、宗派活动以及美菲人民之间的不良情感。报告分析了菲律宾的政治组织、经济状况和文化程度，建议在美国控制商业管理和警察系统的前提下，由总统对菲律宾实行直接统治，给菲律宾以适当的自治，疏导菲律宾人的不满和因管理而造成的庞大开支。这一报告对威尔逊的对菲政策产生很大影响。威尔逊怀着一种传播美国文明的使命感，声称美国既然已经进入世界的竞技场，就必须承担起指导落后民族的责任，美国的特殊责任就是要开放和改变东方，向其施加西方的价值标准，训练菲律宾人掌握管理政府的技巧，给予他们一个能够使其道德化和理想高尚化的政府。他强调，尽管菲律宾不能像得到一个礼物一样获得独立，或者像购买一件商品一样买到独立，但他们能够在美国的训练下渐进地获得它。[①] 在这一思想指导下，威尔逊任命弗朗西斯·哈里森为菲律宾总督，从 1913 年到 1920 年对菲律宾采取了较为激进的“菲化”政策。

1913 年 10 月 6 日，哈里森抵达菲律宾，他向菲律宾人转达了威尔逊的承诺：美国“所采取的每一步措施都是为了该群岛最终获得独立，以及为其独立做准备，我们希望向前推进以尽快和安全地达到那一目的，并符合该群岛长久的利益”。在 10 月 13 日的就职演说中，哈里森向菲律宾人民保证要给他们以享受自治的一切机会，并表达了他将在菲律宾促进民主的愿望，他宣称：“在神圣的上帝的保佑下，

---

① Woodrow Wilson, Constitutional Government in the United States, New York: Columbia University Press, 1957, pp. 52 – 53, in Usha Mahajani, *Philippine Nationalism: External Challenge and Filipino Response, 1565 – 1946*, p. 250.

你们可以掌握自己的命运。"[1] 哈里森按照威尔逊的意图，推行了一系列的"菲化"改革：颁布行政命令，禁止美国官员参与菲律宾的政治派别，中止了共和党时期的鼓励在殖民机构任职的美国官员从事商业活动的政策；[2] 请求陆军部中止举行除真正技术性职务之外的到菲律宾任职的美国文官考试；为了训练菲律宾人管理政府的能力，进一步推进管理机构的菲律宾化，颁布了"奥斯敏纳退休法案"，鼓励菲律宾委员会中的美国官吏退休，并代之以菲律宾人。在该法案生效的第一个5年内，就有913名美国人退休。1916年年底，菲律宾立法机构批准了一个薪金调整法案，削减了在殖民机构中任职的高级官员的薪金，更加速了大批美国人的离去，空缺的岗位也由菲律宾人充任。

在哈里森任总督期间，"菲化"政策取得了明显的效果。1913年中期，在菲律宾政府中供职的美国人为2623人，其中147人是局长助理、司法机关成员、省级官员或陆海军中尉官职以上职务的高级官员，6年之后，只剩58名美国人留居这些高级职位，普通职位也只剩702人，而且近半数是教师。在此期间，进入高级职位的菲律宾人从859人上升为1080人，普通职位也从6363人上升为12047人，美国人在菲律宾政府中所占的比例从29%下降到6%，高级职位的比例从1/7下降为1/20。[3]"菲化"政策为菲律宾人提供了参与政府管理的机会，锻炼了他们的自治能力，为菲律宾的真正独立奠定了一定的基础。

在推行菲律宾化政策的同时，菲律宾独立问题也提上了议事日程。1912年，民主党议员琼斯提出了菲律宾独立法案，但遭到共和党的反对。1914年7月，时任菲律宾群岛事务委员会主席的琼斯再次提出了此法案。经过两年多的争论，修改后的《琼斯法案》

① Stanley Karnow, *In Our Image: American's Empire in the Philippines*, New York: Random House, 1989, p. 245.

② Frank H. Golay, *Face of Empire: United States – Philippines Relations, 1898 – 1946*, Manila: Ateneo De Manila University Press, 1998, p. 176.

③ Ibid., pp. 175 – 176.

终于被国会通过，并于1916年8月29日由威尔逊总统签署。《琼斯法案》在前言中就提出要增强菲律宾的自治，明确承诺在菲律宾建立一个稳定的政权后给予其独立。该法案指出：“美国人民的打算过去是，现在也是，一旦菲律宾能够建立起一个稳定的政府，美国就将撤出对该群岛的主权，并承认其独立……为了迅速实现这样的目的，希望能够使菲律宾人民在更大程度上管理其内部事务，在给予其这样的权利的同时又不损害美国的主权，通过使用和运用普遍的选举权和政府权力，使他们能够更好地为全部承担起完全独立的责任和享有全部的权力而做好准备。”虽然法案规定国会可以否决菲律宾立法机构的任何议案，依然赋予总督很大的权力，总督、副总督以及高级法院的法官等还是由美国总统任命，但它的确地向菲律宾人做出了较大的让步。[①]《琼斯法案》的通过，意味着美国通过立法的形式迈出了使菲律宾人走向实质性自治的关键一步，并庄严保证在一定的时间内让其获得完全的独立。1921年威尔逊在最后一次国情咨文中指出，菲律宾人已经建立和保持了一个稳定的政府，实现了《琼斯法案》中确立的授予菲律宾独立的前提条件，认为美国政府有义务和责任履行自己对该群岛人民的承诺，即授予他们早已十分向往的独立。[②]

当然，威尔逊政府推行的菲律宾化政策也面临着巨大的压力。哈里森的激进措施惹恼了共和党人，也触及了一大批在菲律宾的美国商人的利益，不少美国政界人士和商人认为威尔逊政府的对菲政策是一种不负责任的奇想，极力反对“菲化”政策。1920年共和党总统哈定上台后，菲律宾化政策又出现了倒退。尽管如此，“菲化”政策毕竟为菲律宾奠定了一定的自治基础，以后的美国政府也不得不沿着这一轨迹前进，直到1946年使菲律宾最终获得独立。

---

① Usha Mahajani, *Philippine Nationalism: External Challenge and Filipino Response, 1565 - 1946*, pp. 255 - 256.

② Nicolas Zafra, *Philippine History*, p. 278. 转引自金应熙等主编《菲律宾史》，河南大学出版社1990年版，第501—502页。

三 威尔逊“菲化”政策的实质

威尔逊并不是一个反殖民主义者，相反，却深受19世纪末20世纪初流行于美国思想界的“边疆学说”的影响，并把这一学说与美国的“天定命运说”结合在一起，去解释美国历史的发展和面临的机遇，为美国摆脱孤立主义、积极参与世界竞争和建立世界霸权摇旗呐喊。他认为寻求新边疆是美利坚民族的一个性格特点，也是美国历史发展的动力，而且“边疆的移动实质上是‘文明’的扩张，国内边疆的消逝也就意味着‘文明’在北美大陆上的胜利，寻求新边疆就是北美‘文明’向外延伸”。[①] 那么，1898年的美西战争就具有特别重要的意义，美国人的活动场所不但从大陆转移到了海洋，新的边疆已到了菲律宾、古巴和波多黎各，“很快就是亚洲海岸，然后专制的欧洲国家将听到我们敲击它们后门的声音，要求美国的思想、习惯和艺术进入”，[②] 而且在这竞争的大舞台上，“整个世界已经成为单个的邻近地区，每一部分成为其余部分的邻居。任何国家都不能独居一隅”。[③] 在这历史关键时期，美国应抓住机遇，迎接挑战，在世界事务中承担起越来越大的责任，发挥越来越大的作用。他宣称：“美国在开放和转型的东方扮演一个角色，一个领导的角色将是它的职责。如果菲律宾不是由于战争的机会落入我们手中，我们可能不会看到我们的责任。但不管怎么说，它将是我们现在看到的我们自己不得不承担的责任。”[④] 因此，美国应该向其传播先进的政治思想、制度模式和统治管理的方式方法。

威尔逊同时又认为，菲律宾人与西方国家的人有极大的不同，他

① 王晓德：《梦想与现实——威尔逊理想主义外交研究》，中国社会科学出版社1995年版，第43页。

② Arthur S. Link, ed., *The Papers of Woodrow Wilson*, Vol. 16, New Jersey: Princeton University Press, 1973, p. 341.

③ Ibid., p. 18.

④ Ibid..

们生活在蛮荒愚昧之中，没有形成为一个民族，他们只是生活在一起的各种各样的人，互相之间缺乏联系，分散居住，在语言、习惯上差异很大，经济、社会、政治都处于分离状态，不服从于任何规则，也没有自由表达意愿和参与公共事务的环境和习惯。在这样的环境下输出美国的民主与自由，首先要对他们进行教育、引导，做出示范，甚至有时使用必要的强制手段，让他们慢慢学会服从，学会遵守规则与法律，习惯于表达自己的意见与愿望，然后，在此基础上同化于真正的民主、自由、法制的理念及社会。威尔逊强调，自由的获得、民主的建立不是简单地赐予他们一部宪法，给予其一个民主的政府，更不是简单地变换国旗或更改体制的名称，它是一种习惯，是一个人真正的发自内心的性格，是一个人的本性。“自治并不仅仅是拥有所希望的宪法的形式，它是一种性格的形式。它伴随着长期的纪律。在这一过程中，给人们自我拥有、自主、习惯于秩序、和平和普遍的协商及对法律的尊敬。”① 所以，这是一个漫长的过程，菲律宾人不能走捷径，“他们首先必须遵从法律，必须首先热爱秩序，并从本能上屈从于它”。② “我们不能给他们自治。自治不是可以‘让与’给任何人的东西，因为它是一种性格的形成，而不是一种宪法。没有人能被‘让与’自我控制的成熟性。只有经历长期的顺从的适应才能保证他们珍贵地拥有这个不能购买不能让与的东西。他们不能拥有共同的性格，但是他们在整体和有益的公正法律和具有同情的管理之下可以真诚地希望变成一个共同体。然后，如果他们同时被置于他们之上的政府理解和以善良的本性服务的话，他们就可以理解和管理他们自己。”③

因此，美国的责任就在于此。威尔逊多次声称，美国在菲律宾的统治是为了菲律宾人民的利益，而不是为美国自己利益的扩张，美国对菲律宾的统治是热切的充满激情的服务，而不是充满血腥的暴力和屠杀，美国在菲律宾的任务是通过营造一种民主自由的氛围，通过公正无私的统治，通过颁布一部民主自由的宪法来教育、引导、同化菲

① Arthur S. Link, ed., *The Papers of Woodrow Wilson*, Vol. 18, 1974, p. 103.

② Ibid., p. 222.

③ Ibid., p. 104.

律宾人，使之为自治做准备。“我们可以以我们没有的便利把他们引上这一道路。我们能够保证教导他们遵从的法律仅是法律并保持平稳过渡，我们能够确保公平在他们之间是自由的和不可购买的，我们可以通过使秩序成为每一个人的朋友而不是一些人的盾牌而使它可爱，我们可以通过我们公平的执政来教育他们。这一政府通过那些过来人，尽管通过强制的和不可抗拒的力量来执行，而它不是为了自己利益的增强而是为了保证所有人生活平等。这将确定无疑缩短他们痛苦的被指导的过程。”① 就在这样的思想指导下，威尔逊实行了大幅度的“菲化”政策，给菲律宾人创造参与政治管理的机会，锻炼他们的自治能力，并签署《琼斯法案》，答应在其获得普遍的自制能力的基础上给予他们独立。但威尔逊认为菲律宾的独立，要等到“直到我们发现我们所强加的命令和他们应该拥有的自治达到最好调节的时候。如果这一过程很长，我们必须更加耐心和坚定”。② “在政体和公正这样重大的问题上，他们是成人”，美国“必须像教育者那样统治，他们则必须像学生那样服从统治”。③ 威尔逊一再承诺尽快实现菲人治菲，但又提出，扩大自治的速度和兑现独立承诺的时间表要视“群岛的安全和长远利益”④ 而定。1916 年，美国国会通过并经威尔逊签署的《琼斯法案》，并无明确的让菲律宾获得独立的时间表。这样，美国就可以有充足的时间，“一步一步地扩展和完善菲律宾群岛的自治体系”，将菲律宾塑造成美国精神的产儿。唯有如此，美国才能放心地把“他们生活中的关键部门，当地政府机构、学校和社会公益置于群岛土著居民的控制之下，通过协商和试验，建立一个全世界都会承认的适合于管理他们自己事务的民族政府”。⑤ 经过如此精心安排，美国的影响将长存于菲律宾人的精神生活中。这正是威尔逊

① Arthur S. Link, ed., *The Papers of Woodrow Wilson*, Vol. 12, p. 222.

② Ibid., p. 374.

③ Ray S. Baker and William E. Dodd, *The Public Papers of Woodrow Wilson*, Vol. 12, New York: Harper and Brothers Publishers, 1925, p. 18.

④ Ray S. Baker and William E. Dodd, *The Democracy Presidential Messages: Addresses and Other Papers (1913 – 1917)*, Vol. 1, p. 53.

⑤ Ibid., p. 53.

对菲政策的目的。

作为美国总统，威尔逊敏锐地意识到菲律宾对美国在世界转型的新时期所具有的重大意义，带着明显的“使命观”和在国际事务中发挥领导作用的雄心，要把美国理念的民主、自由、政治制度等实行于菲律宾。美国传统的非殖民主义思想、当时盛行的进步主义运动以及威尔逊本人的“理想主义”色彩使他实行有别于共和党的激进的菲律宾政策。这一政策固然有其历史的进步意义，但它的根本出发点，是美国的国家利益、美国势力的扩张及独霸世界。所以，他实行的菲律宾化，主张让菲律宾人自治，都应该是美国民主、自由传播的结果，菲律宾应该成为美国精神的认同者，成为美国体制的翻版。这种自认为拥有一种优于其他民族的特性或能力，对“落后”国家或民族具有拯救使命的“白人的负担”的情结，使他的菲律宾政策仍然带有殖民主义的色彩，不但与菲律宾人民的真正独立的愿望与要求相差很远，而且把自己的价值观念强加于其他国家的做法也有悖于历史发展的民主、自由化的趋势。

【作者简介】史晓红，女，河南巩义人，南开大学历史学博士，现为河南大学历史文化学院副教授、硕士生导师，河南大学世界历史研究所研究员，研究领域为世界近现代史、美国外交史。

乔治·华盛顿及其民主共和思想的演变与实践

王　翠

【摘要】乔治·华盛顿是美国历史上伟大的资产阶级革命家、政治家和思想家。他的民主共和思想是其政治思想的重要内容，也是他政治实践的指导思想。这一思想的演变与实践同美国开国建制的进程一脉相承、融为一体，无论在北美民族解放的战争中，还是美利坚建国之初的政坛上，都留下了他作为一个开国者的不朽足迹，闪烁着他那富于创造性的民主共和思想，对美国资产阶级民主制度和思想建设产生了深远的影响。

【关键词】乔治·华盛顿；民主共和思想；演变；实践

乔治·华盛顿（George Whshington，1732—1799）的民主共和思想，是在其一系列政治实践中逐渐形成和发展起来的。在北美民族解放战争中，华盛顿作为领军人物，开始由早期保守的君主主义思想向资产阶级民主共和思想转变；作为宪法的积极倡导者和制宪会议主席，他领导合众国的奠基者们一道把天赋人权的价值理想贯彻到宪政的理论中，创建了世界上第一部资产阶级民主共和制的成文宪法；作为新生美国的开国总统，华盛顿忠实执行并富有创造性的完善和发展了宪法的民主共和原则，最终实现了联邦制与共和制的完美结合，为美国宪政体制的确立和长期稳定的发展，奠定了基础和运行模式。华盛顿的民主共和思想和政治实践，虽不像潘恩、杰斐逊民主主义思想那样激进，也不像汉密尔顿君主主义那样保守，但恰介于民主与保守之间的这种双重性，在当时的社会环境中更显现其特有的实用性、稳妥性和可行性，使华盛顿多次在重大的政治关头总能发挥切实有效的作用；华盛顿不是学者出身，他没有传世之作，其思想和主张主要体现在其政治实践，以及散见于其书信和演说辞中，虽没有深奥难懂和严谨系统的理论，却具有一种朴实无华的平民意识和亲切感召的思想魅力。历史证明，“最初创业者的一举一动于该国的性质定位和命脉走向都是影响至深的”。[1] 缅怀和探究华盛顿民主共和思想的演变与实践，有助于我们对美国民主宪政的深入了解，同时也为我国当前民主政治的改革与建设提供借鉴。

一

华盛顿在1776年《独立宣言》发表之前，还是一个效忠于英王的忠实臣民。他的家族原是英国古代一个家系的后裔，大约在诺曼人征服英国以后，其祖先迁移到北美大陆南部弗吉尼亚地区定居。到其父时已成为当地有名的大种植园主，父亲威严有学识，母亲是当地有名的少校的女儿。1732年2月，华盛顿出生，11岁时父亲去世，留下了一份丰厚的家业。由于父亲早逝，华盛顿没能受到系统的教育，但良好的家教使他从小就具有勤思好学、为人正直和诚实的品质。他靠自学掌握了法律和商业知识，16岁时，掌握了当时最重要的一门学科——土地测量，成为政府测量员。受其异母兄长劳伦斯的影响，华盛顿早年就有从军的愿望。22岁时，随着西进拓殖洪流的到来，参加了母国——英国的军队同法国人作战，这即是英法“七年战争”，结果英国取胜，成为世界第一霸主。在战争期间，华盛顿被提升为弗吉尼亚民兵少校副官长，开始初显了他的军事指挥才华。1758年，26岁的华盛顿当选为弗吉尼亚议员，开始步入政坛。翌年，与富孀玛萨·丹特里奇结婚，获得了大批奴隶和土地，成为弗吉尼亚地

① 王开岭：《精神路标》，《读者》2002年第19期。

区远近闻名的最富有的种植园主，拥有资产达到53万美元。

华盛顿作为欧洲移民的后代，不仅继承了丰厚的家业，还承袭了先辈们不怕困难、富于冒险、目标远大、勇于进取的精神品质。他早期所受的家教和生活经历，都在其思想与性格上打上了深深烙印。年轻时的华盛顿，体格高大健壮，为人做事常显彬彬有礼的绅士风度，稳重儒雅、敦厚细腻，又不乏坚毅的军人气质。华盛顿与同时代的种植园主们一样，又深受根深蒂固的英国旧式传统影响，对土地、黑奴和烟草孜孜以求，注重财富积累，善于经营管理，爱好自然与悠闲安宁的田园生活，而对公侯伯子男等爵位的提升则表现冷淡，政治追求与思想上趋于传统与保守。这些性格与素养都直接影响到后来华盛顿民主思想的演变及其政治实践，较多地表现出理性、现实、中庸、稳妥、朴实与可行的基本特征。

面对庞大的家业和对田园生活的热爱，华盛顿完婚当年便辞去军职，过起了长达15年的种植园主生活。然而，这15年并不安宁，因为这正是北美政局发生急剧变化的时期。随着英国对北美限制政策的愈演愈烈，各殖民地各阶层对英国殖民当局的不满情绪也越来越高。英国政治家埃德蒙·博克曾说过：英国对殖民地的政策从一开始就纯粹是出于商业动机，而它的商业政策则完全是限制政策，“这是一种垄断制度”。[①] 华盛顿作为当时弗吉尼亚地区最大的烟草种植园主，他个人的经济利益不可避免地遭受到英殖民统治政策的打击。但是，在感情上，他对英国的态度在相当长的时间内是犹豫不决的。他一直都把英国在北美的统治视为合情合理，自认是英王的臣民，就该效忠英王，尽职尽忠。1763年，英国皇家发布“公告令”，华盛顿虽有不满情绪，但“还是默不作声，完全是一个忠诚的臣民”。[②] 两年后，英国颁布印花税时，他仍接受不了与宗主国一刀两断的极端做法，对英王乔治三世抱有幻想，而只求争取与宗主国的其他殖民地享有平等

① 华盛顿·欧文：《华盛顿传》（*George Washington A Biography*），查尔斯·奈德编删，张今等译，纽约州加登市道布尔戴公司1976年版，新华出版社1984年版，第122页。

② 郑佑新：《拿破仑与华盛顿的民主共和思想之演化》，《赤峰学院学报》2000年第2期。

的权利。1773 年，他在回复布赖恩·弗尔法克斯的信中说："只要有一线成功的希望，在毕恭毕敬地向英王请愿的问题上，我衷心同意你的政治见解。"[①] 华盛顿在给一位拥护英国王室的友人罗伯特·麦肯齐上尉的信中也曾强调说："应为正义而战而非为独立而战。我深信，整个北美洲的任何有头脑的人，并不祈求独立。相反的，自由的最热烈的拥护者倒是热诚的希望恢复和平与安宁，防止内讧的悲惨局面。"[②] 很显然，他把当时北美与英国之间的矛盾视为民族内部的矛盾。只为正义而非为独立而战，体现了他对天赋人权、人人生而平等、私有财产神圣不可侵犯等基本人权的思想认识。但是，1774 年"波士顿倾茶事件"后，英国变本加厉采取了高压强制政策，华盛顿对英王一直抱有的幻想才逐渐改变，他开始感受到北美殖民地已经到了只有独立别无出路的地步了。于是，在告别军界 15 年之后，华盛顿不得不重着戎装，出现在弗吉尼亚支援波士顿的紧急会议上，并表达了他的抗战决心："我要自己出钱，招募一千名战士，带领他们驰援波士顿。"[③] 简短实在的话语，使与会代表感动不已，大为敬仰。一位英国史学家赞誉说：华盛顿的豪情壮举是"完美的盎格鲁—撒克逊式马赛人的进军"[④]。一向忠于英王室，把英国当作自己"母国"的华盛顿，面对英王的暴行，已从被动的"应战"发展到积极的抗战。不过，在一段时间内，华盛顿对这场民族独立战争的到来，一方面充满了激情，另一方面却表现出无奈和遗憾。如 1775 年 4 月，当莱克星顿的枪声响起后，他一方面给正在组织民团的弟弟约翰·奥古斯丁写信说："为我们正在从事的事业，我愿把我的生命和财产献给这个事业，这是我的全部意愿。"[⑤] 但又在给他的一位英国朋友的信中无限感慨地说："想到兄弟之间将要自相残杀，我就感到十分痛

① 华盛顿·欧文：《华盛顿传》，第 152—153 页。

② 贾雷德·斯帕克斯：《乔治·华盛顿文集》（Jared Sparks, *The Writing of George Washington*）第二卷，第 899 页。

③ 余志森：《华盛顿评传》，中国社会科学出版社 1990 年版，第 78 页。

④ 乔治·奥托·特里威廉：《美国革命》（*The American Revolution*），理查德·莫里斯缩编，纽约 1964 年版，第 138 页。

⑤ 保尔·威尔斯坦克：《芒特弗农》（*Mount Vernon*），纽约 1930 年版，第 128 页。

心。一度幸福平静的北美不是血流成河，就是要变成奴隶的王国。这真是令人伤心欲绝的选择！然而一个有良心的人难道会有片刻的犹豫吗?"① 华盛顿这种矛盾心理，一直持续到他被推举为大陆军总司令之后。

华盛顿的态度与当时社会大环境是一致的。我们知道，美国虽是一个没有封建专制主义传统的国家，按说其推进民主的专制羁绊理应很少。但在美国独立建国的前后，却正是世界上君主政体最盛行的时期，且美国绝大部分人口都是从当时君主制国家迁移来的居民。所以，在战前，在对待反英问题上有许多人持保守态度，对战后选择国家的体制上，则也有不少人迷恋或习惯于君主专制制度，这成为美国开国建制的最大阻力。对华盛顿被推选担任大陆军总司令来说，其原因除了他早年有带兵打仗的经验及其个人条件外，还有着深刻的社会含义：首先，当时南方的弗吉尼亚地区是北美最大也是英国最早建立的殖民区域，华盛顿又是来自那里的最大的种植园主，代表着种植园主阶级的利益。其次，从政治态度上来说，当时不仅是华盛顿在反英问题上有保守主义倾向，而且大陆会议中的妥协派也占据多数。因此，华盛顿的出任，一来可以表示南方对北方的声援，二来对南方种植园主阶级也有巨大的号召作用，有助于鼓动南部的人力财力参加抗英战争。可见，华盛顿出任大陆军总司令，他既是一个将军，又实际是一面代表着美国独立希望和精神的旗帜。1776 年《独立宣言》发表的第二天，华盛顿便在强大社会舆论的推动之下，以总司令的名义庄严宣告：为神圣的事业英勇作战，为天赋的自由和独立而战。这标志着华盛顿的忠君思想发生了根本性的转变。华盛顿迫于时局的压力，在经过一番复杂的思想斗争后，终于被推到了战争的风口浪尖，让他义无反顾地站在了历史的最前沿，开始了他作为一个资产阶级革命家的戎马生涯。

---

① 约瑟夫·J. 埃利斯：《华盛顿传》，陈继静译，陕西师范大学出版社 2006 年版，第 88 页。

二

华盛顿顺应了时代发展的需要，从一个弗吉尼亚的种植园主，而一举成为一个领导北美民族解放战争的英雄。对于华盛顿在这场独立战争中的表现，史学界也有一些不同的看法。例如，有的学者指责华盛顿参战的动机是出于其本阶级的利益，也有的说华盛顿在军事上虽有贡献，但没有堪称“天才统帅”的军事事迹，其指挥的战役未构成对英军的致命打击，在整个战争中未起到关键作用，在军事艺术上他也没有独创的军事指挥才能，甚至打了很多败仗。[①]

笔者认为，我们无须去深究华盛顿参战的主观动机是出于本阶级立场，还是全民族的利益。因为，我们在评价历史人物的时候，关键是不仅要将之放在特定的历史环境中，还要看其行为对后世所产生的客观效果和影响。我们也没有必要去计算他在这场战争中打了多少次败仗，去挑剔和指责他的指挥水平。况且，“败仗”，其本身就说明了战争的残酷性。更重要的是，这场战争恰是在他的领导下最终赢得了胜利。华盛顿在这场艰苦卓绝的战争中，作为领军人物，他不仅勇敢地挑起了反殖民主义的重任，展现了一个军队统帅的领导艺术和组织才能，更让我们领略到了无论是在他那个年代甚或是在当今，都值得我们崇敬的人格魅力和领袖品质。

首先，华盛顿对这场民族解放战争的到来，表现出了以天下为己任、忠诚效劳、廉洁奉公的革命情怀和道德自律。在他就任总司令时，就向大陆会议明确表示：“促使我接受这一艰巨重任、牺牲自己家庭安适和幸福的并不是任何金钱上的考虑，我不愿从薪饷中得到任何好处。我将专立账目，准确载明我的一切花费，我相信这笔薪饷足够清偿这些花费，我想得的仅此而已。”[②] 表达了自己不愿从政府那里接受一文薪金。对此，约翰·亚当斯在给友人的信中高度赞誉说：“华盛顿的行

---

① 严钟奎、杨增书：《论苏联史学界对华盛顿的评价》，《山东师院学报》（哲学社会科学版）1979 年第 4 期。

② 华盛顿·欧文：《华盛顿传》，张今等译，时代文艺出版社 1995 年版，第 137 页。

为使我深深感动。他在大陆上是家产最多的人士之一，然而为了美利坚民族的事业，他宁可离开养尊处优的生活，离开家人和亲友，牺牲自己的舒适环境，把自己的财产和生命拿来孤注一掷，他的见解是高尚的、无私的。”[①] 显然，华盛顿这种率真诚实、廉洁自律的品行，对于一个二百多年前的种植园主来说，着实难能可贵。华盛顿把从军看作是自己对国家应尽的义务，在他担任大陆军总司令的八年期间，虽荒于照顾自己的土地和庄园，但始终拒绝从国家那里领取任何薪水。不仅如此，他还为这次战争垫付了相当多的钱款。包括战后，华盛顿卸掉军权回到弗农山庄务农，一直到 1789 年就任总统之前，到山庄拜访华盛顿的国内外人士络绎不绝，招待客人吃住，给华盛顿带来了很大的经济负担，国会决定给予他资金补助，但他都坚拒不受，在世人面前树立了一个从政领军、为国不为利的清明形象。[②]

其次，华盛顿身为大陆军统帅，表现出了不惧困难、坚定自信的领袖品质与组织才能。当华盛顿挥剑就任总司令的时候，站在他面前不足一万五千名的大陆军战士，实际上都是一些临时组织起来的老百姓。武器装备破旧不堪，有的是打猎用的枪支；没有统一的制服，甚至好多人都没有鞋子穿；纪律松散，也不可能经过正规训练。正如美国著名历史学家乔治·班克罗夫特所说：“在军营里与其说是一支军队，不如说是一群拿着武器的人。”[③] 当时一位随军牧师威廉·埃默森对这支原始军队有过形象的记述：“到各个营地去走一走，是很有趣的。营房的面貌形形色色，正像营房主人的服装形形色色一样。每一个帐篷都代表了主人的脾气和趣味，……显得光怪陆离。”[④] 可以说，这支队伍除了拥有共同的民族情感以外，再没别的可以将他们统一起来的了。但是，华盛顿却坚信：“兵力、纪律和物资的不足，只能使人得出这样的结论：他们的斗志胜过他们的实力！”[⑤] 也正是怀

① 华盛顿·欧文：《华盛顿传》，第 197 页。

② 张光：《谁造就了华盛顿的不朽英名?》，《美国研究》2003 年 9 月 30 日。

③ 阿普塔克：《美国革命 1763—1783》，纽约 1960 年版，第 117 页。

④ 华盛顿·欧文：《华盛顿传》，第 197 页。

⑤ 同上书，第 151 页。

着这种坚定的信念，华盛顿锲而不舍地对这支军队进行了整编和组建，制定了严格的军规，选拔培养军官，加强士兵训练，筹集物资，改善军火供应。硬是把一支散兵游勇的游击队，训练成了一支坚强勇敢、纪律严明的正规军，为美国缔造了建军史上的第一支陆军。

再次，在长达八年的艰苦抗战中，华盛顿的领导艺术成了关系到胜负的一个重要因素。据许多史料记载，他始终站在战争的最前沿，曾多次冒着生命危险亲临战场指挥观战，极大地鼓舞了广大官兵。在战争最困难的时候，他又与将士们同吃同住、同甘共苦，也从不搞特殊。在极端严峻的形势下，他始终坚信道义的政治价值，哪怕是缺衣少食，也不能促使他用刺刀去征集军需物资，因为，他知道当下进行的是一场人民战争。① 如果说，华盛顿不是一位军事天才，不能与亚历山大和拿破仑这样的非凡统帅相提并论，但华盛顿却不可否认的是一位成功的将军，是一个能"将所有心灵团结在一起的人"。

华盛顿正是率领大陆军这支劲旅，在北美人民和法国援军的配合下，在波士顿首战告捷。继而又亲自指挥了特灵顿战役、普林斯顿战役、勃兰特威河战役、耳曼镇战役、蒙默恩法院战役和约克镇战役等大小十几个战役，其中不少战役对战争全局都发生过重大的影响。②1781 年的约克镇大捷，最终以弱胜强，推翻了当时世界上最强大的英国的殖民统治，赢得了民族的独立。正是这场战争的胜利，铲除了殖民地时期的封建残余（长子继承法、续嗣限定法和代役税，奴隶制契约也基本废除），从而解放了生产力，为美国资本主义的发展开辟了宽广、自由的道路，使一个现代的美国逐渐走向繁荣和强大。正如列宁在《给美国工人的信》（1918 年 8 月）中所说："现代的文明的美国的历史，是由一次伟大的、真正解放的、真正革命的战争开始的。"③ 同时，也正是这场人类历史上第一次大规模殖民地争取民族

---

① 白波：《华盛顿：美国之父》，《决策与信息》2015 年第 1 期。

② 余志森、孙建明：《论华盛顿在独立战争中的作用》，《历史教学问题》1982 年第 5 期。

③ 《列宁全集》第 35 卷，中共中央马克思恩格斯列宁斯大林著作编译局编译，人民出版社 1985 年版，第 49 页。

独立战争的胜利，把大英帝国的殖民体系打开了一个缺口，从而为其他殖民地的民族解放战争树立了典范。因此，华盛顿对美国的诞生和对世界殖民地民族解放事业的推动都起到了重大的作用。

更值得称颂的是，战争胜利后，华盛顿没有拥兵自重去独揽新生国家的政治大权，而是还军权给大陆会议，再次辞去军职，以一个"普通公民"的身份重回故里，隐居乡间。华盛顿这一不居功恋权的举动，不仅为他树立了共和国民族英雄的崇高形象，更重要的是，此举为美国开创了军权还政于国会，军队服从于国会，即军人服从民选文官政府、军队国家化、不干涉国家政治的先例。这使美国两百多年来从未出现过军人独裁或军事政变的端倪。这是华盛顿民主共和思想在其政治实践上的光辉体现，他以此高风亮节的举动捍卫了独立战争的胜利果实，为这场民族解放战争画上了一个绝佳的圆满句号。

当然，任何一个伟人的功绩与英名的造就，都离不开时代发展的客观环境。至于华盛顿辞退军队大权的举动，也有着来自当时社会两方面的原因：

一是，来自民主激进分子的舆论牵制。在华盛顿时代，美国的政治精英们普遍认为，国家权力都有一种自我扩张的本能。因此，他们大都对掌握国家权力的人抱有很深的疑心，甚至恐惧。如在华盛顿被任命为总司令后，亚当斯就非常担心地说："凡强者无一不竭力攫取一切他们所获得的权力。这个乔治·华盛顿显然正是这样的强者。如果他不企图成为一国之君，那他简直就是一个怪物。"① 当时的纽约州议会也发表公开信，告诫华盛顿："（我们）坚信，一旦这场伟大的战争结束，您将愉快地辞掉我们现在赋予您手中的重任，恢复您模范公民的身份。"② 就在1779年，独立战争正在艰难地进行时，有一篇评论文章说道："当一场争取自由的战斗行将结束之际，那支由一个人人崇拜的将军统领、带着巨大光荣的胜利之师，将可能变得比那被赶走的暴君更为可怕。此时，奴役的绳索可能勒得更紧。汝若不

---

① J. T. 弗莱克斯纳：《华盛顿传》，商务印书馆1994年版，第56页。

② 转引自张光《谁造就了华盛顿的不朽英名?》，《美国研究》2003年9月30日。

信，请看看克伦威尔。”① 精英们的担忧不是没有道理，从古罗马共和国的恺撒，到英国革命中的克伦威尔，再到后来法国大革命中的拿破仑，无一不是走的“从将军到国王的道路”。面对如此强大的“权力舆论”的猜疑，一向视荣誉和自身道德的“完善”高于权力和地位的华盛顿，在1780年致国会议长的信中，竭力表白了自己服从国会的心迹和态度：“我希望我向国会报告情况的方式，不会被视作逾越我的职权范围的不当之举。请允许我自夸，国会完全可以相信，我除了为公共利益服务的一片赤诚之外，别无任何其他居心。”② 在他看来辞退军权拒当国王是最能表现自己光明磊落的做法。

二是，来自君主派分子的鼓噪压力。战争刚一结束，一部分军官就秘密集会，以大陆会议未能在战争中支付军人应得的报酬为由，拒绝执行其解散军队的决定，并向华盛顿表示将以武力作保障，准备拥戴他做美利坚国王，建立君主政治。但是，华盛顿鉴于欧洲长期君主专制导致暴政的历史教训，当即就写信给予严厉斥责：“这个请求孕育着可能使我国蒙受最大的灾难。假如我不是利令智昏、自欺欺人的话，你就不可能找到一个比我更不同意你的策划的人了。”③ 华盛顿利用他在全军将士中的崇高威望，一方面为将士们向大陆会议争取合理利益（而非为自己夺权），另一方面劝解他们要服从大陆会议（而非搞军事政变），结果化解了一场兵变危机。不久，汉密尔顿等人又力促华盛顿策动政变建立君主国，也同样被他严厉制止了。1783年6月，华盛顿在给各州州长的一封长信中说到：“在离开家乡的漫长痛苦的岁月里，我从没有断绝引退回家的念头，我希望在那远离世界上纷扰麻烦的地方平静地度过余生。”④ 正是因为对故土的眷恋，也是

---

① Shwartz, “ George Washington , ” pp. 23, 26 - 27, 转引自张光《谁造就了华盛顿的不朽英名?》,《美国研究》2003年9月30日。

② Washington to Alexander Hamilton, August 28, 1788, Writings of George Washington. vol. 148, pp. 210 - 211, 转引自张光《谁造就了华盛顿的不朽英名?》《美国研究》2003年9月30日。

③ 华盛顿·欧文:《华盛顿传》,(*George Washington A Biography*), 查尔斯·奈德编删，张今等译，纽约州加登市道布尔戴公司1976年出版，新华出版社1984年版，第635页。

④ 同上书，第651页。

为了坚守已植根于自己心灵深处民主共和的理想，同时为了避免发生军事政变的隐患，摆脱君主派分子的纠缠，1783 年年底，华盛顿如释重负般地功成身退。

虽说时势造英雄是一种历史的必然，但天降大任于哪位英雄，亦皆非偶然。在华盛顿全部的政治生涯中，其强烈的道德自律和民主共和思想时刻引导着他的政治行为。在战争中，随着反英浪潮的推进，尤其是华盛顿不负众望的卓越表现，其声望也蒸蒸日上，甚至被人们神化。而到战争胜利后，假如华盛顿怀有黄袍加身野心的话，在当时君主派鼓动和帮助下，登上王位宝座是不难达成的。但事实却如前所述，华盛顿英明地选择了还军权予大陆会议，解甲归田，再度隐居了下来。

三

华盛顿八年戎马倥偬的革命生涯与美国的独立事业息息相关，而他的政坛生活则又与美国创建民主共和政体密不可分。

集中体现华盛顿民主共和思想的是美国著名的《1787 年宪法》，这是世界上资产阶级民主共和制的第一部成文宪法，它使美国成为世界上第一个民主共和政体的国家。这部宪法历二百多年而至今仍发挥着它的效用。美国正是有了这个立国之宝，才得以在二百多年间能够长期稳定的发展，由原本一个荒芜的新大陆建成为当今世界强国。然而，在宪法最初的酝酿、制定到执行中，华盛顿都起到了至关重要的作用，他在当时错综复杂的政治形势下，为新生的美国根除君主制，制定、实施和维护有产者民主权利的宪法，为建立统一的资产阶级共和国作了许多贡献。这集中表现在他以下政治活动中：

（一）积极倡导制宪

经历了战火磨炼的华盛顿，战后虽隐居庄园，却始终关注着他亲自领导打下的江山——新生美国的命运。独立后的美国，仍由战争中临时组建的邦联政府统治着，这个由 13 个州各派代表组成的松散的联盟组织，在战争中起了联结各州的作用，但在战后仍各自为政，互不统一，越发不能履行一个全国性的政府职能。

在经济方面，独立后，美国资本主义经济虽未完全摆脱英国的殖民统治（英国仍在美国西北边境保持 7 个军事据点，在俄亥俄流域仍有势力），但发展速度毕竟比战前加快了，然而独立后的 13 州各自有法律、货币和军队，致使国内市场极不统一，严重影响了经济的发展。华盛顿本人就是一个富有的大种植园主、一个实业家，他更希望美国有一个统一、广大和巩固的国内市场。

在政治方面，由于连年战争的摧残，国内财政困难，物价飞涨，战争重负强加于民，当时各大监狱关满了负债的人民，民怨沸腾，阶级矛盾上升为社会主要矛盾。1786 年，马萨诸塞州爆发了规模最大的谢司起义，提出了平均财产的口号，这在当时产生了很大的鼓动性，不仅严重威胁着统治阶级的经济利益，而且还动摇着他们的政治统治秩序。对当时邦联政府的无能，华盛顿评价说：这是“一个半死不活，一瘸一拐的政府，拄着拐杖蹒跚而行”。[①] 他预示到这座政府大厦正在摇摇欲坠，要把一个新生的国家埋葬在它的废墟之下[②]。华盛顿出于阶级本性，大声疾呼：“要么让我们有一个能保障我们的生命、自由和财产的政府，要么就马上把最坏的情况告诉我们。”[③] 他心情焦急，接连向麦迪逊、杰斐逊等人写信，呼吁建立统一政府，以稳定国内混乱局势。他在给麦迪逊的信中明确表示：“十三个有独立主权的州互相倾轧，并且都想夺取联邦领导权，这很快就会使整个国家陷于毁灭，可是，在另一方面，一个自由的和强有力的宪法……却可以使我们恢复到这种程度的威信和成果，这种威望和成果，我们有权要求，并且也有很大希望得到满足。”[④]

---

① 帕克等：《美国的冒险经历》（I. Peck, S. Jantzen and D. Rosen, *American Adventures*），纽约 1979 年版，第 104 页。

② 贝克：《革命后的华盛顿》（Williams Baker, *Washington after the Revolution*），Philadelphia，1898 年版，第 57 页。

③ 华盛顿·欧文：《华盛顿传》，张今等译，时代文艺出版社 1995 年版，第 541 页。

④ 沃辛顿·昌西·福特：《乔治·华盛顿文集》（Worthington Chauncey Ford, *The Writing of George Washington*）第 11 卷，第 82 页。

在外交方面，新生的美国在当时国际上常遭受欧洲一些国家的讥笑和歧视，邦联政府派到英国、西班牙的谈判代表，竟被不理不睬长达二三年之久，合众国的旗帜也到处遭受欺辱。[①] 华盛顿认为尽快建立一个统一的政府，确立美国在国际上的地位，与欧洲列强抗衡已成当务之急。他说："我们现在终于成为一个独立民族了，但是我们还应该学习政治战术。我们置身于世界列国之中，要树立一种民族性格"，因此，"必须从大陆的角度来衡量国家的光荣、力量和真正的利益"。"不管现在人们认为美国多么微不足道"，"这个国家有一天必定成为世界强国"。[②] 华盛顿的言论思想与主张，集中代表了新生美国的统治阶级要求尽快改变国际地位，跻身世界强国的勃勃雄心和强烈愿望。

面对内外交困的国家局面，资产阶级和种植园主们迫切要求有一个强大的政府来安邦定国，发展经济。早在 1783 年 4 月 5 日，华盛顿在给拉法耶特侯爵的信中，就表示制定一部民主宪法的重要性："制定一部能给联盟带来协调、稳定和威严的宪法，并且，为了总的目的赋予'国民大会'以充分的权力，这是每个希望祖国繁荣的人的责任，我个人在能力范围内将尽最大力量给予帮助。"[③] 他又在给各州州长的信中说：对于幸福必不可少的第一要素就是"在联邦政府的领导下，各州结成牢不可破的联盟"[④]。他写信给詹姆斯·麦迪逊也强调说："如果我们能制定出一部充满活力的开明的宪法，实行严格的相互钳制和相互监督，防止人们侵犯宪法，我们就完全有可能在一定程度上恢复我们的尊严和举足轻重的地位。"[⑤] 华盛顿为使自己在制宪会议上发挥更大作用，他广泛阅读了世界历史，希望从中寻找到有关共和制度的历史经验，并写了大量阅读笔记。1787 年 3 月

---

① 余志森：《华盛顿与美国宪法》，《世界历史》1983 年第 5 期。

② 约瑟夫·J. 埃利斯：《华盛顿传》，陈继静译，陕西师范大学出版社 2006 年版，第 173 页。

③ 菲利普·方纳：《华盛顿文选》，王绶昌译，商务印书馆 1960 年版，第 60—61 页。

④ 洛奇：《乔治·华盛顿》（Henry C. Lodge, *George Washington*），Boston and New York，1889 年版，Vol. II.，第 17—18 页。

⑤ 华盛顿·欧文：《华盛顿传》，第 681 页。

31日，华盛顿给麦迪逊写信交流看法说："凡是有判断能力的人，都不会否认对现行制度进行彻底变革是必要的。我迫切希望这一问题能在全体会议上加以讨论。"① "我承认，我现在对公众美德的看法有所改变。我怀疑是否有任何一种制度，不使用政权的强制力量，就可以使中央政府的法令得到应有的贯彻。而做不到这一点，其他都无从说起。"②

可见，华盛顿已经认识到，只有制定一部宪法，建立一个强有力的中央集权的政府，才能维护国家的安定与发展。华盛顿顺应了时代的要求，充当了统治阶级的代言人，积极倡导制宪。正如有人颂扬他说："1775年我们注视着他站在军队的最前列，抵制着英国君主专制统治的扩展；1787年，我们看着他站在一群爱国者和英雄们的最前面，阻挡着无政府状态在美国的蔓延。"③

（二）成功主持制宪会议

1787年5月14日，美国的政治精英们踌躇满志齐聚费城独立大厅参加制宪大会，但由于阶级与政治派别的不同，会议一开始就陷入了互不信任、互不相让的困难处境。华盛顿虽被推举为制宪会议的主席，但面临各派唇枪舌剑，明争暗斗，作为主席又不能轻易表态，妄置一词。会议斗争十分激烈，充满风波，几濒流产。华盛顿当时在给家人的信中表达了这种焦虑："我不知道在这里将待到什么时候！"④"看到大会中正在讨论的问题毫无进展，我几乎快要绝望了，因此我很后悔参与到这件事情中。"⑤ 尽管如此，他还是坚持不懈地领导会议开展工作，以他的政治智慧和特有的个人魅力，引导着会议历经四个月的激烈争论，最终达成了妥协，制定了著名的《1787年宪法》。

---

① 余志森：《华盛顿评传》，中国社会科学出版社1990年版，第223页。

② 乔治·华盛顿：《华盛顿选集》，聂崇信等译，商务印书馆1983年版，第235页。

③ 史密斯：《乔治·华盛顿传略》（J. M. Smith, *George Washington A profile*），纽约1969年版，第142—143页。

④ 余志森：《华盛顿与美国宪法》，《世界历史》1983年第5期。

⑤ 约瑟夫·J. 埃利斯：《华盛顿传》，陈继静译，陕西师范大学出版社2006年版，第180页。

至于华盛顿是如何成功主持了这次几濒绝境会议的，我们通过一些参会者，尤其是麦迪逊的回忆录得知：华盛顿主要采用了两种手段左右了会议的全过程。

其一，以“弗吉尼亚计划书”为喉舌。此计划是在会议召开前，华盛顿为统一本州代表意见，利用其他州还未到达的时间，召集弗吉尼亚州的代表一起商量制订的。他们每天聚在一起商讨二三个小时[①]，期间，华盛顿有充分机会发表自己的意见，该计划由通晓法律和政治的麦迪逊执笔起草，集中反映了华盛顿反君主政体和建立“法治政府”的观点。计划提出：新政府由立法、行政、司法三部分组成，立法机构由两院构成，确立了三权制衡的原则。该计划书，实际上成了后来《1787 年宪法》的基调。在制宪会议上，麦迪逊作了 180 多次发言和插话，来充分解释计划书，有效地充当了华盛顿的喉舌。华盛顿以此方式表达了自己的观点和愿望，间接而有效地影响了会议向着他的目的进展。

其二，凭其威望，对会议起到调解与平衡作用。华盛顿本来就是人们心目中的爱国英雄、民族解放的象征，他有着别人无法替代的崇高威望。现在又是大家推举的会议主席，故在各派代表眼中，都把他看成是自己的代言人和领袖人物。华盛顿凭借这种权威性的特殊身份，成了会议激烈争论中的超出各派之上的“仲裁者”和“调解人”，他协调与平衡着各派间的矛盾，最终使会议达到了妥协一致。正如美国史学家法勒达在一本书中写道：“华盛顿是他那个时代的伟人，参加会议的代表们不仅尊敬佩服他，一些代表还确实对他有点害怕。但他站起来时，又俨然似一位总司令。”[②] 面对会议的激烈争论，华盛顿总是劝导大家：争论是必要的，但要本着相互尊重、“友好”与“忍让”的精神，使争论达到统一。如华盛顿呈交宪法草案时，在致国会信函中写道：“我等探讨此事，常以一切真正美国人之最大利益为念，即如何巩固吾济之联盟，盖此实

① 哈特：《当代人论述美国历史》（Albert. B. Hart, *American History Told by contemporaries*），纽约 1914 年版，第三卷，第 203 页。

② 马克思·法勒达：《宪法缔造者》，耶鲁大学 1921 年版，第 54、55 页。

关系我国繁荣、幸福、安全，甚至我民族之生存。由于认真铭记此一重要考虑，才使参加制宪会议之各州，在次要问题上未如前所预料之坚持己见；我等现在呈送之宪法，遂系友好与互相尊重忍让精神之结果，而此种精神实为我国独特之政治形势所不可或缺者。”①足见其民主共和思想溢于言表。华盛顿以个人的威望和良好德行化解了一个个会议矛盾，并努力将会议引向了更大成功。如一位来自马里兰州的代表所言：“许多（参加制宪会议的）代表一方面把华盛顿出任总统视作当然，另一方面根据他们对华盛顿人品的认识，来解决总统这一职务究竟应具有什么样的权力问题。”② 从1781年不置行政部门的邦联宪章，到赋予总统大权的《1787年宪法》，这一巨变尽管是时势所造，但华盛顿本人无疑发挥了重要的作用。在人类的政治生活中，历史人物的威望虽然难以用具体的尺码去衡量，但“在特定的历史条件和环境中，某些人物可凭其威信达到他某一预想的目的，而换了别人则可能一事无成或一败涂地”。③ 华盛顿正是在特定的历史条件下，以其个人魅力发挥了独特身份的作用。华盛顿主持制宪，确立了美国的资产阶级共和体制，在君主权力盛行的18世纪，它否定了至高无上的君主权力和世袭制度，这具有特殊的历史意义，从而也确立了华盛顿作为杰出政治家的历史地位。当然，会议成功的因素也是多方面的，特别是以杰斐逊为首的民主派所做的努力，以及被人们称为“宪法之父”的麦迪逊的作用也都十分卓著。但作为会议的主持者华盛顿，更是为这部宪法的艰难制定，倾注了大量的心血和精力。

《1787年宪法》，尽管是“一份内容含混的文件，它自相矛盾地把自由和奴隶制熔于一炉”，被亚历山大·汉密尔顿形容为“一堆妥协的意见”，如公开承认奴隶制，轻率对待公民权利等，显现出某些

---

① 汉密尔顿、杰伊、麦迪逊：《联邦党人文集》，程逢如等译，商务印书馆1980年版，第452页。

② Quoted in James T. Flexner, *George Washington and the New Nation, 1783 – 1793* (*Boston*: *Little*, *Brown*, *1969*), p. 134，转引自张光《谁造就了华盛顿的不朽英名?》

③ 余志森：《华盛顿与美国宪法》，《世界历史》1983年第5期。

反民主内容。但是，在美国有史以来，第一次将“有关民主的许诺被编入一套新的政治机制当中”。[①] 宪法确立了分权制衡、有限政府、代议政府等资产阶级的民主共和原则。宪法确保中央权力，增强行政能力，否定君主专制，确立民主共和，培养服务意识，树立“为民”观念，保障科技发明，推动技术进步。宪法使美国从一个松散的邦联转变为一个中央集权的联邦，有利于促进美国资本主义的发展。尽管宪法没有涉及人民的基本权利，但我们必须清楚地认识到，“制宪会议当时追求的最主要的目标，不是建立一个十全十美的制度，而是挽救迫在眉睫的秩序危机，重建新的政治共同体”。[②] 正如宪法序言所说：“我们合众国的人民，为了组织一个更完善的联邦，树立正义，保障国内的安宁，建立共同的国防，增进全民福利和确保我们自己及我们后代能安享自由带来的幸福，乃为美利坚合众国制定和确立这一部宪法。”[③] 1787 年美国宪法，是世界上第一部近代意义上的成文宪法，它开辟了世界资产阶级民主共和制的新时代。为此，华盛顿功不可没。

（三）忠实执行并完善宪法

制定出来的宪法还只是一个政治文本，要把它的共和原则变成现实，还需要执行者们的忠诚坚守，这在当时君主派势力依然猖獗的美国并非易事。但所幸的是，这部宪法自制定之日起，至今已历经了二百多年，其基本精神、原则及框架到现在未发生大的变化，除了后来陆续增补的 26 条修正案以外，原本的 7 条仍在发挥着效用，它成为世界上使用时间最长的宪法。对此，作为宪法的第一执行人，华盛顿起了至关重要的作用。1789 年 4 月 30 日，华盛顿在就职总统时，庄严宣誓：“我将忠诚执行合众国总统职务，我将竭尽所能，坚守、维

① J. 艾捷尔：《美国赖以立国的文本》，赵一凡等译，海南出版社 2000 年版，第 51 页。

② 杨鹏飞：《美国 1787 年宪法的成就与其缺陷疏漏及弥补》，《青海师范大学学报》（哲学社会科学版）2013 年第 1 期。

③ J. 艾捷尔：《美国赖以立国的文本》，第 51 页。

护和保卫合众国之宪法。”[①] 华盛顿开始了他人生最巅峰的时期，这不仅是指他的权力地位，更重要的是其民主共和思想也达到了进一步完善和产生深入深远影响的高度。

华盛顿在8年总统任期内，忠实履行并创造性地完善和发展了宪法的民主共和原则。主要表现在以下几个方面：

其一，建立联邦政府。反对君主政体，建立“法治政府”，是华盛顿民主共和思想中的核心内容。华盛顿在执政期间，严格遵守宪法的三权制衡原则，建立了美国第一届统一的中央集权的联邦政府及全套政府机构。在组建政府机构时，他注重任命不同政治倾向的人来担任领导职务，以求得各地区、各种观点的平衡。如他任命具有强烈的民主色彩的杰斐逊为国务卿，任保守派分子、君主主义代表汉密尔顿为财政部长。他们两个就像斗鸡场上的斗公鸡，矛盾十分尖锐。二人分别代表着南部农场主和北方工商业者，在国家的大政方针上两人的看法相左，分别创立了联邦党和反联邦党（即后来的民主共和党）。在许多问题上，华盛顿倾向于联邦党人的主张，但又力求在两党之间保持平衡。他总是冷静地以他个人的魅力和过人的智慧，用“忍让”和“友好”的方法加以调解。正如一位政治家所说：“华盛顿不想压制别人的意见，也不希望别人隐瞒自己的意见。他对别人的过人的才干毫无卑鄙的嫉妒之心。他把当代最伟大的政治家团结在自己的周围，……他没有让杰斐逊和汉密尔顿跑到内阁外面去互相激烈的斗争和冲突，以致动摇整个政府大厦，而是把他们关在内阁里面，以致在他们发生争执时随时亲自加以仲裁，在他们提出建议时，随时加以采纳，使之造福于国家。”[②] 用华盛顿自己的话说：“我内心的第一个愿望是，如果存在党派就使他们和解。”[③] 他还对杰斐逊和汉密尔顿说：“我真诚地希望能为你们找到一条共同的路线。”[④] 华盛顿为营造政府内民主共和氛围做出了不懈的努力，表现了他的政治家胸怀与智慧。

---

① 余志森：《华盛顿》，新蕾出版社2000年版，第110页。

② 华盛顿·欧文：《华盛顿传》，第705页。

③ 史密斯：《乔治·华盛顿传略》，第218页。

④ 华盛顿·欧文：《华盛顿传》，第572页。

其二，加强司法机构。为确保三权制衡制的顺利实施，华盛顿非常重视加强司法建设，认为“对司法的恰当管理是良好政府的最牢固的支柱”，并把筹建司法部门视为对美国的“幸福及其政治制度的稳定必不可少的事”。[①] 他上任不久便开始筹建司法部门，1789 年通过了《司法条例》，1790 年建立最高法院，在地方上把 13 个州分成三个巡回区，每区设一个联邦巡回法院，每州设联邦地方法院若干。这样建立了一套从上到下完整的司法系统，这种机构一直延续至今。建立完善的司法系统，是华盛顿民主法治思想的体现，它有力地保护了资产阶级和种植园主们“神圣”的私有财产，同时，也有力地保障了宪法的三权制衡原则的顺利执行。

其三，完善发展宪法。华盛顿不仅忠实履行和影响着宪法民主共和原则的实现，而且还尽力完善发展之。如果说《1787 年宪法》对人民的基本权利没有提及，表现了华盛顿民主思想不够彻底的话，那么，1789 年，他领导国会通过的 10 条修正案将是他将功补过了。因为，其中规定了许多民主权利，包括言论、出版、集会和宗教信仰等自由，故被称为《人权法案》(*Bill of Rights*)。《人权法案》的补充，使殖民地及革命时期人们认定的“天赋人权”转换成了人民的宪法权利。也就是说，通过人权法案的补充，“天赋人权”这一抽象的概念在北美大地实证化、现实化和具体化了。[②] 这是华盛顿为完善和发展宪法的民主共和原则所做出的一大贡献。

其四，二任隐退。华盛顿为美国开创了有任期的民主共和体制，他在连任两届总统之后，断然放弃有可能三度蝉联总统的机会，而让位给约翰·亚当斯，做出了“二任隐退”的选择。从而开创了美国历史上摈弃终身总统，和平转移权力的范例。《1787 年宪法》在总统任期问题上，为缓和矛盾与君主派做出了妥协，只规定了总统任期 4 年，而没有明确规定总统连任的次数，这就给总统终身任职留下了后路，换句话说，也就是为总统的终身独裁留下了隐患。然而，华盛顿

---

① 莫里森等：《美利坚共和国的成长》，南开大学译，天津人民出版社 1980 年版第一卷第二分册，第 570 页。

② 杨鹏飞：《美国 1787 年宪法的成就与其缺陷疏漏及弥补》。

的“二任隐退”，以自己的实际行动杜绝了这一隐患的发生，并为美国树立了总统任期不超过两届的先例。在华盛顿之后，历届总统都宁可效法他的做法，除了在特殊历史条件下，如罗斯福在第二次世界大战期间连任四届以外，都以连任两届为总统任期的最高限度。这种惯例一直是以不成文的规定被执行下来的，直到 1951 年才以法律条文的形式予以确定。从中，足见华盛顿个人魅力及其民主共和思想的深远影响。

华盛顿一生中先后为一军一国之领袖但不迷恋权势，从事政治活动却厌恶党派纷争，喜爱田园生活而无意久留政坛。华盛顿政治生活中的“三进三退”，是其对自己人生的三次重大的选择，而每一次的选择，都渗透了他为自由与秩序之间寻找平衡的深谋远虑，这是华盛顿民主共和思想的根基所在，不是简单用社会因素就能解释得了的。正如学者施瓦茨所言，华盛顿“之所以名垂青史，不是由于他为获得权力而做的努力。恰恰相反，华盛顿的历史英名，来自他对权力所持的长期一贯的回避态度，来自他热诚地放弃国人委托于他手中的权力”。①

其五，拒绝奴隶买卖。华盛顿作为一个大种植园主，清楚地意识并且预见到了奴隶制的罪恶和后果。在他的庄园内，他始终不允许进行奴隶买卖。早在 1786 年 9 月，有关奴隶制的问题，华盛顿就在写给约翰·F. 默塞尔先生的信中说道：“除非有特殊情况，我决不打算再购进一个奴隶。我希望尽早实现的愿望之一就是看到能采取某种方案，以法律废除我国的奴隶制。”② 11 年以后，在 1797 年 8 月，他给他的侄子劳伦斯·刘易斯写信说：“我从灵魂深处希望本州议会能制定出逐步废除奴隶制的政策。这可以防止很多恶果。”③ 在华盛顿临终前还留下了一份遗嘱，对他妻子写道：你死之后要给家中所有的奴

---

① Barry Schwartz , “George Washington and the Whig Conception of Heroic Leadership, ” *American Sociological Review*, Vol . 48, February, 1983, pp. 8 – 31. 转引自张光《谁造就了华盛顿的不朽英名?》

② 华盛顿·欧文：《华盛顿传》，第 609 页。

③ 同上。

隶以人身自由。虽然华盛顿在有生之年没能完成解放奴隶的使命(而是60年后，由林肯通过南北战争解放了黑奴)，但是，从他的言论中不难看出他是一个主张废奴的民主主义者，只是他生活的时代对解放奴隶的条件尚未成熟而已。

(四) 坚定捍卫宪法原则

华盛顿在美国开创的有任期的民主共和政体，并非一帆风顺，它是在与君主派的斗争中逐渐制定和完善起来的。在制宪会议召开前后，君主派分子异常嚣张，竭力鼓噪要建立君主政体，致使会议充满了激烈的斗争。当时，会上有1/3的代表要求建立君主制，如迪金森鼓吹君主立宪政体是“世界上最好的政治制度之一”，“我们从来没有从任何共和政治体制中得到同样的幸福”。[①] 他们还准备把王冠奉献给华盛顿，但遭到华盛顿的拒绝。君主派分子鉴于会上民主派的压力，看到建立君主国无望，便希望在总统的称号和任期上大做文章。1789年，华盛顿当选为总统后，就职典礼推迟了多日，原因就是出现了关于总统头衔的风波。这场风波起于以副总统身份出任参议院议长的亚当斯，他向参议院提议，总统称号应当用一个庄严典雅的头衔，而不是非常平民化的称谓“总统”(President原意为主持，是一个至今仍旧为任何团体和组织都可用于称呼其首长的英文名词)。君主派建议要添加上“民选的君主陛下”“总统殿下”“总统—将军殿下”等赞誉之词。参议院进行了反复讨论，最后表决通过了“合众国总统和国家一切权利的守护者陛下”(His Highness the President of the United States and Protector of the Rights of the Same)称号。然而，这个在当时几乎无国不用的充满宫廷气息的头衔，遭到了华盛顿和众议院的坚决反对，最后确定了“合众国总统”(President of the United States)这一简单明了的称呼。华盛顿坚持预防个人色彩影响到政府体制当中，他在履行总统

① 摩累斯：《为美国的自由而斗争》，孙硕人等译，生活·读书·新知三联书店1957年版，第231页。

职责期间，始终保持自己不恋权、有威严、不偏不倚、公正无私的公众形象。例如，在1792年，华盛顿第一届任期将满的时候，就向内阁成员和国会领袖写信，清楚地表达了自己的观点和辞职愿望。他说："在有幸在总统位置上，尽全力组织并管理政府之后，现在已经到了应当退休回归私人生活的时候。这既是我心所愿，也是为国运所必需。因为行政首长的定期更替，是我们国家自由所不可或缺的保障。请允许我离开政府，就像我以前离开军队一样，让那些支持我国的利益，推进社会和谐和秩序、良善政府的人接替我，让上帝继续保佑我们的祖国。"① 但因当时两党之争几近出现南北分裂之局势，华盛顿在杰斐逊、汉密尔顿、麦迪逊等人劝说下，为了国家的意愿和利益，无奈再次允诺，并以全票当选第二任总统。然而，四年之后，他便以一席告别辞，断然拒绝任何劝留之声。华盛顿在限任制和终身制之间做出了英明的抉择，以实际行动有力地回击了君主派，从而使得民主共和体制名副其实，更加完善。杰斐逊曾对华盛顿有过如此评价，他说："乔治·华盛顿本人是我们宪法的共和原则的忠实朋友，他的信心，在整个活动过程中也许不像我的信心那样坚实；但是，他曾一再对我说，他不惜流最后一滴血，支持人们反对任何要改变宪法的共和形式的企图。"②

华盛顿对美国民主的贡献，正在于他用自己的人格魅力和力量抵制了一股强大的反宪法的世俗力量。否则，美国1787年宪法的践行势必遭遇坎坷，或推迟或夭折，皆有可能。美国历史学家哈特说："美国有一位华盛顿这样德才兼备的人作为第一任总统是幸运的。翻开南美和非洲各国的历史，我们可以看到即使是一个以民主宪法为伊始的新国家，堕落成为军事专制国家也是易如反掌。华盛顿是一位坚定的领袖，他保持了国家的统一，但是却无永远把持政权的野心，既不想做国王，又不想当独裁者。他开创了主动让权的先例——一个至

① Washington to James Madison , *Writings of George Washington*, Vol. 32, May 20 , 1792, pp. 46 – 48，转引自张光《谁造就了华盛顿的不朽英名?》

② 菲利普·方纳：《华盛顿文选》，第25页。

今美国仍然奉行的先例。"[①] 在这个意义上，我们冠以华盛顿"美国民主第一人""民主精神的楷模"等称号，他当之无愧。

结　语

华盛顿是美国历史上伟大的资产阶级革命家、政治家和民主共和思想家，其人生最辉煌的阶段是领导独立战争和制宪执政时期。作为独立战争的领军人，他将国家利益、民族利益置于个人幸福之上，他反对殖民霸权主义和强权政治，领导大陆军克服重重困难，战胜了英国殖民者，赢得了美国的独立。经历战争的洗礼，华盛顿也逐渐完成了由一个早期君主主义者向民主主义思想家的演变过程。在为美国宪政体制的创建和最初实施当中，华盛顿反对分裂，警惕专制，坚持统一，主张民主，不恋官位，不慕权势，与合众国缔造者们一起，成功地把天赋人权的价值理想贯彻到宪政的理论与实践中，最终实现了联邦制与共和制的完美结合，为美国国家的建立和民主思想建设作出了卓越的贡献，无愧于"合众国之父"的崇高荣誉，他首创的民主共和体制成为全世界民主政治的典范。

当然，华盛顿毕竟是历史中的伟人，是他那个时代美国统治阶级的代表。所以，在他所做的一切事情上，都不可避免地打上了历史的烙印和带有阶级的局限性。华盛顿的民主共和思想及其政治实践也存在着不足之处，主要表现在：对未来体制的构想只是笼统、框架式的，对邦联体制的批判缺乏应有的理论深度，往往停留在感性认识之上，有的思想和主张带有浓厚的实用主义色彩，在不少方面还暴露了他的大种植园主的阶级偏见，在某些时刻有过动摇，其民主思想具有温和性和不彻底性，缺乏杰斐逊那样充满着民主主义思想和理想主义的激情。譬如，在针对谢司起义的看法上，杰斐逊认为一些人民暴动对政治的重要性如同风暴之于大自然，它是国家健康不可或缺的药石；而华盛顿则强调更多的是秩序和纪律，反对人民的任何过激行

① 艾伯特·哈伯德：《美国缔造者》，中国戏剧出版社 2008 年版，第 2 页。

为，这当是他保护种植园主的利益和种植园的秩序观念使然。[①] 因此，他屠杀过印第安人，镇压过人民起义等。

华盛顿的不足是客观存在的，其贡献也是毋庸置疑的。马克思主义的历史观要求我们评价历史人物，既要客观分析，还要分清主次，抓其主流。不仅要看他为国家和民族做了多少事，更要看他在历史的进程中做了多少有益于社会的创新。正如中国近代开眼看世界的伟大先驱之一，晚清名臣、学者徐继畬在其《瀛环志略》中对华盛顿评价说："美利坚合众国之为国，幅员万里，不设王侯之号，不循世袭之规，公器付之公论，创古今未有之局，一何奇也！泰西古今人物，能不以华盛顿为称首哉。"[②] 联邦党国会议员、骑兵上校亨利·李，也对他的老统帅华盛顿做了如下评价："The first man in war, The first man in peace, The first man in his fellow country men's heart."[③] 我们祈望：这位"战争中的第一人"所倡导的反殖民霸权主义、崇尚民族独立和自由的思想，这位"和平中的第一人"所坚守的国家统一、民主共和的精神，这位在"他的同胞心中的第一人"所具有的高贵品质和人格魅力，经二百余年而不衰，在今天美国的政坛乃至世界政治舞台上，依然能得到切实体现和产生更大更深远的影响。

【作者简介】王翠，女，汉族，河南大学历史文化学院副教授、硕士生导师，主要研究方向为世界近代史、西方文化史、历史课程与教学论。

---

① 万家星：《华盛顿"弗吉尼亚性格——芒特弗农田园性格"说》，《孝感学院学报》2007年第5期。

② 徐继畬：《瀛寰志略》卷9，《北亚墨利加米利坚合众国》。

③ H. C. 洛奇：《乔治·华盛顿》第1卷，波士顿1899年版，第2页。

美国种族主义“正当性”的来源与建立

梅祖蓉

【摘要】 种族主义，在现在的美国人看来，野蛮、恶毒、荒谬，但在20世纪上半叶之前，多数美国人认为它合理而正当。其根源在于，神学家以《圣经》为据，创造出黑人应为白人作奴的神话；科学家以人类的起源以及不同人种体质上的差异为依据，创造出种族有优劣差等的神话。神、俗两界共同缔造了种族主义的社会与文化传统、白人至上的政治与经济原则。而推动这股传统与原则得以建立的力量在于人的自利心。

【关键词】 种族主义正当性；《圣经》诠释；科学种族主义；自利心的满足

美国社会学家托马斯·索威尔在分析美国蓄奴制的特点时曾指出，由于美国是一个自由社会，因此奴隶制的施行必须依靠一套为其开脱的极端理论。[①] 用这个观点来分析美国的种族主义，同样恰当。美国是一个以平等原则立国的国家，一个种族凌驾于另一个种族，显然与其政治理念相冲突，因此它必须有一套说明种族主义“正当性”的理论。而这套理论的创造，必须借助宗教、社会传统以及科学的力量才能完成。笔者即以种族主义的宗教基础、社会传统以及所谓的科

① ［美］托马斯·索威尔：《美国种族简史》，沈宗美译，南京大学出版社1992年版，第245页。

学性说明其“正当性”建立的过程，同时指出，推动它得以建立的根本力量，来自于人的自利心。这种自利既是经济的、社会的、文化的，政治的，也是个人的、集体的、社会的、国家的。因国内外少见这方面的系统论述，不当之处，敬请指正。

一 《圣经》中诞生的奴隶制与种族主义

最容易被人接受的种族优越论，来自《圣经》。据《圣经·创世记》（和合本）9：18—27：挪亚生有三个儿子——闪、含、雅弗。挪亚开垦了一个葡萄园。一次，他喝了园中的酒便醉了，在帐篷里赤着身子。含见父亲酒后赤身而睡，到外边告诉他两个兄弟。于是，闪与雅弗拿件衣服搭在肩上，倒退着进去，脸背对着父亲将衣盖在他身上，这样就看不见父亲的赤身。挪亚醒来，得知原委，对含发下咒语，诅咒其子迦南不仅成为闪与雅弗的奴仆，还要成为其兄弟（即闪与雅弗的后代）的奴仆的奴仆。这一咒语由此成为解释奴隶制的源头，成为非洲黑人应为欧洲人或高加索人奴役的源头。因为据后人对《圣经》的诠释，非洲黑人就是迦南的后裔，而欧洲人或高加索人的祖先就是雅弗。

不过，《创世记》所记，简略而模糊。它既未解释挪亚对含如此恼怒的具体原因；也未说明为何是迦南而非含的其他儿子受到诅咒；更重要的是，证明黑人必须受奴役的基本要件，即迦南是否确实到了非洲大陆并成为非洲黑人的祖先，《圣经》并无明确说明。相反，依据《圣经》所记，闪、含与雅弗的子孙的居住地多有重叠；除了以色列人，几乎没有一个民族能确定无疑地从闪、含与雅弗三人中认定谁是其祖先。

于是，神学家对《圣经》文本的诠释就成为说明奴隶制以及种族主义合理性的重要依据。

由于美国与欧洲在宗教上渊源深远，说明美国神学家如何诠释《圣经》，必须先回顾欧洲基督教神学家如何注解挪亚咒语及相关《圣经》经文。

首先，含与迦南究竟怎样冒犯了挪亚而被诅咒？

被后人引用最多的一种解释是含嘲笑了挪亚的醉酒与裸身。是何人于何时首先作出这一诠释已不可考。所可知者，它属于古犹太人关于《圣经》神话的一种；公元1世纪末，由古罗马的犹太历史学家约瑟夫（Flavius Josephus）在其著作《犹太古史》中采用。约瑟夫动人的文笔与颇显人情味的故事建构，使这一注解长久流传。

公元5世纪，因《上帝之城》而闻名的奥古斯丁，则以含代表基督教的异端作为他被诅咒的理由，并申明了奴隶制的合理性。他阐释道，“含的意思是‘热’，……（他）胸中充满了异端的燥热”；他宣扬基督受难——以挪亚的裸体为象征，而不像他两个兄弟用衣裳盖住父亲，表示对挪亚的尊崇。这说明他内心邪恶。因此，“挪亚通过含的儿子咒诅他”；[①] 而邪恶的人应被奴役，可引《圣经·箴言》为证——“受过良好训导的儿子是聪明的，他会使用愚蠢者作他的奴仆”。

不言而喻，奥古斯丁说明了役人为奴何以为公正。不过，他并未说其合理性源于含的种族或肤色等，只说是他有罪，得罪了父亲；而把罪人立为奴仆，应该理解为正义的；义人挪亚用当奴仆来惩罚他儿子的罪。[②]

进入中世纪，一则名为“含违背诺言”的宗教神话广泛流传，并被神学家录为《圣经》注释。它叙述的是，当洪水泛滥，挪亚一家尚在方舟时，挪亚规定：舟中男女须在夜间各自独睡。但是，含违背了挪亚的禁欲令，与挪亚之妻发生奸情。由于含跨越男女界线的脚印被挪亚看见，其恶行被挪亚记在心中。后来，挪亚醉酒后赤身而睡，含又加以嘲笑。为惩罚含的放肆、淫乱、无礼，迦南及其后代受到诅咒，因为迦南正是含与挪亚之妻乱伦所生。[③]

---

① ［古罗马］奥古斯丁：《上帝之城：驳异教徒》（中），吴飞译，生活·读书·新知三联书店2008年版，第274—275页。

② ［古罗马］奥古斯丁：《上帝之城：驳异教徒》（下），第150页。

③ Francis Lee Utley, “Noah’s Ham and Jansen Enikel”, *Germanic Review*, No. 16, 1941, pp. 241 – 249.

宗教改革时期，宗教领袖马丁·路德、约翰·加尔文，以及颇有影响的英国神学家安德鲁·威利特（Andrew Willet）等，均在不同程度上接受了前人的诠释，即以含缺乏对上帝的敬意，嘲笑其父醉酒、赤身等，作为含应受诅咒的理由，同时有所发挥。

在路德看来，是心灵的放荡而不只是行为的不敬致使含受到诅咒。“含定是在内心把自己看得比父亲更为公正、神圣、虔诚，并将上帝的诫命——孝敬父母——推之一旁，才会对挪亚加以嘲笑。这说明，含心中所蔑视的不仅是其父母，还有上帝。”①

加尔文的看法显出他的严厉。他认为，含的罪行只由他一人承担是不够的。令迦南承担父过，正是为了加重含的惩罚。事实上，上帝的诅咒包括了含的所有子孙。单独点出迦南的名是上帝随意为之，并不意味着含的其他子孙免于诅咒。他还针对《圣经》经文所言——上帝予以有罪之人的惩罚及于三四代或十代而止，特意指出，上帝的意志不受经文约束，他可任意延长惩罚时限。②

威利特的诠释明显地体现出清教徒的禁欲思想。他着意渲染含的性癖：含在违背挪亚的禁欲令之外，还曾盯着父亲私处，以为乐事。他之所以将父亲酒后赤身而睡告诉他两个兄弟，是为了诱使他们跟他一样堕落。他甚至还告诉人，与其母亲、妻子、女儿睡觉，并不犯法。③

18—19世纪，神学家们关于挪亚咒语的诠释糅合了先前各历史阶段的想象与虚构，含的形象定型为淘气顽劣、不服管教、邪恶放荡、放肆无礼、不敬父也不敬神的不肖子孙。没有人怀疑含有罪，也没有人怀疑：使罪人处于奴役状态是为不公正。

至于质疑最多的一点——含的罪因何由迦南承受，19世纪上半叶英国最有威望的神学家、乔治二世的专职牧师，托马斯·牛顿

---

① Martin Luther, "Lectures on Genesis, Chapter IX," in Jaroslav Pelikan, ed., *Luther's Works*, Concordia Publishing House, 1955, p. 220.

② John Calvin, *Commentaries*, Westminster Press, 2006, p. 275.

③ Stephen Heyns, *Noah's Curse: The Biblical Justification of American Slavery*, Oxford University Press, 2002, p. 34.

(Thomas Newton) 给出了与加尔文不同的解释，并且颇有几分道理。在他看来，《圣经》文本中出现了错误，应该纠正过来。《创世记》9：24—27，即挪亚咒语中，凡是出现迦南的地方，应为“迦南之父”。这样，“整个问题就迎刃而解了”。[①] 也就是说，何以由迦南承当诅咒的问题就不存在了。牛顿的这个解释，后来成为美国的种族主义与奴隶制捍卫者的有力武器。

其次，迦南是否确为非洲人的先祖，其子孙是否确实为黑人？

对于非洲人来说，不幸的是：自基督纪元以来，他们就被神学家视为含的后裔。公元1世纪时，前文提到的约瑟夫仔细辨析了雅弗、含以及闪之后裔的活动地域，认为雅弗的后裔居于欧洲和亚洲，即现在的欧亚地区、含的后裔播散在非洲与亚洲、只有闪的后裔完全在亚洲范围内活动。[②] 此后，基督教神学家基本沿袭了这一结论。

不过，将奴隶制与非洲黑人相联系，则是较晚的事。虽然早在公元4世纪便有神学家说“挪亚的咒语降临在含的深色后代中（darker descendants)”，[③] 但“深色后代”不能确定代表黑人，白种人中也有肤色较深者；再者，“darker”也可理解为灵魂的黑暗，不见得指肤色。13世纪，德国泽斯特的圣普特洛克勒斯大教堂在其基督谱系中描述了含的长子，即古实家族的某些体貌特征（卷曲的头发），显得他们似乎像黑人，并说其居住在埃塞俄比亚。[④] 然而，古实并非迦南，挪亚的咒语并未降临在他身上；即便古实的后代确实是黑人，也不意味着他们应被奴役。直到15—16世纪，地理大发现之后，随着葡萄牙、西班牙、荷兰、英国等欧洲国家的殖民扩张、奴隶贸易的增长、奴隶的来源又主要来自非洲撒哈拉沙漠以南地区，欧洲人对奴隶

---

① Thomas Newton, *Dissertations on the Prophecies, Which Have Remarkably Been Fulfilled, and at This Time Are Fulfilling in the World*, Vol. 1, William Durell, 1794, p. 18.

② Benjamin Braude, “The Sons of Noah and the Construction of Ethnic and Geographical Identities in the Medievaland Early Modern Periods,” *The William and Mary Quarterly*, Vol. 54, No. 1, 1997, p. 111.

③ Jean Devisse, *The Image of the Black in Western Art*, Vol. 2, Part 1, Harvard University Press, 1979, p. 18.

④ Ibid., p. 143.

的描述定格为非洲黑人以后，《圣经》诠释才将挪亚咒语与非洲黑人联系起来。换言之，是现实利益的需要，驱使人们从《圣经》中寻找依据，为种族主义奴隶制辩护。因此，15 世纪的葡萄牙学者在解释非洲摩尔人因何该受葡萄牙人奴役时，就说挪亚所诅咒的"那个种族应该臣服于世界上一切其他种族，而那个种族的后代就是黑人"。[①] 16 世纪，英国人乔治·贝斯特（George Best）的诠释更典型地体现了那个时代的人们将黑人与上帝的惩罚相联系的心态。他论述道，正是含"对全能的上帝的轻视、对挪亚的禁欲令的不服从，使上帝令其长子古实不仅自己是黑人，其后代也全都是黑人。……这是上帝要在全世界面前显示含不服从的标记"。[②] 到了 18—19 世纪，法国神学家奥古斯丁·卡尔梅（Augustin Calmet）不仅沿袭前人观点，[③] 借助其影响广泛的《圣经辞典》使得奴隶制与种族主义相勾连的诠释思潮盛行于欧美；并且通过人名诠释，将黑人应受奴役的理论推进至前人未有的高度。卡尔梅指出，"含"字不只意为"热"，还有"焦煳的、黝黑的"意思。[④] 因此，从含的名字本身就可看出，含的种族是黑人。受到诅咒、该被奴役的自然就是黑人的后代。

这个貌似寻常的推进深刻地改变了挪亚咒语的诠释传统。此前，所有的解释都没有说含的后代被奴役是因其先天的种族特征，而是说他们在神前犯下恶行。[⑤] 换言之，他们被奴役是其行为的后果，而非天然注定。卡尔梅对含的名字做如此诠释，意味深远：含的后代不仅因其祖先的行为而被奴役，亦因其种族而被奴役。由于含的种族是黑人，因此独有非洲黑人生来就该被奴役的理论就此建立起来。更重要的是，将含的种族规定为黑人，至少还有两大利于奴役黑人的妙处：

---

① Gomes Eanes De Zurara, *The Chronicle of the Discovery and Conquest of Guinea*, Vol. 1, Cambridge University Press, 1896, p. 54.

② Werner Sollors, *Neither Black nor White yet Both*: *Thematic Explorations of Interracial Literature*, Oxford University Press, 1997, pp. 97 – 98.

③ Stephen Heyns, *Noah's Curse*, p. 236.

④ Ibid., p. 38.

⑤ Ibid., p. 7.

其一，迦南是否到过非洲并成为非洲人的祖先、其后代是不是黑人等问题已经不重要了，再也无须多加解释。

其二，除了迦南及其后裔以外，含的其他子孙也因是黑人的后代统统该被奴役。

可见，种族主义奴隶制盛行的时代，神学家的任务已不是说明含的后裔如何成了黑人，而是如何使黑人成为含的子孙。

除了利用挪亚咒语为奴隶制或种族主义辩护，各时代的神学家以及历史学家、诗人等还在含的孙子、《圣经》上列为世上英雄之首的宁录身上大做文章，将其负面化。其用意皆在说明含的血统之坏。结果，宁录被演绎为一个违背上帝意旨、欺压他族并侵占其领土的反叛者、异教徒；一个傲慢自大、狡诈凶顽、必须予以压制的暴君。他与含的形象交织在一起，自有奴隶贸易以来，就成为白人眼中的黑人形象的重要一半——顽劣、愚蠢、粗俗、野蛮、邪恶、凶暴等。捍卫奴隶制与种族隔离制度的美国人，也从未忘记利用《圣经》故事演绎出来的黑人形象丑化与贬低黑人。因此，宁录被负面化的过程有必要在此简略述及。

宁录并非迦南所生，父亲是含的长子古实（Cush）。古实的好坏，《圣经》没有记载。宁录，《创世记》第十章只说他“为世上英雄之首。他在上帝面前是个英勇的猎户。他国的起头是巴别、以力、亚甲、甲尼，都在示拿地”。可见，《圣经》中并无关于宁录的负面描述。宁录的污名从何而来？皆因“示拿”、“巴别”两地名，将宁录与通天塔的建造相联系。

为后人诋毁宁录打开通路的，是前文两次提到的古罗马历史学家约瑟夫。他综合犹太民间传说，在《犹太古史》中将宁录描述为膂力过人、胆大妄为、挑起众人蔑视上帝的反叛领袖。说他僭行权力，令民众仰赖于他；之所以建起一座大水也无法淹没的高塔，是为报复上帝。

约瑟夫的叙述开启了后世学者的想象力。公元二三世纪的基督教神学家、亚历山大的克莱门特（Clement of Alexandria）认为，宁录不仅煽动叛乱，而且贪得无厌。他劫掠其邻族，扩张其领土，侵占上帝赐给闪的领地美索不达米亚。[①]

身为希波主教的奥古斯丁解释说，只有心灵的“谦卑才是通往天堂的康庄大道”，而宁录竟召集民众从地面上建起一座通天塔，这就说明他反对上帝。相应地，“猎户”这个词，“难道不是说他是地上生灵的欺骗者、压迫者、杀害者吗?”至于《圣经》所记“宁录在上帝面前是个英勇的猎户”，博学的奥古斯丁指出，那是翻译者没有准确理解《圣经》希腊文本，将“反对主”错译为“在主面前”。[②]

中世纪，宁录的形象继续被丑化。最典型的，是但丁在《神曲》“地狱篇”中对宁录的描述：面向深渊而立、体格如同塔楼，相貌令人恐惧；不懂一切语言，别人也不懂他的语言。

任何人，长期被诽谤、诋毁，最后都可能被类比于恶魔、动物。这正是宁录在马丁·路德、加尔文那里的归宿。路德断言，“尽管宁录反对教会、反对挪亚本人、反对上帝及其虔诚的子孙的企图，没有文字记录可说明，我们依然可举一反三，作出这样的归纳。……因为撒旦不正是像宁录这样做的吗?”[③]

加尔文对宁录的恶感虽不如路德那样强烈，其分析也简略；但寥寥数语即已反映他的憎恶。在他看来，宁录“狂暴易怒，更像一头野兽而不是一个人”。[④]

卡尔梅在丑化宁录形象上同样功不可没。他说宁录是“人世间第一个垄断权力者。……‘上帝面前的英勇猎户’猎取、征服的不仅是野兽，还包括人。……他以巴比伦为中心，扩张其疆域，建立起他的帝国……众多民众臣服于他。他肇始了民众对于人的偶像崇拜”。[⑤]

就这样，一个在《圣经》中只是昙花一现、形象也相当模糊的

---

① “Recognitions of Clement,” Book I, Chapters xxx - xxxi, in *The Ante-Nicene Fathers: Translations of the Writing of the Fathers down to A. D.* 325, Vol. 8, Edited by Allen Menzies, Charles Scribner's Sons, 1926, pp. 85-86.

② ［古罗马］奥古斯丁：《上帝之城》（中），第281页。

③ Martin Luther, “Lectures on Genesis, Chapter IX,” in *Luther's Works*, p. 219.

④ Stephen Heyns, *Noah's Curse.* p. 51.

⑤ Ibid., pp. 56-57.

英雄猎户，由于他的血统——含的后裔，被大肆渲染并描黑。或许，其中也有真实成分。然而，历史的真伪、故事的可信度并不为《圣经》诠释家所在意。他们在意的是，宗教神话的杜撰是否有益于信仰的建立；是否有益于上帝的权威；是否有益于宗教乃至世俗社会的利益。诠释者为达此目的，往往不惜造假。对此，古罗马的奥古斯丁早已指出，“很多被认为是神圣的和宗教性的东西，都可能是虚构的”。①

显而易见，当奴隶贸易、黑人被白人奴役对资本主义国家利益的扩张以及公民个体都有益时，人们就会不断杜撰与传播丑化黑人的神话，并借助宗教的力量，演绎出一根可为种族主义奴隶制提供“正当性”的因果链条：

> 含犯下不可原谅的罪行——挪亚咒诅其子迦南及其子孙世代为奴——含的血统很坏，其子孙迦南、宁录均是恶人——黑人是含的后代，血统很坏——作为含的子孙，黑人理当被奴役。

奴隶制与种族主义的“正当性”一旦建立，便固化下来，成为一种社会与文化传统。这个传统先是在欧洲生根，再从欧洲传到北美殖民地，直到美国立国，它也没有改变——奴隶制被完整地保留下来、种族主义盛行于南北各州。在白人文化中，黑人应受奴役，是为天经地义或者说神意的体现。

现在回到文章一开始提出的问题：美国人如何建构奴隶制与种族主义的“正当性”。

不言而喻，美国人首先延续了欧洲的诠释传统。他们在议论自己国家的奴隶制时，无须另作诠释，只需复述欧洲神学家的结论即可，所以斯陀夫人笔下那位牧师不假思索地回答：“非洲人应该当奴仆，应该低人一等，天意如此，不容置疑。……《圣经》上说，‘迦南当受诅咒，必作

---

① ［古罗马］奥古斯丁：《上帝之城：驳异教徒》（上），第92页。

奴仆的奴仆’”。[1] 笔者也将对已成传统的诠释不作赘述。

不过，这个传统在进入19世纪，尤其是30年代以后，开始受到挑战。国际上，自18世纪末，已在普遍谴责奴隶制。1791年，法国国民议会率先颁布废除奴隶制的法令。英国，先于1807年禁止奴隶贸易，再于1833年宣布英属殖民地废除奴隶制。到19世纪中叶，美洲一些曾沦为欧洲列强殖民地的国家，如海地、智利、中美联邦共和国、墨西哥、玻利维亚、乌拉圭、哥伦比亚、阿根廷、秘鲁等，均在获得独立后废除了奴隶制。美国国内，支持废奴运动的情绪从30年代以来有增无减；内战一结束，蓄奴制就在法律上死亡。

国内外政治环境的变化迫使美国人感到亟须更新传统，革新理论，以巩固种族主义与奴隶制的“正当性”。至少在南方获得更多共鸣。因为这里是最需要捍卫奴隶制与种族主义的地方。内战前，黑奴制与庄园经济、骑士崇拜并列构成南方社会与文明的三鼎足；[2] 内战后，蓄奴制的铁链虽被砸碎，然而蓄奴制对白人的生活方式造成的习惯——各方面均需依赖黑人，并没有被打破，白人仍然时刻感到需有黑人受其役使。

问题在于，以什么为基础重新诠释黑人需被白人奴役的理论，使挪亚咒语符合美国本土需要？

诠释家们转向了支撑美国南方社会与文明的另外两足：庄园制和骑士崇拜。庄园制构成南方社会的经济与社会基础，众所周知。在南方，以种植棉花为主的庄园经济举足轻重。“1860年，从美国南方出口的棉花占全世界棉花总产量的57%，总值达一亿九千一百万美元。”[3] 其他如水稻、甘蔗、烟草、大麻的种植也给南方带来可观的经济收益。这些经济作物虽不销往海外，但在美国国内农业市场占据

---

① ［美］斯陀夫人：《汤姆大伯的小屋》，黄继忠译，上海译文出版社1991年版，第162页。

② Rollin G. Osterweis, *Romanticism and Nationalism in the Old South*, Yale University Press, 1949, pp. 213 – 216.

③ Jerrold Packward, *American Nightmare: The History of Jim Crow*, St' Martin Press, 2002, p. 33.

相当大份额。相应地，与庄园经济同步发展起来的庄园主家族，在南方社会尤显力量与威严。而在众人面前透显其力量与尊严的便是家长制带来的父权式权威。

骑士崇拜，起自庄园主阶级优越、闲散的田园生活，也起自他们对欧洲浪漫主义文明遗产的景仰与继承。以庄园经济为依赖的庄园主，其精神是“贵族式的、反资产阶级的，他们的价值观与伦理观重视家庭与地位，有一套人皆信守的荣誉准则，追求奢华、悠闲与成就感”。① 从这里散发出来的骑士崇拜，从精英渗透到平民，无人不看重，也无人不了解其核心是不可冒犯的荣誉感，以致有学者将荣誉视为南方人的“民族宗教”，并且评论说“没有什么比荣誉更令南方人珍视，他们将它置于财产、艺术、学识，以及一切城市文明的雅趣之上”。② 庄园主则被普遍形容为父亲般的、心灵高贵、富有荣誉感的绅士。

由是之故，表现南方社会与文化特征的家长制、父权权威与荣誉感，顺理成章地成为美国人诠释挪亚咒语的叙事中心。

1843 年，一本名为《与黑人或非洲人相联系的奴隶制》的书在纽约出版，并成为当时最受欢迎的捍卫奴隶制的作品。作者约西亚·普里斯特（Josiah Priest）指出，含对挪亚“全无敬意，令家长深陷于失去荣誉感的悲哀之中”；③ 依据摩西十诫与父子伦理，其罪当死。50 年代末，田纳西州一位教士谴责含是辱没门庭、令父权与家长制蒙羞的不肖子孙；挪亚诅咒他正是因为他不孝、不敬，其罪行实比偷盗、作假证等更为可憎。④ 60 年代，一份流传甚广的宗教手册《非洲

---

① Eugene D. Genovese, *The Political Economy of Slavery: Studies in the Economy and Society of the Slave South*, Wesleyan University Press, 1989, p. 28.

② John Hope Franklin, *The Militant South: 1800 – 1861*, Harvard University Press, 1956, pp. 34 – 35.

③ Josiah Priest, *Slavery as it Relates to the Negro or African Race: Examined in the Light of Circumstances, History and the Holy Scriptures; with an Account of the Origin of the Black Man's Color, Causes of his State of Servitude and Traces of his Character as well in Ancient as in Modern Times: with Strictures on Abolitionism*, Arno, 1977, pp. 209 – 210.

④ Samuel Davies Baldwin, *Dominion; or, the Unity and Trinity of the Human Race; With the Divine Political Constitution of the World, and the Divine Rights of Shem, Ham, and Japheth*, Stevenson and F. A. Owen, 1858, pp. 60 – 62.

人的奴役地位》，也将含缺乏对于父母与统治权威的忠诚感，犯下背叛之罪，作为其受诅咒的理由。[①]

整个19世纪，无论南方还是北方，均以家长权威与荣誉感作为含被诅咒的中心叙事；有的神学家还从父权制家庭里主仆关系的温情一面，即些许父子情义，将奴隶制加以美化，宣称：“奴隶与其主人的关系在各方面均与父子关系无异。唯一的区别是，奴隶永远长不大。”[②]

言语虽然夸张，却不无代表意义。它体现了庄园主以大家长身份看待黑奴以及奴隶制的心态。在他们心中，黑人虽然大多“温顺、忠诚、卑微，同时也懒惰、不负责任、习惯于撒谎、偷窃。其行为尽显幼稚与愚蠢，言语充满了孩子气的夸张”。[③] 对于这些长不大的黑人，必须施行奴隶制。否则，这些“有着成人的体格与气力，智力判断却停留在儿童水平”上的黑人，就“很容易因缺乏自制力惹出乱子来”；唯有奴隶制才能“去除其懒散、怠惰、马虎的坏习惯”，[④] 使其变得有礼有识有教养。

如此这般，奴隶制对于含的子孙似乎已经不是惩罚，而是恩赐了；甚至有哲学家运用马克思的阶级剥削理论，指出“美国南方的黑奴是世上最幸福，在某种意义上说，也是最自由的人”。在其看来，资本主义自由社会对工人的剥削比奴隶制残酷得多，因为它只榨取工人而不像奴隶制对奴隶提供保护和监管，“工人像奴隶一样创造价值，却不拥有奴隶的权利”。与美国南方黑奴“安宁、富足、令人满意”的生活状态相比，英国工人，尤其是童工，“是没有奴隶主的奴隶”。[⑤]

---

① Stephen Heyns, *Noah's Curse*. p. 72.

② James A. Lyon, "Slavery, and the Duties Growing out of the Relation," *Southern Presbyterian Review*, Vol. 16, No. 1, 1863, p. 14.

③ Stanley Elkins, *Slavery*: *A Problem in American Institutional and Intellectual Life*, University of Chicago Press, 1959, p. 82.

④ Thomas V. Peterson, *Ham and Japheth in America*: *The Mythic World of Whites in the Antebellum South*, American Theological Library Association, 1978, pp. 68 – 84.

⑤ George Fitzhugh, *Cannibals All*!, *or Slaves Without Masters*, Belknap Press, 1960, pp. 17, 18, 109.

黑人果真如白人所美化的那样温顺、安分、忠诚、甘心依附于人吗？显然不是。那充其量只是白人心中黑人形象的一半。越来越多的黑奴通过“地下铁道”有组织的逃跑；1831 年，弗吉尼亚州还发生了塔特·赖特起义，明白无误地显示：黑人不甘奴役。对黑人需时刻加以防范与压制，这对维护南方的传统秩序来说，与美化奴隶制同样重要。由是之故，在欧洲人《圣经》诠释中已成为反叛者首领的宁录，在美国人的叙事中，显得格外突出。不过，与欧洲人不大关注宁录的黑人血统不同，到美国人这里，宁录已无可置疑地成为一个黑人，一个具有强烈反叛天性的黑人首领。他与含的血统关系、与挪亚咒语的关联，也在美国人的诠释中表现得更加紧密。譬如前文提到的普里斯特在他那本极受欢迎的书中写道：“正是从这个建造巴别塔的黑人国王身上，非洲人继承了他反叛挪亚的天性。”①

面对天性有反叛种子的黑人，应如何对待，方可避免南方社会秩序被其颠覆？毫无疑问，唯有奴隶制的铁链，方可拘束其心灵，缚牢其手足。

然而奴隶制毕竟还是结束了。任何公开赞美挪亚咒语的话语都已失去正当性。任何以挪亚咒语为依据的种族主义阐释都必须改头换面，才能适应新的形势。

一批懂得审时度势、用新的语言与技巧表达种族压迫需求的诠释家应运而生。19 世纪下半叶美国南方最有影响的神学家、南方长老会大学罗兹学院院长本杰明·帕尔默（Benjamin Palmer），即为其中之一。

帕尔默在内战结束前便将捍卫奴隶制作为他神圣的使命与事业，并且以其富有蛊惑力的布道声名大噪。内战后，他不失时宜地调整了策略。捍卫奴隶制的立场转为隐蔽，不似从前那般露骨；措辞与主题也发生了变化。

首先，他回避了“诅咒”一词，而以挪亚的“预言”代之。其次，他不说黑人必须被奴役，而说黑人的本性最适于处于被奴役的地

---

① Josiah Priest, *Slavery as it Relates to the Negro or African Race*, p. 210.

位，而这种从属地位在不同社会环境下可以有不同形式。[1] 这类更具技巧的解释，不仅与奴隶制已被废除的时代背景相适应，而且迎合了白人们对捍卫奴隶制欲说还休的心态。再次，他不再屡屡阐述含的子孙受奴役是否合理，转而宣扬种族间的隔离，尤其是种族纯正性的维护。他先从上帝变乱语音、使众人分散在各地等圣经经文中引申出种族的划分乃属天意，再强调上帝的用意在于保持种族的纯正。[2] 当俗世界的白人汲汲于血统的纯正，将黑人与白人的通婚视为梦魇时，再没有比这样的圣经释义更符合其需求。

二 科学种族主义

不管神学家多么顽强、狡黠地利用《圣经》为白人种族主义辩护，在崇尚理性与科学的头脑看来，仅以天意——挪亚的预言——作为白人优越于黑人的理论基础不足为凭。它缺乏历史与科学的依据，不能表现文明人的理智。

何况，神学家本身当中也有很多人反对将种族主义与《圣经》牵强附会。有的坚持基督教福音派的《圣经》无误原则，反对脱离圣经原文任意注解；有的批评种族主义的宗教诠释以讹传讹、漏洞百出；同时又都指出：《圣经》只说明了含的后代因挪亚咒语而被奴役，与种族无关，黑人、白人均可能被奴役。

再者，美国《独立宣言》早已载明“人人生而平等”、第十三条宪法修正案也已宣布强制劳役非法，这都意味着美国人的政治理念否认种族优越论。要使白人凌驾于黑人之上的社会制度显得合理，必须拿出确实的依据，证明白种人在生理与智能上高出黑人一等，才能表现美国社会的文明。

诞生于19世纪的科学种族主义满足了这种需要。三四十年代，美国最有声望的人类学家塞穆尔·默顿（Samuel G. Morton）宣称，

---

① Stephen Heyns, *Noah's Curse*, p. 14.

② Ibid. , pp. 137 – 139.

依据他对世界各地的头盖骨的研究，人类可分为欧洲人（即高加索人）、亚洲人、印第安人与非洲人四个人种；欧洲人脑容量最大，智力水平最高，因此最为优越；构成非洲人的各民族虽有着巨大的差异性，但人类最低劣的一族来自这个人种。[①]

将非洲人贬为劣等人种，必须面对一个难题：如何解释古埃及文明的辉煌。莫非古埃及文明不是非洲人的创造？对此，默顿给出了令人惊异的解释。他指出，依据他对金字塔中木乃伊的分析，例如颅骨构形、颅内容积、面部角度、头发、身材等，可以证明：最初居于尼罗河流域的古埃及人是高加索人的一支；是他们的后代，而不是非洲人，创造了埃及文明。[②]

欧洲文明的源头之一是古埃及文明，将古埃及文明的创造归功于高加索人，先在情感上满足了欧美人的文化优越意识；那似乎不容置疑的人头骨数据分析，又在理智上符合科学家们判断是非与科学的标准。因此，默顿结论一出，立刻得到同行赞赏，就连达尔文也承认默顿是研究种族的权威。虽然其头盖骨分析数据，后经学者证明，多有谬误，但那是一个多世纪以后的事情。

欧洲人类学家与美国学者同声相应。1855 年，法国人阿瑟·德·戈平瑙（Arthur Comte De Gobineau）发表“论人类种族的不平等”一文。文章指出，是种族而非其他创造了文化；虽然各种族的文化在本质上不同，但欧洲文明在留存至今的文明中最先进；“人类活动中，一切伟大、高雅、宏伟、富有成效的科学、艺术与文明成果都出自白人”。[③] 白种人因此是最为优秀的种族，其中又以雅利安人最上。

次年，戈平瑙的论文由默顿的门徒约西亚·诺特（Josiah C. Nott）译成英文发表。诺特继承其师衣钵，吸收戈氏观点，到处宣传白种人优

① Sameul George Morton, “Observations on Egyptian Ethnography, Derived from Anatomy, History and the Monuments”, *Transactions of the American Philosophical Society*, Vol. 9, No. 1, 1846, pp. 93 – 158.

② Sameul George Morton, “Observations on Egyptian Ethnography, Derived from Anatomy, *History and the Monuments*”, pp. 93 – 158.

③ H. J. W. Hetherington, “Review of The Inequality of Human Races by Arthur de Gobineau”, *International Journal of Ethics*, Vol. 26, No. 4, 1916, p. 558.

越论与种族创造文化论，并声称黑人与白人起源于两个不同的人类，而非人类中两个不同的人种。他后来虽接受了达尔文的人类起源一元论，但坚持认为“黑人史只不过是自然史的一页——它没有知识史，上帝没有赋予黑人留下文字记录的能力”；[①] 数千年来，黑人所取得的进步依靠其他种族而来，其智力就跟他们的皮肤一样暗而无光，任何环境的改变都无助于其智力的启蒙，黑人永远是最低等的人类。

1859年，达尔文的《物种起源》发表，生物进化论随即成为最前沿、也最流行的科学理论。生物进化论说明，地球上的生物经历了漫长的进化过程，有的种属已进入较高级的阶段，有的还停留在低级阶段。生物进化的原理，在于自然选择，即保留有利的差异或变异，毁灭有害的变异。

许多美国黑人史论著指出，是生物进化论的出现使人们相信：种族这个概念，不只意味体质上的差异，还表示进化程度的不同，即不同种族在进化级位上居于不同位置。这个种族进化论，如果归在达尔文头上，是不恰当的。

达尔文从未指出，人种间的体质与心理差异代表进化的不同阶梯。他只说“人在达成人的级位以后，又分化为若干界限分明的……亚种”；而这些亚种，“都是良好的”。他认为“各个所谓的种族，在素质上、在适应气候与水土的能力上，以及对各种疾病的感受性上，也各不一样”；但他没有说，这种“不一样”代表各个种族有优劣之分，只是说他们“各有各的适应方式”。就智力与心理能力而言，达尔文指出，“不同的种族有着相类似的发明能力或心理能力”，尤其是“美洲的土著居民、黑人、欧洲人，在心理上是再不同没有的了”。更值得注意的是，当他的同时代人认为脑容量大小与智力正相关，并以此为据对不同种族进行比较时，他提醒人们谨慎视之，因为“有些古老程度很高的颅骨……也是发展得很好而容积很大的”。[②]

---

① John S. Haller, *Outcast from Evolution: Scientific Attitude of Racial Inferiority*, 1860 – 1900, University of Illinois Press, 1971, p. 81.

② ［英］达尔文：《人类的由来》，潘光旦译，商务印书馆1997年版，第922、263、277—278、72—73页。

因此，就科学种族主义的基本前提——不同人种在体质上有优劣之分——而言，达尔文与默顿、诺特等并非同道。诚如某些学者所举证的那样，达尔文有些种族主义。他使用了低等与高等种族二词，预言“在不久的将来（以世纪计），世界上的野蛮人将被文明程度更高的人种消灭、取代”;[①] 并认为人的道德与理智程度也是进化来的（这是他被误解为科学种族主义同谋的一个重要原因）。但他从未用生物进化论阐述种族优越论的科学性。他对于低等种族的定义，显然是依据文明的高下作出。而文明的高下是否取决于不同人种的体质差异，他未有说明。从他的著作中，也找不到可以作出如此推论的确实依据。达尔文对种族优越论从未表现出多大兴趣，反倒表示，“人的各个所谓种族，（如何称谓与界分），……是一个没有多大关系，不值得多所纠缠的问题”。[②] 这本身也说明，所谓人种先天优劣论，在他看来，未见得站得住脚。

然而，达尔文的生物进化论毕竟还是被人们广泛地当作了种族优越论的科学依据，而他那些不利于种族优越论的理论与观点却被忽略了。因何如此?

这是自利心的驱动导致。恰如一位学者所言，“事实只是口技者的玩偶，是用来迎合私心所关切的、并由社会环境所限定的情感，使之显得合理而正当”。[③] 事实本身不会说话，它通过人们的阐释成为事实。当人们怀抱各种自利的想法——维护经济利益、社会地位乃至于各种场合的优越感，需要阐释事实，或从种族理论中寻求于其有利的依据时，妨碍人们私心所关切的利益与情感的内容会被推开；有助于建立种族优越感的事实或理论，譬如生物进化的不同阶段，会被选择与利用。这种情况，与人们只选择于其有利的《圣经》注解，而

---

① George M. Fredrickson, *The Black Image in the White Mind*: *The Debate on Afro - America Character and Destiny*, 1817 - 1914, Wesleyan University Press, 1987, p. 230. 弗里德里克森的引文来自达尔文《人类的由来》。

② ［英］达尔文:《人类的由来》，第 280 页。

③ M. F. Ashley Montagu, *Man's Most Dangerous Myth*: *The Fallacy of Race*, Columbia University Press, 1947, p. xii.

置那些批评与反对意见不顾，是一样的。

于是，各种证明黑人进化不足的研究结果出来了。其中，既有体质上的表现，又有因体质缺陷导致的结果。述其体质缺陷者，屡与类人猿联系，说明二者体质特征之相似与接近。譬如颅骨厚、囟门闭合时间早，致使大脑发育受限——容积小、重量轻、部分区域发育不足（尤其是决定智力程度的额叶）；性器官过早成熟；肺叶小、肝脏大等林林总总。言其体质缺陷导致的后果，集中于两个方面。一是智力低下——弱于理性分析、自制力差、较为情绪化；二是发病率与死亡率高，婴幼儿成活率低；一些罕见的痴呆、血液病在黑人中流行等不一而足。

所有这些，都有解剖学、体质学以及流行病学数据为凭，冠上了科学的帽子，由不得人不信：黑人的进化程度远不及白人。

1905 年，法国心理学家设计的分等级智力测量表问世。与脑容量、大脑重量、面角等提示智力水平的指标不同，智商测定显得更有说服力，因为它反映的是大脑的功能与活动状态，是质而非量的评估。就算是不认为脑容量、大脑重量与智力相关的人，也不能否认智商测定的有效性。因此，智商测定被美国心理学家广泛用来比较黑人与白人的智力水平。到 1930 年时，大规模的智商测定有时达两万余人。测量人群包括军队、学校不同年龄段的黑人与白人。测量结果显示：黑人的智商普遍低于白人。

但另一个问题同时也出来了：为什么有那么多才能出众的黑人？逃奴弗里德里克·道格拉斯的智慧让林肯请他作客白宫，创建塔斯基基学院的布克尔·华盛顿被哈里逊、西奥多·罗斯福、威尔逊等延为总统顾问；布朗奇·布鲁斯由印刷工、轮船搬运工而为农场主，最后成为国会参议员；社会学家杜波依斯在哈佛大学获得博士学位；还有许多虽不如他们有名，但同样比一般白人聪明而成功的黑人。

对此，部分科学家的解释是，这要归因于他们的白人血统。的确，道格拉斯和布鲁斯的父亲都是白人——其母亲的主人；华盛顿的外祖父是一个种植园主；杜波依斯的母亲具有荷兰人、英国人与非洲人血统。不过，在大多数科学家看来，智力出众的黑白混血儿只是个例，并不意味着黑人通过与白人通婚可改善其人种质量。

关于黑白混血儿的研究自内战以来便已开始。1869 年，联邦卫生委员会公布了一份内战时的士兵心理与体质测量报告。其中指出，黑白混血儿的智力虽稍胜于纯种黑人，但其体质既不如纯种黑人、也不如纯种白人。[①] 这个结论在 19 世纪下半叶几乎得到所有人类学家的认同。不少知名学者如人类学家丹尼尔·布林顿（Daniel Brinton）、自然学家内森尼奥·夏勒（Nathaniel Shaler）等还得出结论：黑白混血儿的寿命比纯种黑人与白人都短；黑人与白人通婚将“导致白人血统不可逆转的衰退”。[②]

1896 年 2 月，即联邦最高法院作出“隔离但平等”裁决前三个月，美国统计学家弗里德里克·霍夫曼（Frederick Hoffman）综合前人研究与大量统计数据，发表专著《美国黑人的种族特征及其倾向性》。他宣称，黑人在享受了三十年的自由后，无论就体质、心理还是道德来说，黑人这个种族都在退步而非前进。其原因正源于黑人与白人血统的混合。

他说，纯种黑人的体质与耐受性并不弱于白人，甚至比白人还要好，黑白混血儿却在体质与道德上都低劣于纯粹的黑人。心理学、社会学与体质人类学的研究已经证明这一点——黑白混血儿的肺容量、呼吸频率等，均不如纯种黑人或白人。尽管他们在智力上略优于纯种黑人，但无法与白人智力上的进步相比。黑人与白人血统的混合，不仅“于黑人的真正进步不利，而且比任何因素都更能增加致命疾病的发生率与死亡率、降低黑人的社会活动能力。黑白混血儿已成为美国人国家生活的一股破坏性力量”。[③] 这显然是在警示：美国社会及其文明，由于黑人的融入，正面临威胁。如若容忍黑人的融入，那简直是一种不负责任的态度，是对美国社会秩序与文明的伤害。

言之凿凿的“科学”结论、不堪想象的通婚后果，形成了不容

① John S. Haller, *Outcast from Evolution*, pp. 26 – 29.

② Ibid., p. 119.

③ Frederick Hoffman, *Race Traits and Tendencies of the American Negro*, American Economic *Association*, 1896, pp. 177 – 188.

质疑的看法：黑种人低劣。虽然也有科学家表示怀疑，如解剖学教授富兰克林·摩尔（Franklin Mall）在测量了同一批证明黑人脑容量小、重量轻、某些区域发育不足的大脑标本后指出，“经过对那些用以说明种族与性别差异的解剖学特征的再度测量，我们发现，那些结论是缺乏依据的。……从我们所掌握的资料来看，并不存在种族特异性”。[①] 然而，像摩尔这样与种族优越论相悖的报告在学术界并不多见。一方面，科学家不愿意将黑人想象成人类中平等的一员，哪怕在理性上不同意种族优越论，感情上也不能接受种族平等论。正如哈佛大学优生学教授威廉·卡斯托（William Castle）所言，“我们喜欢把黑人想象成劣等人，喜欢把黑白混血想象得会造成白种人的退化，因此我们努力寻求可支持我们的想象的证据，哪怕这种证据与我们的想象只有一点点接近，我们也会努力说服自己相信它”。[②] 另一方面，科学种族主义的合理性在 19 世纪末 20 世纪初确已建立起来。科学家宣称，“通过白人与黑人的对比，我们获得了种族优越论的最完整的历史依据”。[③] 那令人敬畏的科学论证甚至让黑人知识分子也接受了种族优越论。

结　语

历史最是无情。种族主义在自诩平等、自由的美国社会建立起“正当性”，后人却不好依据现代人的正义标准评判它。否则，历史上的大部分美国人都成了邪恶之徒。这是不好理解的。我们只能问：其“正当性”因何而来？

从上文分析可见，首先是奴隶贸易的需要，使人们从最具普遍权

① F. p. Mall, “On Several Anatomical Characters of the Human Brain, said to Vary According to Race and Sex, with Especial Reference to the Weight of the Frontal Lobe,” *American Journal of Anatamy*, No. 9, 1909, pp. 1 – 32.

② W. E. Castle, “Race Mixture and Physical Disharmonies”, *Science*, Vol. 71, No. 1850, 1930, p. 605.

③ Frederick Hoffman, *Race Traits and Tendencies of the American Negro*, p. 314.

威的经典——《圣经》——中寻得使种族主义合理的依据，并将种族主义奴隶制固化为一种社会与文化传统。

其次是维护社会、文化传统以及政治与经济现状的需要，使“科学”成为代诉利益的语言；而当“科学”创造出种族理论的神话，并令人将种族主义视为免于种族退化与社会退步的手段时，种族主义不仅有了“科学”上的客观依据，还获得了伦理上的“正当性”。虽然那依据是错误的或出于不客观的看法乃至于捏造，然而在接受者一方，却无可指责——他们并不知道那是错误的理论，何况这种理论符合他们的习惯看法与切身利益。

一言以概之，是利益的需要，创造了种族主义；是自利心的驱使，使人们接受了种族主义。

【作者简介】梅祖蓉，女，祖籍天津，武汉大学政治学博士，南京大学政治学博士后，现为河南大学历史文化学院副教授、河南大学世界历史研究所研究员，兼任中国世界民族学会理事，主要研究美国史、非裔美国人史。

犹太—以色列研究专题

“马斯基尔”与犹太社会
——以启蒙视阈下的德国为个案

张倩红

【摘要】欧洲启蒙运动发生之后，德国犹太思想家——马斯基尔以自由理性为旗帜，批评传统犹太教、发展世俗教育、提倡现代生活方式，引领犹太人走出隔都，对犹太社会产生了极为深刻的影响，也留下了惨痛的教训，越来越多的犹太人背离了民族传统。从此以后，传统与现代性的关系成为犹太史上的核心命题。本文以启蒙视阈下的德国尤其是柏林为个案，探讨社会转型时期犹太思想家对传统社会的重创，分析犹太文化与现代主义、德国主流文化多重汇集之后，犹太知识阶层无所适从的精神困境，从而为研究现代化背景下少数族群的身份认同以及亚文化的存续与发展提供了借鉴。

【关键词】启蒙；马斯基尔；犹太社会；德国

在犹太传统中，知识分子一直占有非常重要的地位。早在公元前8世纪，一批宗教思想家与社会活动家就掀起了先知运动，不仅发展了希伯来民族的宗教与伦理学说，也开辟了希伯来文人志士关注社会、热衷政治的先河。在此后的犹太历史上，无论是在宗教文化的发展期，还是犹太社会的转型期，都可以看到知识群体站在时代潮头、引领社会趋势的一道道风景，传统犹太教中

“修复世界”[①] 的观念在他们身上得到了充分的诠释与体现。

欧洲启蒙运动开始于 17 世纪 80 年代，18 世纪上半期，从英、法向整个欧洲扩散，德国思想界深受其影响。到 18 世纪中叶，启蒙运动在德国达到了高潮，并有力地震颤了“隔都”[②] 的高墙，沉闷了数世纪的犹太人终于呼吸到了理性、宽容、进步的新鲜空气。经过一个对自身文化的痛苦反思及艰难的思想洗礼过程之后，犹太人便以极大的热情投身于这场史无前例的思想文化运动之中，从而掀开了犹太历史上的崭新一页——启蒙运动及追求解放的时代。犹太启蒙运动在犹太史上被称作“哈斯卡拉”,[③] 是指 18 世纪中后期至 19 世纪在中欧及东欧犹太人中兴起的一场社会文化运动。当时有许多知识分子服膺哈斯卡拉，把启蒙同宗者、传播新思想作为自己的职责。这些人被称作马斯基尔。[④] 哈斯卡拉对犹太人的思想、文化、价值等观念及生活方式等都产生了极为深刻的影响，但也留下了惨痛的教训。许多马斯基尔出于功利主义目的，急于得到外部世界的承认，甘愿成为模仿欧洲文明的猴子（卢梭语）。在他们的引导下，越来越多的犹太人背离了民族传统，犹太社会出现了新的危机，从此以后，传统与现代性的关系成为犹太史上的核心命题。本文以启蒙视阈下的德国尤其是柏林为个案，探讨社会转型时期犹太思想家对传统社会的重创，分析犹太文化与现代主义、德国主流文化多重汇集之后，犹太知识阶层无所

---

① 犹太教认为，犹太人是“上帝的选民”，不仅要“行公义、好怜悯、有施谦卑”，认真履行与上帝的约，而且还被挑选出来作为“外邦人的光”。犹太人应该同上帝携手，“来医治并更新这个宇宙，拾起散落的天罐碎片，加以休整，使他们与这个世界都恢复完满”。按照犹太传统，犹太人每天都应自责反问：“我到了什么地方”？人死后到了天堂的门口，被询问的问题是：“你是谁?”“你为什么没有发挥你具备的潜能?”参见魏道思拉比《犹太文化之旅》，刘幸枝译，江西出版集团 2009 年版，第 8 页。

② Ghetto 指城镇中专门为犹太人划定的居住区。一般认为，Ghetto 一词来源于希伯来语的 ghet，意为“分开”或者“脱离”（divorce or separation）；也有人认为它来自希腊语、德语或意大利语。法国革命后，随着犹太人的解放，隔都的高墙被相继拆除了。参见 Mordecai Schreiber, *Jewish Encyclopeadia*, Shengold Books, New York, 1988, pp. 92 – 93; Encyclopeadia Judaic, Vol. 7, pp. 542 – 543。

③ “哈斯卡拉”为希伯来语 Haskalah 的音译，意为“启蒙”（Eenlightment）。

④ 马斯基尔为希伯来语 Maskil 的译音，复数形式为 maskilim，意为启蒙运动倡导者。

适从的精神困境，从而为研究现代化背景下少数族群的身份认同以及亚文化的存续与发展提供了有益的借鉴。

一 "马斯基尔"对犹太社会的重塑

哈斯卡拉运动的奠基人是德国犹太思想家摩西·门德尔松（Moses Mendelssohn）。18 世纪六七十年代，在门德尔松及其弟子们的倡导下，柏林首先形成了哈斯卡拉中心。19 世纪 20 年代，哈斯卡拉的高潮转到了奥地利，并以维也纳出版的犹太年鉴《时代的第一批成果》为主要思想阵地。此后，哈斯卡拉在维也纳、奥德萨形成了新的中心。19 世纪 40 年代之后，哈斯卡拉在俄国找到了主要归宿，尤其是在具有自由主义倾向的沙皇亚历山大二世统治时期，哈斯卡拉运动达到了高潮。杰伊· R. 贝尔科维茨指出："西方的哈斯卡拉是传统的犹太文化与现代欧洲思想潮流相对立的产物。这一运动产生于犹太知识分子遭遇现代性之后所承受的创伤。"① 也就是说哈斯卡拉是民族文化应对危机的反映。在新思潮的感召之下，犹太思想家们突然发现他们正面临着一种不可忽视的新知识、新思想、新科学的挑战，如果犹太文化想在精神方面继续得到尊重，那么，就必须把现代哲学纳入他们的关于上帝、世界及人的本质等问题的思考之中，就必须使犹太人广泛吸取传统之外的新思想。他们呼吁要消除文化孤立主义，弥合犹太教与基督教、犹太文化与西方文化的差距，最终塑造出在思想文化方面能适应整个欧洲社会的新型犹太人。马斯基尔们接受新知、融入主流的思想与活动从不同角度冲击了传统的犹太社会。

第一，批判传统犹太教。马斯基尔们深刻意识到作为犹太文化核心的犹太教已难以适应现代生活，因此要清除自中世纪以来弥漫于犹太教中的谬误、虚妄及非理性，重塑犹太教信仰。他们希望通过宗教、政治和教育等方面的重新阐释，向主流社会展示出一个理性、宽

---

① Jay R. Berkovitz, *The Shaping of Jewish Identity in Nineteenth - century France* , Wayne State University, Detroit, 1989, p. 60.

容和具有时代精神的犹太教。他们进一步指出，传统的拉比犹太教对经典和律法神圣性的过度强调，因此保存了一些不合时宜的律法和陋习，如革除教籍、拉比特权，以及对《塔木德》诡辩式的解读方式，不仅违背了宗教精神，而且还招致了主流社会的误解和非议。门德尔松一针见血地指出，传统犹太教所维系的某些观念与习俗非“理性、自然及事实”所能给以证明的，属于“迷信主义”或蒙昧主义，是与人性及明正的教理相悖逆的。当时的《塔木德》研究已沦为一种拘泥于细枝末节的辨析，不关注实际的应用。“由于隔都之中的犹太人只专注于圣书及学问，而导致了文化上的近亲繁殖。”① 为此，他大胆提出改革犹太教，尤其是要革除限制人们思想自由及进步意识的陈规陋习，只有这样，才能使这一古老的宗教在更广泛的层面上显示其价值与魅力，从而成为真正意义上的开明宗教。摩西·贝利在评价马斯基尔的思想时指出：“研究 18 世纪后期和 19 世纪前 20 年德国希伯来哈斯卡拉文献表明在犹太教中进行着公开的和隐蔽的改革，这种趋势无论是在激进的马斯基尔还是在保守的马斯基尔当中都能发现。……在欧洲启蒙文学和自然神论宗教辩论的直接和间接影响下，希伯来启蒙者的个人和集体都经历了自我启蒙的过程。在这个过程中，他们得出结论：为了犹太民族和犹太教的留存改革是必需的。”②“马斯基尔强调道德在犹太教中的重要性是为了表明犹太教与自然神论和启蒙精神是一致的，他们的作品在德国犹太教改革运动的产生和发展中起着重要的作用。”③

第二，呼吁犹太人走出隔都。门德尔松、莱温佐恩等人深刻地意识到隔都已成为犹太人的精神桎梏，它把犹太世界与非犹太世界截然分开，使犹太人无法接触一系列正在改变欧洲人的生活、扩大其视野的新事物，如探索新思想、追求艺术、发展科学、地理发现等。“在

---

① David Rudavsky, *Modern Jewish Religious Movements—A History of Emancipation and Adjustment*, Behrman House, Inc., New York, 1967, p. 32.

② Moshe Pelli, *The Age of Haskalah: Studies in Literature of the Enlightenment in Germany*, Leiden, 1970, p. 34.

③ Moshe Pelli, *The Age of Haskalah*, p. 32.

隔都闭关自守的文化氛围中，犹太人失去了与广大的外部世界接触的机会，因而无法获得思想上的激励和催化剂。敏锐的心灵迫切需要表达自己创造性的思想，但在这样一个停滞的环境中，几乎不可能为其找到一条宣泄之地。”① 隔都的高墙也使基督教世界失去了了解犹太人的机会与条件。他们对犹太人的看法更多的是重复了自罗马帝国以来反复流行的反犹宣传，即犹太人只能是吝啬自私、卑鄙无耻的家伙，就连歌德等人的作品也难以完全摆脱这种偏见。显然，如果不改变这种状况，犹太人的命运就无法改变，犹太文化就无法在迅速变迁的世界中求得发展。为了使犹太民族成为一个“充满活力的永恒的民族”，使犹太文化成为一种可塑性的、始终适应环境的有机的民族文化，马斯基尔们极力主张变革，呼唤民族文化的新生。正如诗人犹大·莱布·戈登（Judah Lob Gordon，1831—1892）所呼吁的：

起来，我的人民，到了醒来的时候了！
看哪，黑夜已过去，天已经破晓！
起来看看你周围的世界，
时间和空间已发生了多么巨大的变化！

一位未留名的诗人也留下了振奋人心的诗句：

起来，我的人民，从你的睡梦中醒来，
不要再沉醉于愚昧之中！
天空已经晴朗，明亮的阳光在闪耀，
乌云也已全然散开！②

第三，发展世俗教育。启蒙时代的欧洲，思想家们把教育视作国

① David Rudavsky, *Modern Jewish Religious Movements* , p. 32. Howard M. Sachar 在 *The Course of Modern Jewish History*（Vintage Books, 1990）一书中也谈到门德尔松对隔都生活，尤其是“文化近亲繁殖”的反思与忧虑，参见第 33 页。

② Gacob S. Raison, *The Haskalah Movement in Russia*, New York, 1917, p. 232.

民的头等大事。从卢梭的《爱弥尔》到狄德罗的《为俄国政府起草的大学教育计划》，无不体现出对教育的高度关注。哈斯卡拉兴起后，马斯基尔力主吸取现代西方教育的先进经验，学习西方教育体制，在进行传统宗教文化教育的同时，还提出了关爱儿童天性、增加世俗课程、加强与基督教世界的联系等主张，目标就是要培养出能够适应时代要求的犹太人。莱温佐恩在他的《以色列的密西拿》一书中，详细地阐述了复兴犹太教育的计划。他号召青年人不仅要学习《托拉》，还要学习外语及各类世俗科学，并且要从事生产劳动。1788—1816年，马斯基尔们在德语文化区创办了十多所符合时代精神的新式犹太学校。在柏林犹太免费学校建立后的第五年，威塞利写道：

> 杰出而神圣的社团领导建立的学校被称为犹太免费学校，在那里孩子们学习《圣经》、希伯来语法、德语、法语、数学和地理等。学校对于贫困的孩子是免费的，富裕的孩子则要缴纳学费。我们可以看到他们付出劳动的成果。从这里学习完所有科目毕业的学生对他们的家庭有很大的帮助。……刚开始，有些人不欢迎免费学校，他们认为建立这样的机构将会违背《托拉》和导致放弃宗教。但是现在，他们看到这个机构的本质和好处，许多人希望把他们的孩子送到那里学习。①

第四，推崇现代生活方式。哈斯卡拉之前，柏林犹太人有自己独特的服饰。犹太人不分男女都要佩戴一个白色的高领项圈。男人戴无边圆帽，参加会堂活动时穿上无领子的斗篷；已婚的妇女则要用头巾盖住头发，系上几条很长的绸带。如果违反，就会被处罚。

---

① Naphtali Herz Wessely, "Rav tuv Liveni Israel," Berlin, 1782, pp. 83 – 84, see Shmuel Feiner, *The Jewish Enlightenment*, translated by Chaya Naor, University of Pennsylvania Press, Philadephia, Pennsylvania, 2002, p. 110.

这样的服饰使得犹太人和非犹太人很容易区分。[①] 从门德尔松时代到 19 世纪 80 年代，“大多数马斯基尔感到，犹太人需要使他们的生活方式现代化”。[②] 一些犹太青年刮去胡须，脱去长袍，并极力反对早婚制，很多犹太男性像非犹太人一样戴上了当时流行的三角帽，有的甚至佩戴假发；[③] 一些犹太女孩读上了职业学校，少数还上了大学，成为“欧洲化”的知识分子，许多家庭主妇穿上了时髦的现代服饰。

哈斯卡拉时代，隔都中的犹太人大都使用意第绪语，他们不懂德语，无法与非犹太人交流，更无法进入欧洲世俗文化的圈子。为此，马斯基尔们把掌握德语作为进入欧洲文化的台阶。门德尔松认为，通过掌握德语，犹太人可以广泛地接触欧洲礼仪，进而全面接受欧洲文化。这种文化上的共处必然给犹太人带来法律上的平等。为此，从 1780 年开始，门德尔松倾其全力把希伯来文《托拉》译成德语，并在许多地方加上了他亲自撰写的评注，实际上是以理性主义观点重新解释了《托拉》。1783 年，这本题为《和平之路》的圣经译本一经刊出，立即引起了极大的关注，大大促进了犹太人尤其是青年人学习德语的积极性。此后，门德尔松对《诗篇》《雅歌》《传道书》等圣经作品进行了翻译或注释。尽管一些保守的犹太拉比对门德尔松大肆攻击，但他的《圣经》译作还是产生了极为深刻的社会影响，欧洲知识界称他为“犹太人的路德”。罗文斯坦对此评价说：“即使在柏林哈斯卡拉的保守阶段，不仅犹太知识分子努力阐释犹太教是一个理性的宗教，而且许多柏林犹太人改变了他们的语言、服饰习惯和孩子的教育，学习大部分犹太人以前不具备的知识，打破了犹太人与非犹

① 张礼刚：《走出精神的隔都：犹太启蒙思想研究》，南京大学 2008 年博士学位论文。

② 罗伯特·M. 塞尔茨：《犹太的思想》，赵立行、冯玮译，上海三联书店 1995 年版，第 560 页。

③ Dolf Michaelis, “The Ephraim Family and Their Descendants”, *Yearbook of the Leo Baeck Institute*, 1997.

太社会长期的隔离。”[①] 罗文斯坦还指出犹太社会发生这些变化的两个原因，“一是犹太知识分子在犹太社会注入了启蒙思想，二是在哈斯卡拉过程中犹太新阶层出现，他们实践着新的思维和生活方式”。[②]

第五，积极与非犹太人交往。为了破除犹太人与德国人之间的社会及心理障碍，门德尔松身体力行，他把自己的家变成了知识分子、国外来访者及德国社会名流会晤的场所，想以此来表明犹太人并非异己分子，而是德意志人中的一部分，对德国、对欧洲及人类的文明与进步有着同样的兴趣与热情。门德尔松的女儿多罗特娅（Dorathea）在弗里德里希二世统治期间，举办了一个每周聚集两次的“读书会”，吸引了许多不同宗教信仰的作家和学者，大家欢聚一堂，就政治、文化、艺术等方面的热门话题各抒己见。门德尔松及其追随者的所作所为在当时的德国影响很大。沃尔特·拉克就此写道：“摩西·门德尔松成为一个重要人物，……他的主要成就是以自己为例证明，尽管有一些苦难和不幸，犹太人仍可获得现代文化的全面知识，并以平等地位与当代欧洲的社会名流交往。”[③]

总之，哈斯卡拉作为一场规模广泛的理性主义运动，犹如漫漫长夜中的一颗明星，点燃了犹太社会的希望之光。一些马斯基尔自认为已找到犹太民族的解放之路，下一步所要做的就是引导自己的同胞放下沉重的传统之负，从而轻装步入现代化之列；一些热血青年自称为“新文化的见证人”“新时代的迎接者”。哈斯卡拉的历史又一次证明了知识分子是现代化的不可或缺的推动者，“他们最倾向于尊重自由的文化”，自然就成为“传统性和现代性之间的重要媒介”。[④]

---

① Steven Lowenstein, *The Berlin Jewish Community*: *Enlightenment*, *Family and Crisis*, *1770 – 1830*, Oxford University Press, New York and Oxford, 1994, p. 186.

② Steven Lowenstein, *The Berlin Jewish Community*: *Enlightenment*, *Family and Crisis*, *1770 – 1830*, p. 186.

③ 沃尔特·拉克：《犹太复国主义史》，徐方、阎瑞松译，上海三联书店 1992 年版，第 8 页。

④ 艾普特：《现代化的政治学》，第 176 页，转引西里尔·E. 布莱克《比较现代化》，杨豫、陈祖洲译，上海译文出版社 1998 年版，第 177 页。

二　启蒙后的文化迷茫与精神困顿

哈斯卡拉的发起者，从本意上不是要放弃民族传统，也无心瓦解宗教虔诚，大多数马斯基尔一直主张打破隔都与外界的障碍，融传统文化与现代思想于一体，最终建立起新的犹太民族文化。早期的马斯基尔大都是遵守礼仪的犹太人，但后来发生了逆转，许多人以自己的犹太身份为耻，并认同了基督教。在门德尔松的6个子女中有3人改信了基督教，在他逝世后近一个世纪内，他的所有直系后裔也相继接受了基督教的洗礼。①

在门德尔松之后，无论是中欧还是东欧，改宗在犹太人中成为一种极为普遍的现象。为了证明自己已完全欧化，有的犹太人甚至在安息日公开吃猪肉，斋戒日故意穿着鲜艳的衣服从大街上走过。这种状况引起了人们的忧虑。曾经为哈斯卡拉欢呼雀跃，并提出“在家是犹太人，在外是人”这一信条的犹大·莱布·戈登（Judah Lob Gordon）无可奈何地写道：

> 我们的孩子们，未来的一代，
> 从孩童时代起就疏远了我们的民族——
> 啊，我的心在为他们泣血！
> 他们正在更远更快地游离而去，
> 谁能知道他们会游离多远？
> 也许直到不能再回归的地方。②

当一些犹太人（主要是社会上层）满怀浪漫主义的激情、急于寻求解放的功利主义思想，甘愿放弃做犹太人的重负而改宗基督教之后，所得到的仍然是外部世界的猜疑与轻视，他们心目中的祖国仍视

---

① David Rudavsky, *Modern Jewish Religious Movements*, p. 75. 在门德尔松的子孙中出现了一位著名的作曲家菲利克斯·门德尔松·巴托尔迪（Felix Mendelssohn Bartholdy）。

② 沃尔特·拉克：《犹太复国主义史》，第10页。

他们为“外来人”“不可信者”。他们万万没有想到欧洲文化对他们表现出了如此“高度的难以渗透性”。不仅如此，周而复始的反犹浪潮犹如一把利剑刺痛他们的心，“焦虑不安”“无所适从”与“无根基性”成了那个时代犹太知识分子的精神特征，中欧和东欧许多改宗的犹太人都在“希望与失望的两极”上无可奈何地摇曳着。如果说是欧洲启蒙运动和法国大革命激起了他们对现代化的炽热情怀的话，而欧洲反动势力的复辟及反犹主义的回潮又无情地粉碎了他们的“现代梦”。在此仅以柏林的“沙龙犹太贵妇”及诗人海涅为例来探讨改宗者复杂的内心世界。

启蒙时代，活跃在柏林的犹太贵妇沙龙曾一度成为知识界的聚焦点。一些美貌动人、受过良好西方教育的犹太妇女“被知识与理性的世界所陶醉”，她们出于对自由、平等及种种新思想的渴望，在自己的家中办起了最新潮的沙龙。他们邀请德国、法国等地的社会名流以及一些著名的学者欢聚一堂，品尝美味佳肴（非犹太传统菜肴），讨论政治、文化等热门话题。[①] 拉赫尔·莱文（Rahel Levin）和摩西·门德尔松的女儿多罗特娅[②]一样是这些活跃的贵妇人中的一员。拉赫尔曾在自己的客厅里，把歌德和莱恩克介绍给了文学界，并接见过政治观察家弗里德里希·冯·根茨、瑞典大使卡尔·古斯塔夫·冯·布林克曼、弗里德里希大帝的侄子即普鲁士的路易斯·费迪南德亲王、数学家兼作曲家拉德齐维尔亲王以及许多的文学家、社会活动家。但极为可悲的是，拉赫尔深切地感受到当她满怀热情去拥抱德意志母亲时，并没有得到热情的回报。真正意义上的开明之士属于少数，大多数人没有也不愿意从内心去接纳犹太人。根深蒂固的传统观念使一些启蒙运动的赞成者也在犹太人问题上表现出思想与行动的矛盾性。从理性的角度看，他们赞同宗教平等，但在感情上又很难接受

---

① Deborah Hertz, *Jewish High Society in old Regime Berlin*, Syracuse University Press, 2005, pp. 119 – 204.

② 多罗特娅后来抛弃了她的犹太银行家丈夫西蒙·怀特，和她所热恋的德国浪漫主义运动著名领袖人物弗里德里希·冯·施里格尔私奔并结了婚。后来她加入了天主教会。她的两个儿子也都受了洗礼，成为基督徒，后来并成为罗马的宗教画家。

这转眼即来的"平等"的事实。在这种情况下，拉赫尔所受到的冷遇与伤害是刻骨铭心的。"对许多人来说，依靠自己的力量和成就来寻找平等地位和种族上的平等待遇证明是令人悲痛、使人心酸的。"[①]当拉赫尔发现那些曾频繁地出现在她的晚餐聚会上的德国名流，也不愿意认可她的平等地位时，她痛心地说：

> 我的错误的出生所带来的是永无穷尽和不断重复的厄运。我的这些话说起来很轻巧……它们在我的一生中等于是一张弓，从这张弓上射出了最痛苦的毒箭。没有任何技艺能使我逃避这些毒箭——沉思也不行，努力也不行，勤劳也不行，屈从也不行……有时我想我应当成为一位王后或一位母亲，可是我发现我什么也不是。没有女儿，没有姐妹，没有情人，也不是妻子，更不是一个公民……我必须使我自己合法化，多么悲惨啊！这就是为什么说做一个犹太人是多么令人嫌恶啊！[②]

柏林犹太富翁摩西·以撒克（Moses Issaacs）是一位犹太传统的维护者。他在自己的遗嘱中说：如果他的两个女儿嫁给了非犹太人，他将与他们一刀两断。不幸的是，父亲去世后，两个女儿都与非犹太人结了婚。并且还为自己找到了反驳父亲遗嘱的理由，即她们在皈依基督教时并未否认犹太人的上帝或亵渎宗教，基督教是一种伦理和道德信仰，因此，她们的父亲不能因为她们加入基督教会而剥夺她们的财产继承权。[③] 摩西·以撒克的女儿对自身改宗所做的解释在当时的柏林知识界是具有代表性的。[④] 可是，改宗者很快便体会到，对于"堕落而又可恶的犹太人"而言，耶稣基督的普爱之光不会平等地沐

---

① 戈登·A. 克雷格：《德国人》，杨立义、钱松英译，上海译文出版社 1998 年版，第 175 页。

② 戈登·A. 克雷格：《德国人》，杨立义、钱松英译，上海译文出版社 1998 年版，第 175—176 页。

③ David Rudavsky, *Modern Jewish Religious Movements*, p. 77.

④ 罗伯特·M. 塞尔茨：《犹太的思想》，第 577 页。

浴他们，进退两难才是他们真实的处境。美国学者戈登·A. 克雷格写道，对于任何敏感的人来说，这个进退两难的窘境是痛苦的：如果他们一直忠于他们的传统和宗教，犹太人被视为社会机体中一个异己分子；如果他们接受基督教并谋求如何证明他们自己是良好的日耳曼人，他们又往往遭到妄自尊大和傲慢专横的批评。① 犹太作家路德维希·伯尔内（Luduig Borne）曾经说过：

> 真像一桩奇事，我本人身受了近千次，可总是依旧那么新鲜。这些人斥责我，因为我是犹太人。有些人为了我是犹太人而宽恕我，还有一些人为了我是犹太人而称赞我，但是他们每一个人都想到我是一个犹太人。他们好像在不可思议的犹太人的圈子里着了谜，没有人能跳出来。②

无所适从的痛苦笼罩着许多改宗者，并不仅仅局限于“沙龙犹太贵妇”。伟大的文学家亨利希·海涅（Heinrich Heine）经历了同样的心灵磨难。海涅出身于德国杜塞尔多夫的一个犹太区里，这是一个接受了资产阶级自由思想，但又保留了犹太传统的家庭。海涅从小接受的教育是混合式的，既有欧洲的基督教思想，又有近代法国的自由主义思想，当然也有传统的犹太思想。1821 年起，海涅先后在波恩和柏林学习法律，并获得了法学博士学位，但仅仅由于他是犹太人而无法获得律师资格。为此，海涅斥责“犹太教不是一种宗教，而是一种不幸”，并一气之下于 1825 年接受了基督教的洗礼。

海涅对他所生活的德意志充满了热烈的爱，他把德意志比作“远方的恋人”，他那些盛赞祖国的诗句曾经感染了许许多多的人。作为继歌德之后德国最伟大的抒情诗人，海涅在他所处的时代却根本没有得到认可。不管他的爱国情感多么热烈，他的诗作如何伟大，但仍然被德国社会冠以“非日耳曼”的头衔。他的犹太身份决定了他

---

① 转引戈登·A. 克雷格《德国人》，第 176 页。

② 同上。

只能被列为“不纯正的”“可怀疑的”对象。由于海涅的作品中常常表露出对法国自由主义思想的崇拜，所以一些保守主义者把他称为“可怕的亲法分子”，甚至还想证明他是“背叛德意志利益的人”，并以此为借口来断定海涅“不能成为德意志艺术家”。在他们眼里，海涅首先是一个犹太人，然后才是诗人。① 海涅虽然改了宗，但德国人并未改变对他的看法。1831 年，爱德华·迈尔以毫不掩饰的歧视性语言谈到了海涅与伯尔纳的改宗：

> 不管受过洗礼与否都是一样。我们对犹太人的宗教并不憎恨，而是这些亚洲人的许多令人厌恶的特征——他们中间常常表现出厚颜无耻和冒昧放肆，道德败坏和轻浮无聊，举止行为胡闹喧嘈，而且他们关于人生处世的看法常常低微卑鄙得很……他们不归属于任何民族、国家或社团；他们流浪全世界，冒险投机，到处东嗅西闻……当他们发现哪儿有许多投机取巧的机会时，就在哪儿停留下来。哪儿情况平定无事和依法办事，他们就会感到不舒服不自在。②

1871 年德意志帝国建立以后，作为官方代言人的历史学家海因里希·冯·特赖契克在他那流传甚广的《德意志历史》一书中对已故的海涅进行了全面而又细致的否定。他写道：“慢慢地，慢慢地，认识占了优势，即海涅的戏谑话永远不能真正适合德意志的头脑。我国所有的抒情诗人中，他是唯一从来不写一首祝酒歌的。在海涅看来，天堂似乎充满着杏仁饼、装金子的钱袋和街头妓女，因为东方人还没有资格按照德意志的方式狂宴痛饮。直到很久以后人们才领悟海涅的机智远不是德意志人意识中的幽默。”③ 特赖契克还对海涅的代表作即 1844 年发表的讽刺诗《德国，一个冬天的童话》进行了严厉

---

① 纳粹时代曾把海涅的作品从图书馆中清除出去，并付之一炬。第二次世界大战以后，才恢复了海涅著作的出版权。对于自己所遭受的不公正待遇，海涅十分生气，他在自己的作品中曾表露出这样的想法：把自己称作德意志人，真是傻子的举动。

② 转引戈登·A. 克雷格《德国人》，第 180 页。

③ 同上书，第 179 页。

的指责。他写道："这首诗是出自海涅笔下的最显明最典型的产品之一，对于德意志人来说是一个索引，标志着是什么东西把他们与这个犹太人分隔开来"。[①] 海涅的这一诗作主要是针对19世纪40年代德国社会中所存在的对公民自由及社会进步的阻碍势力而作，具有很强的批判性。由此看来，特赖契克站在统治阶级的立场上对具有反抗精神与自由思想的诗人进行百般攻击是不足为怪的。至于海涅那些具有革命精神的诗篇如《西里西亚织工之歌》[②] 等更成为特赖契克等人的眼中钉。

其实，海涅是在一种十分矛盾的情况下走进了基督教的礼拜堂。受洗前，他曾对一位朋友说，做一个基督徒实在有失他的尊严与人格，可是为了职业的缘故他不得不这样做。1826年，在他改宗一年之后，海涅写道："我现在既遭到基督徒的憎恶，又受到犹太人的怨恨；我后悔接受了洗礼，因为自那天起我并未看到命运的丝毫改善，反之，我所遭遇的只是不幸和灾难。"[③] 海涅还用诗句来嘲笑改宗者的怯懦：

> 这么说你忏悔了，
> 几个星期以前你还在嘲笑这个十字架，
> 现在你却匍匐在它前面！

对于自己的犹太身份，海涅不像他同时代的许多人一样，极力隐瞒并忌讳被提起。相反，海涅却为此而庆幸。他曾说过："《圣经》就是犹太人的袖珍祖国"，"我为我的祖先出生于高尚的以色列之家而自豪。"晚年的海涅瘫痪病床达8年之久，生活凄苦不堪，但他对

---

① 转引戈登·A. 克雷格《德国人》，第177页。

② 海涅与马克思、恩格斯结下了很深的友谊，并深受其思想的影响。1844年，西里西亚纺织工人起义发生后，海涅激动不已，并挥笔写下了这首诗。恩格斯读后十分振奋，称"德国当代诗人中最杰出的一个亨利希·海涅参加了我们的队伍，发表了宣传社会主义的诗歌"。此后，他们一直保持交往。

③ David Rudavsky, *Modern Jewish Religious Movements*, pp. 75 – 76.

犹太文化及犹太民族的感情却未减弱。他重新认识犹太教，并创作了一本热烈深情的诗集，题为《希伯来之歌》。在诗中，他描绘了自己在父母亲的住所里所亲眼所见的令人难忘的宗教仪式，沉迷于孩童时代的美妙记忆之中，倾诉了心灵深处对犹太教复苏的情感，并把自己的痛苦与民族的灾难相融在一起。临终之前，海涅仍为自己的悲剧性角色而痛苦，因为自己既不是基督徒，也算不上犹太人，但他又明确表示没有必要再举行回归犹太教的仪式，因为在内心深处，他从未远离自己的人民，也并未真正背离自己的宗教。①

从海涅身上，我们可以再次看出，一个民族的文化传统对国民性格及心理的塑造力与影响力，特殊的历史遭际使犹太人、犹太民族更依赖于民族精神及民族文化的滋养与培育。著名的犹太思想家、犹太复国主义运动的奠基人赫斯曾经回顾了他那强烈的民族意识：“一种在我心中始终被压抑的意识再次生动地浮现：同我的祖先的遗产，神圣的土地，永恒的城市，生命神圣的统一和未来全人类兄弟之爱的信仰之发祥地的不可分割的我的（犹太的）民族意识。”② 犹太文化学家阿哈德·哈姆也认为，犹太民族的文化传统塑造了犹太人，犹太人的感情是一种无须证明的极为自然的感情，他写道：

> 为什么我们是犹太人？这个问题多么奇怪！……询问这棵树，它为什么生长！……它（指犹太人的感情，实际上就是犹太性）是我们的精神内核，它是我们的一项自然法则。它具有一种生存方式和它自己的恒久性，如同一个母亲爱她的儿女，如同一个人爱他的故乡。③

---

① Geoffrey Wiqoder, *Dictionary of Jewish Biography*, pp. 195 – 196, The Jerusalem Publishing House Led., Jerusalem, 1991; Joan Comay, *Who's Who in Jewish History—after the Period of the Old Testament*, Weidenfeld and Nicolson, London, 1974, p. 185.

② Moses Hess, *Rome and Jerusalem*, Bloch Publishing Company, New York, 1943, p. 43.

③ 阿哈德·哈姆：《三个阶段》，转引罗伯特·M. 塞尔茨《犹太的思想》，第681页。

不可否认，在长期的流散过程中，种种主客观因素曾把许多人推上了同化与改宗的十字路口，也确有不少人像海涅那样游离了犹太教。可犹太属性在他们身上所刻下的印迹是很难消失的。所以外部世界依然称他们是“可憎的犹太人”。在现代历史上，有不少犹太人已完全接受了居住地文化，可是，一旦发现某处的犹太同胞正在经历苦难或寻求援助，他们的神经就会一下子绷紧，并毫不犹豫地立刻回归到犹太阵营中去。用查姆·伯曼特的话来说：“无论一个犹太人已经离开他的血统、他的信仰、他的民族有多远，只要有人在凌晨敲一下他的房门，哪怕只是为了犹太人的地狱，他也会即刻重新变成一个犹太人。”①

综上所述，在哈斯卡拉时代，以海涅为代表的一部分深受资产阶级思想影响的知识分子接受了基督教的洗礼。但改宗并不能断定他们已真正信仰了基督教，而成为真正意义上的基督徒。更确切地说，改宗只是一种象征，象征着他们文化取向的转变，即由犹太传统文化而转向了现代西方文化。单就宗教观来说，大部分改宗者处于自然神论的阶段，即由狂热的天启宗教转变为理性主义的自然宗教。而就海涅而言，他基本上已成为无神论者（晚年有泛神论倾向），他曾多次否定一切宗教，尤其是基督教。

当海涅等人在沉重的传统之负与被玫瑰色的光环所笼罩的西方文明之间，艰难地选择了后者之时，主体民族的冷漠与无情又使他们进退无门，不知所措，被遗弃的苦痛便油然而生。这种苦痛是发自心灵深处的、难以言表的苦痛，这种苦痛不仅仅属于个人，而是整个族类的苦痛。那么，在启蒙运动发生之后的德国为什么会出现这种与自由理性格格不入的现象呢？究其原因，首先是因为德国社会源远流长的反犹传统绝不会随着新思潮的出现而瞬间即逝，腐败堕落、奸诈自私、狂热盲目、愚昧无知仍然是德国民众对犹太人的普遍印象，门德尔松的遭遇就是最典型的例证。门德尔松不仅仅是哈斯卡拉的领导者，也是引导德国启蒙运动的主要思想家之一。1743 年，当他离开

---

① 查姆·伯曼特：《犹太人》，第 326 页。

他的出生地——德意志东部的德绍市，前往柏林的时候，每过一道关卡，都被严格盘查，而且必须缴纳强加给犹太人的特别人头税 。当门德尔松托着疲惫的脚步迈入柏林大门时，海关官员在他的日志中写道：“今天通过6条牛、7头猪和1名犹太人。”在柏林，门德尔松一举出名，他那深邃的思想、优雅的文风、非凡的智力及谦逊的品格深得好评，被尊称为“德国的柏拉图”“犹太人的苏格拉底”。莱辛的著名剧作《智者纳单》（*Nathan the Wise*，又译为“纳单圣人”）就是以门德尔松为原型的，莱辛自称从门德尔松身上看到了天使般的爱心与优良的品质。然而即便在门德尔松文名鼎盛之时，因为他的犹太出身以及对犹太教的信仰而不断遭受到外部世界的质疑甚至非难，其中最猛烈的挑战来自瑞士牧师兼作家约翰·卡斯珀·拉瓦特（John Casper Lavater），两人多次唇枪舌剑，成为知识界关注的焦点，从而使门德尔松深切地体会到无论犹太人如何改变自己，来自主流社会的偏见仍然是根深蒂固的。其次，这一现象的存在与德国启蒙运动的特点密切关联。“这种特点体现为，一方面，它高扬理性、宽容、进步等启蒙思想大旗，从迷信和传统中解放出来，另一方面，它还针对德国分裂落后的现状，将启蒙运动的理性思考与民族情感融合起来，在宣扬理性等启蒙观念的同时，伴之以浓烈的民族情感；最终形成了启蒙思想与德意志民族意识的共生。由于这样一个特点，启蒙运动在德国的发展过程也成了德意志民族意识在文化领域逐渐成长的过程，它不仅构建起德意志民族的自信，而且最终催生了德意志的文化民族主义。”① 德国启蒙运动的发展过程，也正是德意志民族意识的形成过程，文化界要求反映德意志民族精神的呼声越来越高，并最终形成了德意志文化民族主义。毫无疑问，这种文化民族主义为后来德意志民族的政治统一运动奠定了思想文化基础，但也为种族主义思想埋下了伏笔。19世纪以后，在德国思想界占据主导地位的费希特、黑格尔、尼采、瓦格纳等人，都预言只有日耳曼人才是“主人种族”，才能开辟历史的新纪元。正是在上述德意志民族主义的话语建构过程中，犹

① 参见邢来顺《启蒙运动与德国的文化民族主义》，《浙江学刊》2007年第3期。

太人继续被边缘化、另类化，从而使哈斯卡拉运动陷于始料未及的困境。

思想文化的现代化归根结底也可以说是人的现代化，即由传统社会中的人群转变为具有现代意识的人群，或者说是人的思想、观念、态度、意向诸方面的历史转型。海涅等人在这一转型期所经历的苦痛是犹太文化现代化的尝试阶段因失误所付出的代价。这种苦痛提醒人们：在奔向现代化的征途中，一味地追逐西方而失去了独立的自我，即便在表面上也能置身于“摩登”之中，但内在的失落与缺憾却是无法掩饰的。

三 马斯基尔对后世的启示

现代化是一个深刻而又漫长的历史转变过程。现代化理论学家把这一转变概括为经济领域的工业化、政治领域的民主化、社会领域的城市化及思想文化、价值观念领域的理性化的互动过程。[①] 毫无疑问，哈斯卡拉正是犹太文化的理性化过程。马斯基尔们的主旨是对传统的民族文化进行反思与批判，并急于使自己从装束、举止和观念上都更现代、更文明。从他们对未来社会的构造蓝图上以及对自由、平等、权力制约、政教分离、文化进步等典型的现代性概念的理解与阐释上，都可以看出他们对现代化的向往与追求。因此，正如启蒙运动标志着现代思想的确立及对现代性的选择一样，哈斯卡拉则标志着犹太文化现代化的肇始。对此，著名犹太学家罗伯特·M. 塞尔茨从比较史学的角度给予了精辟的论述，他写道：

从比较史学的观点来看，哈斯卡拉是一种以刚刚萌芽的现代化为典型的观念形态，因为像哈斯卡拉那样的运动通常是在一个种族集团或民族开始为侵蚀它神圣生活方式的经济和社会发展所影响，以及出现了深受发达民族的知识、期望和生活方式影响的知识分子以后产生的。这一新的领导层最初将自己视为世界主义的“人”，因此他们感

---

① 西里尔·E. 布莱克：《比较现代化》，第7页。

到自己的同胞已落后于时代并亟须跟上时代。这些对外部世界对犹太人的认识感到忧虑的理想家发表了一些经常具有一种自我否定格调的作品，对在他们民族中古代神圣的价值观念占据主导地位的状况提出了批评（然而，一旦现代化已完全进行了，以后的几代人则怀旧般地试图重新恢复他们自己身份的唯一性，并对“西方”的缺陷提出了尖锐的批评）。①

1999年，著名的犹太文学史家摩西·贝利在《利奥·拜克年鉴》上发表了他的长篇论文《哈斯卡拉何时兴起？建立哈斯卡拉文学的开始和定义现代主义》，② 再次评论了对哈斯卡拉的现代性，从而建立了现代主义的文学标准。他指出：“近来，在宽泛的背景下讨论现代性问题越来越流行，特别是现代性延伸到后现代主义讨论之中，……这样宽泛地使用同一个术语会导致宽泛化和模糊性，对现代性的理解产生误解。……犹太和希伯来的现代主义是以18世纪希伯来哈斯卡拉为背景的。”③

哈斯卡拉作为一场现代化运动，显然没有达到其预期的目标。究其原因，又不得不回到一个带有普遍意义的命题上，即传统与现代性的关系问题。何谓传统？不同的人有不尽相同的理解。爱德华·希尔斯给传统下了一个学理层面的定义：传统是围绕人类不同活动领域而形成的世代相传的行为方式，是一种对社会行为具有规范作用和道德感召力的文化力量，同时也是人类在历史长河中创造性想象的积淀。它包括物质产品、思想观念、惯例和制度。传统又是一种社会文化遗产，是人们过去所创造的各种制度、信仰、价值观念和行为方式构成的意义象征系统；它使代与代之间、不同的历史序列之间保持了某种连续性和同一性。④ 在全球视野中，存在着这样一种现象：凡前现代

---

① 罗伯特·M. 塞尔茨：《犹太的思想》，第562—563页。

② Moshe Pelli, “When Did Haskalah Begin? Establishing the Beginning of Haskalah Literature and the Definition of ‘Modernism’”, *Yearbook of Leo Baeck Institute*, 1999.

③ Ibid..

④ 参见希尔斯《论传统》，转引于春松《现代化与文化选择——国门开放后的文化冲突》，江西人民出版社1998年版，第140页。

时期非常辉煌的文明或国家，在现代化进程中却往往举步维艰，伊斯兰文明、儒家文明、犹太文明都是明显的例证。作为传统积淀十分浓厚的犹太文化，实现现代化的首要任务之一就是要使传统观念依据现代社会变化的需要作出一些功能上的适应，或者说面对理性与科学的挑战，完成自身的宗教与文化模式的创造性转换，而绝不是彻底抛弃传统。用布莱克的话说，传统性、现代性并不是相互对立和极端排斥的，“在任何社会中都不存在纯粹的现代性和纯粹的传统性。相反，现代化过程是一个传统性不断削弱和现代性不断增强的过程。每个社会的传统性内部都有发展出现代性的可能，因此，现代化是传统的制度和价值观念在功能上对现代性的要求不断适应的过程”。[①]

马斯基尔们在发起哈斯卡拉之时，从本意上不是要否认传统，只是提出要对传统文化进行扬弃，融传统文化与西方文化于一体。但问题出在哪里呢?

首先，缺乏对传统文化的合理定位。马斯基尔们确确实实利用了批判的武器对传统进行了无情的鞭笞，但却没有告诉他们的同胞（或许他们自己并不真正明确）在犹太传统中，哪些是“现代性的”，是需要大力发扬的；哪些是“含现代性的”，是需要改造继承的；哪些是“非现代性的”，是需要彻底否定的。当然，这说起来很容易，操作起来实在太难。可缺了这一课，就要付出代价。在世界历史上，任何国家和社会无论是已经现代化了，还是尚未现代化的都程度不同地面临着对传统的困惑。没有传统的国家或社会是不存在的。即便是现代化的摇篮英、法等国，也都经过了对传统文化的漫长而艰难的改造过程之后，方步入现代化的。改造的前提是要有正确的评估或定位，而马斯基尔们缺乏的正是这种评估或定位，所以，改造显然就成为无源之水、无本之木，实现对传统的突破也只能是一种理想而已。

其次，对现代化的理解出现偏差，从而助长了文化脱裂。马斯基尔们心目中的理想是要步入现代社会，那么“现代”的标准是什么?从他们的一些主张与活动中不难看出，他们所理解的现代化就是欧

① 西里尔·布莱克：《比较现代化》，译者，前言，第18页。

化。他们把欧洲的思想、文化、礼仪、习俗等视作文明与现代的标准，似乎欧洲的一切都是好的，甚至连欧洲人头上的假发、目无一切的傲慢神态、对穷困者的鄙视及故意在大街上朗读哲学篇章以炫耀自己对智慧的拥有等都令他们羡慕不已，并极力模仿。他们忘记了他们的祖先文化中有一系列饱含理性的训诫，如“勿盲目顺从异邦人”“以色列人当行谦逊”“总要向你地上困苦贫乏的弟兄松开手”“智慧藏在你心中”等。一旦欧化已成为一种价值取向，许多人便不惜一切代价，急于摆脱自身的“犹太性”而成为“真正的欧洲人”。既然犹太教是“犹太性”的主体标志，那么改信基督教便成了犹太人脱胎换骨的第一步。马斯基尔们的这种心态事实上是把犹太传统与西方文化割裂开来，原来所提出的使二者相容的思想仅停留在口头上，甚至在一些人身上，这一口号已有意无意地变成了他们游离于民族文化之外的一种借口、一种掩饰。

对于犹太民族而言，传统与现代性的矛盾在文化层面上表现于两种异质文化的冲突，问题的症结在于如何处理外来的西方文化与本民族传统文化的联系。对于一个缺乏地域疆界而又历经漂泊之苦的民族来说，犹太人比欧洲社会中的其他少数族类从心理上更渴望被外部社会接纳、被主体民族认可。这一现象也是他们自身所具有的弱质性、寄居性及务实性所决定的。而这种内心渴望的程度又恰恰与文化同化的可能性成正比。钱乘旦先生在分析传统文化在现代化进程中的作用时曾指出：

> 在现代化的先行那里，现代化是由内部的压力造成的，内部的变化使传统的变异保持在原有文化的框架内，并不造成文化脱裂的印象。对于后行者来说，特别是那些其传统文化与先行者并非同一渊源的社会，由于现代化对它们来说是外部压力造成的，所以现代化带来的冲击似乎就和异质文化的渗透等同起来，也就是说现代化无异于外来文化同化。这样就把这些后行者置于这样一个尴尬的局面：不实行现代化是不行的；而现代化若等同于被外来文化同化，就立刻会受到当地文化“高度难以渗透性”的抵抗。正因为如此，人们发现在现代化的全球过程中，原先文明

程度发展很高的地区，现代化起步艰难得多，且步履蹒跚。①

而哈斯卡拉运动的两难困境与最终破产是这一论断的绝好注脚。

除了上述传统与现代的脱裂而引发的文化危机之外，马斯基尔们留给后世的另一启迪是，作为一种亚文化在与主流文化或外来文化交往的过程中，必须保持自身的文化内核，否则就会被后者所淹没，甚至导致民族被同化的结果。长期以来，犹太人常常被描述成不被外族同化的民族，其实在犹太历史上同化的事实是不乏其例的。早在希腊化时期，一大批犹太精英人物过分陶醉于希腊文化，在希腊化大潮之下，许多犹太人走上了同化之路。在古代中国，犹太知识分子从小就热衷于习儒经、走科举，开封犹太社团对儒家文化从局部适应发展到整体认同，伴随着儒化进程的完成，开封犹太社团最终逃脱不了衰亡的命运。而当时，那些犹太知识分子们根本没有意识到一旦儒学完成了对犹太民族传统文化的替代之后，犹太宗教的衰微、犹太传统的失去、犹太人的最终同化就是无可挽回的了。后来，当一切都成为现实之后，许多人为这一始料未及的后果而茫然若失，深感内疚，但已无济于事。

哈斯卡拉时期，马斯基尔们所犯的错误是同样的：在接受异质文化的同时失去了自我，他们的本意是要革新本民族传统文化，但在解构传统的同时，缺乏必要的建构，或者说他们旨在推进文化转型，但忽略了转型所必需的前提条件。门德尔松曾经对犹太人说：你们必须一手托起两个太阳，肩负世俗文化和犹太文化双重性重任。“遵从你们所在国家的习俗和法律，但同时也坚定地维护你们父辈的宗教，尽你所能挑起这两副担子。”这一主张无疑是正确的，但问题在于成功地实现文化转型需要诸多条件，应当具备一定的基础。文化变革的表层内涵或基本目标表现为价值观念、思维程式及生活方式的转变。在这种转型中，既有本民族原有的文化模式与正在培植或业已培植的新

① 钱乘旦、刘金源：《环球透视——现代化的迷途》，浙江人民出版社1999年版，第4页。

型文化模式之间的矛盾，更有民族传统与外来文化的严重冲突。门德尔松等人对这一问题的估计显然简单化了。他们并没有从理论上解决如何在充满诱惑的世界中保持民族特性的问题。因而，在旧的文化构架打破之后，缺乏一整套切实可行的指导方案以实现对新文化的重塑，最终只能出现这样一种事与愿违的结果：“门德尔松义无反顾地把德国犹太人领出了隔都，然而，他并没有给他们指明通向‘应许之地’的道路。他们因此陷入了一种无所适从的两难境地。面对这一困境，有相当一部分犹太人在基督教会中找到了自己的归宿。”① “他的追随者和倾慕者中有数百人正是从他的原理中得出了逻辑上的‘正确’结论而转向了那个占统治地位的宗教，这就正如他自己曾经转向了当时占统治地位的文化一样。”②

当然，传统向现代的转型是一张疑惑丛生的试卷，直到今天人们也很难获得一步到位的精确答案，对于马斯基尔们来说也不能过于苛求。自启蒙运动以来，对传统与现代性关系的探究一直是知识界经久不衰的热点，在不同地域、不同民族的现代化实践中，传统与现代性各自的内在张力又表现得纵横交错、纠葛迭起，以至于在全球化、后现代的文化处境中，对于传统与现代性的认识仍然存在着纷争与歧义。“哈斯卡拉”时代的启蒙思想家（无论是犹太世界还是非犹太世界）往往都从二元论的观点出发，将传统视作“教条与无知”，“抵御现代性的没落势力”、“丧失生命力的历史遗存物”。③ 不仅如此，一些启蒙思想家认为，“现代性意味着一种断裂，它造就的是一种注重‘现在’的精神气质，涉及一种新的价值观的建构，表达了一种精神，指称着一种独特的生存样式和品质，实质上是一个对某一类状态、情形、特质进行描述的概念”④。可

---

① David Rudavsky, *Modern Jewish Religious Movements*, p. 187.

② 塞西尔·罗斯：《简明犹太民族史》，黄福武等译，山东大学出版社 1997 年版，第 406 页。

③ 安东尼·吉登斯：《失控的世界》，周红云译，江西人民出版社 2001 年版，第 36—37 页。

④ 傅永军：《启蒙、批判诠释与宗教伦理》，山东大学出版社 2009 年版，第 9 页。

见，“启蒙思想家不仅错误地设置了传统/现代叙事类型，以强化启蒙话语独步天下的狂妄自大，而且也错误地理解了传统以及传统与现代的关系。在这里，最关键的主张是：‘传统，作为权威的一种形式，作为权威的一种最有力量的形式，被人们看作是与自由和理性完全对立的。承认传统的权威，过去，也许仍然被人们看成是纯粹“盲目的服从”，是对知识和真理的严重障碍。’”[①] 只是到了后来，思想家们才日益认识到传统与现代并不总是处在截然对立的世界里、不是一种非此即彼的选择，启蒙理想完全可以表现为多元因素的组合，传统与现代不仅密不可分，而且互动互应，一个现代化取得成功的社会必然是现代性与传统之间达成默契，并保持平衡的社会。既然传统与现代既是对同一世界的不同对待，那么，“一个负责任的知识分子的首要的职责是要知道自己使用理性的正当范围和界限，因而懂得敬畏传统和习俗。……惟其如此，现代性与传统才能各得其位，交流互动，相映生辉”。[②]

犹太学者把犹太文化称作“现代性的迟来者”，马斯基尔们虽然对传统与现代性理解出现了偏差，也没能实现民族文化的新生，但毕竟引导着犹太同胞朝着现代社会迈出了艰难的第一步。无论这一步换回的是经验还是教训，对后世的犹太思想及犹太民族的现代化历程而言都是极其宝贵的精神财富。不仅如此，马斯基尔们勇于批判、大胆革新的精神也在犹太历史上打下了深刻的印记。中外历史都证明了这样一个道理：知识分子过分自负的救世意识，无疑会给社会带来极大的负面影响，纳粹时代德国知识界对种族主义的推波助澜给人类留下了惨痛的教训。[③] 但是，如果走向另一个极端，知识分子缺乏现代意识，游离于精神潮流之外，仍然是一种时代的悲哀。马斯基尔们勇于担当责任、引领社会潮流的浓厚情怀有力地激励了犹太社会。阿瑟·M. 威尔逊在评论欧洲的启蒙思想家时说过：“事实是，启蒙思想家

① 陈艾伦：《伽达默尔的解释学和对传统的理解》，《哲学译丛》1985 年第 4 期。

② 傅永军：《启蒙、批判诠释与宗教伦理》，第 27 页。

③ 参见张倩红《德国社会民众与“大屠杀”——读费舍尔“德国反犹史”》，《史学理论研究》2009 年第 1 期。

之所以为‘光明的世纪’而感到那么激动，是因为他们有希望把他们的思想传播到越来越广阔的民众中去。已经增强的参与意识于是被那些试图启迪人们的人所掌握，为群众所掌握，也为启蒙思想感染到的人们所掌握。”[①] 这一观点完全适合于马斯基尔们，他们通过自身的呐喊，唤醒自己的同胞，抓住启蒙时代所带来的前所未有的机遇，为民族文化寻找一条振兴之路。

【作者简介】张倩红，女，河南灵宝人，河南大学犹太—以色列研究中心主任，郑州大学教授、博士生导师。第十届、十一届全国政协委员，第十二届全国人大代表，享受国务院特殊津贴专家，国家社科基金评审专家，全国模范教师。兼任中国世界近现代史学会副会长、中国中东学会副会长、中国中外关系史副会长、河南省历史学会会长等职。主要研究领域为犹太—以色列史、中东史，出版《犹太史研究新维度》《以色列史》《犹太文化》《以色列经济振兴之路》《犹太文化的现代化》等著作，主持翻译了《耶路撒冷三千年》，在《历史研究》《世界历史》《史学理论研究》等刊物上发表论文90余篇。

① 西里尔·E. 布莱克：《比较现代化》，第175页。

外国学者研究哈斯卡拉运动综述

张礼刚

【摘要】 哈斯卡拉运动对研究和理解近代犹太问题、欧洲散居族群与主流社会的关系、启蒙运动等具有重要的意义。19世纪末期至20世纪50年代初期，外国学者主要从宏观历史和文学的角度初步研究了哈斯卡拉运动；20世纪50—80年代，哈斯卡拉运动研究逐步转向并有所发展；20世纪90年代以来，外国学者研究哈斯卡拉运动的热情高涨，将该课题的研究推向深入。

【关键词】 哈斯卡拉运动；犹太人问题；启蒙运动

在欧洲一般意义的启蒙运动快要结束的时候，犹太世界内部发生了一场波澜壮阔的思想解放与社会文化变革的启蒙运动，史称“哈斯卡拉运动”。[①] 这场运动首先在德国爆发，然后蔓延到加里西亚、俄国地区。作为犹太人的启蒙运动，哈斯卡拉运动对犹太社会产生了巨大的影响，在一定程度上打破了主流社会对犹太人的限制和犹太人的自我禁锢，部分地改变了犹太人的思想、文化、生活方式和命运。

---

① “哈斯卡拉”是希伯来语 Haskalah 的英译。该词在中世纪迈蒙尼德的著作《逻辑语言的解释》（*Biur Milot Hahigayon*）一书中曾多次使用，乃为理性之意。19世纪后半叶，哈斯卡拉一词在犹太圈子非常流行，犹太人开始用希伯来语“哈斯卡拉”翻译德语“启蒙”一词。因此，学者习惯上将从18世纪末期到19世纪末期发生在犹太世界内部的具有启蒙性质的这场运动称为“哈斯卡拉运动”。参见 Shmuel Feiner &David Sorkin, *New Perspectives of Haskalah*, London: The Litttman Library of Jewish Civilization, 2001, pp. 185 – 186.

哈斯卡拉运动是犹太社会从传统走向现代的转折点，开启了犹太人大规模向非犹太世界学习的大门，为犹太人以后的解放与成功打下了基础。许多学者将哈斯卡拉运动作为犹太近代史和犹太人走向现代社会的开端。[①] 因此，研究哈斯卡拉运动对认识和理解近代犹太社会的转型、欧洲边缘族群与主流社会的关系以及民族、宗教启蒙具有重要的意义。19 世纪末期，欧美学者就开始对哈斯卡拉运动进行研究，先后出版了一大批有影响的论文和专著。即使在今天，哈斯卡拉运动仍然是外国的犹太学、民族学和宗教学等领域学者研究的热点。本文试图综述外国学者近百年来研究哈斯卡拉运动的成果，以期为中国学界认识和研究哈斯卡拉运动提供有益的参照。

一　外国学者对哈斯卡拉运动的初步研究

在 19 世纪末期哈斯卡拉运动一结束，国外的学者就开始对哈斯卡拉运动进行研究。他们主要从历史与文学的角度对哈斯卡拉运动中的主要历史事件和文学作品进行简单的描述和研究，探讨哈斯卡拉运动在犹太历史中的地位，辨别哈斯卡拉运动的含义，思考哈斯卡拉运动的影响。这种研究模式大致延续到 20 世纪 50 年代，主要代表成果有以下几种。

西蒙·贝伦弗尔德的《巨变的一代》[②] 是第一部试图综合描述哈斯卡拉运动的著作。该书于 1897 年在华沙出版，作者以时间为线索，向读者再现了哈斯卡拉运动的主要历史线索，如哈斯卡拉运动的兴起、发展以及哈斯卡拉运动的主角马斯基尔的活动。不过，该书带有一定的民族性倾向，流露出对犹太民族的自我憎恨。这与 19 世纪末期在一些犹太知识分子中流行的文化自卑心理密切相关。因为作者以

---

① Moshe Pelli, "When Did Haskalah Begin? Establishing the Beginning of Haskalah Literature and the Definition of 'Modernism'", in *Leo Baeck Institute Yearbook*, 1999.

② Simon Bernfeld, *Dor Ta' hapukhot* (*Warsaw*, 1897), *See Shmuel Feiner*, *Jewish Enlightenment*, Philadelphia: University of Pennsylvania Press, 2002, p. 11.

前是加里西亚的马斯基尔，[①] 后来移居柏林，参加过复兴犹太文化的运动，亲眼看见哈斯卡拉运动走向失败，犹太人并没有被主流社会所接纳，反犹主义呈现出新的特点。因此，像其他马斯基尔一样，贝伦弗尔德怀着文化自卑心理对哈斯卡拉运动进行了攻击。尽管这样，该书仍然是我们了解和研究哈斯卡拉运动的一本重要著作。1913 年，雅各布·莱辛（Jacob Raisin）出版了《俄国的哈斯卡拉运动》[②] 一书。该书是第一部介绍和研究俄国哈斯卡拉运动的专著。莱辛希望通过《俄国的哈斯卡拉运动》一书揭示哈斯卡拉运动的含义和价值。他认为："从广义上说，哈斯卡拉运动是启蒙运动的意思。那些投身于教化教友，传播欧洲文化的人被称为马斯基尔。哈斯卡拉运动不仅是进步的，而且是富有进攻性的、好战的，有时是破坏性的。"[③] 他指出哈斯卡拉运动的内涵是不断变化的，不同的人有着不同的理解，"从摩迪凯·古恩茨伯格（Mordecai Gunzburg）时代到阿瑟·金斯伯格（Asher Ginzberg），哈斯卡拉运动不止一次变动它的趋势和动机。莱文松（Levinsohn）是俄国马斯基尔之父，满足于移开学习世俗知识的障碍；戈登（Gordon）希望看到他的同胞'在家里是犹太人，在外面是人'；斯摩棱斯基（Smolenskin）梦想回归巴勒斯坦；阿哈德·哈阿姆（Ahad Ha - Am）希望他深爱的民族实现精神的再生。其他哈斯卡拉运动的鼓吹者希望犹太人和异教徒能够实现平等，提升人类生活，特别是在俄国"。[④] 作者在分析哈斯卡拉运动在俄国发展的时候，时刻注意到犹太人与俄国统治者的关系。犹太人在俄国的任何一个举动都会受到统治者的监督和控制，马斯基尔为了传播启蒙思想积极与沙皇政府合作，所以俄国的哈斯卡拉运动带有很强的政治化因素。正如他在序言中写道："为了实现我的目的，我特别注意到俄国犹太文化发展的重新启动或者加速。因为这些事情根源于犹太人的

---

① 马斯基尔是希伯来语 Makil 的英译，复数为 Maskilim，指称犹太启蒙者。

② Jacob S. Raisin, *Haskalah Movement in Russia*, *Philadelphia*: *The Jewish Publication Society of America*, 1913.

③ Ibid., p. 12.

④ Ibid., p. 13.

政治经济和社会地位。我经常描述政治事件、知识、信仰、艺术和道德状况。……依据几个沙皇的时间标明了哈斯卡拉时代的界限。这表明随着不同沙皇的上台执政，政策也随之发生变化，毫无疑问将影响到哈斯卡拉运动的发展。”[①] 在该书出版的第二年（1914），雅各布·莱辛的广义哈斯卡拉的含义就遭受到莱昂·莫伊塞夫（Leon S. Moisseiff）的批评。莫伊塞夫认为：“在莱辛博士的狂热中，他扩大了哈斯卡拉运动的实际范围，……对他来说，在俄国犹太会堂的布道和组织劳动党都是哈斯卡拉运动……其实不是这样，大学的学生组织、劳动党的工人不属于哈斯卡拉。哈斯卡拉的摆动范围其实是很窄的。”[②] 虽然莫伊塞夫在该文没有准确的提出哈斯卡拉的内涵，但是在一定程度上反映了20世纪初期学者对哈斯卡拉内涵的不同的理解，也预示着人们对哈斯卡拉运动认识的复杂性。

20世纪30—50年代，希伯来文学史家对哈斯卡拉运动非常感兴趣，他们主要从文学史的角度对哈斯卡拉运动进行研究。这个时期出版的犹太文学史把哈斯卡拉文学作为重要的内容。如以色列·辛伯格（Israel Zinberg）的《犹太文学史》、[③] 约瑟夫·克劳斯纳（Joseph Klausner）的《现代希伯来文学史》、[④] 西蒙·豪金（Simon Halkin）的《现代犹太文学：价值和趋势——从启蒙运动到以色列国诞生》。[⑤] 在这些学术成果中首推以色列·辛伯格（Israel Zinberg）的《犹太文学史》最具代表性。辛伯格被认为是20世纪上半叶最著名的犹太文学史家，1873年出生于俄国，在德国和瑞士接受过多所大学的教育，他花费了二十多年的心血写成《犹太文学史》，并于1928—1937年

① Jacob S. Raisin, *Haskalah Movement in Russia*, p. 13.

② Leon S. Moisseiff, “Reviewed Work: The Haskalah Movement in Russia by Jacob S. Raisin”, in *The Jewish Quarterly Review*, Oct., 1914.

③ Israel Zinberg, *A History of Jewish Literature*, Cincinati: Hebrew Union College Press, 1976.

④ Joseph Klausner, *History of Modern Hebrew Literature* (*Hebrew*), London: M. L. Cailingold, 1932.

⑤ Simon Halkin, *Modern Jewish Literature: Trend and value from Enlightenment to the birth of the State of Israel*, New York: Schocken Books, 1937.

以意第绪语在维尔纳出版，1976 年该书被译为英文，共 12 卷，在犹太学界有着重要的影响。该书最后 4 卷对哈斯卡文学及其相关问题进行了系统地研究。作者认为柏林哈斯卡拉运动是犹太启蒙运动的肇始阶段，门德尔松是柏林哈斯卡拉运动之父，其在整个哈斯卡拉运动中起着典范作用，马斯基尔的文学作品在传播时代思想，教化犹太民族等方面具有重要意义。在讨论加里西亚哈斯卡拉运动的时候，作者把犹太教科学运动也归为哈斯卡拉的范畴，可见当时作者对哈斯卡拉运动的理解是比较宽泛的，几乎把那个时代犹太社会的任何变革都看作是哈斯卡拉运动的行为。这与人们对欧洲启蒙运动的理解有很大的区别，因为欧洲的启蒙运动更多的是强调以理性和人文主义为基础的思想革命。该书最后两卷是作者讨论的重点，辛伯格不仅认为哈斯卡拉运动在俄国走向了高潮，并且认为在俄国哈斯卡拉运动中孕育着复国主义思想，东欧犹太复国主义运动的兴起与哈斯卡拉运动的失败有着密切的关系。

从 19 世纪末期到 20 世纪 50 年代学者对哈斯卡拉运动的研究呈现出两个明显的特点：第一，注重宏观历史研究。这个时期的学者倾向于从宏观的角度研究哈斯卡拉运动，希望他们的研究能够反映出某个地区或者整个哈斯卡拉运动的概况。《巨变的时代》和《俄国的哈斯卡拉运动》两本书向读者展现德国和俄国哈斯卡拉运动的基本概况，以历史为线索，内容包括政治、经济、思想及其作者简单的评论。辛伯格的《犹太文学史》从文学史的角度描述哈斯卡拉在柏林、加里西亚、维尔纳、俄国等地区的发展状况，时间横跨整个哈斯卡拉时代，基本上囊括哈斯卡拉运动中的重要人物及其著作。这种研究状况的出现，一方面是学者受到当时研究“大历史”思想的影响，另一方面由于资料的缺乏学者不能够找到足够的材料来进行大量的微观研究。

第二，研究的范围还比较狭窄。根据现有的研究成果来看，这个时期的研究范围主要集中在德国和俄国，加里西亚、维尔纳等地区仅仅是提及，没有专文论述；在人物研究方面几乎把注意力都放在门德尔松为代表的犹太上层，而对地位相对低下的犹太人物则关注不够；

在研究的观点上带有较强倾向性，因为这些学者大部分出生在哈斯卡拉时代、成长在哈斯卡拉运动的地区，他们的观点在一定程度上带有倾向性，如《巨变的时代》一书就对哈斯卡拉进行了无情的诋毁，因为作者认为哈斯卡拉运动打破了犹太世界原有的旧秩序。

二 外国学者研究哈斯卡拉运动的转向与发展

从20世纪40年代中后期，随着以色列的建国、战后经济的恢复、学术的复兴以及学界对欧洲启蒙问题和纳粹屠犹的反思，犹太研究成为国外学者研究的热点之一，哈斯卡拉运动研究在50年代前后发生了一些显著变化。

首先，越来越多的学者关注哈斯卡拉运动与现实问题的结合。一些学者指出纳粹屠犹和以色列的建国说明部分马斯基尔推行的同化主义是错误的，主流社会不可能真正地接纳犹太人，哈斯卡拉运动的失败是不可避免的，犹太复国主义是历史的必然，犹太学研究应该考虑到新生的以色列政权。[①] 由于犹太国建立不久，面临着如何对待传统与现代、宗教与世俗、教权与政权等方面的问题。如何回答这些问题是每个以色列人都必须面对，并影响到以色列国的发展。所以这个时期的学者满怀激情起地投入到这场争论之中，涌现出一大批学者，出版了许多关于现代、现代化、现代性等问题的专著和论文。这些成果的主要观点可概括为：由摩西·门德尔松发起和为标志的哈斯卡拉运动是犹太现代化进程中一个重要事件。马斯基尔对非犹太文化持开放的态度，与异教徒保持着前所未有的联系，对犹太教过时的传统进行了批评，努力恢复和创造新的犹太文学式样。这个过程是犹太人面向现代不可或缺的过程，是犹太人走向现代的发动机。雅各·卡茨（Jocob Katz）的《传统与危机》[②] 一书很具代表性。该书全面地展现

---

① Michael Stanislawski, "Haskalah and Zionism: A reexamination", in Ruth Kozodoy, et al., Vision Confronts Reality, New York: Herzl Press, 1989.

② Jacob Katz, *Tradition and Crisis: Jewish Society at the End of Middle Ages*, trans. by Bernard Dov Cooperman, New York University Press, 1993.

了哈斯卡拉运动的历史，指出哈斯卡拉运动不仅反映了传统犹太社会的危机，而且为犹太现代化打下了基础。但是也有学者对上述观点提出了质疑，认为犹太人的现代化早在哈斯卡拉运动之前就已经开始。阿兹利尔·索海特（Azriel Shohet）在其著作中指出："在门德尔松之前，犹太学者从事的活动就具有启蒙的特征。犹太人研究外部世界的智慧，与异教徒进行密切的社会、经济联系，革新教育实践，弱化宗教生活仪式，这些正是犹太人走向现代的特征。"① 鉴于此，他进而否定了门德尔松在哈斯卡拉运动中的地位。他认为"门德尔松完全是一个守教的犹太人，他的活动不是为了发起新的文化模式，而是为了缓和并调整正在进入危险的文化趋势。门德尔松既不是哈斯卡拉之父，也不是哈斯卡拉的先驱，更不是哈斯卡拉的创始人，如果没有门德尔松哈斯卡拉运动照样进行……"。② 哈斯卡拉运动与现代性问题一直是哈斯卡拉运动研究的一个热点。进入20世纪90年代，学者对这个问题的探讨进入了高潮。

其次，研究的领域不断扩大。在20世纪50—80年代，学者对哈斯卡拉运动的研究扬弃了以往注重研究哈斯卡拉运动的宏观历史与文学的局限性，不仅重点探讨了上文论述的哈斯卡拉运动与犹太人现代化问题，而且将哈斯卡拉运动中的犹太人解放、犹太神秘主义派别和犹太上层社会纳入了研究的视野，开创了出版研究单个马斯基尔著作的先河，使之成为一种研究风气。在犹太人解放方面，学者出版了《犹太人解放的背景》③《解放与反解放》④ 和《犹太人的解放与自我解放》⑤ 等著作。《犹太人解放的背景》一书的作者克劳斯纳·约瑟

---

① Azriel Shohet, *Beginnings of Haskalah among German Jewry*, Jerusalem: Bialik Institute, 1960, pp. 13 - 14.

② Ibid., pp. 259 - 60.

③ Klausner Joseph, *The Social Background of Jewish Emancipation* 1770 - 1870, Cambridge: Harvard University Press, 1973.

④ Abraham G. Duker and Meir Ben - Horin, *Emancipation and Counter - Emancipation*, New Jersey: Ktav Publishing House, Inc., 1974.

⑤ Jacob Katz, *Jewish Emancipation and Self - emancipation*, New York: The Jewish Publication Society, 1986.

夫（Klausner Joseph）认为，哈斯卡拉运动是欧洲大变革的产物，属于欧洲启蒙运动的一部分，该运动为犹太人的解放提供了条件。《解放与反解放》一书指出哈斯卡拉运动在促使犹太人解放方面所起的作用是有限的，犹太人的解放是一个艰难的过程，抗拒解放的势力随处可见，有的来自主流社会，有的来自犹太世界内部。《犹太人的解放与自我解放》一书的作者区分了犹太人解放的两个路径：一种是犹太人适应主流社会，由主流社会来解放犹太人，另一种是哈斯卡拉运动失败之后犹太人通过犹太复国主义运动走自我解放之路。在犹太神秘主义派别方面，学者主要讨论了哈斯卡拉运动中的哈西德派，出版了《哈西德主义与犹太启蒙运动》① 一书。该书论述了犹太启蒙思想在波兰和加里西亚与犹太神秘主义派别之一——哈西德派的思想交锋。在犹太上层社会方面，学者认为宫廷犹太人作为犹太人的一个特殊群体，与主流社会建立了良好的关系。主流社会通过宫廷犹太人认识和了解了哈斯卡拉运动。② 在马斯基尔个体研究方面，摩西·门德尔松、以撒·萨达诺夫（Isaac Satanow）、拿弗塔利·韦斯利（Naphtali Herz Wessely）等成为研究热点。学者第一次出版了研究马斯基尔个案的专著。《摩西·门德尔松：传记研究》③ 是这个方面的经典之作。该书分 8 个章节对门德尔松的成长经历、文化活动、拉瓦特事件、欧洲启蒙与哈斯卡拉运动进行了介绍和研究。作者认为门德尔松的犹太启蒙思想开始于拉瓦特事件之后，在此之前的行为为其在非犹太世界赢得了声望，为其启蒙思想的形成打下了基础，他不仅是一个启蒙者、政治改革者，也是一位出色的启蒙运动的捍卫者。④

再次，开始注重资料的整理与发掘。哈斯卡拉运动发生在德国、

---

① Raphael Mahler, *Hasidism and the Jewish Enlightenment: Their Confrontation in Galicia and Poland in the first half of the Nineteenth Century*, Jewish Publication Society of America, 1985.

② 张礼刚：《论 17、18 世纪德意志地区的宫廷犹太人》，《世界历史》2006 年第 6 期。

③ Alexander Altmann, *Moses Mendelssohn: A Biographical Study*, Alabama: The University of Alabama Press, 1973.

④ Alexander Altmann, *Moses Mendelssohn: A Biographical Study*, charter three, pp. 194 – 200.

俄国等地区，原始文献涉及德语、希伯来语、俄语、意第绪等多种语言。这给研究哈斯卡拉运动带来很大的困难。为了克服这个难题，一些学者投入大量的精力将哈斯卡拉运动中的一些重要的文献进行多语种的翻译和汇编，为更多的学者了解和研究哈斯卡拉运动创造了条件。1969 年阿尔弗雷德·约斯普（Alfred Jospe）用英文出版了《耶路撒冷和门德尔松的其他著作》,[①] 收录了门德尔松生前关于哈斯卡拉运动的论文、通信等，是研究门德尔松和哈斯卡拉运动的重要参考资料。1980 年《近现代世界的犹太人：一部文献的历史》,[②] 编者保罗·门德斯·弗罗尔（Paul Mendes - Flohr）和耶胡达·瑞恩哈尔茨（Jehuda Reinharz）以时间为线索分门别类地收录了与哈斯卡拉运动相关的文献，涵盖政治、经济、文化、思想诸方面。该书不仅资料丰富，而且每篇文献有编者的导读和注释，是哈斯卡拉运动研究在文献方面的标志性成果。

三 学者研究哈斯卡拉运动的高涨与深入

进入 90 年代以后，学者研究研究哈斯卡拉运动的热情高涨，研究领域更加宽广，几乎涉及哈斯卡拉运动发生的所有地区、事件、思想和组织；学术评论不断增多，学者对前人的研究成果进行学术批评，成为推动哈斯卡拉运动研究的一个助推器；研究的材料更加丰富，个人档案的开放和网络资源的共享为哈斯卡拉运动研究开辟了广阔的天地；高级别跨国学术研究会议召开，哈斯卡拉运动研究成为一个国际性的课题；研究成果数量和质量较以前有了显著的提高。种种迹象表明，哈斯卡拉运动研究逐步走向深入，出版了一大批有影响的成果，重点探讨了以下问题。

第一，学者继续围绕哈斯卡拉运动与现代性问题进行激烈讨论。

---

① Alfred Jospe, *Jerusalem and Other Jewish writings by Moses Mendelssohn*, New York: Schocken Books, 1969.

② Paul Mendes - Flohr, Jehuda Reinharz, *The Jew in the Modern World: A Documentary History*, New York: Oxford University Press, 1980.

大卫·索金（David Sorkin）认为：在1770—1830年间，德国犹太人在文化、政治和社会关系方面经历了一场革命，主要包括启蒙、解放和同化。柏林的哈斯卡拉运动成为结束犹太传统、开启现代犹太社会的一个口号，德国犹太人是现代犹太人的起源，也是现代化的一面镜子，是理解其他国家犹太人变化的参照系。[①] 摩西·罗斯曼（Moshe Rosman）在评论前人的研究成果时指出："以曼纽尔·埃特克斯和大卫·费希曼为代表的东欧早期的哈斯卡拉运动不具有现代性；大卫·索金认为的日益增强的激进的哈斯卡拉运动是现代化的原因，而不是现代性的结果；英国佐治亚时代英格兰犹太人走向现代化，但没有经历过哈斯卡拉运动。苏拉米特·沃尔科夫阐明的现代化不外乎有两种形式，一种是有意识的现代化，一种是无意识的现代化，现代化不可避免地要与哈斯卡拉运动产生联系。"[②] 20世纪末期，历史学家剪开了哈斯卡拉运动—解放—同化—犹太教科学运动—改革和民族主义这个链条。塞缪尔·费勒指出："尽管它们之间存在着一定的联系，但是每一个现象都有着与众不同的历史。"[③] 1999年，著名的犹太文学史家摩西·贝利在《利奥·拜克年鉴》上发表了他的长篇论文《哈斯卡拉何时兴起？建立哈斯卡拉文学的开始和定义现代主义》[④] 一文重新审视了学者对哈斯卡拉运动起始时间及其对现代主义的理解，试图建立犹太现代主义的文学标准。他指出："近来，在宽泛的背景下讨论现代性问题越来越流行，特别是将现代性延伸到后现代主义讨论之中，现代主义和后现代主义被用到众多学科，无论是从历史学到文学，还是从欧洲启蒙运动到我们当下都在应用这个概念。这样宽泛地使用同一个术语会导致宽泛化和模糊性，对现代性的理解产生误

---

① David Sorkin, "Enlightenment and Emancipation: German Jewish's Formative Age in Comparative Perspective", see, Todd M. Endelman, *Comparing Jewish Societies*, Michigan: The University of Michigan Press, 1997.

② Moshe Rosman, "Haskala: A New Paradigm", *The Jewish Quarterly Review*, 2007.

③ Shmuel Feiner, *The Jewish Enlightenment*, *translated by Chaya Naor*, Pennsylvania: University of Pennsylvania Press, 2002.

④ Moshe Pelli, "When Did Haskalah Begin? Establishing the Beginning of Haskalah Literature and the Definition of 'Modernism'".

解。……犹太和希伯来的现代主义是以18世纪希伯来哈斯卡拉运动为背景。”① 这句话表明作者是从18世纪具体的历史背景下来研究哈斯卡拉运动与现代性问题的，力图避免研究的宽泛化。摩西·贝利在文章中还提出以文本为基础来研究哈斯卡拉运动，“尽管以前关于哈斯卡拉运动的认识给我留下了深刻的印象，但是学者缺乏文本的参考和实证的文学材料，这导致人们对哈斯卡拉运动正确性和正当性的认识受到怀疑和批评”。②

第二，欧洲启蒙运动与哈斯卡拉运动的关系。学者普遍认为欧洲启蒙运动对哈斯卡拉运动的产生和发展起着至关重要的作用。一是欧洲启蒙运动为哈斯卡拉运动提供了理论来源，众多的马斯基尔就是在欧洲启蒙运动旗帜的感召下发动或加入哈斯卡拉运动的；二是欧洲政治启蒙主张和政治家的宽容思想和行动为哈斯卡拉运动提供了一定的社会环境；三是一些马斯基尔本身就是欧洲启蒙运动的参与者。由于欧洲启蒙运动与哈斯卡拉运动的密切关系，学者在研究哈斯卡拉问题的过程中都或多或少地论及欧洲启蒙运动和哈斯卡拉的关系问题，也有一些学者专文来论述这个问题。其中专著《犹太教与启蒙运动》③ 一书值得推荐。作者亚当·萨特克利夫（Adam Sutcliffe）擅长研究1650—1800年时期的西方知识分子史和近代犹太史。他依靠对这个时期欧洲文化和犹太文化深厚的理解，从思想史的角度完成了这本专著，论述了犹太教、哈斯卡拉运动与启蒙运动的联系。《犹太季刊评论》在评价该书时写道，“亚当·萨特克利夫的书通过综合分析，向大家提供了一些鲜为人知和耳熟能详的思想家全新的和富有洞见性的认识。在他之前，没有学者从犹太教和犹太人的角度出发来广泛地研究17、18世纪欧洲的知识分子。他的专著对犹太和欧洲启蒙运动的研究同等重要”。④

① Moshe Pelli, “When Did Haskalah Begin? Establishing the Beginning of Haskalah Literature and the Definition of ‘Modernism’”.

② Ibid..

③ Adam Sutcliffe, *Judaism and Enlightenment*, Cambridge University Press, 2003.

④ “Judaism and Enlightenment”, http://www.cambridge.org/us/catalogue/catalogue.asp?isbn=9780521820158, 2008-2-22.

第三，哈斯卡拉运动与传统势力的研究。虽然马斯基尔的最终目的是重新阐释犹太传统，希望犹太同胞被主流社会接纳，做一个平等的社会人。但是他们在实现其目标的时候借用许多非犹太传统的因素，甚至表面上看是对犹太传统的彻底否定，哈斯卡拉运动的过程也是马斯基尔与传统势力进行斗争的过程。马斯基尔如何看待传统和传统势力成为20世纪90年代哈斯卡拉运动研究的一个重要话题。塞缪尔·费纳认为：哈斯卡拉运动过程中的文化斗争，主要表现为传统拉比对马斯基尔的人身攻击、革除教籍、限制马斯基尔作品的出版。这些反映了新旧思想的冲突和传统势力对待启蒙的态度。[①] 但并不是所有的拉比都对哈斯卡拉思想和方式持完全否定的态度，就是正统派拉比也不例外。《在哈斯卡拉和正统派之间：拉比雅各布·茨维·米柯伦伯格》一文认为：长期以来，18世纪德国的哈斯卡拉运动和正统派兴起的关系一直被人忽视，作者通过研究拉比米柯伦伯格对《圣经》的评注，发现这个正统派的拉比经常用马斯基尔的《圣经》评注来捍卫犹太教，所以对于正统派来说，马斯基尔的思想也有许多可取之处。[②]

哈西德派主要在东欧活动，在许多方面比传统的拉比犹太教还要保守，具有神秘主义的特性。关于哈斯卡拉运动与哈西德主义的冲突和斗争主要发生波兰和加里西亚地区。《波兰王国的哈斯卡拉和哈西德主义：一部冲突的历史》一书依据丰富的史料考察了加里西亚和波兰哈西德主义的社会、文化、政治基础，并指出哈斯卡拉运动的兴起说明哈西德主义的过时，哈西德主义也包含启蒙的因子，即在新的环境下对犹太文化进行一种新阐释，这同样推动了犹太文化的发展。[③] 这个时期学者也对犹太神秘主义派别之一喀巴拉进行了初步的研究。迈克尔·勃伦纳以波西米亚的马斯基尔彼得·贝尔的《犹太

---

① Shmuel Feiner, *The Jewish Enlightenment*, pp. 87 – 162.

② Edward Breuer, "Between Haskalah and Orthodoxy: The Writings of R. Jacob Zvi Meklenburg", *Hebrew Union College Aunual*, Vol. 66, 1996.

③ Raphael Mahler, *Haskalah and Hasidism in the Kingdom of Poland: History of a Conflict*, London: The Littman Library of Jewish Civilization, 2005.

教派史》为切入点分析了贝尔宗教启蒙思想。作者勃伦纳认为：与其他马斯基尔不同，贝尔花了许多精力研究犹太神秘主义，……贝尔是第一个认为喀巴拉在犹太宗教发展中起着重要作用的马斯基尔。[①]从此看出，这个时期的马斯基尔并不都对犹太神秘主义持反对态度，甚至个别马斯基尔的思想部分地来源于犹太神秘主义。门德尔松的著作就含着一些神秘主义的因素，霍尔维茨的论文《门德尔松和柏林马斯基尔著作中的喀巴拉》[②] 详细地论述了这个方面的问题。

第四，哈斯卡拉运动与犹太人问题研究。第二圣殿被毁以后，犹太人失去了自己的家园，散居世界各地，到了近代有三分之二的犹太人生活在欧洲，欧洲成为犹太人生活和文化中心。在欧洲启蒙运动、重商主义、国家利益至上和法国大革命等的影响下，欧洲思想界和开明专制政府开始讨论犹太人在欧洲的地位问题。马斯基尔作为犹太知识阶层，他们在这场大讨论中居于什么样的角色，也是20世纪90年代以来学者关心的一个话题之一。《难以捉摸的宽容：从莱辛到拿破仑战争时期的犹太人问题》对犹太人问题的出现、主流思想家解决犹太人问题的观点、马斯基尔对主流社会的回应等方面进行了详细的论述。作者认为以门德尔松为代表的马斯基尔并没完全沉湎于主流社会的宽容，而是对主流社会的解放犹太人的方案进行了积极的改造，提出政教分离、宗教信仰自由等主张。[③]《关于犹太人、启蒙和宗教宽容的思考》[④] 一文认为："犹太人和欧洲启蒙的关系是非常模糊的，欧洲启蒙鼓吹犹太人的解放，然而是有条件的。哈斯卡拉运动开始于革新宗教的努力，解放把它转化为社会改革。……20世纪的事件表

① Michael Brenner, "Between Haskalah and Kabbalah: Peer's History of Jewish Sects", *Jewish History and Jewish Memory: Essays in Honor of Yosef Hayim Yerushalmi*, edited by Elisheva Carlebach, NH: University press of New England, 1998, pp. 389 – 404.

② Rivka Horwitz, "Kabbalah in the Writings of Mendelssohn and the Berlin Circle of Masklim", Leo Baeck Institute Yearbook 2000.

③ Peter R. Erspamer, *The Elusiveness of Tolerance: The Jewish Question from Lessing to the Napoleonic Wars*, NC: The University of North Carolina Press, 1997.

④ David Sorkin, "Jews, the Enlightenment and Religious Toleration – Some Reflection", *Leo Baeck Institute Yearbook*, 1992.

明，犹太人和启蒙并不标志着犹太人和欧洲社会关系的根本变化，……”这句话言外之意是启蒙并没有给犹太人带来真正的解放，犹太人问题不但在启蒙时代没有解决，即使进入了20世纪，犹太人的问题仍然存在。

第五，除了上述比较集中的研究专题外，还有一些问题虽然分散但很重要的研究成果。《启蒙运动的局限性：犹太人、德国人和18世纪圣经研究》[①] 和《捍卫传统：早期德国哈斯卡拉时代马所拉文本和拉比的解释》。[②] 作者从文本的角度来研究哈斯卡拉运动，分析了马斯基尔研究文本的目的、过程和意义，指出："犹太启蒙运动的特点就是马斯基尔对《希伯来圣经》产生浓厚的兴趣，谴责'当代'学者对《圣经》传统的漠视，强调用希伯来语和评注教育犹太人，马斯基尔的做法偏离了犹太传统。"[③]《哈斯卡拉和历史：现代犹太历史观念的出现》[④] 一书的作者认为："发生在18世纪后半叶的犹太版本的启蒙运动哈斯卡拉运动是以马斯基尔为动力的，他们在犹太现代历史观念形成中起着重要的作用。"[⑤]

结　语

从上文的论述可以看出，国外学者对哈斯卡拉运动的研究已经取得了丰富的成果，研究的领域涉及文学、历史、美学、哲学、语言、民族等学科；研究的方法从起步阶段以历史叙述为主，发展到多研究方法的综合应用，研究的视角不断创新。哈斯卡拉运动研究成为国外学术界的一个热门话题。我国学者对哈斯卡拉运动的研究起步于20

---

① Breuer Edward, *The Limits of Enlightenment: Jews, Germans and the Eighteenth Century Study of Scripture*, London: Harvard University Press, 1996.

② Breuer Edward, *In Defense of Tradition: The Masoretic Text and its Rabbinic Interpretation in Eearly German Haskalah*, London: Harvard University Press, 1990.

③ Breuer Edward, *The Limits of Enlightenment*, pp. 20 – 21.

④ Shmuel Feiner, *Haskalah and History*, London: Littman Library of Jewish Civilization, 2002.

⑤ Ibid., pp. 5 – 6.

世纪 90 年代，国外学者关于哈斯卡拉运动的研究成果无疑对我国学者进一步研究该问题提供方法论、观点、资料等方面的借鉴。但是，我们在利用这些资料时不仅要看到有些外国学者或具有民族宗教偏见，或仅以西方的价值观为尺度，从而导致有的过于美化哈斯卡拉运动，有的则毫无根据地否定之等方面的局限性，而且要以唯物史观为指导将哈斯卡拉卡拉运动放在近现代欧洲大变革的背景下反思外来文化与民族文化之间的关系，探讨欧洲散居族群之一——犹太人走向现代社会的选择与艰难。

【作者简介】张礼刚，男，河南信阳人，南京大学哲学博士，现为河南大学历史文化学院副院长、教授、博士生导师，同时兼任中国犹太文化研究联盟副秘书长、中国中东学会理事、中国宗教学会理事等职务。

族群政治视野下的埃塞俄比亚犹太人移民

胡　浩　于金金

【摘要】 在大规模移居以色列之前，埃塞俄比亚境内生活着大约3万名犹太人，他们自称为贝塔以色列人，关于他们的起源和种族属性存有不同说法。20世纪80年代中期以来，以色列政府分别通过“摩西行动”“所罗门行动”和“鸽翅行动”将几乎全部的埃塞俄比亚犹太人接回以色列。由于种族、历史、宗教等方面的原因，回归后的埃塞俄比亚犹太人在融入以色列主流社会进程中遭遇种种障碍，在政治、经济、社会地位等方面均处于劣势，成为犹太人内部的一个相对边缘群体。尽管埃塞俄比亚犹太人社团进行了积极的努力和抗争，以色列政府也致力于改善其生存状况和社会地位，但由于传统上阿什肯纳兹犹太人社团的强势地位以及以色列社会存在的顽固的种族偏见，埃塞俄比亚犹太人在族群认同和国家认同方面仍然面临着深刻的矛盾和困境。

【关键词】 埃塞俄比亚犹太人；移民；以色列；社会融合；族群政治

现代以色列是一个十分典型的移民国家，其人口大部分是由犹太移民及其后裔构成。自1948年建国以来，以色列共接纳了来自80多个国家和地区的300多万移民，该国人口已由建国初期的65万人增加到大约820万人。[①] 以色列前总理梅厄夫人曾说过："没有移民我们何来国家?"应该说，移民给以色列带来了巨大的生机和活力，对以色列国家的建设和发展做出了重要贡献。不过，随着大量移民的进入，以色列社会从经济地位、文化素养以及思想观念上越来越明显地分裂为三大群体：西方犹太人、东方犹太人、阿拉伯与其他少数民族，不同群体的分化与游离成为以色列国家所面临的主要社会问题，[②] 对构建现代以色列的民族认同和国家认同也产生负面影响。埃塞俄比亚犹太人属于东方犹太人的重要一支，80年代中期以来，在以色列政府的帮助下，开始大量移居以色列。不过，在成为以色列公民后，面对陌生的环境，埃塞俄比亚犹太人经历了艰难的融入进程，长期以来受到其他族群的歧视，不为主流社会所真正接纳。作为黑犹太人和东方犹太人的代表，埃塞俄比亚犹太人的经历和遭遇实际反映了以色列社会非常复杂的族群关系和族群矛盾。本文拟在梳理埃塞俄比亚犹太人的历史和移民状况、追述其重归以色列故土后的社团生活的基础上，揭示族群政治背景下埃塞俄比亚犹太人所面临的认同困境。

一　埃塞俄比亚犹太人的历史及移民状况

埃塞俄比亚犹太人被当地人称为法拉沙人（Falashas），相当于流亡者或移民者，他们称自己为贝塔以色列人，[③] 自认为亚伯拉罕、以撒和雅各的后代。[④] 在大规模移居以色列之前，埃塞俄比亚境内生

---

① 这一统计数据截至的日期是在以色列建国66周年纪念日（2014年5月14日）前夕（2014年5月1日），参见以色列中央统计局网站 http://www1. cbs. gov. il/reader/newhodaot/hodaa_ template. html? hodaa = 201411111。

② 张倩红：《以色列史》，人民出版社2008年版，第254—255页。

③ Beta Israel，来源于希伯来语בֵּיתָא יִשְׂרָאֵל，英语译为"house of Israel"，意为"以色列之家"，"贝塔以色列人"就是指以色列家族的后裔。

④ Isaac Landman, ed. , *The Universal Jewish Encyclopedia*, Vol. 4, New York: KTAV Publishing House, 1969, p. 234.

活着大约3万名法拉沙人,[1] 他们是世界上唯一的黑皮肤犹太人。[2]有关他们的起源，目前尚不清楚，因为在历史上他们与分散在世界各地的其他犹太人联系甚少。一种说法认为他们的祖先是古代以色列出埃及时流浪，后来丢失的一个叫但（Dan）的希伯来部落。另一种比较流行的说法是，法拉沙人是示巴女王为所罗门所生之子孟尼利克一世的后裔。根据他们的传说，其祖先是那些陪同孟尼利克一世带着约柜来到埃塞俄比亚的古以色列人。还有一种说法认为，公元初，犹太人流亡各地时来到埃塞俄比亚的阿高人地区。一部分阿高人接受了犹太教，并被这些外来犹太人同化。此后，他们从阿高人中分化出来，自称“克曼特人”，该部落可能在第二共和国时期皈依了犹太教。而周围信奉基督教的各民族称为“法拉沙人”，在阿高语中意为“黑色犹太人”。也有人推测他们可能是来自东南阿拉伯半岛犹太定居者的后裔，即公元前586年，在第一圣殿被毁后，一部分犹太人逃离以色列去了埃及，后来定居在埃塞俄比亚，法拉沙人是这些人的后代;[3]或者他们可能是在公元前659年为抗击努比亚保卫埃及而在埃利潘蒂尼岛屯居的犹太商人的后代，在公元4世纪基督教成为罗马帝国国教后，他们遭到迫害，逃到塔纳湖以北贡德尔省山里的488个村庄与2个城镇中。[4] 不过，绝大多数现代犹太学者相信，埃塞俄比亚犹太人的起源在于从阿拉伯半岛渗入埃塞俄比亚的闪米特和犹太文化的影响，而非实际的移民。[5]

---

① 关于埃塞俄比亚犹太人的精确数字不得而知。18世纪初，苏格兰旅行者詹姆斯·布鲁斯（James Bruce）估计当时约有10万法拉沙人，而传教士亨利·斯特恩（Henry Stern）在19世纪中叶估计有25万法拉沙人。20世纪初，法国教授雅克·费特罗维奇（Jacques Faitlovitch）声称有5万法拉沙人，但根据之后不久到达埃塞俄比亚的R.哈伊姆·内厄姆（Hayyim Nahum）的说法，当时只剩下大约7000名法拉沙人。1949年，沃尔夫·莱斯劳（Wolf Leslau）估计当时的法拉沙人在1.5万到2万人。而据称1969年，法拉沙人的数量在2.5万到3万人。参见 Encyclopedia Judaica, Vol. 6, Jerusalem, Israel: Keter Publishing House Ltd., 1972, p. 1145.

② 但文：《犹太黑人——法拉沙人》，《世界知识》1985年第8期。

③ 阿伦·布雷格曼：《以色列史》，杨军译，东方出版中心2009年版，第216页。

④ 徐新、凌继尧：《犹太百科全书》，上海人民出版社1993年版，第494页。

⑤ 埃利·巴尔纳维主编：《世界犹太历史：从〈创世记〉到二十一世纪》，刘精忠等译，中国人民大学出版社2007年彼，第266页。

根据埃塞俄比亚编年史记载，在阿克苏姆王国的埃赞那皇帝于公元330年皈依基督教之前，犹太教在埃塞俄比亚境内得到广泛传播。但王国基督教化之后，那些仍然信奉犹太教的力量受到迫害并开始从沿海区域撤退至纳塔湖北部山区，这些人专注于自己的宗教并在社团领袖的领导下保持着政治上的独立。[①] 法拉沙族群自此形成并逐渐发展壮大，公元7—8世纪被认为是这个犹太文化种族集团自治时期，他们使用阿高语，与阿高人关系密切，并在10世纪阿高人反对阿克苏姆王国的起义中发挥了重要作用。他们在女王朱迪特的率领下，俘获了基督教国王，并焚毁基督教教堂。之后，由于基督教和伊斯兰教势力的持续入侵，法拉沙人在埃塞俄比亚的生存和自治受到严重威胁。1270年，自称是古代阿克苏姆王朝后裔的基督教精英重建了对埃塞俄比亚的统治，并决定镇压据称与埃塞俄比亚东南边境穆斯林王国关系密切的法拉沙人。在阿姆达国王（1314—1344）、以撒克国王（1412—1427）、雅各布国王（1434—1468）统治时期，都曾对法拉沙人进行较大规模的征服活动，基督教教堂在法拉沙人居住区广泛建立，很多法拉沙人被强迫改宗。[②] 16世纪时，基督教国王萨尔撒·丹克尔（1563—1597）对法拉沙人大举挞伐，相继摧毁了法拉沙人的几个堡垒，杀死了3万多名法拉沙士兵。[③] 1616年，苏斯尼约斯国王对法拉沙人再次发动进攻，拒绝接受洗礼的法拉沙人遭到屠杀，很多人被变卖为奴隶。此后，法拉沙人人口锐减，被剥夺了大片土地，逃进荒凉的山地，社团自治和独立也由此走向终结。[④]

近代以来法拉沙人主要居住在埃塞俄比亚西北诸省，特别是塔纳湖一带的广大农村中，他们与非犹太人分开居住，在自己的村庄设置围墙，防御非犹太人，不允许非犹太人进入其中。法拉沙人曾建学校供年轻人学习《圣经》和其他宗教典籍，但在19世纪30年代教育

① Encyclopedia Judaica, Vol. 6, Jerusalem, p. 1143.

② Ibid., pp. 1143 - 1144.

③ 但文：《犹太黑人——法拉沙人》。

④ Encyclopedia Judaica, Vol. 6, Jerusalem, p. 1144.

设施遭损毁后，穷困使他们无力重建这些机构。因此法拉沙人的文盲程度很高。他们的职业主要集中在农业和体力劳动方面。① 其男子大部分务农畜牧，个别人以织布、打铁为生，妇女制陶。他们同绝大多数埃塞俄比亚人一样，生活水平很低。作为一个少数民族，他们的政治地位更低，历史上一直受到歧视和不公正对待，曾多次受到当权者迫害，甚至被剥夺拥有土地的权利。②

18 世纪以来，伴随着西方殖民主义运动的兴起，西方探险家、传教士等陆续进入埃塞俄比亚，法拉沙人开始为外界所了解，西方犹太人也开始同埃塞俄比亚犹太人进行接触。但在许多年中，对于法拉沙人是否属于真正的犹太人问题，存在很大争议，尤其是在不同的犹太宗教权威之间。早在 16 世纪初，当被问到法拉沙人的犹太性时，埃及大拉比阿比・兹姆拉宣布，这些人是犹太人。1908 年，45 个国家的大拉比承认法拉沙人是犹太同胞。③ 1934 年版，第一批埃塞俄比亚犹太人随意大利厄立特里亚省的也门犹太人来到巴勒斯坦并定居此地。1948 年以色列建国后，埃塞俄比亚的黑种犹太人给以色列、欧洲和美洲的犹太人写信求援，但是没有回音。从 1963 年到 1975 年，有一批规模较小的法拉沙人移民以色列。这批移民主要是在以色列学习或者通过旅游签证来到以色列，之后就非法滞留在这个国家。以也门裔犹太人奥瓦迪亚・哈兹（Ovadia Hazzi）为首的一些以色列人认可他们的犹太性，并组织协会帮助他们在以色列社会获得正常地位。④ 1973 年，哈兹正式向以色列的塞法迪大拉比奥瓦迪亚・约瑟夫（Ovadia Yosef）提出了埃塞俄比亚犹太人的犹太性问题，这位拉比援引 16 世纪的一份拉比裁决，正式承认法拉沙人是古以色列人十二支族之一“但”族（公元前 8 世纪为亚述人俘虏的以色列十大部落之一）的后裔，同时提出他们必须重新“皈依”犹太教，因为他们并未遵守犹太教的全部礼仪。1975 年，以色列阿什肯纳兹大拉比什洛

---

① Isaac Landman, ed., *The Universal Jewish Encyclopedia*, Vol. 4, p. 235.

② 黄陵渝：《非洲的犹太人和犹太教》,《西亚非洲》2003 年第 2 期。

③ 阿伦・布雷格曼：《以色列史》，第 216—217 页。

④ http://en.wikipedia.org/wiki/Ethiopian_Jews_in_Israel.

莫·格伦对法拉沙人说："你们是我们的兄弟，你们和我们有着共同的血脉，你们的确是犹太人。"[①] 随后，以色列内阁委员会宣布《回归法》[②] 适用于法拉沙人，法拉沙人开始移居以色列国。1977 年以色列总理梅纳赫姆·贝京鼓励采取行动大规模接回法拉沙人。1984 年到 1985 年，埃塞俄比亚爆发严重旱灾，国内局势恶化，以色列政府实施"摩西行动"，以大规模空运方式，将上万名法拉沙人接回以色列。[③] 该行动目标是将 8000 多名埃塞俄比亚犹太人从苏丹首都喀土穆经由比利时空运至以色列。于是，数千名埃塞俄比亚犹太人先徒步逃往苏丹的难民营，然后陆续搭乘飞机离境。但是媒体报道此事后，阿拉伯国家向苏丹施加压力，要求停止空运。近 1000 名埃塞俄比亚犹太人因此被留了下来，他们与仍然在非洲的家人失散。后在美国压力和经济援助的双重刺激下，到 1985 年 3 月 22 日，这近 1000 名犹太人终于从苏丹经由西欧国家转运至以色列。1991 年，埃塞俄比亚内战期间，总统门格斯图在美国许诺给予 3500 万美元援助并力促政府与反对派和谈，以色列向埃政府提供了包括 100 辆 T－55 坦克以及埃空军所急需的零配件在内的军事援助后，同意以色列将聚集在首都亚得斯亚贝巴的犹太人空运回国。1991 年 5 月，以色列政府实施了"所罗门行动"，动用 40 架飞机在 36 小时内将 14000 多名犹太人转移到以色列。[④] 在"摩西行动"和"所罗门行动"中，有总数达 2.5 万名埃塞俄比亚犹太人被接到以色列。在此之后，埃塞俄比亚境内还生活着 500 多名外国犹太侨民，在首都亚得斯亚贝巴还有一个独立的犹太人社区。[⑤] 2011 年 7 月，以色列政府决定实施代号为"鸽翅行动"的救援计划，旨在将留在埃塞俄比亚的最后一批大约 7500 名犹太人

---

① 阿伦·布雷格曼：《以色列史》，第 217 页。

② 1950 年 7 月 5 日颁布，该法把居住在以色列之外的犹太人称为"流散中的犹太人"，把移民以色列表述为"回归自己的祖国"，这样就赋予了每个犹太人移民以色列的权利。

③ 穰生编译：《秘密逃亡之旅——摩西行动的故事》，《世界博览》1987 年第 5 期。

④ Stephen Spector, *Operation Solomon: The Daring Rescue of the Ethiopian Jews*, Oxford University Press, 2005, p. 2.

⑤ 李毅夫、赵锦元主编：《世界民族常识》，中国青年出版社 1988 年版，第 341 页。

空运回以色列。因为甄别程序需要较长的时期，根据计划和安排，政府每月接运200名犹太人，耗资约450万美元，计划将于2014年10月结束。不过，在以色列政府的积极努力下，该计划最后提前完成。2013年8月29日，当载有450名埃塞俄比亚犹太人的飞机在以色列特拉维夫机场着陆时，代号为“鸽翅行动”的救援接运海外犹太人的行动宣告圆满结束。以色列犹太事务代理组织主席纳坦·夏兰斯基（Natan Sharansky）在“鸽翅行动”的庆功仪式上总结说，“这是一个历史时刻。该时刻从‘摩西行动’开始，接下来的是‘所罗门行动’，而高潮是‘鸽翅行动’……通过大家的共同努力，我们正在书写埃塞俄比亚犹太人历史的最后一页”。①

埃塞俄比亚犹太人经三次大规模的救援行动最终完成回归，在以色列移民史上具有重要意义，它不仅充实了以色列的犹太人口，还给以色列族群增添了多元性色彩。不过，这些本来过着中世纪般生活的黑皮肤的乡下人，突然被带进了由欧洲犹太人建立的高度现代化的社会，初时受到相当的歧视，面临诸多挑战。三十年来他们在以色列学习、适应、奋斗的过程是一次大规模的、活生生的社会学、心理学和人类学的实验，也是真正地“游走于文明之间”。②

二　重回故土后的社团生活

以色列政府在如何让埃塞俄比亚犹太人迅速融入以色列社会方面做出了很大努力，当局为安置这批移民采取了多方面的措施，积极加以应对。首先，为了迎接新移民的到来，以色列政府专门设立了融合基地和学习中心进行接待。③ 20世纪80年代中期，当第一批埃塞俄比亚犹太移民刚刚到达时，以色列国内就设置了多处融合基地，将近

---

① 徐新：《揭秘以色列鸽翅行动始末》，《国际先驱导报》2013年9月25日。

② 光明网读书频道：《埃塞俄比亚犹太人》，参见 http：//reader. gmw. cn/2011 – 09/29/content_ 2717723. htm#。

③ Brian Weinstein, “Ethiopian Jews in Israel: Socialization and Re – Education”, *The Journal of Negro Education*, Vol. 54, No. 2, p. 213.

3/4 的埃塞俄比亚犹太人安排在基地居住。如设立在贝尔谢巴的基地就生活着 500 多名埃塞俄比亚犹太人，有大约 40 名犹太办事处工作人员对他们予以指导。① 政府还向每个移民发放一笔钱，鼓励新移民到一些专门遴选出来的不发达城镇，如阿夫拉、伽特、阿什克伦、马拉奇、内提沃特、奥法基姆等地，以及其他一些正在发展中的城镇生活定居。② 其次，政府为新移民提供语言和生产技能方面的培训。在以色列，新移民融合的第一步也是至关重要的一步就是学习希伯来语，以色列政府在帮助埃塞尔比亚犹太人克服语言障碍方面做了大量工作。由政府设立的、专门为来自世界各地的犹太移民提供希伯来语培训的语言学习中心接收了大批埃塞俄比亚犹太人。而且，以色列教育部门也注重在教材中加入埃塞俄比亚犹太人的历史和传统，让其他犹太社团更加了解这群神秘的同胞，以此来增强埃塞俄比亚犹太人的自豪感。在部队中，这些来自东非的犹太人也会听到讲述自己祖先历史的讲座。主流媒体也加大了对埃塞俄比亚犹太人的宣传。

不过，在经历了短暂的礼遇和接触新环境的兴奋期之后，埃塞俄比亚犹太人发现以色列并不是他们梦想中的“耶路撒冷”，尽管他们的生活水平相比之前得到了提高，可是，如同在埃塞俄比亚一样，他们成为以色列社会的底层群体。由于种族和历史传统方面的原因，他们的犹太性遭到主流社会的非议和贬斥，在经济、政治、宗教等方面面临着一系列难题。

在经济领域，埃塞俄比亚犹太人充当的是一个附庸者的角色，几乎没有任何地位和发言权。由于长期生活在落后的农业社会，许多初来乍到的埃塞俄比亚犹太人对发达的现代文明一无所知，迟迟难以融入其中。③ 同一时期到来的苏联犹太人由于人口素质较高，经历了短期的困难之后，大多数人都解决了住房和就业问题。而埃塞俄比亚犹

---

① Brian Weinstein, “Ethiopian Jews in Israel: Socialization and Re – Education”, *The Journal of Negro Education*, Vol. 54, No. 2, p. 216.

② 阿伦·布雷格曼：《以色列史》，第 218 页。

③ J. Abbink, “The Changing Identity of Ethiopian Immigrants (Falashas) in Israel”, *Anthropological Quarterly*, Vol. 57, No. 4 (Oct., 1984), p. 141.

太人却无力应对全新的环境，因而仍由政府各部门具体负责他们的安置工作。他们从事着最底层的工作，拿着微薄的薪水来养家糊口。2002年年底，以色列议会“收入不均调查委员会”公布的一份报告显示，埃塞俄比亚犹太社团人数在8.5万人左右，其中约92%从事低收入工作，他们与阿拉伯游牧部落贝都因人和一般不从事工作的犹太教极端正统派教徒一起构成了以色列的“穷人”阶层。作为东方犹太人，埃塞俄比亚犹太人大多空手而来，处于无功受惠的地位，多被安排在不发达地区或者大城市的边沿，在劳动力市场也处于非常不利的地位，失业率远高于西方犹太人。[①] 随着外来劳动力的不断增多，以色列劳动力市场的种族歧视现象越来越普遍。2012年的一项调查显示，本土出生的以色列人的薪酬要明显高于来自阿拉伯国家和埃塞俄比亚的移民，而且收入差距还会随着时间的推移而不断加大。里雄莱锡安学院管理研究院（College of Management Academic Studies, Rishon Lezion）调查发现，在法律、工程和高科技等工资较高的行业中，本土出生的以色列人在工作第一年的薪酬要比外来移民高出41%，10年之后将高出64%。超过半数的本土出生的以色列人和苏联移民在考大学时选择薪酬较高的热门专业学习，而选择这些专业的阿拉伯裔学生只占29%，埃塞俄比亚裔学生仅占27%，这也影响了他们就业后的平均工资。目前，埃塞俄比亚裔大学毕业生的平均起步月薪为1430美元，要比本土出生的以色列人和苏联移民低27%。10年之后，他们的月薪差距会拉大到36%。以色列社会活动家、参选工党国会议员的本—古里安大学教授尤西·约纳（YossiYonah）认为，以色列劳动力市场的确存在着老套的种族观念和排他现象。他指出，由于犹太民族曾经是种族歧视的牺牲品，因而在以色列劳动力市场存在的种族鸿沟现象不仅是极其恶劣的，也会影响以色列的长远发展，必须做出更多的努力来遏止这种社会鸿沟的扩大和蔓延。[②]

政治方面，埃塞俄比亚犹太人政治活动空间较小、政治参与能

① 张倩红：《以色列史》，人民出版社2008年版，第255页。

② 引自国际在线专稿《调查显示以色列劳动力市场种族歧视现象严重》，2012－12－27，http://gb.cri.cn/27824/2012/12/27/5892s3973281.htm。

力较低、政治影响力非常有限。埃塞俄比亚犹太人普遍不懂希伯来语和英语，造成语言交流上的天然障碍，极大地影响了他们参与以色列政治事务的能力。以色列从建国伊始就以英美等西方国家为蓝本构建了西方式的政治管理体系，实行议会民主制，在这一政治体制中阿什肯纳兹犹太人占据绝对主导地位，国家政治生活的主要内容和发展方向均取决于他们的意志。从 20 世纪 80 年代开始，当成批的埃塞俄比亚犹太人涌入这个现代化国家并试图融入这种对他们来说完全陌生的体制中去，并试图运用这种自己在其中毫无发言权的体制去保护自己权益的时候，所遭遇的困难可想而知。进入以色列的埃塞俄比亚犹太人通常被安置在边缘地区的定居点或者不发达的小城镇，像首都耶路撒冷和特拉维夫这些大城市很难寻觅他们的身影。政府的这种安排有着经济方面的正当考虑，但是也与埃塞俄比亚犹太人弱小的政治影响力有着莫大关系。目前在以色列国内生活的大约 12 万名埃塞俄比亚犹太人①虽然有着自己独特的诉求，但是他们天然的人口数量局限和政治素养缺失导致其很难在议会中拥有代表自己利益的席位，而影响政府政策向自我群体倾斜更是难上加难。在较长时间内，埃塞俄比亚犹太人没有自己的政党，尽管在自由党、前进党和沙斯党等主要政党中有少量的埃塞俄比亚犹太人代表。而几乎是 20 世纪 90 年代同一时期来到以色列的苏联犹太人却表现出相当的适应性并且很快融入以色列社会并且有较强的政治参与性，甚至建立了代表自己利益的政党，比如夏兰斯基创立的移民党、利伯曼创立的家园党和盖达马克创立的正义党最具代表性。②2006 年，亚伯拉罕·内古萨（Avraham Negusa）领导建立了主要代表埃塞俄比亚犹太人利益的政党“一种希望”（ Atid Ehad)，该党支持将仍滞留在埃塞俄比亚的犹太人接回以色列并致力于强化埃

---

① 2008 年年底的统计数字，其中有 81000 名埃塞俄比亚以色列人是出生在埃塞俄比亚的，而 38500 人（32%）是出生在以色列，参见 http://zh.wikipedia.org/wiki/贝塔以色列。

② 周承：《以色列国内苏联犹太移民政党的成因及影响》，《西亚非洲》2010 年第 8 期。

塞俄比亚犹太人社团的社会融合进程。该党参加了当年的议会选举，赢得14005张选票（约占总选票的0.45%），没有达到进入以色列议会所要求的2%选票的门槛，因而未能在议会中获得议席。之后，该党影响力进一步式微，没有参加2009年的议会选举。[①] 由于以色列实行的是比例选举制度，这在很大程度上将作为少数族群的埃塞俄比亚犹太人排除在议会之外。当他们意识到这种不公平的现象不是发生在一个个体身上，而是发生在他们整个社团身上时，对政府和社会的不满就会被激发出来，从而变得与其他社团更加格格不入，这一状况也对以色列政治稳定形成不利影响。不过，近些年来，埃塞俄比亚犹太人移民群体的政治意识也在不断觉醒，并要求在政治上获得更加平等的地位和发言权。2010年，以色列议会决定在2011年专门为埃塞俄比亚移民分配30个政府部门职位。要看到尽管有782名贝塔以色列人在政府部门任职，但这只占全部61000名公务员的1.4%。[②] 2012年，以色列任命了该国历史上首位埃塞俄比亚裔的大使，这在反种族偏见方面具有里程碑的意义。[③]

宗教方面，由于与主流犹太教存在较大差别，埃塞俄比亚犹太人的犹太信仰受到质疑，宗教活动受到限制和歧视。埃塞俄比亚犹太人既不属于正统派，也不属于保守派和改革派，而是在非洲生活环境中发展出自己独特的宗教生活。他们信仰犹太教，信奉《圣经》，是严格的一神论者，所庆祝的节日（如逾越节和赎罪日）也与其他犹太人庆祝的节日很相似。遵循传统的安息日礼仪和犹太教关于饮食的规定，并行割礼。[④] 但由于地理隔绝，所以其宗教信仰和宗教生活与生

---

① http：//en. wikipedia. org/wiki/Atid_ Ekhad.

② Ruth Eglash，“Gov't to Create New Civil Service Roles for Ethiopian Jews”，*The Jerusalem Post*，Nov. 28，2010，转引自欧连维《“贝塔以色列人”研究》，外交学院2009级硕士学位论文，第23页。

③ “J' lem appoints first Ethiopian - born ambassador”，*Jerusalem Post*，February 28，2012.

④ Isaac Landsman，ed.，*The University Jewish encyclopedia*，Vol. 4，p. 236.

活在世界其他地区的犹太人已经有了很大区别。[①] 最大的区别在于埃塞俄比亚犹太人的犹太教经典只有《圣经》[②] 而没有《塔木德》,[③] 也没有塑造现代犹太教的中世纪拉比评注，有人称为“没有犹太教经典的犹太人”。这是因为他们在圣经时代就已经定居在了这块东非高原上，与其他犹太人处于隔离状态，所以在巴比伦时期形成的经典《塔木德》就一直没有影响到他们。具体宗教习俗方面更是存在差别，同主流犹太社团相比显得比较独特，如一般犹太人的安息日是从星期五的太阳落山开始，而埃塞俄比亚犹太人则从星期五的中午就开始守安息日了；另外，这些“黑犹太人”的传统节日中也没有哈努卡节和普林节，而这两个节日在其他犹太社团中则显得比较重要。[④] 更糟糕的是，身处以色列的埃塞俄比亚犹太人社团没有强有力的领袖人物，其克色斯（keses）原是社团的拉比和支柱，现在受雇于以色列宗教事务部，其中许多人也负责社团的宗教仪式，但不断受到正统派拉比的羞辱。正统派以以色列的宗教权威自居，拒绝承认克色斯为合法拉比，禁止他们主持宗教仪式，还剥夺了他们主持犹太婚礼的权利，但正统派自身又未能恰当地领导初来乍到、失去了方向感的埃塞俄比亚社团。这个与过去斩断联系的社团因此留下了严重的创伤，忍受着焦虑感和孤独感。许多新移民自杀了——这在埃塞俄比亚是闻所未闻的。[⑤] 社团成员甚至被要求改变宗教信仰中的一些传统习惯，一

---

① 埃塞俄比亚犹太人相信来世和死者复活，他们作品中有关于伊甸园里义人得到报偿和恶人受到惩罚的描述。阿兰道夫（Ullendorff）认为埃塞俄比亚犹太人的宗教是异教、犹太教及基督教信仰和礼仪的奇异混合。而约瑟夫·哈勒维（Joseph Halevy）以及其他一些研究者则对他们的犹太意识印象深刻。费特罗维奇（Faitlovitch）认为他们在种族学上属于犹太后裔，并试图说服他们改变奇风异俗，以更加接近传统犹太教。参见 Encyclopedia Judaica, Vol. 6, Jerusalem, p. 1149。

② 埃塞俄比亚犹太人使用的《圣经》主要由《摩西五经》《约书亚书》《士师记》和《路德记》构成，《圣经》其他章节处于次要地位，《耶利米哀歌》不属于其正典的一部分。

③ 虽然《塔木德》不是埃塞俄比亚犹太人的经典，但人们从他们记述的作品中能够发现某些与《革马拉》和《米德拉西》相一致的传统。参见 Encyclopedia Judaica, Vol. 6, Jerusalem, p. 1147。

④ Brian Weinstein, “Ethiopian Jews in Israel: Socialization and Re – Education”, p. 214.

⑤ 阿伦·布雷格曼：《以色列史》，第 218 页。

些所谓正统犹太教极端分子不相信埃塞俄比亚犹太人信仰真正的犹太教，认为他们只是在祈祷和葬礼方面和真正的犹太教有相似之处，想要他们更新其“与上帝的誓约”，即经历所谓的“基俞尔（Giyur）”①重新皈依犹太教。② 这种被强迫的改变使他们觉得有失尊严，缺乏安全感。所以在到达以色列开始了梦寐以求的生活之后，这些持有独特信仰的犹太人与他们的同胞之间在宗教问题上经常会发生矛盾和冲突。

三 社会融合、族群偏见与认同困境

1948 年 5 月，以色列建国时发表的《独立宣言》宣称：“以色列国……将以先知所憧憬的自由、正义与和平作为立国基础；将保证全体公民，不分宗教信仰、种族与性别，最充分享受社会政治的平等。”③这一理想固然崇高，但实现起来并非易事。对建立在异族土地上的移民国家以色列而言，在其疆域内通过共同的语言、文化、价值体系等纽带，形成统一的政治文化共同体和民族认同，即构建一个统一的国族是一项任重而道远的工程。④ 以色列国内生活的犹太人或者他们的先辈来自不同的国家和不同的文化背景，虽然同属犹太人，但是他们的思想观念、价值观体系、职业甚至外貌都已经存在巨大差别。因此，怎样有效地整合这些千差万别的犹太人，使得他们重新成为一个共同的犹太民族便成为历届以色列政府的一大要务。以色列自建国以来，为弥合不同族裔之间的隔阂，整合不同背景的移民群体，强化国家意识和犹太认同，政府强力推行以同化思想为基础的“熔炉主义”政策，该政策主张在平等的基础上实现犹太各族群之间在

① 指非犹太人或未经正式皈依的犹太人要成为犹太社团的正式成员必须经过的皈依犹太教的一整套程序。

② 李伯重：《黑犹太人来到以色列》，《世界知识》1989 年 9 月。

③ 徐新、凌继尧主编：《犹太百科全书》，第 129—130 页。

④ 李志芬：《主体民族主义与国族构建的悖论——以色列民族政策思想之评析》，《西亚非洲》2011 年第 7 期。

社会结构上的完全融合。这是一种承认多民族文化的前提下，提倡各民族文化相互学习、相互借鉴的民族政策。其基本的价值取向是国家利益。[①] 本—古里安曾这样描述道："我们必须把这一堆杂七杂八的东西融化掉，在复兴民族精神这个模子里重新加以铸造。"为缩小东西方犹太人之间的差距，政府积极采取各项政策和措施，如在生活补贴、就业、教育等方面给予前者以照顾、有意识地让不同文化背景的人混合居住，扩大并鼓励不同定居点之间的经济往来与社会、文化交往等来解决新移民带来的问题，虽有一定成效，但远未达到族群有机融合的目标，因为社会融合是一项极为复杂而漫长的工程，不是短期内能实现的。[②]

更为重要的是，以色列社会是一个西方文化占据主流的社会，这与来自欧洲的阿什肯纳兹犹太人在以色列社会中的强势地位密切相关。以色列社会的经济运行模式、政治架构、社交模式、价值观念、文化氛围等都带有非常浓厚的阿什肯纳兹色彩。所以，"熔炉"政策在实施的过程中，以色列社会事实上将阿什肯纳兹犹太人默认为在文化传统、社会组织、经济活动、道德伦理、宗教信仰等方面都堪称楷模的"标准族群"，其他族群都应当在各个方面向这个"标准族群"靠拢，并逐步使自己全面融入这个标准族群之中。在完成同化过程之前，主流社会对属于非"标准族群"的文化传统、母语、社会习俗等实际上采取的是不赞许甚至排斥、歧视的态度。[③] 具体来说，以色列的熔炉主义以阿什肯纳兹人的文化价值观念和充分体现先驱、开拓精神的"萨布拉"（Sabra）[④] 认同为基础，试图对广大来自亚非世界的东方犹太人进行同化，以消除他们身上落后的流散地文化特征，使

---

① 周平：《民族政治学》，高等教育出版社 2003 年版，第 93 页。

② 张倩红：《以色列史》，第 256 页。

③ 马戎：《民族社会学——社会学的族群关系研究》，北京大学出版社 2004 年版，第 506 页。

④ 指出生在以色列的犹太人。这一术语开始出现于 20 世纪 30 年代，指的是出生在委任统治地巴勒斯坦的犹太人，而 1948 年以色列建国后，则习惯上指任何出生在以色列国家的犹太人。文化上的"萨布拉"观念强调的作为早期创业者的老一代欧洲犹太移民及其后裔对以色列的突出贡献以及由此带来的优越感，并倾向于弱化新移民和其他族群影响。

他们融入以阿什肯纳兹人为代表的主流社会之中。

在埃塞俄比亚犹太人移民以色列的时代，以色列的族群更趋多元，政府也认识到文化多元主义的现实及“熔炉”政策的缺陷并试图进行调整，由消除多元文化差异转变为保护和发展多元性趋势，但在族群力量极不平衡的以色列社会，族群政治权力格局呈现相对固化的倾向，实现上述转变尤为不易。在存在主体民族（族群）数量优势的情况下，缺乏专门保护少数民族（族群）个体和群体的制度和措施，就不能保证所有公民的政治权利和基本人权，而且很容易导致主体民族对少数民族（族群）的强制同化。[①] 按照以色列学者阿萨德·格哈内姆（As’ad Ghanem）的观点，以色列的族群政治体现出典型的阿什肯纳兹中心和非阿什肯纳兹边缘的特征，政治上的控制和霸权体制被阿什肯纳兹精英用于对付在地域上、文化上和政治上的次级群体及其精英。阿什肯纳兹犹太人所建立的“霸权种族国家”机制对于他者，即非阿什肯纳兹群体实行歧视政策，并且创造权威和社会机器来合法化种族依附关系，甚至使这种依附关系凌驾于一般民事关系之上。[②] 这种族群霸权体制里保存民主程序，包括一个基本固定的民主结构和实现行为，比如选举、议会制度、自由运动以及相对开放的通信和媒体系统，但并足以阻止不民主的体制扩张并在民族国家占主导地位。这样，尽管民族融合政策的初衷在于促进民族平等以及各民族文化的交流和融合，而不要求建立统一的国民文化，但在实施过程中往往伴随着对少数族群的歧视和压制，常常以牺牲少数族裔的政治权益和文化个性为代价。因为每一个政府在制定自己的族群政策时，必须要考虑到本身的族群基础和各个族群对政府的支持程度，考虑到各族群的政治势力和经济势力。[③]

由于来自极端落后地区、社团规模较小、受教育水平不高、从事

① 王建娥：《族际政治民主化：多民族国家建设和谐社会的重要课题》，《民族研究》2006 年第 5 期。

② As’ad Ghanem, Ethnic Politics in Israel, *The margins and the Ashkenazi center*, London and New York: Routledge, 2010, Preface.

③ 马戎：《民族社会学——社会学的族群关系研究》，第 504 页。

一些低级职业、社会地位低下、生活方式较为封闭和传统，又长期与世界其他犹太社团脱离联系，埃塞俄比亚犹太人与主流社会的接触和交流方面存在问题，处于相对边缘的地位，社会融合受到一定程度的限制。[①] 尽管以色列政府在不断致力于改善埃塞俄比亚犹太人的经济与社会地位，但在以色列社会，他们始终未受到主流族群的尊重和平等对待，面临着深刻的认同困境。以色列原来居民对新来的埃塞俄比亚犹太人存有严重的排斥心理。为了维护定居点附近的原有居民的利益，许多地方官员对于混合定居点建设采取了不合作甚至是抵制的态度，其间夹杂的是对埃塞俄比亚犹太人文化习俗、历史传统、种族特征等方面浓厚的厌恶情绪。杜伦达·奥雅奴加在 1992 年进行的针对埃塞俄比亚在以色列的生活状况问题的调查研究显示，在以色列其他犹太社团中广泛存在着对埃塞俄比亚犹太人的歧视和偏见，比如认为埃塞俄比亚犹太人落后、愚昧，不健康、会传染疾病，有严重的暴力和犯罪倾向。[②] 以色列的一些主流媒体也发表不谨慎言论，过分地宣布法拉沙人“浑身是病”，尤其是艾滋病。当然，对于埃塞俄比亚犹太人的厌恶和抵制不是特例，它反映的是西方犹太人对东方犹太人的较普遍观点和情绪。很多西方犹太人认为，来自落后的东方社团的犹太人会成为社会进步的负担，会削减以色列的“西方化”构造而使其成为“中东特征”的国家。[③]

对于以色列族群之间交往意愿的调查显示，埃塞俄比亚犹太人仅仅高于以色列阿拉伯人，而且更多的人是不愿意与这群来自埃塞俄比亚的黑犹太人发生一些工作或者生活上的关系，如作为邻居、同事、

---

① 李志芬：《以色列民族构建研究》，西北大学 2009 年博士学位论文，第 114 页。

② 这种观点有一定的事实依据。由于缺乏法律意识，埃塞俄比亚犹太人的犯罪率较高。在以色列军队中，埃塞俄比亚犹太人约占 3% 的比例，但在军事监狱中关押的比例却高达 13%。目前，以色列军队正寻求在两年内减少关押 15% 的埃塞俄比亚裔犹太士兵以支持埃塞俄比亚犹太社团的发展。参见 Gili Cohen, “Israeli army hopes to reduce arrest of Ethiopian soldiers by 15 percent”, Haaretz《国土报》, December 5, 2013, see http://www.haaretz.com/news/diplomacy-defense/.premium-1.561870。

③ 张倩红：《以色列史》，第 255 页。

老板。[1] 对埃塞俄比亚犹太人的族群偏见和歧视也可以从这一族群与以色列其他族群的通婚情况看出来。2009 年的一项调查表明，在过去几十年，以色列的跨族群婚姻呈现稳步增长的态势，并逐渐缩小了阿什肯纳兹犹太人与塞法迪犹太人之间的社会经济鸿沟。但是，埃塞俄比亚以色列人的婚姻状况并不符合这一总体趋势。根据以色列中央统计局的报告，大约有 90% 的埃塞俄比亚犹太人（93% 的男子和 85% 的妇女）选择社团内部通婚。以色列学术研究中心 2008 年的调查研究称，大多数以色列的受访者认为，如果他们子女当中有一个人未来要和埃塞俄比亚犹太人结婚，他们会感到不舒服。57% 的受访者对未来他们的女儿嫁给埃塞俄比亚裔犹太男子完全不可接受，而 39% 的受访者也不赞同他们的儿子娶埃塞俄比亚裔犹太女子为妻。以色列埃塞俄比亚犹太人协会副主席阿维·马斯费恩（Avi Masfin）指出，与其他族群通婚的障碍事实上是来自双方面，无论从以色列社会的普遍立场，还是从埃塞俄比亚犹太人自身的立场来看，乐于接受族际婚姻仍然需要时间。埃塞俄比亚犹太社团中有相当一部分人在这一问题上是保守的，并且存在种种担忧。[2]

受以色列社会对待埃塞俄比亚犹太人态度的影响，以色列政府曾试图控制埃塞俄比亚犹太移民的生育水平以限制其人口增长，做出了遭人诟病的极不光彩的事情。2013 年年初，媒体报道以色列的犹太事务局（JAFI），在过去 10 年中，在当事人不知情的情形下，强制让过渡营中移入以色列的埃塞俄比亚犹太人妇女注射长期的避孕针，造成近 10 年以色列境内的埃塞俄比亚裔犹太妇女生育率降低 50%，此事公开之后引发普遍关注、争议和谴责，被认为是带有种族歧视甚至于类似种族灭绝的举动。批评者尖锐地指出，犹太人曾经是种族歧视和种族灭绝的受害者，现在又怎可以同样的方式来对待自己的同

---

① 欧连维：《“贝塔以色列人”研究》，外交学院 2009 级硕士学位论文，第 26 页。

② Ofri Ilani, “Survey: 90% of Ethiopian Israelis resist interracial marriage”, Haaretz, Nov. 16, 2009, see http://www.haaretz.com/print-edition/news/survey-90-of-ethiopian-israelis-resist-interracial-marriage-1.4115

胞？之后，以色列卫生部迫于舆论压力才下令各单位停止这一措施。①

应该说，主流社会对埃塞俄比亚犹太人的种种非难和指责有历史和现实方面可以解释的原因，但是，由这些非难和指责发展出来的种族歧视思想，会给埃塞俄比亚犹太人造成强烈的种族低劣感和自卑感。为了获得更好的职业机会和更多的社会认同，有些埃塞俄比亚犹太人尝试改变其种族特征。例如，许多犹太人在埃塞俄比亚生活时，按照当地基督徒的习俗在身体的不同部位做了文身，以此来改变和隐匿犹太身份多数文身为暗黑色，是将木炭注入皮肤所致，也有白色或彩色文身。当他们因种种因素从埃塞俄比亚回迁至以色列时，必须考虑去除这些外来象征符号以更好地融入以色列社会。在这种需求的影响下，医学界开始专门研究用一些特定的方法来去除这种文身。②

当然，在被动适应的同时，这个古老的犹太社团也开始不断发出抗议的声浪。1996 年，以色列媒体曝出红色大卫盾组织（Megen David Adom）③ 秘密丢弃埃塞俄比亚犹太移民及其后裔所捐血液以防止乙肝、艾滋病毒的传播和感染的丑闻，据称，通过对 5200 名经由“所罗门行动”来到以色列的埃塞俄比亚犹太人移民的医学检测，显示有约 2.3%（118 名）的艾滋病病毒携带者。④ 此事引发了轩然大波，几天后，上万名埃塞俄比亚犹太人聚集在以色列总理府前示威并向警察投掷砖头、石块等，警察使用橡胶子弹、水枪、催泪瓦斯等驱散了示威人群，示威最后造成 41 名警察和 20 名示威者受伤，同时有 200 辆总理府雇员汽车被损毁。在公众的抗议声浪下，红色大卫盾组织的执行主席被解职，政府专门成立了调查委员会调查此事并发布了调查报告，认为未发现种族主义，但要求在政策上做出调整。2006

① 维基百科：贝塔以色列，参见 http：//zh. wikipedia. org/wiki/贝塔以色列。

② Lapidoth. M，Aharonowitz G.，“Taboo Removal among Ethiopian Jews in Israel：Tradition Faces Technology”，J. AM. ACAD. DERMA - TOL.《美国皮肤病学杂志》，2004，Vol. 51，Issue 6，pp. 906 - 909。

③ 以色列国家医疗急救和血液储备组织，2006 年被国际红十字会成员认可为以色列国家急救协会，并成为 国际红十字会和红新月会联合会成员。

④ http：//en. wikipedia. org/wiki/Ethiopian_ Jews_ in_ Israel.

年 11 月 6 日，在得知以色列卫生部决定继续实施批量丢弃包括埃塞俄比亚犹太人在内的高风险人群所捐血液的政策之后，埃塞俄比亚犹太人再次举行抗议活动，并试图阻断通向耶路撒冷的道路，与警察发生暴力冲突。[①] 2012 年 1 月 18 日，埃塞俄比亚犹太人在耶路撒冷举行了大规模游行示威活动，抗议以色列社会针对其社群的肤色歧视及其在各方面遭受到的不公平待遇，超过 5000 名埃塞俄比亚犹太人参加了这次示威活动。[②] 埃塞俄比亚犹太人的这次大规模抗议活动是这一社团移居以色列以来所积累的一系列社会矛盾和不满情绪的总爆发，实质上反映了东西方犹太族群之间存在难以弥合的裂痕。

综观以色列社会，埃塞俄比亚犹太人遇到的问题并不是个案，而是在以色列故土生活的多个犹太社团的共性问题。以色列政府所实施的融合政策具有塑造统一的国家民族认同和社会性文化的崇高理想，但却在很大程度上忽视了以色列族群和文化的多样性特征。以优势族群的文化模式为样板，以消除和牺牲弱势群体的文化权益为代价的族群整合政策，客观上产生了族群分层、分裂与族群文化认同困境这一事与愿违的结果，给少数族裔造成了难以磨灭的文化和心理创伤，并在一定程度上迟滞同化的进程，最终不利于锻造一个统一的以色列民族。虽然从结果上看，东方犹太人可能文明化了、进步了，但这是以他们抛弃传统文化，并遭受了巨大的痛苦和牺牲为代价的，因为在经济方面从事着低收入、低技术的服务业和农业生产，政治方面面临着自己不熟悉的西方式民主政治体系，宗教文化心理上又同主流族群存在明显差异，面对着各种歧视，他们很难真正抛弃自己长期的传统，融入以西方文化为核心的以色列社会中去。[③] 埃塞俄比亚犹太人在移民以色列后，在以色列的国家政策和复杂族群关系的影响下，未能在

---

① The Associated Press, "Ethiopian - Israelis clash with police, disrupt Jerusalem traffic over discarding of donated blood", November 6, 2006. See http://web.archive.org/web/20080620044718/http://www.iht.com/articles/ap/2006/11/06/africa/ME_GEN_Israel_Blood_Protest.php.

② 新华网"埃塞俄比亚犹太人抗议肤色歧视"，2012 年 1 月 19 日，参见 http://news.xinhuanet.com/gongyi/2012-01/19/c_122606391.htm，新华网。

③ 李志芬：《以色列民族构建研究》，第 115 页。

国家（民族）认同和本社团认同之间实现有机的统一，相反，两者之间出现了严重的疏离。

多民族（族群）国家社会整合的目标和出发点应该是求同存异，在承认差异、尊重差异的基础上，创造一种具有更大包容性的制度空间，使各个民族（族群）都可以在不损害他族生存和利益的前提下保持和发展自己的文化和生活方式，并且在保持传统的族裔和文化认同的基础上创造一种新的、更高层次的、具有更大包容性的政治认同。[①] 这种多层次的身份认同涵盖个人对特定族群的认同、个人对民族国家的认同、特定族群对民族国家的认同，当然民族国家对个人权利和特定族群权利的认可与保护是实现上述多层次认同的基础。因此，从族群政治的角度来看，埃塞俄比亚犹太人实现真正地融入有赖于以色列政府调整其族群政策，真正尊重并重视少数族裔的利益诉求和文化传统，在民主的框架下实现各族群全面的政治参与。在公民民主之外，族际政治民主不失为以色列处理复杂的族群关系的有效途径。受到苏联解体后大量俄罗斯移民涌入以色列，全球多元文化主义所带来宗教力量复兴、女权运动发展及族群权利伸张等因素的影响，以色列国家维持稳固的单一族群主体意识和文化主体意识变得越来越困难，文化认同日益模糊和碎片化，文化思潮的多元化也成为以色列社会所遭遇的主要问题，包括埃塞俄比亚犹太人在内的东方犹太人的族性文化正得到前所未有的张扬，公民权和政治参与意识也空前增强，[②] 以色列政府正逐步调整自己的族群政策和文化政策，在坚持国家政治法律一体和主流文化（希伯来语、犹太文化、西方世俗价值观）普遍性基础上，尽可能地给少数族群参政创造机会，不同程度地允许少数族群保留自己的文化特征，同时也有意识地淡化和模糊各个种族、族群之间的边界，鼓励族际婚姻，并以多种方式促进不同族群之间的融合，从而使得政

---

① 王建娥：《族际政治民主化：多民族国家建设和谐社会的重要课题》，《民族研究》2006 年第 5 期。

② 张倩红、艾仁贵：《犹太文化》，人民出版社 2013 年版，第 329—330、322—324 页。

府职能在宏观上适应并驾驭多元社会的运行机制，以此来求得和平、稳定与发展。

【作者简介】胡浩，男，安徽桐城人，南京大学哲学博士，现为河南大学历史文化学院副教授、硕士生导师，河南大学犹太—以色列研究中心副主任。同时兼任中国中东学会理事、全国高校国际政治研究会理事；于金金（1990— ），女，河南驻马店人，以色列本—古里安大学、河南大学犹太研究所硕士研究生。

开封犹太人“道经”的传承与维护

刘百陆

【摘要】“道经”是开封犹太人宗教经典《托拉》的中文名称，是维系开封犹太人社团宗教和文化传承的精神纽带。开封犹太人认为道经的主旨是劝人为善、惩戒逸志。在数百年的传承中，道经的数量屡有增减，版本也发生了变化，反映了开封犹太社团与其他犹太社团的联系与交往情况。开封犹太人非常重视道经的修复和保护。随着社团的衰败，道经最终流失国外。

【关键词】犹太人；开封；道经

开封犹太人于宋代定居开封，[①] 至 19 世纪初该社团渐趋消亡，在其存续的八百余年间，经书对于维系社团文化认同和宗教信仰起到了重要作用。开封犹太人经书分为道经（正经）、方经和散经。据康熙碑文[②]记

---

① 关于犹太人入华年代，学界有不同看法，大致有周代说、汉代说、唐代说、宋代说四种（参见陈增辉《犹太人入华考》，《福建文化》1948 年第 6 期；潘光旦：《中国境内犹太人的若干历史问题——开封的中国犹太人》，北京大学出版社 1983 年版，第 34 页；Chen Chengqi, "Buddhist Monk or Jewish Rabbi," see Sidney Shapiro, *Jews in China - Studies by Chinese Scholars*, Hippocrence Books, 1984；魏千志：《中国犹太人定居开封时间考》，《史学月刊》1993 年第 5 期等）。开封犹太人碑文的记载亦各不相同，弘治碑认为宋代，正德碑、祠堂述古碑记认为汉代，康熙碑认为周代。笔者认同开封犹太人宋代来华定居的观点。

② 开封犹太人遗留碑文有四通，均因重建、重修其宗教活动场所——清真寺而立，即明弘治二年（1489）《重建清真寺记》、明正德七年（1512）《尊崇道经寺记》、清康熙二年（1663）《重建清真寺记》及《碑阴题名》、康熙十八年（1679）《清真寺赵氏牌坊并开基源流序》，分别简称弘治碑、正德碑、康熙碑及碑阴题名、祠堂述古碑记。除康熙碑为开封籍儒士工部尚书刘昌撰写外，其余分别为犹太儒生金锺、左唐、赵映衮撰写。碑文流传版本较多，其完整性由于拓片时间的不同而存在差异，其中以陈垣先生所见碑文时间最早也最为完整。本文即以陈垣《开封一赐乐业教考》（见《陈垣学术论文集（第一集）》，中华书局 1980 年版，第 255—302 页）所附碑文为准。

载，其道经共有十三部，方经、散经“各数十册”。[①] 陈垣认为方经、散经为“教律礼仪祈祷文书，及犹太年表、日历、节令、开封犹太民族谱牒之属，本不可谓经，然因教众相传，虔诵珍守，故亦统谓之经”。[②] 道经系犹太宗教典籍《托拉》（*Torah*，又称摩西五经）的中文名称，包括五卷律法书：《创世记》《出埃及记》《利未记》《民数记》《申命记》。《托拉》是希伯来《圣经》[③] 的第一部分（其余分别为《先知书》和《圣文集》），也最为重要。[④]

对开封犹太人及其经书的研究首起于国外。1843 年英国学者费恩（Gameo Finn）依据传教士骆保禄（Gozani Giampaolo，意大利人，1659—1732）的书简撰成英文小册子“刁筋教”：*THE JEWS IN CHINA*，为第一部系统介绍开封犹太人及其经书的著作。此后，不断有西方学者和传教士关注开封犹太人。[⑤] 20 世纪 70 年代，普拉克（Mi-

---

① 康熙碑。

② 陈垣：《开封一赐乐业教考》，《陈垣学术论文集（第一集）》，中华书局 1980 年版，第 289 页。传教士孟正气神父（Domenge Jean，法国人，1666—1735）1722 年的书简中详细介绍了开封犹太人散经划分和保存状况。其散经包括《前先知书》（《约书亚记》《士师记》《撒母耳记》《列王记》《诗篇》）4 卷。孟正气书简中有“一条为参照原文的笺注”指出开封犹太人拥有《前先知书》或《后先知书》中的散作 4 卷、《礼拜书》50 卷左右、《哈费他拉》2 卷，以及《诗篇》《以斯贴记》《玛拉基书》《马可福音》《历代志》。“他们还声称密西拿并分成四部分。”（《孟正气的第二封书简》，[法] 荣振华、[澳] 莱斯利：《中国的犹太人》，耿昇译，大象出版社 2005 年版，第 115 页）《马可福音》不属于犹太人宗教典籍，应为开封犹太人同传教士交往过程中所得。方经是散经和道经之外的“犹太年表、日历、节令、开封犹太民族谱牒”等。对照康熙碑关于 1653 年开封犹太人拥有方经、散经“各数十册”的记录，1722 年孟正气造访时，开封犹太人所拥有的方经、散经其数量明显增多。这说明顺治十年（1653）后，尽管当时开封犹太人民族文化修养已经严重下降，仍然与外界保持着较为密切的交往，并从中获得文化的支援。

③ 内容与基督教《圣经·旧约》相同，本文引文即采用《圣经》和合本。

④ 徐新、凌继尧：《犹太百科全书》（修订版），上海人民出版社 1998 年版，第 247 页。

⑤ 1900 年西班牙人管宜穆（Jeronimo，Tobar）发表《开封府的犹太碑题》（*INSCRIPTIONS JUIVES DE KAI - FONG - FOU*）一文，1912 年该文在上海徐家汇传教区《江汉论丛》专刊发表，首次披露清真寺内全部文献，被陈垣先生采信并做了进一步的修订，成为目前学界采信的碑文、楹联和牌匾版本。1943 年，在开封生活长达 20 余年的中华圣公会开封主教怀特（William White）出版了三册英文巨著 *Chinese Jews*，是西方研究开封犹太人的集大成之作。1980 年，法国学者荣振华、澳大利亚学者莱斯利将西方传教士未刊书信汇集考订结集为 *JUIFS DE CHINE* 出版。1995 年耿昇将其译成中文出版，并于 2005 年修订再版，是研究开封犹太人的基础性史料。1998 年法国学者娜婷·佩伦（Nadine Perront）发表 *ETRE JUIF EN CHINE*，将开封、上海两地犹太社团置于世界历史的背景下做了深入考察。2006 年美国学者 Tiberiu Weisz 出版了 *The Kaifeng Stone Inscriptions : The Legacy of the Jewish Community in Ancient China*，在怀特之后再次翻译开封犹太人碑文，并从犹太文化角度考察了开封犹太文化。

chael Pollak）对流失到欧美等地的7部开封犹太人道经残卷进行了详细考察，出版了《开封犹太人的托拉经卷》（*The Torah Scrolls of the Chinese Jews*），是目前系统考察开封犹太人道经文本的唯一专著。[①]受西方学界影响，中国学者从19世纪末开始关注开封犹太人，至民国初年蔚为风气，代表论著有徐宗泽《开封犹太教》[②]和陈垣《开封一赐乐业教考》[③]等。

20世纪90年代以来，随着西方传教士书简的进一步发掘、译介，国内学者进一步将碑文和书简结合起来考察开封犹太人的宗教和生活，[④]但有关道经的研究还比较薄弱。有鉴于此，本文拟以碑文和西方传教士书简为基本史料，在前人研究的基础上，着重考察开封犹太人对道经的认识、经书的流传变化及其保存、管理问题，[⑤]从中透视开封犹太人的文化认同、宗教情感和对自身文化认知的变迁，以期对开封犹太人研究有所裨益。

一　开封犹太人对道经的认识

道经是维系开封犹太社团宗教和文化传承的精神纽带，在开封犹太人心目中具有极高的地位。受到开封犹太人的尊崇和悉心保护。开封犹太人遗存的四通碑文记述的重点之一就是道经的谋取、修复、保

---

① Micheal Pollak, *The Torah Scrolls of the Chinese Jews*, Bridwell Library Southern Methodist University Dallas, Texas, 1975.

② 收录于徐宗泽：《中国天主教传教史概论》，上海书店1938年版，第1—63页。

③ 陈垣：《开封一赐乐业教考》，《东方杂志》第十七卷（1920年）第五、六、七号。后收录入《陈垣学术论文集（第一集）》，第255—302页。

④ 参见张倩红、刘百陆《从碑文看开封犹太人的社会生活》，《河南大学学报》2006年第6期；徐伯勇：《开封犹太人的几个问题》，朱威烈、金应忠主编：《'90中国犹太学研究总汇》，上海三联书店1992年版；李景文：《古代开封犹太族裔经书存失之考察》，《周口师范高等专科学校学报》1999年第1期；张倩红：《西方传教士与中国开封犹太人》，（台）《思与言》1995年第9期。

⑤ 本文着重考察用于公共宗教活动的道经（清真寺寺藏道经）的维护和保管，而不涉及家藏经书的情况。当然，开封犹太人家中肯定也存放着大量经卷，并且可能是清真寺寺藏道经的重要补给渠道，但由于保管不善和水灾侵蚀等原因，其保存状况不如寺藏道经，而且家藏道经的具体方式和设施亦无从查考。

护等，足见道经在开封犹太文化中的重要作用和地位。社团存续期间曾多次组织抄写、整修道经，使其历经水火灾患而得以存留。开封犹太人遗存碑文记载了开封犹太人对道经的认识和修经、取经的事迹，于方经和散经着墨甚少。通过碑文，我们了解到开封犹太人对道经十分尊崇，甚至达到与上帝（天）相当的程度，“道经四部，五十三卷，其理至微，其道至妙，尊崇如天”。① 每次礼拜均须“沐浴更衣，清其天君，正其天官，而恭敬进于道经之前”。② 这种尊崇不仅载于文字，在日常生活中也有鲜明的体现。孟正气神父指出道经“成了他们（指开封犹太人。——引者注）的神（崇拜对象）”。③ 传教士骆保禄参观开封犹太人宗教活动场所清真寺时，其展示经卷的虔诚态度给他留下了深刻的印象。④

根据碑文资料，开封犹太人对道经的认识主要表现在以下三个方面：

（1）道经的内容与作用。开封犹太人从善与恶两个方面认识道经，认为道经的主要内容就是规定人们的宗教义务，提倡人们去做善事、禁止去做恶事。如弘治碑所载“其中（指道经。——引者注）至微至妙，善者感发人之善心，恶者惩创人之逸志”，就是对道经内容的总体认知和评价，同时也是开封犹太人的日常行为规范。康熙碑则指出道经的作用就是“教人为善，诫人为恶”，这是对前述“善者感发人之善心，恶者惩创人之逸志”的理解和进一步阐发。上述观点正确地反映了犹太教的教义。犹太教认为人生来兼具善与恶两种冲动，因此犹太人的宗教义务分为两大类：一类是训诫，即提倡性的宗教义务，劝导或规定教众要做的善事，如摩西十诫中所言“纪念安息日”、“孝敬父母”之类；⑤ 一类是禁诫，即禁

① 正德碑。

② 弘治碑。

③ 《孟正气的第八封书简》，［法］荣振华、［澳］莱斯利：《中国的犹太人》，第134页。

④ Micheal Poliak, *Mandarins, Jews, and Missionaries: The Jewish Experience in the Chinese Empire*, Philandelphia : The Jewish publication Society of American 1980, p. 86.

⑤ 《圣经·出埃及记》，20：8，12。

止性的宗教义务，勒令教众不能做的恶事。摩西十诫中有八条都是禁诫，如“不可杀人”、“不可奸淫”、“不可偷盗”、“不可作假见证诬陷人”、“不可贪恋人的房屋，也不可贪恋人的妻子、仆婢、牛驴，并他一切所有的”等。① 道经的主要内容便是围绕摩西十诫劝人为善、戒人为恶。

（2）道经的来源。对于道经的来源，碑文的观点不尽相同。弘治碑认为道经神授，是由上帝授予摩西（乜摄）的。摩西“求经于昔那山（西乃山）顶，入斋四十昼夜，去其嗜欲，亡绝寝膳，诚意祈祷，虔心感于天心，正经一部，五十三卷，有自来矣”。② 这种说法沿袭了希伯来《圣经·出埃及记》的观点。正德碑未提及道经的来源，只言道经由摩西传授流传下来，而不涉及道经成书问题。康熙碑认为道经是摩西在上帝的点化下所著，指出摩西“受经于西那山”，将其经过描述为：（摩西）“斋祓尽诚，默通帝心，从形声俱泯之中，独会精微之原，遂著经文五十三卷”。③ 学者们认为，《摩西五书》的实际撰写者并非摩西一人，是犹太民族集体传承著录而成，记在摩西的名下而已。如亚伯拉罕·柯恩指出，“摩西写了自己的卷以及关于巴兰（Balaam）的部分（《民数记》）和（《约伯记》），约书亚写了自己的卷和《申命记》的后八节（叙述摩西的死）。撒母耳写了自己的卷、《士师记》和《路得记》”。④ 但依据犹太宗教教义，经书乃上帝所传，“凡称《托拉》不是来自天上者，来世里没有份儿（Sanh. 10：1）。特别是涉及《摩西五经》时，人们认为其中的内容上帝是逐字逐句传授的”。⑤ 由此可见，弘治碑中“感于天心”之“经书神授”说较之康熙碑中“默通帝心”之“摩西著经”说，在神学思想上更接近于犹太教的教义。

---

① 《圣经·出埃及记》，20：1－17。

② 弘治碑。

③ 康熙碑。

④ 亚伯拉罕·柯恩：《大众塔木德》，盖逊译，山东大学出版社 2000 年版，第 161 页。

⑤ 同上书，第 165 页。

（3）道经的传承历史。四通碑文皆认为一赐乐业教[①]源自亚伯拉罕，但对于立教祖师的认识有所不同。弘治碑认为亚伯拉罕（Abraham）为“盘古阿耽（Adam，亚当）十九代孙”，[②] 是立教祖师。正德碑、康熙碑也坚持这一说法，“立是教者惟阿无罗汉（亚伯拉罕），为之教祖”，[③] “罗汉（亚伯拉罕）悟天人合一之旨，修身立命之原”。[④] 只有祠堂述古碑记称“吾教始祖阿耽（亚当）传之女娲（Nor，挪亚），又传罗汉（亚伯拉罕），教兴焉”，认为一赐乐业教始祖为阿耽（亚当），亚伯拉罕只是兴教祖师。这一说法可能是由《创世记》中关于人类始祖从亚当到亚伯拉罕的记载追根溯源引申出的推论。亚当是上帝造的第一个人，是人类先祖；亚伯拉罕是第一个与上帝立约的人，是犹太教兴起的开端。主张犹太教始于阿耽（亚当）的观点不符合犹太教的主流认识。

与此相似，碑文对道经传承顺序的叙述也不一致，弘治、正德、康熙三碑均认为在亚伯拉罕之后，由摩西受经、传经，“一传而至正教祖师乜摄（摩西）”、[⑤] “乜摄传经，为之师法”、[⑥] “数传而后，圣祖默舍（摩

---

① 一赐乐业教为开封犹太人对其民族宗教的中文称呼。对于开封犹太人的宗教派别，学界多有争论，集中在其究竟属于拉比教派（Rabbinic Judaism）还是卡拉派（Karaite Judaism）。学者多从族源、文化特征等外在因素考察，各持一端。从开封犹太人对自身文化认知方面作内在因素的考察，或许有助于问题的解决。弘治碑文介绍了阿无罗汉（亚伯拉罕）选择上帝信仰的过程，“自开辟天地，祖师相传授受，不塑于形象，不谄于神鬼，不信于邪术。其时神鬼无济，像态无佑，邪术无益。思其天者，轻清在上，至尊无对。天道不言，四时行而万物生。观其春生夏长，秋敛冬藏，飞潜动植，荣悴开落，生者自生，化者自化，形者自形，色者自色。祖师忽地醒然，悟此幽玄，实求正教，参赞真天，一心侍奉，敬谨精专”；康熙碑与弘治碑一致，“悟天人合一之旨，修身立命之原，知天道无声无臭，至微至妙，而行生化育，咸顺其序。所以不塑乎形象，不惑于鬼神，而唯以敬天为宗，使人尽性合天，因心见道”。这种历史追溯属于《塔木德》的逻辑推理方式和观点。孟正气 1722 年书简记载，开封犹太人拥有拉比犹太教法典《塔木德》的《密西拿》。据莱斯利（Donald Daniel Leslie）的分析，开封犹太人的道经极有可能系迈蒙尼德（Moses Maimonides，1135－1204）的《托拉》版本。迈蒙尼德是卡拉派的激烈反对者。综上，可以断定开封犹太人属于拉比犹太教派。

② 弘治碑。

③ 正德碑。

④ 康熙碑。

⑤ 弘治碑。

⑥ 正德碑。

西）生焉……受经于西那山”。[①] 弘治碑称摩西之后为“正教祖师蔼子剌（以斯拉）”，正德碑则认为在蔼子剌（以斯拉）之前，还有阿呵联（亚伦：摩西兄长）、月束窝（约书亚：继摩西后领导以色列人者），“道经相传……自开辟以来，祖师阿耽，传之女娲（挪亚），女娲传之阿无罗汉，罗汉传之以思哈各（以撒），哈各传之雅呵厥勿（雅各），厥勿传之十二宗派，宗派传之乜摄，乜摄传之阿呵联（亚伦），呵联传之月束窝（约书亚），束窝传之蔼之喇”。[②] 唯祠堂述古碑记不谈摩西，认为罗汉（亚伯拉罕）受之于始祖阿耽（亚当），再传至女娲（挪亚），之后即传到开封而为一赐乐业教。

在犹太文化中，亚伯拉罕是民族祖先，摩西是创教祖师，“摩西在西奈山接受《托拉》后，传给约书亚，约书亚传给众长老，长老传给众先知，众先知传给大议会[③]”。[④] 对比上述碑文对一赐乐业教教史的回顾可以发现，弘治碑、正德碑对于民族历史的记载较为详细、确切，祠堂述古碑记却有较多不当之处。碑文撰者均为犹太儒生，但对民族历史与宗教知识的掌握程度明显不同，反映了历明入清开封犹太人民族文化修养的下降。

二　道经的数量及版本变化

（1）道经数量。碑文中记载了开封犹太人多次取经、修经以及外地同宗为其送经的历史故事，从中可以发现道经数量的变化及开封犹太人与其他犹太社团的交往情况。由于史料限制，明以前的道经数量无从得知，仅能据碑文分析明中期以后的情况。

弘治碑言“正经一部”，说明天顺五年之前（1461）开封犹太人

---

① 康熙碑。

② 正德碑。

③ 大议会是异族统治和流散时期犹太人一个重要的自治机构，创始于70年耶路撒冷陷落后，其行政领导人由大卫家族出任，一般称为族长，是全世界犹太人的领袖。425年后族长制废止，但其形式流传下来，成为散居犹太人实施民族自治的主要方式。

④ Philip Birnbaum, *Daily Prayer Book*, New York: Hebrew Publishing Company, 1949, p. 478.

仅有一部道经。天顺五年（1461）清真寺被水冲毁，道经损坏严重。灾后重建清真寺，“石斌、李荣、高鉴、张瑄，取宁波本教道经一部，宁波赵应捧经一部赍至汴梁归寺”，① 加上原有的一部道经，开封犹太人拥有三部道经。正德七年（1512）秋，“俺、李、高、维扬（扬州。——引者注）金溥请道经一部”，合计共有“道经四部”。② 从正德七年（1512）到崇祯十五年（1642）的 130 年间，没有碑文传世，也再无关于道经的记载。但依据康熙碑文，明末时清真寺有“旧藏道经一十三部”，③ 说明此间道经数量再次增加。

那么这十三部道经来源于何处呢？这次道经数量的增加应缘于明朝天启年间的一次大型修经活动。开封犹太人清真寺在万历三十年（1602）左右曾遭受重大火灾，艾田于万历三十三年（1605）会见利玛窦时说他们“最近刚花了一万多金子把这座教堂整修一新”，④ 就是这次火灾之后的重建。这次火灾给开封犹太人的道经带来了灭顶之灾，据宋君荣神父（Gaubil Antoine，法国人，1689—1759）记载，那场火灾后，开封犹太人既无会堂又极缺经书，但由于“他们当时尚相当富裕，于是重建了礼拜寺。波斯犹太人向他们提供了《圣经》和其他经书”。⑤

在获得西域犹太人的帮助之后，开封犹太人即着手经书的重抄、增

---

① 弘治碑。

② 正德碑。

③ 康熙碑。

④ 利玛窦、金尼阁：《利玛窦中国札记》，何高济、王遵仲、李申译，中华书局 1983 年版，第 117 页。

⑤ 《宋君荣 1725 年 9 月 4 日致杜赫德神父的书简》，［法］荣振华、［澳］莱斯利：《中国的犹太人》，第 167 页。15 世纪末，受西班牙、葡萄牙驱逐的影响，大量犹太人开始回归巴勒斯坦。16 世纪已经建立了相当规模的犹太社区，原住欧洲的犹太人学者、拉比云集于此，巴勒斯坦重又成为犹太人的文化中心。其中有一批“慈善使者”专门周游世界，向散居世界的犹太人同宗传播宗教知识，同时也募集资金以维持贫困的巴勒斯坦犹太人的日常生活。他们不辞劳苦，向距离巴勒斯坦十分遥远甚至人迹罕至的不毛之地跋涉，从而使全世界的犹太文化紧密联系和保持统一。开封犹太人所获帮助应在此背景下来理解。沈公布译介传教士书简的文章中有同样记载，“万历时，寺毁于火，经书尽失者再，西域教人，适携此经与别种教书来此间。”（见沈公布《关于开封一赐乐业教之吉光片羽》，徐宗泽：《中国天主教传教史概论》，第 44 页）此处西域教人极可能就是来自巴勒斯坦的“慈善使者”。他们将道经和其他宗教经典传授给典籍匮乏的开封犹太人。由此，开封犹太人经典实与当时通行的其他地区犹太教经典一致起来。这是梦想从开封犹太人找到尚未“被犹太人篡改”《圣经》版本的西方传教士，发现开封犹太人宗教典籍和他们以前见过的西方犹太人典籍相同的原因。

修工作。“《律法之书》的抄写开始于1933年4月的星期三，即该月的第3日。《律法之书》的抄写结束于1937年义耳月（Iyar）的星期四，即该月的第12天”。犹太历法的寺历4月为搭模斯月（Tamuz），约相当于公历6月、7月或夏历5月；义耳月（Iyar）是寺历的2月，相当于公历的4月、5月或夏历的3月。开封犹太人纪年采用塞琉西王朝的历法，其元年从公元前312年开始。[①] 推算起来，这次抄经活动始于明朝天启元年（1621）五月初，结束于天启五年（1625）三月中旬，穷5人之力，历时近4年。然而，这次大规模的修经活动，却没有留下任何中文文献。只是在其经卷文末跋语中记载了这件事情，被孟正气神父发现并抄录了下来。寺藏道经从四部到十三部的变化应为这次修经过程中完成的。康熙碑所言“旧藏”十三部道经即源于此次抄经、修经活动。需要注意的是，由于正德碑文所提到的四部道经已经毁于万历火灾。这次抄经所依据的蓝本是波斯犹太人送来的经书。因此这十三部道经与正德年间的四部道经并无任何关系。

但是道经数量的增加未能避免其多舛的命运。开封犹太人不惜重金、费时费力抄写的经书仅存在17年就又遭遇灭顶之灾。崇祯十五年（1642）李自成围汴，攻守双方先后挖开黄河堤坝导致黄水没城，开封犹太人清真寺及内藏经书全部被淹。后由“贡生高选捞获七部，教人李承俊捞获三部，赍至河北，聘请掌教”进行修订。掌教李祯、犹太进士赵映乘等“去其模糊，裁其漫坏，参互考订，止纂成全经一部”。[②] 清真寺所藏十三部道经仅得一部全经。顺治十年重建清真寺后，开封犹太人以此为蓝本又渐次抄写、整修了十二部道经。清真寺寺藏经书又恢复到十三部，“至是而十三部乃全矣”。[③] 康熙碑阴题名介绍了十三部经书的具体摆放位置。水灾后由掌教等重新纂修的一部“全经”摆放在中间，其余渐次休整的十二部分列两旁。“其在左一部，乃掌教李祯本旧经而重修之。其在右一部，乃满喇李承先重修

---

① 《孟正气的第一封书简乙》，［法］荣振华、［澳］莱斯利：《中国的犹太人》，第111页。

② 康熙碑。

③ 康熙碑碑阴题名。

之。其余十部，乃渐次修整者也”。①

开封犹太人孜孜以求修够十三部道经，对清真寺得以备全十三部道经充满了欣慰和自豪，那么“十三”部经书对开封犹太人来说有什么特殊含义呢？骆保禄和孟正气的书简有助于揭示“十三”的含义。骆保禄在参观开封犹太教清真寺时，在至圣所的案子上发现了13个约柜经橱，用小圣幕遮盖着。《摩西五经》分别收藏在这些约柜之中，其中“12个代表着一赐乐业（以色列）的12个部族，而第13个则代表着摩西”。② 孟正气也曾记述，“在他们犹太教会堂的最深处——至圣所中，有十三个约柜放置在案子上，都以帷幕覆盖……其中有十二册是纪念以色列十二宗派的，一本是纪念摩西的。这最后一本是最为古老的，虽然其保存状况很不好，但却是于前朝开封水患时被抢救出来的；其余十二套都是它的抄件”。③ 可见，十三被赋予纪念犹太民族祖先和一赐乐业教圣教祖师摩西的神圣内涵，因此恢复十三部道经对开封犹太人有重要意义，反映出清初开封犹太人依然保持着浓厚的宗教情结。

康熙碑立碑以后，道经的数量又有增加。普拉克在20世纪70年代初曾对欧美所藏的开封犹太人经卷进行详细调查，据他考证，“在1851年开封犹太人至少拥有15卷《托拉》，而不是13卷”。④ 此处所增加的道经很有可能来自教众的捐赠，而非有组织的抄写和修订，传教士书信即有会众通过捐经豁免宗教义务的记载。⑤

---

① 康熙碑。

② 《骆保禄致法国的耶稣会士们》，［法］荣振华、［澳］莱斯利：《中国的犹太人》，第41页。

③ 《孟正气的第一封书简》，［法］荣振华、［澳］莱斯利：《中国的犹太人》，第97页。

④ Micheal Pollak, *Mandarins, Jews, and Missionaries: The Jewish Experience in the Chinese Empire*, p. 109.

⑤ 《孟正气的第二封书简》，［法］荣振华、［澳］莱斯利：《中国的犹太人》，第113页。开封犹太社团会众具有维持集体宗教和世俗生活的义务，如参见集体宗教活动、缴纳什一税、捐献经书和资金等。出于对这种责任或义务的认同，开封犹太人在历次修经、修寺的活动中，踊跃捐输，使开封犹太人社团得以历经劫难而不散。孟正气神父记载了开封犹太人高定捐出其叔父遗留经书“以便有幸免除前往参加会堂的集会和尽其他义务”，从反面证明了宗教义务对会众的约束力之强。

（2）道经版本。对照天启年间道经重修前弘治碑、正德碑关于道经“五十三卷”的记载，明中期直到清初开封犹太人重修的道经一直沿用五十三卷的划分方法。其版本与弘治碑、正德碑所载道经版本相同，并未发生变化。普拉克据其所见描述了开封犹太人道经的装订、文字书写、版面、编码、材质以及尺寸，“所有开封犹太人《托拉》经卷均用黑墨水写在绵羊皮或山羊皮上面，与普通《托拉》不同的是，其经卷用动物筋牢固地缝合起来”。普拉克所见的七部经卷“除了个别明显的由于抄写员不慎或无知造成的细小差异之外，文字书写完全相同”。普拉克指出开封犹太人道经的书写坚持了一定的希伯来文马索拉传统，其他的传统可能由于抄经人的不熟悉而被统统忽略了。[①] 孟正气神父将开封犹太人道经与当时流行的“阿姆斯特丹本《圣经》”做了比较，并指出二者的区别：一是“字体基本相同，但其前者的文字更为漂亮、更大和更黑一些”，并全部“用优质墨水抄”写；二是“具有同样的元音、标点和重音”，与基督教所用的《圣经》“发音不同，有一些形状也不同”。孟正气“怀疑他们的《圣经》完全是雅各·本·拿弗他利（Jacob Ben Naphthali，890－940）的东方《圣经》”。[②] 雅各·本·拿弗他利是活跃于巴勒斯坦加利利海西岸太巴列（Tiberias）的马索拉学士。他在传统的马索拉版本基础上加入了元音、重音，形成了新的圣经版本，其版本主要被东方犹太人接受和使用。

开封犹太人“曾向利玛窦神父保证，他们的《圣经》在开封已有六百多年了……他们从万历时代起就丧失了所有经书，要由西域的犹太人向他们提供新经书，他们现有的经书都是抄本。唯有《摩西五书》除外，他们所保存的是原件”。[③] 莱斯利（Donald Daniel Leslie）指出近代西方犹太人将其律法书分为54卷，53卷的分法也被古

---

① Micheal Pollak, *The Torah Scrolls of the Chinese Jews*, pp. 37－39.

② 《孟正气的第二封书简》，［法］荣振华、［澳］莱斯利：《中国的犹太人》，第114页。

③ 《宋君荣1723年8月18日致杜赫德神父的书简》，［法］荣振华、［澳］莱斯利：《中国的犹太人》，第164—165页。

代和亚洲的其他犹太人集团，尤其是被迈蒙尼德（Moses Maimonides）派信徒们采纳过。[①] 根据开封犹太人弘治碑“正经一部，五十三卷”、正德碑“道经四部，五十三卷”的记载，开封犹太人道经很有可能是迈蒙尼德的《托拉》版本。迈蒙尼德的《托拉》是当时波斯境内流行的重要版本，成于1170—1180年间。因此开封犹太人说的“原本”不是他们初到开封，也不是始建清真寺（1163年）时所用的道经。依此明朝中期开封犹太人道经与其初到开封（998年）时的经卷版本已经发生了变化。

迈蒙尼德编撰《托拉》的基础是亚伦·本·摩西·本·阿舍（Aaron ben Moses ben Asher，大约960年去世）的经卷版本。本·阿舍也生活在太巴列，是家学渊源深厚的马索拉学士，与雅各·本·拿弗他利同时且相互竞争。本·阿舍编撰的《托拉》经卷被西方犹太人采用。两种《托拉》版本在元音、重音、辅音、章节的开始与结束等方面均存在分歧。结合前文注释⑤中关于西域犹太人送经给开封犹太人的分析，开封犹太人的道经版本应该是源自本·阿舍的迈蒙尼德《托拉》版本，而非孟正气推测的拿弗他利的《托拉》版本。

三　道经的维护和保管

道经的保管和修复是开封犹太人宗教生活中的大事。他们以完整保存经书为荣。金朝大定三年（1163），开封犹太人建立了其宗教场所——清真寺，将道经存放在清真寺内。依据正德碑的观点，清真寺乃“尊崇是经之所”，[②] 是开封犹太人存放和尊崇道经的主要场所。

在清真寺的重建、增建过程中，道经的存放地点有所变化。明以前清真寺建筑格局比较简单，其主体殿宇只有前殿，所以道经只能存放在此殿内。为了更好的保存道经，明成化年间（1465—1487），又

① 见荣振华、李渡南《中国的犹太人》，第98页。

② 正德碑。

增建后殿三间以“安置道经三部”。[①] 这种道经存放格局一直延续至清代。康熙年间，道经仍然藏在后殿。碑文明确记载了存放经书的具体设施：清真寺内设有专门放置经书的尊经龛、经楼、经桌等诸物器皿，并以妆彩绘画装饰四围。[②] 西方传教士的书简中也有同样记载，“祈祷室内收藏有摩西的十三卷《圣经》……我认为他们将此看作是自己的至圣所，前面有圣幕及美丽的珍靴”。[③]

开封犹太人对道经的保管非常严格，清真寺内有专门负责保管道经的“堂家”。[④] 所有藏在清真寺内的道经都不允许擅自借出或取出，即使教众奉献给清真寺的经卷，一旦归入清真寺，其本人也不能索回。开封犹太人普通会众没有资格进入贮藏道经的至圣所，只有掌教一人能够进入。其经卷保存严密，平时很难见到，仅在宗教节日的集体庆典活动时，才将需要的经文分发给参加活动的会众。1725 年宋君荣神父曾提出各种交换条件，恳求犹太人将经书借他一观，哪怕一天也好。开封犹太人对此要求置若罔闻。[⑤] 会众出卖经书更是不可原谅的罪恶。开封犹太人认为“出卖它（道经）就如同出卖其上帝一样；把它转交给吃黑色牲畜（指猪）肉者之手，那就是亵渎它”。[⑥] 孟正气神父曾与一位叫艾文的开封犹太人商定，将其放置于清真寺的四卷经书取出卖给他，但“当他在一个节日要取走这些经文时，被当场抓住，只好被迫将之留下，并在一片斥责声中被驱逐出来”。[⑦]

开封犹太人很重视道经的保护和修复。一旦道经被毁，则举全族

① 弘治碑。

② 康熙碑；弘治碑。

③ 《骆保禄的第二封书简》，［法］荣振华、［澳］莱斯利：《中国的犹太人》，第 88 页。

④ 《孟正气的第二封书简》，同上书，第 113 页。

⑤ 《宋君荣 1725 年 9 月 4 日致杜赫德神父的书简》，同上书，第 166 页。

⑥ 《孟正气的第八封书简》，［法］荣振华、［澳］莱斯利：《中国的犹太人》，第 134 页。

⑦ 《孟正气的第二封书简》，［法］荣振华、［澳］莱斯利：《中国的犹太人》，第 116 页。

之力进行抢修；凡为保护道经而做出贡献者，均视为有功之人，甚至要“勒之金石，用传永久”。[①] 开封犹太人的四通碑文中都有关于道经修复和维护的记载。经书屡遭破坏迫使开封犹太人增加道经的数量，同外界同宗广泛联系，以求得获取经书等文化典籍方面的帮助。碑文有明确记载的取经、送经行为有3次，分别是天顺年石斌等取经一部、赵应送经一部、[②] 正德七年金溥等取经一部；[③] 见之于西方传教士书简的有1次，即前述万历年火灾后西域犹太人送经书给开封犹太人。开封犹太人还曾大规模地抄写、修复经书。有明确记载的是清初顺治年贡生高选、满喇李承俊返汴打捞经书，进士赵映乘、掌教李桢等整理旧经和教众同修十二部经书等，[④] 以及上述传教士书简中记录的明朝天启年间的抄经活动。

为增加寺内经书的数量，清真寺的“典守者”——掌教和满喇鼓励教众捐赠经书，甚至规定捐经者可免除宗教义务。如教众高定自其先父亡后，便不再参加任何宗教活动，原因是他将已亡故的叔父高三临终时“留给他一部抄写工整的《圣经》交到了清真寺”，目的是能“如同许多人所做的那样，以便有幸免除前往参加会堂的集会和尽其他义务之苦役”。[⑤]

鼓励教众捐出家藏经书是清真寺的“典守者”为弥补社团文化宗教典籍匮乏采取的不得已之举。而寺藏道经平时又很难见到。由此带来的必然是开封犹太人家藏经书数量的锐减，家庭中传统文化教育的缺失，对犹太文化普及和传承的损害是非常严重的。这一现象反映了明中期开封一赐乐业教和开封犹太人均已出现存续危机：一方面，开封犹太人普通会众已经很难阅读到其宗教典籍，一赐乐业教已经教条化，失去了宗教信仰的活力和吸引力；另一方面，开封犹太人的宗教热情和文化认同感已因此而严重蜕化，甚至将履行宗教义务、参加

① 弘治碑。

② 同上。

③ 正德碑。

④ 康熙碑。

⑤ 《孟正气的第二封书简》，［法］荣振华、［澳］莱斯利：《中国的犹太人》，第113页。

宗教活动视为“苦役”。①

随着开封城市地位的下降和水灾、兵患等持续严重的摧残，开封城市的经济辐射能力不断衰退。开封犹太人或死于灾乱，或举族外迁，民族文化精英尽失。留居开封的犹太人人口遽降，生活也日渐贫困。尽管开封犹太人对其道经严格保护、极力维护，开封犹太人的道经经卷因此而历经水火灾患延续不绝。但随着开封犹太人社团的衰落，其宗教虔诚淡化，与外界联系中断，曾经秘不示人的道经在清真寺废弃后沦落会众手中。由于生活贫困和文化认同的缺失，开封犹太人陆续将其先人曾“尊崇如天”的宗教典籍作为可带来暴利的商品卖给了西方传教士，② 被一些学者斥为“数典忘祖”③ 的“败类”。④ 现存的开封犹太人遗留经书均藏于国外，计有：卷二、卷四、卷五、卷六、卷七、卷十二等，有的保存完好，有的残破不清，有的则是一些散落的卷页，分别存放于纽约、伦敦、维也纳等地。⑤ 开封犹太人对其宗教典籍——道经由珍视到出卖的变化，折射了开封犹太社团由兴盛到衰落以至消亡的历史轨迹。

【作者简介】刘百陆，男，河南兰考人，河南大学历史学硕士，现为河南大学犹太—以色列研究中心研究员。

---

① 尽管多数开封犹太人一直努力保持民族宗教信仰，并不遗余力的维护其清真寺和宗教典籍，但其宗教热情还是在不断的衰退。这种蜕化和教条化在明代就已经非常严重了，1608 年三名开封犹太人会见利玛窦时即认为，他们的宗教已经趋于衰败了，开封犹太人已不懂民族语言了，也不能严格遵守宗教禁戒。如犹太人宰牲须有专职人员进行，开封犹太人更为严格，要求挑除腿筋，“血缕肉线，必净尽焉”，故非自己宰杀的牲畜不能食用，此项禁忌已被突破；不与异族通婚也已经打破；即使标志犹太人身份的割礼也被认为野蛮和残酷。在传统犹太文化中，守安息日、行割礼和遵守食物洁净条例在犹太人日常生活中最为重要，开封犹太人对割礼的怀疑和对食物洁净条例的违反已是当时最为严重的罪过了。到清初，部分开封犹太人甚至连集体宗教活动和其他应尽的义务也视为“苦役”了。这种现象对寄居的少数族群，如果族群人口足够庞大，不会占主流，本来是正常的。但对于外迁不断加剧、人口日渐萎缩的开封犹太社团来说，这种蜕化和教条化的结果必然是文化消亡。

② 张倩红：《西方传教士与中国开封犹太人》。

③ 时经训：《河南挑筋教源流考》，（开封）《自由报·自由文宗》1913 年 1 月 5 日。

④ 《景教徒之败类》，（开封）《河声日报》1912 年 10 月 20 日（创刊号）。

⑤ Michael Poliak, *The Torah Scrolls of the Chinese Jews - The history, Significance and Present Whereabouts of the Sifrei Torah of the Defunct Jewish community of Kaifeng*, Texas: Wayside Press, Inc., 1975. pp. 43 - 62.

比罗比詹计划始末

马丹静

【摘要】比罗比詹计划是20世纪上半期苏联犹太人在政府的支持下和外国犹太组织的帮助下在苏联远东地区建立犹太民族家园的计划。它的提出是为了转移犹太人对巴勒斯坦的热情、解决苏联国内的犹太问题并加强苏联在远东的现实存在。从实施效果上看，苏联政府并没有实现它的预期目的。恶劣的生存条件、敏感的地理位置使比罗比詹很难吸引并留住犹太移民，政府准备的不足、政策的多变也使该计划屡屡受挫。本文主要研究比罗比詹计划的由来、实施情况以及失败原因，在此基础上对整个计划做出一些客观评价。

【关键词】比罗比詹计划；犹太人；苏联政府；农业定居

比罗比詹位于苏联远东南部，阿穆尔河（中俄界河黑龙江）沿岸，面积36000平方公里。这个地区原是中国土地，后来被沙俄政府通过《中俄爱珲条约》强行割占。20世纪以前，沙俄对比罗比詹的开发活动一直未获成功。直到1928年，苏联政府选择比罗比詹作为官方犹太垦殖地，犹太人开始有组织地移民比罗比詹。1934年，苏联政府将比罗比詹改名为犹太自治州，将位于比罗河沿岸、西伯利亚铁路线上的比罗比詹市定为自治州首府。至此，在比罗比詹建立犹太民族家园的计划开始全面展开。

一 苏联政府支持比罗比詹计划的原因

（一）解决犹太问题，缓解传统犹太居住区的经济危机

犹太问题是困扰俄国社会的顽固性问题，十月革命后，尽管苏维埃政府废除了沙皇时期限制犹太人的法令，但却没有从根本上解决犹太问题。革命、内战和战争期间的反犹屠犹行为给栅栏区[①]的犹太经济造成严重破坏。3 万犹太人在 1918—1921 年的屠犹事件中丧生，12 万犹太人死于屠杀造成的创伤或疾病，50 万犹太人无家可归，成千上万的犹太儿童流离失所。[②]。1921 年开始的新经济政策虽然有助于整个国家的经济复苏，但却不能挽回犹太经济的衰落之势。在工农掌权的社会主义社会，商人、手工业者居多的犹太人继续在政策上遭受歧视。1918 年宪法剥夺了从事非生产性行业的人的公民权利。除犹太商人、神职人员和靠接杂活为生的 Luftmenschen（没有明确职业的人）外，雇用一个或多个学徒的犹太手工业者也被归入 lishentsy（被剥夺权利者）之列。他们没有选举权，被排除在医疗和社会服务之外，他们的孩子也不能到国立学校上学。[③] 1925—1926 年，81.5%的乌克兰犹太人成为被剥夺权利者。在整个苏联范围内，将近 100 万犹太商人被剥夺选举权。[④]

---

① 18 世纪后半期，随着俄国一点点吞并波兰领土，在这些土地上生活的犹太人也被接收过来。为了限制犹太人的存在，沙皇叶卡捷琳娜二世在帝国西部边境建立栅栏区，规定犹太人只能在栅栏区居住，不能随意出入栅栏区。此后一个世纪，除个别宫廷犹太人和技术人员外，很少有犹太人可以在栅栏区外居住或从事贸易活动。第一次世界大战开始的前几个月，政府因怀疑犹太人的忠诚而有目的地将战区的犹太人驱赶到栅栏区。这期间，50 多万犹太人大规模进入栅栏区。1915 年，为了解决栅栏区的拥挤问题，政府不得不允许犹太人向内陆迁移，至此犹太栅栏区名存实亡。布尔什维克政权建立后彻底取消了对犹太人的居住限制。

② Zvi Gitelman, *A Century of Ambivalence: The Jews of Russia and the Soviet Union, 1881 to the Present*, Bloomington: Indiana University Press, 2001, p. 70.

③ Yehuda Bauer, *My Brother's Keeper, A History of the American Jewish Joint Distribution Committee*, 1929 - 1939, Philadelphia: The Jewish Publication Society of America, 1974, p. 61.

④ Allan Laine Kagedan, *Soviet Zion: The Quest for a Russian Jewish Homeland*, London: Macmillan Press, 1994, p. 12.

对这些人来说，革命不仅没有给他们带来平等的民事权利，反而剥夺了他们的谋生手段。在国家对物资和贸易的垄断下，大批犹太人失去生活来源。1923 年是犹太人失业人数最多的一年。据调查，这一年犹太小镇的经济状况比第一次世界大战前，甚至战争期间都要糟糕。日托米尔镇位于乌克兰首都基辅附近，这里 40% 的人口是犹太人。到 1922 年，日托米尔镇 62% 的犹太制鞋匠和 49% 的犹太裁缝没有工作。白俄罗斯戈梅利地区的情况更为严重，这里 70% 的失业者是犹太人。[①] 1925 年，当共产党犹太局（Evsektsiia）[②] 决定在犹太小镇建立苏维埃并考虑给这里的劳动人民与农村劳动者一样的权利时，它发现犹太小镇已陷入经济崩溃、极端贫困和悲观绝望的泥潭中。[③] 20 年代中期，将近 100 万犹太人没有稳定的收入来源；到 20 年代末，新经济政策快结束时，仍有 1/2 到 3/4 的犹太青年被排除在教育和职业框架之外。[④]

前栅栏区的经济状况迫使犹太人向栅栏区外的大城市迁移。第一次世界大战前，只有 30 万—40 万犹太人在栅栏区外居住，到第二次世界大战前夕，将近 130 万犹太人定居栅栏区外。[⑤] 在现代工业无法吸纳更多的人口时，进入城市的犹太商人重操旧业，加入黑市贸易行列，这不仅给国家经济带来损失，还引发了城市居民的反犹主义。为了一劳永逸地解决犹太问题，政府决定改变犹太人的阶级属性，将他们从对经济和社会造成破坏的小资产阶级转变成具有生产力，并为社会主义做贡献的农民。从 1922 年起，政府就在有意识地将前栅栏区贫困的犹太人引向农业领域，它将白俄罗斯、乌克兰和克里米亚几十

---

① Allan Laine Kagedan, *Soviet Zion*: *The Quest for a Russian Jewish Homeland*, p. 11.

② 共产党犹太局 1918 年 10 月成立，它的主要职能是处理与犹太人有关的经济和文化问题，在犹太人中宣传社会主义，快速实现犹太人的现代化和苏维埃化。

③ Zvi Y. Gitelman, *Jewish Nationality and Soviet Politics——The Jewish Sections of the CPSU, 1917 – 1930*, Princeton: Princeton University Press, 1972, p. 357.

④ Ziva Galili and Boris Morozov, *Exiled to Palestine*: *The Emigration of Zionist Convicts from the Soviet Union, 1924 – 1934*, London: Routledge, 2006, p. 3.

⑤ Mordechai Altshuler, *Soviet Jewry on the Eve of the Holocaust*, A Social and Demographic Profile, Jerusalem: Ahva Press, 1998, p. 15.

万英亩的土地分给犹太人耕种。然而，犹太人在克里米亚和乌克兰的垦殖活动引起当地人民的强烈反应。为了平息土著居民的反犹情绪，苏联政府开始为犹太人寻找无主的或人口稀少的土地，最终将目光转向了比罗比詹。

（二）打击犹太复国主义，转移苏联犹太人对巴勒斯坦的热情

作为一场旨在将苏联一个民族迁移出去的运动，犹太复国主义运动在苏联并不受政府的欢迎。然而，20 世纪 20 年代初，苏联政府对境内犹太复国主义运动的态度可以说相当克制，有时甚至称得上宽容。这一方面归功于犹太复国主义组织与苏联政府之间不存在直接的利益冲突，另一方面归功于苏联政府对世界犹太舆论的顾忌。这一状况一直持续到 20 年代中期，在政府的纵容[①]下，青年犹太复国主义运动获得长足发展并不停地为自己的敌人共产党犹太局制造麻烦。犹太复国主义组织在犹太小镇中非常有影响。它经常利用小镇青年，特别是小镇的姑娘们对犹太局发起的会议进行捣乱，这使犹太局在民众中的宣传活动屡屡受挫。[②] 苏联法律规定，18 岁以下的年轻人不能被投入监狱，这为青年犹太复国主义运动的发展提供了契机。这个时期，青年犹太复国主义运动获得发展的另一个原因是犹太小镇的贫困和失业问题，没有工作、没有生活来源的犹太青年因为出身原因既不能加入共青团组织，也不能享受政府提供的各种福利。处于社会边缘的他们很容易受犹太复国主义运动吸引，有的只是为了找到一个容身之地，有的则贪恋犹太复国主义运动提供的目标和归属感。正如犹太局官员所说，小镇经济的衰败已不只是经济和社会问题，还是严重的政治问题，因为糟糕的经济形势很可能被共产主义敌人利用实现其政治目的。

---

① 这个时期呼吁打击犹太复国主义运动的是共产党犹太局和苏联安全机构，而地方政府往往能够容忍犹太复国主义运动并给予它一定的合法性，此外，犹太复国主义者也能在苏联高层领导人中找到庇护。

② Zvi Y. Gitelman, *Jewish Nationality and Soviet Politics——The Jewish Sections of the CPSU, 1917 – 1930*, p. 289.

1925年秋，乌克兰GPU（国家政治保卫局）副主席爱德华·卡尔森在给乌克兰共产党中央委员会书记拉扎尔·卡冈诺维奇递交的秘密备忘录中写道：

> 如今，我们面临的形势相当严峻：我们反犹太复国主义运动的行政手段并没有起到作用，因为犹太复国主义力量正在犹太民众中快速崛起，其中占主导地位的是年轻人。
>
> 毫不夸张地说，乌克兰没有一个犹太人口集中的地区没有犹太复国主义组织或据点，它们活跃在地方生活的方方面面，它们对当地人民的影响和领导权威超过共产党组织和政府机构。[①]

来自安全部门的报道使苏联政府开始关注犹太复国主义问题，它可以容许犹太复国主义获得一定的发展，但这种发展绝不能威胁到它的统治秩序。比罗比詹计划的提出不乏打击犹太复国主义运动的目的，苏联政府认为，以政府的名义赋予犹太人土地不仅能够转移他们对巴勒斯坦的热情，还能赢得世界犹太人的好感。这不管从政治角度还是宣传角度考虑都对苏联十分有利。

（三）巩固远东地区的国防安全，拉动比罗比詹的经济发展

苏联选择比罗比詹作为犹太垦殖地还与当时的国际形势有关。20年代后期，中、日、苏三国在中东铁路和南满铁路路权问题上冲突不断。苏联既要提防日本的崛起，又要防备中苏交界地区中国移民的不断增多。清朝初年，为了保持满人的人参收益，保护清朝王室的御用猎场，清政府在辽河流域和今吉林部分地区修筑柳条边，[②] 禁止汉人进入东北和内蒙古。这一政策直接导致清朝后期东北一带人烟稀少，后来沙俄轻而易举地进入黑龙江以北和乌苏里江以东地区，割走了中

---

① Zvi Gitelman and Yaacov Ro'i (ed.), *Revolution, Repression and Revival: The Soviet Jewish Experience*, Lanham: Rowman & Littlefield Publishers, Inc, 2007, pp. 37–38.

② 柳条边，又称盛京边墙、柳城或条子边，它是以明辽东长城为基础在辽宁和内蒙古修建的一道壕沟，沿壕植柳，所以称柳条边。

国100多万平方公里的土地。民国时期，军阀张作霖和张学良父子用火车将大量中原人运进东北，东北地区的人口开始快速增长，到1930年，东北三省的人口已达2600万。[①] 作为边境省份，比罗比詹经常出现越过阿穆尔河而来的中国人，这一形势使苏联领导人感到忧虑。特别是1927年国共合作破裂后，南京国民政府同苏联的关系逐步恶化，苏联一方面要应对日渐脱离控制的中国政府，另一方面要提防对苏联远东省份虎视眈眈的日本。所以，苏联选择比罗比詹作为犹太垦殖地更多地出于战略安全考虑，面对日本的军事威胁和中国的人口增长，苏联不得不加强它在远东的现实存在。

另外，苏联将比罗比詹划给犹太人还存在着利用外国资本拉动地区经济发展的考虑。比罗比詹盛产林木和矿产资源，但苦于没有充足的人力、物力对其进行开发。苏联政府认为，比罗比詹项目能够为苏联吸引到更多的外国资本，美国犹太联合农业公司（Agro – Joint）在克里米亚的活动已使它看到希望。如果苏联允许犹太人在比罗比詹建立共和国，实现犹太人两千年的复国梦想，那么这一项目必然得到世界犹太人的支持。1926年，苏联中央执行委员会主席、犹太农业垦殖运动的主要支持者米哈伊尔·加里宁告诉《消息报》（*Izvestia*）记者："移民、安顿工作需要很多钱，而这些钱可以在国外募捐，犹太人肯定会出钱的。"共产党犹太局书记迪曼施泰因也建议，"具有国际影响的犹太人能够成为莫斯科的重要盟友。"[②]

二 比罗比詹计划的提出

比罗比詹计划的提出与20世纪20年代苏联政府按照领土原则解决犹太问题的努力是分不开的。为了支持犹太人的垦殖活动，苏联政府曾将大块大块的土地划给犹太人耕种。而随着乌克兰和克里米亚垦

---

① Henry Kittredge Norton, International Aspects of the Chinese Eastern Railway, *Annals of the American Academy of Political and Social Science*, Vol. 152, (Nov., 1930), p. 313.

② Henry Felix Srebrnik, *Jerusalem on the Amur, Birobizhan and the Canadian Jewish Communist Movement, 1924 – 1951*, Montreal: McGill – Queen's University Press, 2008, p, 16.

殖活动的成功，犹太人开始设想在这些土地上建立犹太民族家园。1923 年，苏联农业政策专家亚伯拉罕·布拉金和著名记者米哈伊尔·科利佐夫联合出版名为《苏联犹太民众命运》的小册子，他们在小册子中提到在乌克兰南部、克里米亚北部和高加索北部建立犹太共和国的想法。1923 年 12 月，政治局接受布拉金提出的在克里米亚建立犹太自治州的建议，但 1924 年 2 月，在农业部委员 A. P. 斯米尔诺夫的劝说下，政治局又收回了这一决定。[①] 1924 年 8 月和 1925 年 1 月，苏联政府先后建立 KOMZET（犹太劳动者土地定居委员会）和 OZET（在苏联土地上安置犹太劳动者协会）两个组织指导犹太人的垦殖工作。[②] 随着大规模垦殖运动的开展，在克里米亚建立犹太共和国的想法再次浮出水面。这一想法得到 OZET 主席尤里·拉林、亚伯拉罕·布拉金和一些苏联领导人的支持。1926 年 11 月，苏联中央执行委员会主席加里宁在 OZET 大会上发表演讲，他不仅支持犹太人在克里米亚建立犹太自治体，还鼓励犹太人通过农业定居保持自己的民族性。然而，克里米亚计划很快破产，主要是因为它在最高领导层中遭到抵制。OZET 会后不久，斯大林明确告诉犹太局秘书亚历山大·切梅里斯基，犹太人可以拥有自己的土地，但不是克里米亚。[③] 这个时期，苏联领导人已经将目光转向远东地区，最终选择比罗比詹作为犹太垦殖地。1928 年 3 月，苏联中央执行委员会正式通过在比罗比詹建立犹太民族共同体的决议。值得注意的是，提出比罗比詹计划的不是犹太人，而是苏联农业部和国防部。当时的犹太组织大多反对这一计划，尤里·拉林等人认为比罗比詹气候恶劣，土壤不适合耕种，另外，距离犹太人口中心遥远。[④] 共产党犹太局也不赞同这一计

---

① Jonathan L. Dekel-Chen, *Farming the Red Land, Jewish Agricultural Colonization and Local Soviet Power, 1924-1941*, New Haven: Yale University Press, 2005, p. 45.

② KOMZET 主要负责招收、安置犹太垦殖者。OZET 是犹太垦殖事业的宣传机构，它主要负责在国内外为苏联犹太农业垦殖争取资金和支持。

③ Nora Levin, *The Jews in the Soviet Union since 1917*, Paradox of Survival (Volume Ⅰ), New York: New York University Press, 1988, p. 149.

④ 犹太人多在苏联西部边境的栅栏区和莫斯科、列宁格勒、基辅、明斯克等大城市居住，而比罗比詹距离莫斯科就有 5000 英里。

划，一些犹太局成员仍执着于克里米亚，而白俄罗斯的犹太局领导则通过呼吁增加白俄罗斯共和国的犹太移民来显示他们对该计划的“具有建设性的抗议”。①

三 比罗比詹计划的实施情况

（一）1928—1959 年犹太人向比罗比詹的移民状况

1928 年夏，654 名犹太移民在政府的资助下来到比罗比詹。很快，他们发现这里的状况与政府的宣传相距甚远。首先，比罗比詹道路不畅、沼泽连片，犹太移民需要经过艰难跋涉才能到达政府安排的定居点。其次，政府并没有为他们提供像样的住房、食物和工作条件。一些情况下，犹太定居者不得不在户外露宿，因为他们的居住区还没有被清理出来。而一心想成为农民的犹太人发现，政府分给他们的土地并不适合耕种，因为这里的土地既没有经过仔细调查也没有被排干水分，有些定居点甚至缺乏建筑用的木材和饮用水。此外，比罗比詹的医疗条件落后，基本的医疗设施通常离定居地几十英里远。

比罗比詹的艰苦条件使许多犹太移民望而却步。1929 年，只有 1000 名犹太人来到这里并有相当一部分人离开。1930 年，比罗比詹犹太人的数目达到 1500，占总人口的 8%（37000）。1931 年，政府呼吁犹太退役军人前往比罗比詹。这显然是受远东局势影响，“九一八”事变后，日本占领中国东北，在那里建立伪满洲国。这一年 3231 名犹太人来到比罗比詹。1932 年，移民人数达到 14000 人，但离开的人数也急剧增加。其中有 870 名来自国外的犹太移民，他们中 500 人因忍受不了比罗比詹的恶劣气候和艰苦环境，于第二年离开。② 1933 年，3005 名犹太人移民比罗比詹，这一年，离开比罗比詹的人数比移民过来的人数多。1934 年，5267 名犹太人移民过来。1935

---

① Benjamin Pinkus, *The Jews of the Soviet Union: The History of a National Minority*, New York: Cambridge University Press, 1988, p. 73.

② Alexander Ivanov, “Facing East: the World ORT Union and the Jewish Refugee Problem in Europe, 1933 - 1938,” *East European Jewish Affairs*, Vol. 39, No. 3, (Dec., 2009), p. 374.

年，8344 人来到比罗比詹，其中包括 820 名非犹太人。1935 年年底，比罗比詹犹太人的数目达到 14000 人，占总人口的 23%。这是该地区犹太人口所达到的最高比例。

1936 年，6758 名移民到达比罗比詹，但许多人很快离开。1937 年，苏联政府将运送犹太人到比罗比詹的任务交给秘密警察，这一年，犹太自治州的大部分领导因被指控为民族主义者和外国间谍而遭到逮捕，在大清洗的阴影下，只有 3000 多名犹太人移民比罗比詹。[①] 1938 年，KOMZET 和 OZET 等垦殖组织先后被政府关闭。这给移民活动和比罗比詹的发展带来沉重打击。1940 年，910 个犹太家庭移居犹太自治州，他们大部分来自被苏联吞并的波兰和波罗的海国家领土。[②] 苏德战争爆发后，犹太移民活动基本上停了下来。

第二次世界大战后，苏联政府决定恢复向比罗比詹的移民活动，影响它做出决定的因素有：乌克兰当地居民与返乡犹太人之间的冲突、比罗比詹急需补充新的人口、转移苏联犹太人对犹太复国主义和以色列的关注。另外，苏联政府一直想向世界证明犹太问题在苏联找到了解决途径，苏联领导人还希望利用恢复犹太移民一事争取犹太世界和西方大众的支持。

从 1945 年开始恢复移民到 1946 年年底，移民一直处在无组织的状态并且人数很少。1946 年 10 月，政府开始用火车专列运送犹太人到比罗比詹。1947—1948 年，12 列火车将 6500 名犹太人送到比罗比詹。这两年通过这种方式移民比罗比詹的犹太人有大约 1 万人。1948 年年底，苏联境内再次掀起反犹运动，比罗比詹也未能幸免。[③] 这次遭到清洗的主要是比罗比詹的公务员、作家和艺术家。

1949 年上半年，用火车专列运送犹太移民的活动仍在进行，尽

---

① Lionel Kochan (editor), *The Jews in Soviet Russia since 1917*, Oxford: Oxford University Press, 1978, pp. 73 – 74.

② Mordechai Altshuler, *Soviet Jewry on the Eve of the Holocaust*, A Social and Demographic Profile, p. 34.

③ 1948—1953 年，苏联境内掀起大规模反犹运动，从 1948 年年底的“犹太反法西斯委员会案”到 1953 年年初的“医生间谍案”，犹太文化机构被政府关闭，犹太民族文化精英大多遭到清洗。斯大林在去世前曾有将犹太民族遣送到西伯利亚的想法。

管数量有所减少。但后来（主要是1952年和1953年早期），犹太自治州逐渐成了犹太经济犯的流放地，他们被送到这里进行劳动改造。另外，在斯大林去世前几个月，苏联在欧洲部分的犹太人将被迁徙到比罗比詹的谣言喧嚣尘上。①

1959年的人口普查显示比罗比詹共有14269名犹太人，占总人口（162856）的8.8%。其中83.9%的犹太人住在城市，16.1%的犹太人住在农村。② 至此，在比罗比詹建立犹太民族家园的计划基本上宣告失败。赫鲁晓夫在同法国记者瑟奇·格鲁萨尔的访谈中也承认了这一点，他说比罗比詹计划失败的原因是犹太人不喜欢集体工作、不喜欢组织纪律，他们总是乐衷于流散生活，他们是个人主义者。③

（二）外国犹太组织的参与和贡献

考虑到比罗比詹的地理位置和自然条件，犹太慈善组织对比罗比詹计划的热情和态度不一。苏联犹太垦殖运动的主要支持者美国犹太联合农业公司和犹太垦殖协会（Jewish Colonization Association）对比罗比詹计划持中立态度。世界ORT联盟（World ORT Union，WOU）④直到希特勒上台后才对比罗比詹产生兴趣，它的最初目的是将受纳粹迫害的德国犹太人转移到比罗比詹。

1934年2月底，ORT联盟中央委员会同意将比罗比詹置于ORT在苏工作安排的中心位置。除1933年中期动工的单板工厂外，ORT还计划建立一个锯木厂并组织编篮作坊，增加ORT在比罗比詹工业中的投资比重。到1935年早期，ORT联盟将它为苏联工作筹资的最

---

① Benjamin Pinkus, *The Soviet Government and the Jews, 1948 - 1967, A Documented Study*, Cambridge: Cambridge University Press, 1984, pp. 372 - 373.

② http://www.jewishvirtuallibrary.org/jsource/judaica/ejud_0002_0003_0_03013.html.

③ Benjamin Pinkus, *The Soviet Government and the Jews, 1948 - 1967*, A Documented Study, p. 374.

④ ORT，全称"在俄国犹太人中推广手工业和农业工作协会"（The Society for the Promotion of Handicrafts and Agricultural Work among Jews in Russia），它是1880年4月由俄国犹太银行家、实业家投资兴建的犹太慈善组织。后来，随着俄国犹太人移民美国和西欧国家，ORT利用俄国犹太移民的关系在纽约和欧洲大、中城市建立分支。1921年8月，世界ORT联盟在柏林成立，统一管理ORT在世界各地的工作。

大份额用在发展犹太自治区上。1936 年上半年，对比罗比詹的投资占 ORT 总支出的 48.7%。这两年间，ORT 为比罗比詹建造了胶合板厂、家具厂、锯木厂、大理石厂、雪松油厂、砖厂、木材化工厂、制衣厂和缝纫用品厂。这些工厂为超过 1500 名犹太定居者提供了工作。① 除投资工业外，ORT 还为比罗比詹的农民提供直接帮助。它为农民提供拖拉机等农用机器，挑选鲜花和蔬菜种子，帮助他们战胜破坏性极大的昆虫。1935—1936 年，ORT 模范农场的耕作方法成为其他农场效仿的对象。②

除 ORT 外，另一个为比罗比詹工程做出突出贡献的犹太慈善组织是 ICOR。③

ICOR 是 1924 年 12 月成立的帮助苏联犹太人实现农业定居的美国组织。与联合农业公司和犹太垦殖协会对比罗比詹的谨慎态度相比，ICOR 从一开始就大力支持比罗比詹计划。1928 年，ICOR 停止在克里米亚的工作，将精力转移到比罗比詹。1928 年年底，苏联政府同意给 ICOR 在比罗比詹开发新土地、建立集体农场、工厂，以及组织各种形式的文化援助的权利。1930—1933 年，ICOR 主席查尔斯·孔茨亲自驻守比罗比詹指导该组织的工作。这个时期，ICOR 在美国犹太人中筹资 30 万美元，为比罗比詹购买了美国制造的森林清理机器、拖拉机、挖土机、柴油机、筑路机器、孵化器、卡车、汽车、装罐机械以及建立木材厂的全套装备。1933—1938 年，ICOR 的活动主要集中在文化领域。给比罗比詹安装现代印刷装置、开画廊和图书馆、分发意第绪语打字机。④

---

① Alexander Ivanov, *Facing East: the World ORT Union and the Jewish Refugee Problem in Europe, 1933 - 1938*, p. 376.

② Leon Shapiro, *The History of ORT, A Jewish Movement for Social Change*, New York: Schocken Books, 1980, p. 157.

③ ICOR 是 Yidishe Kolonizatsye Organizatsye in Ratn - farband 的音译缩写，意思是苏俄犹太垦殖组织。

④ Nora Levin, *The Jews in the Soviet Union since 1917*, Paradox of Survival (Volume Ⅰ), p. 292.

四 比罗比詹计划失败的原因探析

（一）比罗比詹的自然条件恶劣，政府和犹太人都没有为比罗比詹的艰苦生活做好准备

首先，中央和地方政府并没有为大量吸收犹太移民做好准备。苏联政府既没有为犹太人定居比罗比詹制定详细的规划，也没有为这个项目投入足够的人力、物力。1929 年，陪同美国集资组织到比罗比詹参观的苏联记者维克多·芬克描述了他所看到的移民状况。在提克宏卡亚（Tikhonkaia，比罗比詹市的前身）火车站，犹太移民住在临时搭建的营房里，这些营房的条件简陋到“连监狱都自愧不如”。尽管营房只是移民被送到定居地之前的临时住所，但许多犹太人在这里待了两到三个月，因为他们的目的地还没被整理好或者没有办法越过一个个沼泽地到达政府划给他们的居住区。也有人因为定居地工作和生活条件太过恶劣而回到提克宏卡亚。例如，一些移民跋涉 30 英里来到政府分给他们的土地，仅仅发现没有人对这里做过调查，他们连基本的饮用水都无法获得。许多家庭很快用完分配给他们的食物、补给物和贷款，陷入赤贫状态。乞讨的人数激增，一些女人为了生存而成为妓女。芬克总结说，造成这些问题的原因是政府对如何吸纳移民缺乏规划。用他的话说，“比罗比詹的垦殖活动是在没有准备、没有计划、没有经过调查的情况下进行的，所有的不幸都源于行动的仓促。”①

地方官员在接受、安置移民方面也准备不足。由于政府通知的比较晚，1928 年夏，当第一批移民来到阿穆尔河沿岸的大米种植园时，种植园的工作人员几乎没有为他们做任何准备。定居者不得不睡在户外，直到帐篷从哈巴罗夫斯克运来，住宅区建好为止。最近的医疗设施在种植园 20 英里外，并且缺乏基本的医疗设备和日

① Robert Weinberg, *Stalin's Forgotten Zion: Birobidzhan and the Making of a Soviet Jewish Homeland, an Illustrated History, 1928 – 1996*, Berkeley: University of California Press, 1998, pp. 24 – 25.

常用品。[1] 此后十年，移民的持续涌入不断考验着地方政府的工作能力。人员缺乏、供应不足、设备有限，再加上糟糕的规划，负责犹太移民安置的地方机构往往不能完成政府交托的任务。

另外，犹太移民也没有为比罗比詹的工作和生活做好准备。来比罗比詹的犹太移民大部分没有任何农业生产经验。据 KOMZET 报道，1932 年前六个月移民比罗比詹的 6200 名犹太人大部分来自乌克兰和白俄罗斯的大、中城镇，他们之前的职业是铁匠、木匠、锡器匠和裁缝，很少有人当过农民。[2] 1935 年来比罗比詹的乌克兰犹太人中 26.6%（962 人）是建筑工人、6.1%（223 人）是裁缝和制鞋匠、4.7%（171 人）是装配工和铁匠、4.4%（159 人）是木材工人，没有人当过农民。[3] 这一状况有政府的原因也有犹太人自己的原因。毕竟，普通犹太农民不会舍弃乌克兰的肥沃土地而选择贫瘠的比罗比詹。来这里的多是怀有民族主义梦想的犹太人。他们既想保持自己的民族性，又想改变自己的阶级出身。而比罗比詹计划的指导方针是将小资产阶级出身的犹太商人、店主、失业人员转变成具有生产力的苏联公民。所以，政府关心的是栅栏区贫困的、没有工作的犹太人，而不是已属先进阶级并过上定居生活的犹太农民。另外，致力于改造犹太人，实现犹太经济转型的苏联政府完全低估了这种转型的困难程度。直到比罗比詹计划开始几年后，政府人员才意识到培训犹太人的重要性。正如一位观察家所说，“建设比罗比詹最重要的问题是这里的骨干人员没有技术、没有经过培训，也没有为比罗比詹的工作和生活做好准备。尽管比罗比詹官员试图对刚到的移民进行培训，但他们也注意到只在这里培训是不够的，在移民来比罗比詹之前就应该进行类似的学习。”[4]

---

① Yaacov Ro' I (ed.), *Jews and Jewish Life in Russia and the Soviet Union*, Esssex: FRANK CASS, 1995, p. 92.

② Robert Weinberg, *Stalin's Forgotten Zion: Birobidzhan and the Making of a Soviet Jewish Homeland, an Illustrated History, 1928–1996*, p. 28.

③ Lionel Kochan (editor), *The Jews in Soviet Russia since* 1917, p. 74.

④ Yaacov Ro' I (ed.), *Jews and Jewish Life in Russia and the Soviet Union*, p. 94.

（二）工业化时期政府对犹太移民的政策缺乏连续性

比罗比詹计划确立之时正值第一个五年计划开始之际，工业化的潮流很快动摇了政府通过农业解决“犹太问题”的决心。到20世纪30年代早期，实现犹太人农业定居的目标已被政府加快比罗比詹经济多样化发展的决定所冲淡。

政府在1932年和1933年的经济规划中承认“比罗比詹地区不能被认为是单一的农业区”，一位参与制定1932年政府经济规划的官员说：

> 早期定居者是专为农业招募的，但今年比罗比詹的工业发展占主导地位，它的许多行业都需要熟练工人。

迪曼施泰因也在1931年后期写道：

> 比罗比詹最重要的一个特点是它不仅是一个农业区，还拥有成为远东工业中心的必要条件，特别是在重工业方面。

1932年和1933年的档案验证了这种转变。经济规划师指出这两年比罗比詹的工业部门需要增加29935人，农业部门需要增加18882人。1932年前六个月的统计数字表明，在工、农业领域找到工作的4531名犹太人中，1982人（44%）在集体农场或国家农场工作；2549人（56%）受雇于工业部门。1933年，来比罗比詹的2876名新移民中1061人（37%）进入农业领域，其他人分别在工业部门、服务部门和政府机关中任职。这一趋势一直持续到30年代末。①

政府政策的多变还表现在对非犹太人移民比罗比詹的态度上。一开始，苏联政府禁止非犹太人移民比罗比詹，致力于将比罗比詹建设

---

① Yaacov Ro' I (ed.), *Jews and Jewish Life in Russia and the Soviet Union*, p. 93.

成纯粹的犹太定居地。然而，在犹太人屡屡完不成移民目标后，为了巩固远东边疆地区，苏联政府开始欢迎不用政府负担旅费的非犹太人的到来。伴随工业化而来的是全国各地用工需求的增长，比罗比詹也不例外。由于自治区劳动力短缺严重，地方官员急于让有能力的人进入，而不在乎他们的民族身份或宗教背景。于是，犹太自治州中外族人的数量很快超过犹太人。到 1939 年，犹太人只占犹太自治州人数的 17%，而且大部分住在城市和乡镇。所以，犹太自治州一直名不副实，比罗比詹计划既没有使犹太人大量移民比罗比詹，也没有使犹太人过上定居生活。

（三）比罗比詹对犹太组织和犹太人缺乏吸引力

前面已经提到，比罗比詹计划从一开始就没有得到犹太组织的支持。OZET 领导人尤里・拉林在 1932 年去世前一直公开反对比罗比詹计划。共产党犹太局也因比罗比詹计划而发生分裂，直到 1930 年仍有人支持克里米亚，而白俄罗斯犹太局则支持犹太人在白俄罗斯的垦殖活动。这个时期，克里米亚和乌克兰的垦殖活动仍在如期进行，很少有人会舍克里米亚优越的自然条件而选择贫瘠的比罗比詹。而 KOMZET 在招募移民方面也不能两头兼顾，尽管政府已经将重心放到比罗比詹，但许多人在心理上更倾向于克里米亚和乌克兰。另外，比罗比詹距离犹太人口中心遥远，对向这个陌生的、令人生畏的地方移民，犹太人基本上持谨慎态度。1928 年 4 月，《埃姆斯》（*Emes*）报的一名记者抱怨道“很容易让犹太人赞同比罗比詹，却很难让他们移民过去”。[①] 更重要的是，犹太人和比罗比詹之间缺乏民族、历史和感情上的联系，这是比罗比詹最终输给巴勒斯坦的一个重要原因。

总的来说，条件恶劣、准备不足、国家政策缺乏连续性等一系列因素导致比罗比詹计划最终归于失败。也许它从一开始就注定要失败。苏联决策集团中支持比罗比詹计划的主要是农民出身的布尔什维

---

① Lionel Kochan (editor), *The Jews in Soviet Russia since* 1917, p. 72.

克领袖加里宁，只有他一直宣扬犹太民族主义、号召犹太人移民比罗比詹。1934 年，加里宁在犹太自治州的成立仪式上说，自治州的建立将赋予犹太人民族特征，而自治州的存在将使犹太文化获得更好的发展。他继续呼吁犹太人向比罗比詹移民。他说，如果每年有 4000 名犹太人移民过来，那么十年后比罗比詹的犹太人数将相当可观。如果有 10 万犹太人在这里定居，那么苏联政府将考虑在这里建立一个犹太共和国。

不是所有人都同意加里宁的看法，事实上，政治局很多成员称加里宁的比罗比詹计划为“奇思妙想”。1936 年年底，斯大林对加里宁等人建立犹太共和国的想法做出回应。他在“关于苏联宪法草案”的著名演讲中谈到自治州成为苏维埃共和国的必要条件，其中之一是人口不能少于 100 万。[①] 按加里宁的设想，比罗比詹要想成为犹太共和国至少需要 250 年。因此，斯大林从一开始就宣告了比罗比詹计划的破产。

结　语

比罗比詹计划是在 20 世纪 20 年代苏联相对宽松的政治环境中，在各种政治因素、经济因素和安全因素的综合作用下提出的建立犹太民族家园的计划。它的诞生具有一定的偶然性，它的发展具有很大的时效性。民族主义一直是苏联政治的敏感话题，比罗比詹计划始于苏联民族主义蓬勃发展时期，终于苏联民族主义遭到迫害的时期。民族自决和政治自由的消失决定了比罗比詹计划的无疾而终。比罗比詹计划的时效性还体现在经济方面，30 年代苏联经济重心的转移造就了比罗比詹从农业定居点向工业中心的转变，这种转变冲淡了比罗比詹的犹太性质，加速了比罗比詹计划的夭折。尽管苏联政府在 30 年代以后以“民族的牢监”著称，但它在 20 年代对少数民族发展的扶持应该得到肯定。不管它是否诚心支持比罗比詹计划，计划存在的本身

① Lionel Kochan (editor), *The Jews in Soviet Russia since 1917*, p. 75.

证明了苏联政府为实现民族平等、提高犹太民族地位所付出的努力，对此我们应该给予肯定。

【作者简介】马丹静，女，河南新郑人，中国社会科学院研究生院历史学博士，现为河南大学犹太—以色列研究中心研究员，以色列本—古里安大学博士后。

西方“犹太人文主义运动”的构建

卢 镇

【摘要】 犹太人文主义运动的研究兴起于20世纪80年代，它与文艺复兴时期的犹太人研究以及西方学者对人文主义概念的理解紧密联系在一起。西方学者出于不同的目的，对文艺复兴时期的犹太历史进行了不同的阐释。而由于对文艺复兴或人文主义含义理解的不同，学者们对犹太人文主义或犹太文艺复兴也持有不同的态度，并进行了不同的解释。同时，西方学者也为我们留下了再研究的空间，笔者认为应该加强对犹太人文主义运动兴起的背景、文艺复兴时期的犹太哲学以及犹太人文主义运动与意大利人文主义运动的比较研究。

【关键词】 文艺复兴；人文主义；犹太人文主义运动；古代神学

人文主义作为西方学术传统中一种思想意识，对西方文化价值取向有着深刻影响，因而它一直是西方学术界关注的焦点。但目前的研究也存在着很大的褊狭性，由于受到将文艺复兴“置于舞台中央”[①]的传统的束缚，学者们往往都将研究的目光集中于基督教社会，来探讨人文主义的起源、发展及其产生的社会影响，从而忽略了人文主义在中心之外的边缘群体中的表现。意大利社会是多元而非一元的，它包括了许多少数族群，如犹太人。他们不仅为文艺复兴的发展做出了

---

① 彼得·伯克：《欧洲文艺复兴：中心与边缘》（Peter Burk, *The European Renaissance: Centers and Peripheries*），布莱克韦尔出版社1988年版，第3页。

重要贡献,[①] 而且还在文艺复兴人文主义的影响下，孕育了自己的人文主义运动。那么何谓犹太人文主义运动？它为何会出现在15—16世纪的意大利？它在学术上有何表现？与一般意义上的意大利人文主义运动相比，又有什么特点？西方学术界对该问题的关注刚刚开始，而国内文艺复兴的研究尚未对该课题引起重视。因此，对其研究状况进行回顾、反思与展望，对我们进一步拓展文艺复兴人文主义的研究领域和思路，加深我们对人文主义的理解是非常必要的。

犹太人文主义运动的研究兴起于20世纪80年代，它的兴起受到了两个方面因素的影响。一是在文艺复兴时期的犹太人研究领域，由于始自20世纪60年代末的修正思潮的影响，犹太学者对这段历史的解释已陷入一种困境，从而促使一些犹太学者寻找新的途径去解释这段历史。二是自20世纪20、30年代始，文艺复兴学术界对人文主义的理解不断多样化,[②] 特别是保罗·奥斯卡·克里斯特勒（Paul Oskar Kristeller）关于人文主义运动的解释逐渐受到学界的重视，至80年代其已成为人们普遍接受的观念，这就为犹太人文主义运动的研究

① 关于犹太人对意大利文艺复兴的贡献可以参见保罗·奥斯卡·克里斯特勒的论文《犹太人对意大利文艺复兴文化的贡献》(Paul Oskar Kristeller, *Jewish Contributions to Italian Renaissance Culture*)，保罗·奥斯卡·克里斯特勒：《对文艺复兴思想和书信的研究，第4卷》(Paul Oskar Kristeller, *Studies in Renaissance Thought and Letters*, Vol. Ⅳ)，历史和文学出版社1996年版，第215—226页。此外，还可以参见笔者的论文《犹太人对意大利文艺复兴的贡献》,《历史教学》2011年第11期。

② 20世纪以来对文艺复兴人文主义进行重构的学者中，最为著名者为汉斯·巴隆(Hans Baron)、保罗·奥斯卡·克里斯特勒以及埃乌杰尼奥·加林（Eugenio Garin)。相比于布克哈特将人文主义看成一种“时代精神”的解释，这些学者都倾向于将人文主义看成一场文化运动。汉斯·巴隆从分析佛罗伦萨在与米兰对抗的过程中出现的政治危机入手，提出了“市民人文主义”(Civic Humanism）的概念；克里斯特勒则将人文主义与人文学者对人文学科的研究相联系，强调修辞学研究在其中的重要作用；加林最重要的贡献在于，他将文艺复兴时期的哲学也视为人文主义整体的一部分，将哲学家视为了人文学者的一个组成部分。此外，加林和巴隆都强调了人文主义作为一场文化运动和其兴起的社会和政治环境有着必然的联系，不能将它们分开研究。参见汉斯·巴隆《早期意大利文艺复兴的危机》(Hans Baron, *The crisis of the early Italian Renaissance*)，普林斯顿大学出版社1966年版；保罗·奥斯卡·克里斯特勒：《文艺复兴思想及其源流》(Paul Oskar Kristeller, *Renaissance thought and its sources*)，哥伦比亚大学出版社1979年版；加林：《意大利人文主义》，李玉成译，生活·读书·新知三联书店1998年版。

提供了理论基础。因此要想正确理解犹太人文主义运动的研究，就要将上面两种因素结合，在文艺复兴时期的犹太人研究中理解其兴起与发展的历程。

一 传统派犹太史学家的启示

“文艺复兴时期的犹太人研究”兴起于19世纪末20世纪初，当时著名的犹太史学家，诸如亨利希·格莱茨（Heinrich Graetz）、以色列·辛伯格（Israel Zinberg）等深受启蒙思想和法国大革命价值观的影响，大革命宣扬的自由、尊严、平等特别是“公民身份”成了这些犹太史学家坚定信奉的理想。但现实之中，他们却深受打击，犹太人融入主流社会困难重重，主流社会对犹太人的种种歧视也难以消除。所有这些都促使这些犹太史学家在历史中寻找他们的理想。而此时雅各布·布克哈特在其著作《意大利文艺复兴时期的文化》中宣扬的“意大利精神”“人的发现”以及文艺复兴时期富有活力的文化创作活动，无疑又深深地吸引了他们的目光，于是他们将研究的视野转向了意大利文艺复兴时期的犹太文化，从而使得文艺复兴时期的犹太人研究成了西方学术界公认的研究领域。但西方学者或出于不同的研究目的，或由于身处时代的不同，对文艺复兴时期的犹太历史却有着不同的理解。

20世纪60年代前，以亨利希·格莱茨、以色列·辛伯格、塞西尔·罗斯（Cecil Roth）、摩西·夏尔瓦斯（Moses Avigdor Shulvass）等为代表的传统犹太史家，无疑都是启蒙思想和法国大革命的信奉者，都倾向于认为“有意义的犹太人的生活，在于其积极促进人类的进步，在于其自然的融入一般的非犹太人的生活之中”[①]。因此，在学术著作中，他们都强调犹太人对外部环境的适应，偏重于寻找历

① 罗伯特·邦菲尔：《历史学家视野中的意大利文艺复兴时期的犹太人：新的评价》（Robert Bonfil, *The Historian's Perception of the Jews in the Italian Renaissance: Towards a Reappraisal*），罗伯特·邦菲尔：《近代早期意大利犹太人的文化变迁》（Robert Bonfil, *Cultural Change among the Jews of Early Modern Italy*），阿什盖特出版社2010年版，第67页。

史上犹太文化与外部文化的对话与合作，寻找两种文化的和谐共生。如塞西尔·罗斯的著作《文艺复兴中的犹太人》开篇就阐明了其研究的宗旨："本书是一种实验性的研究工作，我致力于在世界历史上具有开创意义的时代研究两个社会和两种文化的互动。"[①] 而受到布克哈特对于文艺复兴解释的影响，他们都将文艺复兴看成一个思想开明、开放的历史时期，将文艺复兴文化看成一种不同元素之间的综合体。他们理想地认为文艺复兴为犹太人提供了一个新的机遇，使得犹太人和基督徒能够在世界主义的精神中互相交往。所以，文艺复兴时期的意大利犹太文化在他们眼中自然成了一种全面的、各种元素之间的"和谐性综合体"（harmonious synthesis）。[②] 文艺复兴时期的犹太历史也就成了犹太人积极参与文艺复兴并逐渐受到文艺复兴精神影响的历史。受惠于广泛宽容的环境，当时的犹太人积极吸收了文艺复兴文化的许多成果，并在社会风尚、习俗、文学传统以及宗教观等许多方面受到了同时代意大利人的影响，[③] 犹太人似乎已经成功的融合于其所处的环境之中。

但我们应该看到，这些犹太史学家对人文主义的理解都是受到布克哈特的直接影响，倾向于将"文艺复兴"看成一个时代，将"人文主义"看成这个时代的精神或生活态度，因此他们不可能认识到作为一种文化或学术运动的"犹太人文主义"的存在。不过，这些犹太史学家的研究也为后来者提供了一些具有启发性的东西。他们虽没有明确提出"犹太人文主义"或"犹太文艺复兴"的概念，但在

---

① 塞西尔·罗斯：《文艺复兴中的犹太人》（Cecil Roth, *The Jews in Renaissance*），宾夕法尼亚大学出版社 1954 年版，序第 9 页。

② "和谐的"（harmonious）一词的使用或源于格莱茨，他宣称其在文艺复兴时期找到了犹太文化与外部文化的和谐共存。而"综合"（synthesis）的概念首先由罗斯提出，他在著作《文艺复兴中的犹太人》中认为意大利犹太人中出现了今天可望而不可即的成功的"综合体"。罗伯特·邦菲尔在其论文《历史学家视野中的意大利文艺复兴时期的犹太人：新的评价》中对早一代学者的观点进行总结和批判时将二者相结合，出现了"和谐性综合体"一说。

③ 哈瓦·特罗斯－罗斯查尔德：《为犹太人文主义说辩护》（Hava Tirosh－Rothschild, *In Defense of Jewish Humanism*），《犹太史》（*Jewish History*）第 3 卷，1988 年第 2 期，第 32 页。

他们的著作或话语中我们仍可以找到一些他们支持这种说法的痕迹。如塞西尔·罗斯在其著作《文艺复兴中的犹太人》中就说道："文艺复兴不仅仅与文学、知识和艺术的复兴联系在一起，还与这个时代的特征即奢侈的生活之风以及快乐主义的生活态度联系在一起，尤其是在意大利。不可避免的，这些态度也被同时代的意大利犹太人所共享……"① 他甚至认为，在文艺复兴时期的意大利，出现了犹太人的希伯来文化与外部环境之间最为成功的综合，是今天的人们可望而不可即的。② 塞西尔·罗斯的观点在摩西·夏尔瓦斯那里得到了回应，夏尔瓦斯在其著作《文艺复兴世界中的犹太人》的序言中写道："（文艺复兴）这个惊人的变化在犹太人心中产生了巨大的反响，新的生活态度和生活方式渗入了犹太社区，几乎所有新鲜的活动都紧紧地抓住了犹太人的心。他们也逐渐对文艺复兴创造的知识产生了兴趣。"③ 以色列·辛伯格则说得更为明确，他在《文艺复兴时代的意大利犹太社区》中开篇就阐述了文艺复兴时期意大利社会对犹太人的宽容，"只有在意大利蓝色的天空下，在文艺复兴时代的光明中，一些小的犹太社区才保存了前人的文化遗产"④。因此，他接着指出："在犹太社会环境中发现有新的人文主义趋向的共鸣是非常可以理解的"，"有文化的意大利犹太人非常欢迎新的精神和智识运动，而且全身心地投入其中。"⑤

不仅如此，夏尔瓦斯还提出了一个非常具有启发性的概念，那就是作为一个经济阶层的"犹太人文主义者"（Jewish humanists）的概念。他认为"人文主义者构成了犹太社会中一个单独的阶层。……其一直受困于经济不稳定的状态，他们能够存在也主要依赖于有钱人

---

① 塞西尔·罗斯：《文艺复兴中的犹太人》，第21页。

② 同上书，序第12页。

③ 摩西·夏尔瓦斯：《文艺复兴世界中的犹太人》（Moses A. Shulvass, *The Jews in the World of the Renaissance*, translated by Elvin I. Kose），埃尔文·高斯译，百瑞尔出版公司1973年版，第9页。

④ 以色列·兹伯格：《文艺复兴时代的意大利犹太社区》（Israel Zinberg, *Italian Jewry in the Renaissance Era*），希伯来联合学院出版社1974年版，第3—4页。

⑤ 同上书，第7—8页。

对其研究和文学创作活动的支持”。[①] 犹太人文主义者为了生存，不得不寻求赞助人的支持，出任犹太贵族的家庭教师、秘书，寄居统治者的宫廷，担任大学教师，有时甚至要从事抄写、印刷书籍的工作。但可惜的是夏尔瓦斯并没有就这个阶层的文化活动和学术研究进行论述，更没有去思考这个“犹太人文主义者”阶层与其他时代或地方的犹太学者在本质上有什么不同？因此，阿瑟·莱斯利（Arthur M. Lesley）用“偶然提及”来形容“犹太人文主义者”概念的提出。但莱斯利也承认其启发作用，他认为这种提法可以转换成一个非常有启发性的问题，引导人们去考察犹太人的各种社会活动、文本著作以及团体和个人的活动。[②]

二 修正派史学家的反思

20世纪60年代末70年代初，自由、平等以及公民的身份的思想，对于西方社会的少数群体的意义已经发生了改变。生活在西欧和北美社会中的少数民族、宗教团体都开始反对将“平等”的观念应用于他们及其同胞的身上。犹太人、天主教徒、穆斯林、黑人或其他少数民族都要求所在国的法律对他们进行特殊的考量，给予他们一定的法律豁免权。每一个少数群体都试图努力表达自己特殊的身份认同以区别于其他民族，坚持要求政府承认他们特殊的地位。[③] 这种思潮反映在文艺复兴时期的犹太人研究中就是，一批年轻的犹太学者开始质疑早期犹太学者提出的“和谐性的文化”的概念，转而开始强调犹太民族的独特性，在文艺复兴中寻找犹太人保持其民族特性的证据，文艺复兴时期的犹太人研究领域由此兴起了一股修正思潮。深受

---

① 摩西·夏尔瓦斯：《文艺复兴世界中的犹太人》，第148页。

② 阿瑟·莱斯利：《意大利的希伯来人文主义——以历史传记为例》（Arthur Lesley, *Hebrew Humanism in Italy—The Case of Biography*），《证经杂志》（*Prooftexts*）第2卷，1982年第2期，第165页。

③ 安东尼·摩洛：《罗伯特·邦菲尔：一个现代历史学家的道德责任》（Anthony Molho, *Robert Bonfil: A "Modern" Historian's Moral Imperative*），《犹太史》（*Jewish History*）第9卷，1995年第2期，第115页。

希伯来大学犹太复国主义历史影响的犹太史学家罗伯特·邦菲尔（Robert Bonfil）无疑成了这个修正思潮的领潮者。他在其所著的《文艺复兴时期意大利犹太人的生活》中鲜明地表达了自己的思想，他写道："我不能否认一种可能性，即作为犹太民族中的一员，我可能将少数群体与主流群体之间的差异或不同视为一种积极的因素。"[①]

因此，罗伯特·邦菲尔反对犹太史学家盲目的运用非犹太史学家解释非犹太人历史的模式，来解释面临相同情势的犹太少数群体。[②]他进一步明确指出罗斯及其他犹太史学家运用已经过时的"布克哈特模式"解释文艺复兴时期的犹太历史是非常错误的。因为这些做法无疑是在强调外部的文艺复兴文化对犹太文化影响的同时，忽视了"犹太人在面对正在发生改变的非犹太人的价值标准时，其内部各种力量为维护自己鲜明的犹太文化特性而做出的努力"。[③] 邦菲尔由此提出了新的研究视角"seen from the inside"，[④] 即从犹太人内部发展的需要来考察文艺复兴时期的犹太历史。以此修正的观点来看，文艺复兴并没有给犹太人的社会或政治地位带来显著的改变，犹太人仍然是一个受压迫、没有安全可言的少数群体。"犹太生活并不是如旋转木马一样仅仅对外部文化进行盲目的模仿，而是一直为生存而斗争。"[⑤] 此时的犹太文化也是在争辩自己"文化和民族的优越性"，[⑥] 即使一些犹太知识分子意识到文艺复兴新文化，也并不意味着两个群体之间的隔阂在减小，而只是"在近乎相同的历史语境中的人们一

---

① 罗伯特·邦菲尔：《文艺复兴时期意大利犹太人的生活》（Robert Bonfil, *Jewish Life in Renaissance Italy*, translated by Anthony Oldcorn），安瑟尼·奥德考译，加利福尼亚大学出版社1994年版，序第11页。

② 大卫·罗德曼：《塞西尔·罗斯，研究意大利犹太人的史学家：重新评价》（David B Ruderman, *Cecil Roth*, *Historian of Italian Jewry*: *A Reassessment*），大卫·梅耶斯主编：《对犹太过去的修正：在现代犹太史学家中的反映》（David N. Myers, *The Jewish Past Revisited*: *Reflections on Modern Jewish Historians*），耶鲁大学出版社1998年版，第145页。

③ 罗伯特·邦菲尔：《历史学家视野中的意大利文艺复兴时期的犹太人：新的评价》，第80页。

④ 罗伯特·邦菲尔：《文艺复兴时期意大利犹太人的生活》，序第11页。

⑤ 罗伯特·邦菲尔：《历史学家视野中的意大利文艺复兴时期的犹太人：新的评价》，第80页。

⑥ 罗伯特·邦菲尔：《文艺复兴时期意大利犹太人的生活》，第168页。

种自然的集体心理结构”。[①] 所以，文艺复兴时期的犹太历史，在邦菲尔那里就变成了犹太人争辩自己犹太民族特性的历史，犹太人仅仅是从自身出发创造犹太文化，从而在一定程度上否认了文艺复兴对犹太文化的影响，否认了犹太人文主义的存在。

显然，邦菲尔是从一个极端又走向了另一个极端，这也引起了一些犹太史学家的诟病。大卫·罗德曼（David B. Ruderman）就指出，“毫无疑问，将犹太少数群体的文化仅仅看成是对主流群体文化的盲目模仿，在一定程度上将犹太历史歪曲和简单化为对他者的一系列反应，不论这个反应是积极的还是消极的。但是，另一个极端，单纯地从少数群体内部的视角来考察少数群体的文明，将少数群体的文化仅仅看成从自身出发创造自己的文化，也是对历史的歪曲。只有将外部视角与内部视角相结合才是历史学家应该有的视角”。[②] 但罗伯特·邦菲尔的重构也为我们留下了许多值得思考的问题。既然要从内部研究文艺复兴时期的犹太人，那么我们禁不住要问文艺复兴时期的犹太人内部是否出现了显著变化，而使其表现出了文艺复兴的时代特征？文艺复兴时期的犹太学者是怎样吸收、解释和运用文艺复兴时期的人文主义价值观而使得其能够适合犹太人自身的环境？既然犹太人对文艺复兴文化的反应是对其犹太特性的维护，那么犹太人是通过什么样的方式维护其特性的呢？正是认识到邦菲尔的理论的缺陷，也正是为了解决上述问题，阿瑟·莱斯利等犹太史学家才在夏尔瓦斯“犹太人文主义者”概念的启发下，去考察犹太人文主义者的各种社会活动、文本著作、团体和个人的活动，从而将研究的焦点转向了“犹太人文主义运动”。而且莱斯利认为这样既考虑到外部因素的作用，也不会出现“传统研究中因为强调‘借用’而减弱或忽视犹太内部因素的倾向”。[③]

而此时，克里斯特勒将人文主义视为一场文化或学术运动的思想

---

① 罗伯特·邦菲尔：《文艺复兴时期意大利犹太人的生活》，第 152 页。

② 大卫·罗德曼：《塞西尔·罗斯，研究意大利犹太人的史学家：重新评价》，第 153 页。

③ 阿瑟·莱斯利：《意大利的希伯来人文主义——以历史传记为例》，第 164 页。

已被学界所普遍接受，无疑又为犹太人文主义运动的研究提供了理论基础。对此哈瓦·特罗斯—罗斯查尔德（Hava Tirosh – Rothschild）在其论文中写道："过去三十年间，意大利文艺复兴史的研究者对文艺复兴时期的人文主义的理解逐渐趋同：人文主义是一个文化或文学、学术运动，在这个过程中伴随着人文学科的兴起和扩张。人文学科是一个极其明确的教学课程系列，包括语法学、修辞学、诗学、历史学以及道德哲学。文艺复兴时期的人文主义者关注的焦点是如何将'思想、形象、感觉或事件'在演讲、书信、诗歌、散文写作中，在拉丁语以及俗语中有效表达出来。"[①] 阿瑟·莱斯利在其论文中也对此做了说明："在这里，我并不赞同人文主义运动的旧提法，即把它看成一种个人主义、宗教怀疑主义、理性主义、古典主义或一种对审美价值的新倾向。我认同其在时下讨论中的提法，即将人文主义运动的特征置于四个领域——古典知识、修辞表达、教育和市民生活中考察。人文主义者也被追溯成研究人文学科——语法学、修辞学、诗学、历史学和道德哲学的教师和学生。"[②]。正是在上述背景之下，莱斯利才在他的论文《意大利的希伯来人文主义——以传记为例》中明确指出在文艺复兴时期的犹太人中也存在着犹太人文主义运动，从而开创了犹太人文主义运动研究的先例。

三　新修正派史学家的解释

相对于传统派史学家和修正派史学家的研究路径来说，20 世纪 80 年代由阿瑟·莱斯利开创的犹太人文主义运动的研究，可以说是开辟了一条研究文艺复兴时期犹太史的新路径，[③] 因此，我们不妨称

① 哈瓦·特罗斯—罗斯查尔德：《为犹太人文主义说辩护》，第 31 页。

② 阿瑟·莱斯利：《意大利的希伯来人文主义——以历史传记为例》，第 165 页。

③ 对阿瑟·莱斯利研究方法的评论还可以参见大卫·罗德曼《意大利文艺复兴和犹太思想》（David Ruderman, *Italian Renaissance and Jewish Thought*），阿尔伯特·拉比勒编：《文艺复兴人文主义：基础、形式及传统》（Albert Rabil, Jr., *Renaissance Humanism: Foundations, Forms, and Legacy*, Vol. I.），宾夕法尼亚大学出版社 1988 年版，第 413 页。

其为新修正派。以他为代表的犹太史学家，开始放弃了文艺复兴是怎样影响犹太人的问题，转而采取了一种更为现实的路径，即从广泛的历史语境转向考察具体的文化现象，考察犹太人的学术、文化活动以及文学著作中是否存在着与人文主义运动相同的规范或标准？在犹太人中是否存在一个人文主义运动？从总体上来说，他们对犹太人文主义运动的研究主要集中在以下两个方面：

关于犹太人文主义运动是否存在的问题。学者们指出只要对人文主义运动做出正确的理解，答案无疑是肯定的。阿瑟·莱斯利在论文中就明确指出，“犹太人也可以被想象成人文主义者，如果他们在犹太社区中也研究、传授和写作关于语法学、修辞学、诗学、历史学和道德哲学的知识或著作。犹太人文主义者也可以采用人文主义者的方法和思想，渴望参与犹太社区生活中的某些活动，对哲学或宗教生活进行沉思”。[①] 他还进一步指出这种意义的犹太人文主义运动至少在受文艺复兴人文主义影响深远的城市，在犹太社会精英阶层中首先出现过。而更为重要的是，莱斯利还提出了证明犹太人主义运动存在的方法，即在“犹太学者的著作中寻找与人文学科相对应的作品”、“调查当时在意大利出版的犹太书籍的种类”以及“必须在标志性的人文主义领域发现必要的证据”。[②] 针对莱斯利的观点，哈瓦·特罗斯—罗斯查尔德于1988年发表了论文《为犹太人文主义说辩护》做出了回应，声称完全赞同莱斯利的观点，她指出：“在当时的意大利的确存在一些犹太人，与当时的人文主义者分享着同样的文化目标、文学方法以及参与市民公共活动的愿望。”[③] 并且以当时著名的犹太人文主义者大卫·本·犹大·梅塞尔·莱昂的活动和著作为例证明了犹太人文主义运动的存在。德国学者朱塞佩·沃勒特利（Giuseppe Veltri）在其著作《穿着犹太外衣的文艺复兴哲学》中也表达出了同样的观点。他指出德国有专门的“犹太研究学”，其分支“science of Judaism”对人文主义表现出了极大的兴趣，但沃勒特利同时指出，

① 阿瑟·莱斯利：《意大利的希伯来人文主义——以历史传记为例》，第166页。

② 同上。

③ 哈瓦·特罗斯—罗斯查尔德：《为犹太人文主义说辩护》，第32页。

“德国学者关于人文主义的犹太文化的知识也是相当有限的”,[①] 之所以存在这样的状况，最重要的问题就在于我们到底是否可以称其为犹太人文主义或犹太文艺复兴。沃勒特利的回答是肯定的，他宣称：“如果我们以浪漫主义的视角来界定文艺复兴，即用布克哈特的理想式的结论作为我们的指导，我们可能会被明显的事实击垮：文艺复兴时期的犹太人既不自由更谈不上个人主义，他们与以往时代的犹太人相比仍然是被疏远的少数群体。相反，如果我们将文艺复兴精神界定为对包含在书信和学术中的圣经、科学或古典知识的或多或少的自觉思考，那么我们就会发现在犹太文化中存在有限的但可论证的相似之处……”[②]

关于犹太人文主义运动内涵的问题，学者们由于研究的视角不同，而产生了不同的理解。阿瑟·莱斯利、哈瓦·特罗斯—罗斯查尔德从克里斯特勒对人文主义的理解出发，倾向于将犹太人文主运动看成一场文化和学术运动，其起源于犹太人文主义者对人文学科的研究。不过莱斯利的论文《意大利的希伯来人文主义——以历史传记为例》最先使用了“希伯来人文主义”来称呼这个在犹太人中出现的人文主义运动，但他在文中却没有对此作相应的解释。而且在行文中，莱斯利经常使用的也是“犹太人文主义”的说法。由此看来，在莱斯利那里二者是可以互换的。不过莱斯利的另一篇文章《15—16世纪的意大利犹太人对人文主义概念的借用》,[③] 可能给了我们一些线索。在此文中他指出此时的犹太著作大都是用希伯来语写成，如文学、历史、修辞、传记以及戏剧等，而且犹太学者都宣称希伯来圣经是最高的学问。因此莱斯利用“希伯来的”定语来限定此时犹太

---

① 朱塞佩·沃勒特利：《穿着犹太外衣的文艺复兴哲学》（Giuseppe Veltri, *Renaissance philosophy in Jewish Garb*），百瑞尔出版公司1973年版，第3页。

② 同上书，第4页。

③ 阿瑟·莱斯利：《15—16世纪的意大利犹太人对人文主义概念的借用》（Arthur Lesley, *Jewish Adaption of Humanist Conceptions in Fifteenth - and Sixteenth - Century Italy*），大卫·罗德曼主编：《文艺复兴和巴洛克时期的意大利犹太文化研究总汇》（David Ruderman, *Essential Papers on Jewish Culture in Renaissance and Baroque Italy*），纽约大学出版社1992年版，第45—62页。

人的各种知识和学问。相对于莱斯利的隐晦，哈瓦·特罗斯—罗斯查尔德更加明确地提出了“犹太人文主义”的说法，并以当时著名的犹太人文主义者大卫·本·犹大·梅塞尔·莱昂（David ben Judah Messer Leon）为例指出了犹太人文主义的内涵，她说：“对于大卫·本·犹大来说，人文主义就是意味着文学上的优雅和雄辩，意味着对于古典文学知识（圣经的、希腊的以及拉丁的文学知识）的追求，意味着对人文学科即语法学、修辞学、诗学、历史学以及道德哲学的研究，而所有的这些目的都是为了培养犹太人理想中的‘综合型学者’（*hacham kolel*）即文艺复兴犹太绅士学者。”[①] 而且特罗斯—罗斯查尔德还指出了犹太人文主义与一般意义上的意大利人文主义的区别，即犹太人文主义对于犹太人来说并不意味着“关于人的新哲学和一种新的世界观”，而是“重新评价人文学科，并将其与犹太宗教的完美联系在一起”。[②] 与上述两位学者有所不同，沃勒特利将文艺复兴与现代性相联系，从哲学研究的角度出发，将文艺复兴或人文主义看成一种新精神，所以在他看来，人文主义或文艺复兴反映在犹太文化中就是：历史意识和科学的萌芽；乌托邦的传统的兴起；对犹太人在基督教传统中的法律地位的思考以及犹太政治思想的出现；对于身体的新的审美观以及信仰的转变。[③] 沃勒特利的观点无疑为我们提供了关于犹太人文主义的不同解释，给予了我们巨大的启发和想象空间。但与莱斯利以及特罗斯—罗斯查尔德相比，其关于犹太人文主义的解释显然又回到了布克哈特，甚至比布克哈特走得更远，在一定程度上脱离了文艺复兴的语境。由此我们可以看出，学者们对犹太人文主义的内涵的认识远远没形成定论，尚需进一步深入探讨。

四 再研究的空间

从西方学者的既存研究可以得知，学者们出于不同的目的，对文

① 哈瓦·特罗斯—罗斯查尔德：《为犹太人文主义说辩护》，第 33 页。

② 同上书，第 46 页。

③ 朱塞佩·沃勒特利：《穿着犹太外衣的文艺复兴哲学》，第 5、11—48 页。

艺复兴时期犹太人的历史进行了不同的解释。而由于对文艺复兴或人文主义含义的理解不同，学者们对犹太人文主义或犹太文艺复兴也持有不同的态度或解释。但我们应该看到，只要对“人文主义运动”的定义进行合理的界定，在文艺复兴时期的犹太人中还是能够探寻到犹太人文主义运动的痕迹，著名的犹太史学家阿瑟·莱斯利、哈瓦·特罗斯—罗斯查尔德、朱塞佩·沃勒特利还对此问题进行了深入的研究，为我们勾勒出了犹太人文主义运动的一些轮廓。但笔者认为，尽管这些学者对犹太人文主义运动做了大量的研究，但在几个方面仍然存在着一定的缺憾，给我们留下了再研究的空间。

首先，应加强对犹太人文主义运动兴起背景的研究。犹太学者目前的研究似乎只注重分析犹太人文主义存在的证据或犹太人文主义的内涵，而很少去关注犹太人文主义运动为何能发生在文艺复兴时期的意大利，脱离文艺复兴的语境去观察犹太人文主义运动，很容易走入误区。正如一些学者指出的，“任何关于文艺复兴时期犹太思想的科学研究，都要首先考虑决定意大利犹太生活的特殊的社会和经济状况”。[①] 犹太人文主义运动的兴起与两个因素有关：一是犹太人自身的因素。文艺复兴时期的意大利由于特殊的政治和文化环境，而成了犹太难民的避风港，不同宗教和文化背景的犹太人不断移入亚平宁半岛，各种犹太文化传统之间的碰撞和冲突日益激烈。[②] 如何解决这些矛盾成了犹太拉比面临的主要问题。而当时一批犹太银行贵族的崛起也对犹太人的传统生活造成了冲击。一方面他们受到意大利贵族的熏染，“培养了一种艺术、文学和富裕生活的审美趣味”，[③] 开始赞助学

---

① 大卫·罗德曼：《意大利文艺复兴和犹太思想》，第 383 页。

② 文艺复兴时期的意大利犹太社区主要有三种不同来源的犹太人组成，即意大利本土犹太人、塞法迪犹太人以及阿什肯纳兹犹太人，他们之间的文化和宗教传统的冲突表现最为明显的就是“拉比的授予权”之争，具体参见大卫·罗德曼：《近代早期的犹太社团：一个新文化史》（David B Ruderman, *Early Modern Jewry*：*A New Cultural History*），普林斯顿大学出版社 2010 年版，第 37—41 页；罗伯特·邦菲尔：《文艺复兴时期意大利的拉比和犹太社区》（Robert Bonfil, *Rabbis and Jewish Communities in Renaissance Italy*），牛津大学出版社 2004 年版，第 35—82、150—155 页。

③ 罗伯特·M. 塞尔茨：《犹太的思想》，赵立行、冯玮译，上海三联书店 1994 年版，第 500 页。

术；另一方面他们也逐渐成为犹太社区的实际权力拥有者，传统的犹太拉比权力不断衰落，[1] 如何重建拉比权威也成了犹太社会面临的又一紧要问题。而人文主义的一些思想，如重视修辞学的政治功用，要求市民积极参加城市的政治生活，探寻古典理性、异教文化和基督教真理之间的和谐，无疑符合了犹太人重建拉比权威，调和不同文化传统的要求，从而促使一些犹太知识分子开始将人文主义思潮引入犹太社区以解决其社会面临的紧要问题。另一个要考虑的重要因素就是当时的犹太精英与人文主义者之间存在着广泛的文化互动。当时一些著名的犹太学者，诸如罗马的伊曼纽尔（Immanuel of Rome）、埃利亚·梅迪戈（Elijah del Medigo）、约翰南·阿莱曼诺（Yohanan Alemanno）等开始走入人文主义运动，与人文主义者密切交往，人文主义运动的思潮也因此对他们产生了深刻影响，从而为犹太人文主义运动的兴起提供了理论基础。[2] 这才是既没有古典文化传统，又对罗马存在仇视的犹太人能够采用文艺复兴人文主义的真正原因。只有真正理解了这些，我们才能正确理解犹太人文主义运动及其内涵，不至于脱离具体的历史语境，空谈犹太人文主义，出现朱塞佩·沃勒特利式的错误。

其次，应该加强对文艺复兴时期的犹太哲学的研究。无论是莱斯利还是特罗斯—罗斯查尔德都过多地关注于克里斯特勒对人文主义运动的理解，只注重对克里斯特勒界定的人文学科领域的研究，却没有注意埃乌杰尼奥·加林（Eugenio Garin）对克里斯特勒的修正，将犹太人文主义表现最为明显的领域——文艺复兴时期的犹太哲学排除在外，从而忽视了犹太人文主义的一些重要内涵。相比于克里斯特勒将文艺复兴时期的哲学排除于人文主义之外的看法，加林则将哲学理解

---

① 关于拉比权力的衰落可以参见保罗·格伦德勒主编《文艺复兴百科全书，第5卷》(Paul F. Grendler, *Encyclopedia of the Renaissance*, Vol. 5)，查尔斯·斯克里布纳出版社1999年版，第202页；罗伯特·邦菲尔：《文艺复兴时期意大利的拉比和犹太社区》，第87—99页；大卫·罗德曼：《近代早期的犹太社团：一个新文化史》，第133—158页。

② 关于这些犹太学者与人文主义者交往的具体情况，可以参见笔者的论文《浅析15—16世纪的意大利犹太学者对文艺复兴的贡献》，浙江大学2009年硕士学位论文，第24—27页。

为“用人的精神对人的各种活动形式进行批判，是指人们在自身的限度和可能性中越来越认识到人本身的尺度……”[①]由此出发加林认为“文艺复兴时期的哲学，如新柏拉图主义和亚里士多德主义也应看成人文主义整体的一部分，哲学家也应该被看成人文主义者传统的一部分”[②]。因此，我们应该将犹太哲学划入我们犹太人文主义研究的领域，如果我们仔细研究这时的犹太哲学就会发现，在其中有着明显的马西里奥·费奇诺（Marilee Ficino）、乔万尼·皮科·米兰多拉（Giovanni Pico Mirandola）倡导的“古代神学”[③]（*Prisca theologia*）思想的痕迹，犹太人也在试图探寻古典理性、异教文化与犹太教真理之间的和谐。如当时著名的犹太哲学家莱昂·埃布里奥（Leone Ebreo）就在其著作《爱的对话》中说道：“在古代埃及人中有一种非常普遍的现象，就是他们把所有的功绩、著作都归于墨丘利神，因为他们相信所有的艺术、科学和许多美丽的东西都是由这个神创造的。……正因为此毕达哥拉斯、柏拉图和许多伟大的哲学家才到埃及去学习哲学，他们在墨丘利神那里学到了很多知识和神圣的学说。高贵的女主人，我相信你也可以从这些哲学家那里获得启示，他们充满魅力的思想在你那里可以融入同一个神圣的信条，那么你的名字也会成为别人疯狂崇拜的对象”。[④]

再次，应当注重对犹太人文主义运动和意大利人文主义运动的比较研究。犹太人文主义运动至今未受到学术界的重视，除了朱塞佩·沃勒特利指出的，1450—1650 年的犹太学者的著作很多仍然是以手稿的形式存在，以及学者们对犹太人文主义运动的存在与否争论不休

---

① 加林：《意大利人文主义》，第 216 页。

② 阿尔伯特·拉比勒主编：《文艺复兴人文主义：基础、形式及传统》（Albert Rabil, Jr., *Renaissance Humanism: Foundations, Forms, and Legacy*, Vol. I.），宾夕法尼亚大学出版社 1988 年版，序第 12 页。.

③ “古代神学”思想是文艺复兴后期人文主义者马西里奥·费奇诺、乔瓦尼·皮科的代表性思想，他们认为在世界上存在着一个最高的、唯一的真理，这个真理蕴含于人类社会的各个阶段与不同的宗教哲学之中。

④ 莱昂·埃布里奥：《爱的对话》（Leone Ebreo, *Dialogues of love*, Translated by Cosmos Damian Bacich and Rossalla Pescatori），高斯莫斯·达米安·巴斯切、洛萨拉·柏斯盖道礼译，多伦多大学出版社 2009 年版，第 23 页。

以外，[①] 更重要的还在于研究犹太人文主义运动的犹太学者们没能将犹太人文主义运动的研究与意大利人文主义运动的研究相联系，突出犹太人文主义运动对于意大利人文主义的价值，致使以基督徒为主题的文艺复兴史将犹太人排除在外。无疑，将二者进行比较研究会在一定程度上改变这种状况。而犹太人文主义运动兴起的时间、背景、表现以及内涵都与意大利人文主义运动有所不同，表现出了自己的特性。比如，犹太人文主义运动出现于1450年左右，与意大利人文主义运动相比在时间上有所滞后，而且更多的是根植于犹太人自己的文化背景，有着自己的特殊考量，总是与犹太教纠缠在一起，主张回到希伯来圣经，而不是古典文化，也没有出现对"人的价值"重新评价的思想。因此，对二者进行比较研究，也具有现实的历史意义，不但可以了解人文主义运动在不同群体的表现和演变历程，同样更能促进从宏观上把握这场在意大利历史上具有重要意义的思想运动的特点。

【作者简介】卢镇，男，山东泗水人，复旦大学历史学博士，现为河南大学历史文化学院讲师，主要从事文艺复兴史和犹太史研究。

---

① 朱塞佩·沃勒特利：《穿着犹太外衣的文艺复兴哲学》，第4页。

亚太研究专题

阿博特政府的对华政策与中澳关系前景

孙君健

【摘要】 自阿博特出任澳大利亚总理以来，澳新一届政府在对华政策上，奉行发展与中国的战略友好及全面合作的政治方针，“以合作为主、以防范为辅”的经济方针，和“以防范为主、以接触为辅”的安全方针。阿博特政府对华政策的战略考量主要有：借助中国发展战略机遇推进本国经济繁荣、维护澳国家安全利益、确保自身国家利益的最大化，以及巩固和提高自己在亚太地区的国际地位。总体而言，中澳关系在阿博特执政后是朝着积极方向迈进的。展望未来，中澳关系的发展仍将面临一些难以避免的障碍和挑战，但与此同时，也有推进中澳关系发展的积极力量，中国应更包容地看待澳大利亚对华政策中的消极因素，以积极主动态势引导中澳关系的正面力量，对冲中澳关系中的负面因素。

【关键词】 阿博特政府；澳大利亚；对华政策；中澳关系

2015年6月17日，澳大利亚与中国正式签署《中华人民共和国政府和澳大利亚政府自由贸易协定》，这是继2014年11月澳中宣布建立全面战略伙伴关系之后，澳中双边关系的又一重大突破和具有“里程碑”意义的事件，充分证明澳大利亚阿博特政府致力于发展与中国战略友好关系的方针。然而在另外一面，阿博特政府又大力支持美国“重返亚太”战略，积极发展与日本的同盟化战略关系，并在东海、南海等问题上与美日保持一致并牵制中国。如何看待阿博特政府似乎矛盾的对华政策呢？这正是本文所要研究和探讨的问题。

一 阿博特政府的对华政策

2013 年 9 月，托尼·阿博特出任澳大利亚新一届政府总理。阿博特的保守派政治属性及其“政治粗汉”形象最初给澳大利亚的对华政策带来了一丝阴影和不确定性，然而现实中，阿博特出任澳大利亚总理后，澳新一届政府总体上致力于发展积极的澳中关系，在政治上奉行发展与中国的战略友好及全面合作的方针，在经济上奉行“以合作为主、以防范为辅”的方针，在安全上奉行“以防范为主、以接触为辅”的方针，其对华政策呈现出明显的两面性色彩。

（一）发展与中国的战略友好及全面合作的政治方针

阿博特出任澳大利亚总理后，高度重视中澳关系，并奉行发展与中国的战略友好及全面合作的政治方针。阿博特上任总理之初即表示，“澳大利亚愿做中国的诚挚朋友和可靠伙伴。澳大利亚新一届政府将一如既往，继续推动澳中战略伙伴关系更稳定、更强劲有力地向前发展”。[①] 2013 年 10 月，阿博特进一步表示，“中国国力日益上升，对世界是福音，不是挑战”，“我执政期间将继续致力于强化两国互信、经贸、人文、安全四个纽带，发展更强劲的澳中关系，做中国的好朋友”，[②] 并希望中澳“双边关系应该建立在尽可能广泛的基础上”，且“更广泛、深化和强大”。[③] 2014 年 4 月，阿博特带领澳“有史以来最庞大的代表团”访问中国，阿博特指出，“澳大利亚愿

① 《习近平同澳大利亚总理阿博特通电话时强调共同维护好发展好中澳战略伙伴关系》，参见 http：//www. fmprc. gov. cn/mfa_ chn/zyxw_ 602251/t1082018. shtml。

② 《习近平在印度尼西亚巴厘岛会见澳大利亚总理阿博特》，参见 http：//www. gov. cn/ldhd/2013 - 10/06/content_ 2501315. htm。

③ Tony Abbott, Press Conference, see from http：//www. pm. gov. au/media/2013 - 10 - 07/press - conference - bali.

意做中国可信赖的长期合作伙伴”，澳方“希望加强两国金融、教育、科技、文化、旅游等领域合作，促进民间交往”。①

虽然美国“重返亚太”战略给亚太地区形势以及澳中关系带来了一系列负面影响，但总体而言，自阿博特出任总理以来，澳新一届政府在以上方针指导下，积极推进中澳战略友好及全面合作关系，使中澳战略关系保持了总体稳定及向前发展的态势，包括中澳总理定期会晤、外交与战略对话、战略经济对话等各种合作机制正常运转。不仅如此，阿博特政府还建议与中国共同建立中澳省州负责人交流合作机制，以助推中澳关系更广泛、深入地发展。

令人瞩目的是，在前期友好合作基础上，2014 年 11 月 17 日，澳总理阿博特与到访的中国国家主席习近平共同决定，将中澳战略伙伴关系提升为全面战略伙伴关系。阿博特表示，“今天对澳大利亚是具有历史意义的一天。澳中建立了全面战略伙伴关系”，② 这意味着中澳关系又向前迈出了重要一步。

（二）“以合作为主、以防范为辅”的经济方针

阿博特政府将中澳经济关系视为两国关系的核心领域，其对华经济方针包括两方面：首先，为促进澳大利亚经济繁荣，阿博特政府致力于深化和拓展中澳经贸合作，这是澳对华经济方针的主要方面；与此同时，阿博特政府也对中国经济力量在亚太地区的主导地位和影响加以防范，但这是其对华经济方针的次要方面。

1. 积极深化和拓展中澳经贸合作

阿博特政府奉行大力发展与中国经济合作的战略方针，阿博特指出，“中国的发展对澳大利亚、对地区和世界都是机遇”，③ “我们希

① 《习近平会见澳大利亚总理阿博特》，参见 http：//www. fmprc. gov. cn/mfa_ chn/zyxw_ 602251/t1146236. shtml。

② Tony Abbott, Address to Parliament, see from http：//www. pm. gov. au/media/2014 - 11 - 17/address - parliament - house - representatives - parliament - house.

③ 《习近平会见澳大利亚总理阿博特》，参见 http：//www. fmprc. gov. cn/mfa_ chn/zyxw_ 602251/t1146236. shtml。

望继续发展与中国的投资和贸易关系，而不是慢下来”。[①] 为此，澳新一届政府将加快建立中澳自贸区列为两国经济合作的优先重点，阿博特在上任总理之初即表示，澳“愿同中方早日达成互利互惠的双边自由贸易协定”。[②] 在澳大利亚阿博特政府与中国政府的共同努力下，两国在经历10年谈判后终于在2015年6月17日正式签署《中澳政府自由贸易协定》，澳大利亚成为第一个与中国签署自贸协定的西方大国。该协定涵盖货物、服务、投资等十几个领域，在货物领域，双方各有占出口贸易额85.4%的产品将在协定生效时立即实现零关税；在服务领域，澳方承诺自协定生效时对中方以负面清单方式开放服务部门，中国则以正面清单方式向澳方开放服务部门；在投资领域，双方自协定生效时起将相互给予最惠国待遇；澳方同时将对中国企业赴澳投资降低审查门槛，并作出便利化安排。此外，协定还就推进双方在其他多个领域的交流合作作了规定。[③] 澳大利亚总理阿博特对此指出，“澳中自贸协定正式签署是两国关系新的开始。澳中自贸协定将使两国的贸易和投资更为自由，使两国关系更为紧密，我期待着两国从中受益。澳中自贸协定也是一个历史性的协定，它不仅将促进两国经济增长，对于我们所在区域的国家来说，还将是未来经济一体化的典范”。[④] 无疑，中澳自由贸易协定的签署具有重大历史意义，为它两国经贸合作提供更高的平台和更完善的制度保障，将使两国经贸合作实现质的飞跃。

澳大利亚还力求进一步夯实中澳经贸合作基础并拓宽双方合作领域。2014年11月，阿博特在与习近平会晤时表示，“澳方希望不断提高双边贸易投资水平，欢迎中国公司前来投资，参与能源资源开发

---

① Tony Abbott, Press Conference, see from http://www.pm.gov.au/media/2013-10-07/press-conference-bali.

② 《习近平同澳大利亚总理阿博特通电话时强调共同维护好发展好中澳战略伙伴关系》，参见 http://www.fmprc.gov.cn/mfa_chn/zyxw_602251/t1082018.shtml。

③ 《中国与澳大利亚正式签署自由贸易协定》，http://www.mofcom.gov.cn/article/ae/ai/201506/20150601015183.shtml。

④ 《习近平主席与澳大利亚总理阿博特就两国正式签署中澳自贸协定互致贺信》，http://www.fmprc.gov.cn/mfa_chn/zyxw_602251/t1273893.shtml。

和高铁、港口等基础设施建设”。[①] 出于上述考虑，目前澳中在继续拓展能源资源等传统领域合作的同时，还在共同致力于打造金融、基础设施和农牧业等新的合作增长点。

在阿博特政府的努力下，尽管中澳双边贸易受到经济结构调整、需求疲软、价格波动等因素的影响，但两国经贸联系基本保持了平稳发展态势。2014 年，中澳双边贸易为 1281.7 亿美元，[②] 中国继续保持澳第一大贸易伙伴、第一大出口目的地和第一大进口来源地的位置。

2. 防范中国在亚太地区的经济主导地位和战略影响

阿博特政府在积极与中国开展经济合作的同时，也表现出防范中国在亚太地区经济主导地位及战略影响的另外一面。如澳大利亚在与中国洽谈自由贸易协定的同时，还积极参与和推动美国主导的、旨在控制亚太经济事务并削弱中国在亚太地区经济影响力的 TPP 谈判。阿博特曾经表示，“我们支持 TPP 谈判，我们赞同奥巴马总统对自由贸易的领导地位”。[③] 同时，阿博特还将澳与中、日、韩等其他国家自由贸易协定谈判的达成，视作推动 TPP 谈判进程的一部分。[④] 此外，阿博特政府还与美国共同在《布里斯班行动计划》中发起“全球基础设施倡议”，计划在悉尼设立由澳美主导的全球基础设施投资枢纽，这无疑是对中国倡议成立亚投行的牵制。在加入亚投行问题上，虽然澳大利亚最终在 2015 年 3 月 29 日宣布作为意向创始国申请加入亚投行，但却是有条件的，阿博特在宣布澳加入亚投行的当天表示，澳是在“银行的设计、管理和透明度在过去几个月内有了很好

① Landmark China - Australia Free Trade Agreement, see from http://www.pm.gov.au/media/2014 - 11 - 17/landmark - china - australia - free - trade - agreement.

② 《2014 年澳大利亚货物贸易及中澳双边贸易概况》，参见 http://countryreport.mofcom.gov.cn/new/view110209.asp? news_ id = 42741。

③ Tony Abbott, Address to the American Australian Association Business Luncheon, see from https://www.pm.gov.au/media/2014 - 06 - 10/address - american - australian - association - business - luncheon - new - york.

④ Tony Abbott, Press Conference, see from http://www.pm.gov.au/media/2013 - 10 - 07/press - conference - bali.

的改进”，“银行董事会已经获得对关键投资的决定权，并且没有一个国家能够控制银行”的情况下加入亚投行的。[①] 这些举动显示了阿博特政府对中国的不信任和对中国经济地位和经济辐射力的防范。然而，应当看到，阿博特政府对华经济政策的主要方面仍是大力推进中澳经济合作，而对中国在亚太地区经济主导地位和影响的防范则居于次要地位。

（三）“以防范为主、以接触为辅”的安全方针

防止中国“非和平崛起”是阿博特政府对华安全政策的主要目标。为此，阿博特政府在安全领域对中国实施以防范为主，以接触为辅的方针，该方针甚至含有围堵、遏制中国的色彩。

1. 阿博特政府对中国的安全防范

为防范中国“非和平崛起”，阿博特政府采取两种手段：一是积极配合、参与美国“重返亚太”战略，试图将中国纳入美国主导的地区秩序。在澳大利亚的战略视野中，澳美同盟“是澳最重要的双边关系”，“是澳战略和安全支柱”，“澳欢迎美战略重心向本（亚太）地区转移”。[②] 阿博特宣称，“感谢美国对我们地区正在深化的承诺”，“澳将是美国一个完全可以依赖的盟友”。[③] 2014 年 6 月，阿博特政府与美国签署《军力态势协议》，这表明阿博特政府继工党政府之后继续支持美国“重返亚太”战略，同时也意味着，阿博特政府还将进一步致力于提升澳美“军队间的双边合作，并给予美国进入世界非常重要地区的、额外的军力延伸”。[④] 此外，澳还将在本国西部的海军基地斯特林，为美国海军驱逐舰和其他舰艇建设更多停靠点，从而为美国增强其亚太投放能力提供便利。澳对美“重返亚太”

---

① Asian Infrastructure Investment Bank, see from http://www.pm.gov.au/media/2015-03-29/asian-infrastructure-investment-bank-0.

② Australian Department of Defence, Defence White Paper 2013, May 3, 2013.

③ Remarks by President Obama and Prime Minister Abbott of Australia After Bilateral Meeting, see from https://www.whitehouse.gov/the-press-office/2014/06/12/remarks-president-obama-and-prime-minister-abbott-australia-after-bilate.

④ Ibid..

战略的支持，是阿博特政府防范中国“非和平崛起”的一项重要战略。

阿博特政府防范甚至围堵中国的第二种手段是，推进澳大利亚同亚太地区其他与澳共享民主价值观的国家间的安全关系，构筑澳在亚太地区的安全关系网络。这既可加强澳大利亚在亚太地区的影响力，又可发挥遏制中国“非和平崛起”的功能。在此方面，阿博特政府首先致力于加强与日本的安全合作关系。阿博特政府将日本视为澳“在亚洲最好的朋友”，甚至直接将澳大利亚界定为日本的“强大盟友”，并积极推动日澳“同盟化”关系向更深层次发展。①

同时，阿博特政府还强化澳大利亚同与中国存在领土争端的越南及菲律宾的安全合作关系。在与越南的合作上，阿博特政府进一步深化与越南的全面伙伴关系，与越南共享情报，为越南培训军事人员，并在澳举行澳越联合军事演习。在同菲律宾的合作上，澳积极发展与菲律宾的防务合作，还赠送菲律宾包括登陆艇在内的一系列装备。虽然澳宣称，其目的是帮助菲律宾提高在人道主义救援和防灾减灾方面的能力，但不可否认的是，澳大利亚的这一行为“将提升马尼拉的军事能力”，② 增强其对抗中国的能力及意志，甚至使菲认为它在对抗中国方面得到了澳的支持。此外，阿博特政府也积极响应印度“向东看”的战略调整，推动澳印关系的进一步深化。

显而易见，阿博特政府防范中国的安全政策，是造成中澳在亚太地区一系列安全问题上出现矛盾或分歧的主要原因所在。例如，2013年10月，澳与美日就钓鱼岛问题发表联合声明指出，“反对任何有可能改变东海现状的强制性或者单方面的行动”。③ 又如，2015年3月，阿博特在与越南总理阮晋勇会晤时表示，“我们都支持南海空中

---

① 参见朱海燕《日澳关系“同盟化”的新发展及其前景》，《现代国际关系》2014年第8期。

② James Hardy, Australia to donate heavy landing craft to Philippines, see from http://www.janes.com/article/48454/australia-to-donate-heavy-landing-craft-to-philippines.

③ Trilateral Strategic Dialogue Joint Statement, see from http://www.state.gov/r/pa/prs/ps/2013/10/215133.htm.

与海上的航行自由，反对单方面改变（南海）现状。我们认为应根据国际法，和平解决争议”。[①] 阿博特政府的上述立场显然是对中国的牵制，并对中澳关系造成了负面影响。

2. 阿博特政府与中国的安全接触

阿博特政府对华安全方针除了防范之外，还包括接触，即在军事安全领域开展与中国的对话、交流与合作。澳不仅致力于推进中澳之间的安全接触，而且也努力推进中美之间的安全接触与合作。阿博特表示，澳致力于推动中澳军方“高层会晤，而且我们将强化双方军队的交流和训练，并且未来数月和数年，将会有多方参与的军事演习，这些对于我们这个地区和更广泛的世界范围内和平与理解都是有益的”。[②]

在这一方针指导下，澳大利亚三军各司令以及澳国防部长约翰斯顿 2014 年都到访了中国。澳大利亚还积极推进中美军事交流与合作。为此，澳积极推动中国参加 2014 年 7 月举行的环太平洋军演，并推动实现 2014 年 10 月中美澳三边“科瓦里—2014”陆军技能联合训练，尽管规模很小，但这是中美澳三国首次联合训练。此外，还举行了中澳新美“合作精神—2014”四边人道主义救援减灾联合演练。这些联合演练显然有助于增强中、澳、美相互了解与合作。

综上所述，阿博特政府的对华政策具明显的两面性特点。阿博特政府在大力发展与中国的战略友好及全面合作、特别是经济合作的同时，仍在安全领域对中国加以防范和遏制，但同时也在采取小步子尝试的政策培育和积累对中国的信任。

二　阿博特政府对华政策的战略动机

阿博特政府的对华政策，是澳大利亚试图在中国崛起所带动的亚

---

① Australia and Vietnam lift relations to the next level, see from http: //www. pm. gov. au/media/2015 - 03 - 18/australia - and - vietnam - lift - relations - next - level.

② Tony Abbott, Press Conference, see from http: //www. pm. gov. au/media/2014 - 04 - 12/press - conference - beijing - china.

洲世纪中寻求本国在亚太地区的战略定位，确保和扩大自身国家利益而做出的战略选择。具体而言，阿博特政府对华政策的战略考量主要是：促进澳经济繁荣、维护澳安全利益，保障澳战略利益的最大化，以及巩固澳在亚太地区的战略地位。

（一）借助中国发展的战略机遇推进澳大利亚的经济繁荣

阿博特指出，澳大利亚的国家利益在于维护本国的“繁荣与安全”,① 而“澳大利亚繁荣得益于同中国的合作”。② 因此，从澳方来看，借助中国发展战略机遇促进澳大利亚经济繁荣，符合澳国家利益。这是阿博特政府致力于中澳战略友好并发展两国经济合作的根本原因所在。

在经济方面，澳大利亚本身的自然条件及人口因素决定了其经济增长有赖于对外贸易的繁荣。近年来，澳大利亚避免了西方其他发达经济体遭遇的经济和金融危机，保持了经济持续增长态势，这在很大程度上受益于这一时期中国经济与中澳贸易的快速增长。据统计，从2005 年至 2014 年，中澳双边贸易从 284.38 亿美元③增长至 1281.7 亿美元④，在 10 年间增长约 5 倍。中国从 2009 年开始成为澳第一大贸易伙伴、最大出口目的地和最大进口来源地。目前，“中国每进口100 吨铁矿石，就有 54 吨来自澳大利亚。澳大利亚出口每收入 3 澳元，就有 1 澳元来自中国”。⑤ 因此，近年来中国经济的发展以及中澳经济合作的加强，对澳经济发展与繁荣作出了重大贡献。

然而，受目前中国经济转型、升级和结构调整，以及价格波动和

---

① Tony Abbott, Press Conference, see from http://www.pm.gov.au/media/2013-10-10/press-conference-brunei.

② 《习近平在印度尼西亚巴厘岛会见澳大利亚总理阿博特》，参见 http://www.gov.cn/ldhd/2013-10/06/content_2501315.htm。

③ 《2005 年澳大利亚经贸形式既中澳贸易关系》，参见 http://countryreport.mofcom.gov.cn/record/qikan110209.asp?id=127。

④ 《2014 年澳大利亚货物贸易及中澳双边贸易概况》，参见 http://countryreport.mofcom.gov.cn/new/view110209.asp?news_id=42741。

⑤ 习近平：《开创中澳关系更加精彩新篇章》，《人民日报》2014 年 11 月 15 日。

世界经济复苏乏力等因素影响，2014 年，澳对华矿产品出口为 591.8 亿美元，同比下降 9.9%，贵金属及制品对华出口 63.4 亿美元，下降 19.1%。主要受此影响，2014 年，澳矿产品、贵金属及制品的出口总量分别下降 5.8% 和 13.1%,[①] 这使澳大利亚以矿业繁荣带动的经济发展面临严峻挑战。

为扭转以上消极趋势并促进澳经济繁荣，阿博特政府面临促进经济转型、寻找新的经济增长点，以及促进就业等一系列任务。阿博特政府在继续推动资源出口的同时，提出经济改革并承诺澳将再次“向商业开放”，还推出“北部大开发”战略与“国家基建计划”。

在阿博特政府的上述经济战略中，中国具有至关重要的地位。其原因在于：首先，中国仍是澳铁矿石等原材料最主要的出口国，中国对澳原材料的进口直接决定了澳作为支柱产业的采矿业的繁荣；其次，当前中国经济转型将为澳大利亚经济改革或转型提供宝贵战略机遇。正如习近平指出的，“中国正在加快推进新型工业化、信息化、城镇化、农业现代化，新的经济增长点将不断涌现。中国 13 亿多人口的市场具有不可估量的潜力，中国经济结构调整和产业优化升级将产生巨大需求。未来 5 年，中国预计将进口超过 10 万亿美元的商品，对外投资规模累计将超过 5000 亿美元，出境旅游人数将超过 5 亿人次”。[②] 澳大利亚无疑将从中国的经济转型和发展中获得重要战略机遇。再次，中国已经实施的“西部大开发”战略，以及新提出的“一带一路”倡议，以及中国拥有的巨大资金、人力和技术实力，能够为澳“北部大开发”和“国家基建计划”提供有益的思想、经验和物质帮助，并可以将相关的战略和计划加以对接，从而助推澳大利亚相关经济发展战略与计划的成功。

以上说明，澳大利亚为了本国的经济利益必须大力发展与中国的经济合作，这也决定了，澳必须要发展与中国的战略友好及全面合作关系。

---

① 2014 年澳大利亚货物贸易及中澳双边贸易概况。

② 习近平：《携手追寻中澳发展梦想 并肩实现地区繁荣稳定——在澳大利亚联邦议会的演讲》，《人民日报》2014 年 11 月 18 日。

（二）维护澳大利亚的安全利益

维护澳大利亚安全利益，是澳对华政策的一个重要目标。在澳看来，“在可预见的未来，澳大利亚领土不大可能面临来自另一个国家的直接大规模军事威胁”，① 其国家安全利益受到的威胁主要来自亚太地区的一系列安全挑战。而只有维护亚太和平与稳定，才能维护澳大利亚的安全利益。2012 年，澳政府发布的《亚洲世纪中的澳大利亚》白皮书指出，“澳大利亚的未来与我们这个多样化的（亚太）地区的稳定和持续安全密不可分。”②

在澳看来，中国崛起无疑是亚太形势变化中最重要的因素。一方面，澳欢迎中国崛起，视中国崛起为战略机遇；另一方面，澳认为中国崛起的战略影响具有很大不确定性，给亚太安全带来如下风险：第一，中国与邻国之间存在一系列海洋领土争端；第二，中国快速的军事现代化已经引起了一定的不确定性，甚至是敏感性，而中国与某些邻国的一系列海洋领土争端则加剧了这种敏感性；第三，中国军事现代化正在改变西太平洋地区军事实力的平衡；第四，但却最危险的是，中国崛起引发了地区强国之间战略竞争的加剧，特别是，中美战略竞争将愈演愈烈。③

澳大利亚为应对上述安全风险，选择了以防范为主、接触为辅的对华安全政策。一方面，澳大利亚将防范作为对华安全政策的主导方面。其主要原因在于：第一，阿博特政府对中国和平崛起的承诺抱有疑虑，无法确定中国崛起后的战略走向，以及尚未清楚澳大利亚在中国崛起战略中的地位和角色，这导致阿博特政府的对华政

---

① Rory Medcalf, *James Brown*, *Defence challenges* 2035: *securing Australia's lifelines*, see from http: //www. lowyinstitute. org/files/defence - challenges - 2035. pdf.

② Australian Government, *Strong and Secure*: *A Strategy for Australia's National Security*, 23 January 2013.

③ Australian Government, *Strong and Secure*: *A Strategy for Australia's National Security*, 23 January 2013. Australian Department of Defence, Defence White Paper 2013, May 3, 2013. Rory Medcalf, James Brown, Defence challenges 2035: securingAustralia's lifelines, see from http: // www. lowyinstitute. org/files/defence - challenges - 2035. pdf.

策中不可避免地含有防范色彩，甚至遏制色彩。第二，阿博特政府从西方的战略视野及政治立场来观察中国的外交政策，认为中国在钓鱼岛和南海维护国家主权与领土完整的合法行为是对国际法原则的破坏，因此，为了防范中国使用强力手段解决与邻国之间的海洋领土争端并进而导致地区紧张局势的升级，澳积极配合美国及亚太其他相关国家对中国进行战略牵制、围堵甚至遏制。第三，对中国实施防范政策，是澳维持与美国的同盟关系以及支持美国“重返亚太”的必然选择。

从澳方安全来看，澳必须坚持与美国的同盟关系。首先，澳自身地理特点、人口规模和军事实力等条件，决定了其经济发展有赖于对外贸易，但澳自身却无力保障本国安全、特别是海洋航线安全，为此，澳必须要依赖世界最强大的国家为其提供安全保护，这是澳自结盟美国以来，一直忠实追随美国对外战略的根本原因。然而，在可预见的未来，中国尚不能取代美国的军事霸主地位并保护澳大利亚，因此，澳未来必须保持与美国的盟友关系，才能使自己的领土及贸易航线得到安全保障。其次，在美国居主导地位的亚太旧秩序中，澳大利亚的安全与繁荣一直得到了保障，而新秩序则蕴含一系列未知因素与安全风险，这也使澳大利亚倾向于维护原来美国主导的旧秩序。因此，基于以上原因，澳大利亚只有追随美国，支持其“重返亚太”，才能维护美澳同盟关系，并借此维护澳大利亚的安全利益。这就决定了澳大利亚必然对中国实施以战略防范为主的安全政策。

另一方面，澳大利亚对中国又采取接触政策。其主要目的在于：首先，澳希望通过实施对华安全接触政策，推进中澳军事交流与合作，以小步子尝试的政策积累中澳互信，增进两国友好关系。其次，澳希望通过与中国进行安全接触，“鼓励中国使用其不断增长的实力和影响力为保持地区和平与稳定做出积极贡献”，以及“鼓励中国采取更加开放和透明的政策来帮助建立地区谅解和信任”，① 从正面引

① Australian Government, *Strong and Secure: A Strategy for Australia's National Security*, 23 January 2013.

导中国和平崛起，以维护亚太和平与稳定，并借此保障澳自身的安全与繁荣。

（三）确保澳大利亚战略利益的最大化

确保澳大利亚在亚太地区战略利益的最大化，是阿博特政府确定对华政策的一项主要战略考量。所谓战略利益最大化，就是澳大利亚在从中国崛起中获取经济利益的同时，也能够从巩固澳美同盟以及构筑澳大利亚在亚太地区的安全关系网络中获取安全利益，即同时获取经济利益与安全利益。

澳大利亚确保战略利益最大化的关键在于，促进中美战略合作并减少战略竞争，努力避免澳在中美之间进行最后的战略选择。澳大利亚基于自身国家利益，虽然在中美竞争中坚持与美国的同盟关系，并支持美国“重返亚太”，但是，澳并不希望中美出现恶性竞争，甚至爆发战争或冲突，而是希望中美能够加强合作并减少竞争，这样，澳就可以避免在中美之间进行战略选择，并可同时获取经济利益和安全利益。[①] 正是出于这一考虑，阿博特政府奉行促进中美战略合作的方针。阿博特政府表示，澳大利亚“希望看到一个强健的中美关系，并尽其所能地支持这种关系的发展”，澳将努力扮演中美间的“桥梁”。[②] 因此，正是为了确保自己战略利益最大化，澳大利亚在发展与中国的战略友好关系和巩固美澳同盟关系的同时，积极促进中美战略合作。

（四）巩固和提高澳大利在亚太地区的国际地位

巩固和提高澳大利亚作为“中等强国”在亚太地区的战略地位，是阿博特政府对华政策的又一战略考量。澳外长毕晓普指出，澳一直并将继续作为“中等强国为地区的稳定做出贡献”。[③] 阿博特政府对华政策的两面性特点，显然有助于这一目标的实现。

---

① 参见朱海燕《日澳关系“同盟化”的新发展及其前景》。

② 同上。

③ Julie Bishop, Address to AustCham Business Breakfast, see from http://www.foreign-minister.gov.au/speeches/Pages/2013/jb_sp_131018.aspx?ministerid=4.

在美日对中国奉行敌视与遏制政策，以及在中国与部分邻国存在领土争端的背景下，阿博特政府推进与中国的战略友好及全面合作关系，不仅有利于澳中经济合作，而且也有助于提高澳在中国亚太战略中的地位。中国与澳一道将两国关系提升为全面战略伙伴关系，即是中国愈加重视澳大利亚的证明。习近平指出，“中国始终视澳大利亚为重要伙伴”，并希望中澳关系“百尺竿头、更进一步”。①

而另一方面，澳大利亚支持和配合美国“重返亚太”战略，有利于提高澳在美国亚太战略中的地位。美国总统奥巴马在会见阿博特时指出，“在世界及亚太地区，我们再也没有比澳大利亚更好的朋友了”。② 此外，澳大利亚对中国实施的以防范为主的安全政策，以及在东海、南海等问题上追随美国的政策，使日、菲、越等国希望加强与澳大利亚的关系，例如，日本首相安倍晋三表示，“希望把日澳关系提升为新的特别关系”。③

显然，阿博特政府对华政策的两面性特点，提高了澳在亚太地区的战略地位。

三　中澳关系前景

当前，中澳关系发展的总体态势是积极的。展望未来，中澳关系的发展，一方面仍将面临一系列难以避免的障碍和挑战，而另一方面，也有推进两国关系发展的积极力量，中澳关系将在波折中前行，但总体上将呈现积极的发展态势。

（一）中澳关系面临的障碍与挑战

1. 澳大利亚的亚太安全观及亚太安全政策是中澳关系深化的最

① 习近平：《携手追寻中澳发展梦想 并肩实现地区繁荣稳定——在澳大利亚联邦议会的演讲》，《人民日报》2014 年 11 月 18 日。

② Remarks by President Obama and Prime Minister Abbott of Australia After Bilateral Meeting.

③ 参见朱海燕《日澳关系“同盟化”的新发展及其前景》。

大内部障碍

澳大利亚虽然地处亚太地区，但其亚太视角的出发点却是典型的西方立场。在澳大利亚的亚太秩序观中，美国是第二次世界大战亚太秩序的塑造者、维护者，并应继续维持美国在亚太秩序中的主导地位，以维护亚太和平与稳定，为地区经济繁荣提供保障。澳大利亚认为，澳的繁荣稳定有赖于美国在亚太地区的霸权之治，由此出发的自然逻辑就是，澳大利亚及区域内其他国家均应协力维护美国治下的地区秩序。因此，澳将中国维护国家主权与利益的正当行为视为对既有秩序的冲击和挑战，这是澳对中国不信任的基点，也是其对中国采取安全防范措施的根本原因，而这也将继续给中澳互信关系的构建带来负面影响。

2. 澳美同盟是中澳关系未来发展的最大外部障碍

澳美同盟是冷战产物，该同盟并未随冷战结束而解体。在中国崛起并积极推动区域一体化的背景下，美国推出“重返亚太”战略的目的，一是阻遏中国崛起，二是防止亚太地区出现排除美国的区域一体化，从而继续维护美国霸权治下的旧有秩序，因此，美国“重返亚太”直接针对中国。澳美同盟是美国“重返亚太”战略的重要执行工具和战略抓手。澳大利亚是澳美同盟的坚定支持者，并积极支持、参与以及配合美国“重返亚太”战略。澳大利亚一方面在外交领域支持美国在东海、南海问题上的立场；另一方面在军事领域配合美国强化对中国的遏制，同时还积极加入和推动美国主导的 TPP 谈判，这些都将对中国造成压制和围堵之势，并影响到中澳关系的稳定发展。可以预见，今后，澳仍将坚定支持美国“重返亚太”，从而也将继续冲击中澳培养互信的外交努力。

（二）推进中澳关系向前发展的积极力量

1. 中澳发展双边关系的相同意愿与方针是两国关系发展的根本动力

在发展双边关系上，中澳有相同的政治意愿，并都将深化双边关系作为各自对外政策的方针，这是推进中澳关系发展的根本动力。

从中国战略视野来看，中国积极的、建设性的对澳政策在中澳关系发展中发挥了积极作用。21世纪初期，特别是十八大以来，中国陆续提出新型大国关系、中国梦、亲诚惠容周边外交、新型国际关系等一系列新的外交理念。这些新的理念正在从根本上指导、塑造和推动着中澳关系的发展。虽然澳是美国盟友，支持美国“重返亚太”战略，并在东海和南海等问题上与中国存在分歧或矛盾，但是，中国仍本着“合作共赢”的理念将澳视为战略伙伴，坚持推进中澳关系的发展，并取得了积极成果。未来，中国仍将以上述外交新理念为指导继续推进中澳关系发展。2014年11月，习近平指出，中澳“应该以更长远的眼光、更宽阔的胸襟、更远大的抱负，加强对话交流，深化政治互信，拓展务实合作，携手共同实现亚太地区和平、稳定、繁荣”。[①] 这不仅表明了中国继续发展中澳关系的愿望，而且也为中澳关系的未来指明了方向。

从澳方看来，发展与中国的战略友好与全面合作关系符合澳国家利益。因此，澳大利亚也将发展中澳双边关系作为澳既定对外政策方针。阿博特表示，“澳大利亚愿意做中国可靠的合作伙伴”，澳“愿意在相互尊重、友好互利基础上加强对华合作”。[②] 可见，中澳在发展双边关系上有相同的政治意愿和方针。这将推动两国沿着“全面战略伙伴关系”的道路继续前进。

2. 中国坚持“和平发展”战略将深化中澳战略互信与战略协作

在当前中澳关系中，澳大利亚对中国最大的担忧就是中国非和平崛起，及其引发的与周边邻国或其他大国之间的恶性竞争或军事冲突。这在很大程度上限制了澳中关系的深化。

事实上，中国坚持走和平发展的道路是国家既定战略方针，而正是美国等西方国家有意炒作的“中国威胁论”在某种程度上误导了澳大利亚对中国的认知。为此，中国正在努力消除或减弱澳大利亚的

---

① 习近平：《携手追寻中澳发展梦想 并肩实现地区繁荣稳定——在澳大利亚联邦议会的演讲》，《人民日报》2014年11月18日。

② 《习近平同澳总理阿博特举行会谈 一致决定建立中澳全面战略伙伴关系》，参见 http：//news. xinhuanet. com/world/2014－11/17/c_ 1113284700. htm。

这一担心。习近平在澳议会演讲时指出，“任何动荡和战争都不符合中国人民根本利益”，“中国坚持和平发展，决心不会动摇”。[①] 未来，随着中澳交流的不断深入以及中国坚持和平发展战略得到更多的实践验证，澳大利亚将增强对中国和平发展的信心，其对中国的担忧也将减弱。

随着中澳战略互信的不断加强，中澳在国际舞台上、特别是在亚太地区的战略协作也将得到发展。中澳同时作为亚太国家，在维护亚太安全和稳定上具有相同目标和利益。虽然中澳在维护亚太安全的战略上有所分歧——中国主张在亚太地区建立以“安全不可分割”为核心的集体安全体系，而澳大利亚则将美国和美澳同盟视为亚太安全的支柱，但是，中澳双方仍可以就亚太安全的广泛问题进行外交沟通与对话，并彼此协调相互立场，从而推进双方在亚太安全领域的合作。特别重要之处在于，中澳并无历史积怨，更无领土争端，而且澳大利亚不同于日本，不希望中美交恶或爆发冲突，这进一步加大了中澳在亚太地区安全合作的可能性与空间。因此，未来中澳在维护亚太和平与稳定方面有广阔的合作前景。

3. 中澳经济合作将成为驱动中澳关系发展的强大动力

中澳密切的经济联系，不仅是两国关系的“压舱石”，更是推进两国关系发展的强大动力。

未来，中澳经贸合作还将深入发展。原因在于：第一，2015 年 6 月 17 日中澳自由贸易协定的正式签署，将助推中澳经贸合作的新“飞跃”。第二，从两国经济发展战略来看，中国目前正在全面深化改革并推进经济结构的转型升级，澳大利亚也在同样加快经济结构调整和产业升级，“双方可以将各自发展战略深度对接，实现优势互补，建立更加紧密的互利合作关系”。[②] 第三，从具体合作领域来看，首先，中国经济结构调整升级需要借鉴其他国家、特别是发达国家的经验，澳作为大力发展服务业的国家之一，其发展经验对中国具有重

① 习近平：《携手追寻中澳发展梦想 并肩实现地区繁荣稳定——在澳大利亚联邦议会的演讲》，《人民日报》2014 年 11 月 18 日。

② 同上。

大借鉴意义。其次，中国的资金、技术与劳动力资源将在澳“北部大开发”战略以及“国家基建计划”中发挥重大作用。再次，中澳在“21 世纪海上丝绸之路”建设中还具有广泛的合作前景。可以预言，未来中澳经贸合作还会继续快速发展，这将成为推动两国关系全面发展的强大动力。

除以上方面外，未来中澳两国在人文、反恐、人道主义救灾、海上安全等方面也会开展越来越多的合作。

总之，中澳关系正在进入建设“全面战略伙伴关系”的新阶段。尽管中澳关系的未来发展还将面临澳大利亚基于西方立场的亚太安全观，以及美澳同盟等消极因素的影响，但总体而言，中澳关系的未来前景是积极的。中国应以前瞻性眼光，主动谋划和引领中澳关系的发展。中国应该更包容地看待澳大利亚对华政策中的消极因素，以积极主动的态势引导中澳关系的正面力量，对冲中澳关系中的负面因素。

（感谢澳大利亚皇家墨尔本理工大学刘钢军教授、河南大学历史文化学院朱海燕博士对本文的支持和帮助）

【作者简介】孙君健，男，河南淅川人，北京大学法学博士，现为河南大学历史文化学院硕士研究生导师，主要研究领域为国际政治学理论与国际关系史。

第三方国际力量与近代中日关系的互动模式初探*

朱海燕

【摘要】 近代中日关系绝非单纯的双边关系，而是受到多种国际因素的影响和制约。朝鲜是中日关系走向近代的制动性因素，由此开始了中日间在争取东亚地区原有国际体系内主导权的博弈；英国是推动中日两国在东亚地区的国际地位发生根本性逆转的助推力，同时也在某种程度上扮演了制约日本根本性颠覆中国的角色；第一次世界大战后，美国作为新崛起的强势力量在争取亚太地区事务的主导权方面成为日本强有力的竞争对手，从而成为遏制日本侵华野心的主要打击力量之一；第二次世界大战后，为彻底弱化竞争对手，美国将日本改造为其羽翼下的"小伙伴"，使中日关系基本成为中美关系的组成部分。与此同时，近代中日关系的发展演变也对以东亚为中心，并向四周扩散的国际格局的变动产生一定的影响：清王朝放弃对朝鲜的"保护"权，使得东亚地区原有的国际体系彻底崩溃，导致近代以来东亚地区第一场国际性战争的爆发，从而一度引起整个国际关系重心的偏移；中日两国角色互换与力量对比的变换，将东亚各国拖入第一次世界大战的旋涡，而使得第一次世界大战这一本应限于欧洲范围的战争具有了更加明显的"世界性"；第一次世界大战后，日本独霸中国的格局引发了东亚地区列强间主要矛盾的变动，从而最终孕育了太

* 本文最初发表于《史学月刊》2012年第6期，此次有较大改动。

平洋战争；第二次世界大战后，全球范围内的冷战扼杀了中日建立正常双边关系的可能性，致使东亚一直处于紧张状态。

【关键词】 近代；中日关系；朝鲜；英国；美国

国内学术界有关第三方国际力量与近代中日关系问题的研究状况可总括为“重个案，轻总体；重史实，轻理论”，具体体现在：20世纪50年代起，国内开始出现对该问题的研究成果，代表性著作是陈伟芳所著《朝鲜问题与甲午战争》（生活·读书·新知三联书店，1959年），它全面论述了朝鲜问题与中日甲午战争的关系。1962年，王绳祖在《南京大学学报》第2期发表的《1874年日本侵占我国领土台湾与英国的调停》，分析了英国在1874年日本侵台战争中的活动及其影响。易显石的《略论美国对“九·一八”事变的态度》（《近代史研究》1980年第3期）、陈锦骅的《“九·一八”事变后美国的“不偏袒”方针》（《世界历史》1988年第6期）、秦兴洪的《九·一八事变与美国对华对日政策》（《华南师范大学学报》1990年第2期），从其名称即可看出这几篇文章均涉及美国与“九·一八”事变期间的诸多问题。而黄纪莲的《沙俄在日本对华“二十一条”交涉中的态度》（《近代史研究》1982年第1期），则注意到沙俄对中日两国在“二十一条”交涉问题上的态度及其影响。崔丕在《美国对日经济复兴政策与中国》（《美国研究》1993年第4期）中关注的是中国国内的重大变动与美国的对日经济复兴政策间的关联性等。

进入20世纪90年代，随着纪念中日甲午战争结束100周年活动的开展，学界深度剖析了世界局势与甲午战争间的关系，并结集出版了专题研究成果《甲午战争与近代中国和世界》（人民出版社，1995年）。近些年来，在第三方国际力量与近代中日关系方面影响比较大的专著是王如绘的《近代中日关系与朝鲜问题》（人民出版社，1999年），它填补了朝鲜问题与中日关系发展这一研究领域的空白。[①] 该

---

① 参见孙克复《国际关系史研究的一部力作——〈近代中日关系与朝鲜问题〉读后》，《山东社会科学》1999年第6期；周启干：《鉴往以知来——读〈近代中日关系与朝鲜问题〉》，《东方论坛》2000年第4期。

著从“朝鲜问题的产生”入手，剖析了朝鲜与中日关系发展之间千丝万缕的联系，同时还深入解读了西方列强的相互角逐在中、日、朝错综复杂的三边关系中的影响。

虽然学界取得以上诸多研究成果，但基本都是就影响中日关系发展的某一因素进行研判，而缺少从宏观角度进行整体把握，并从国际关系理论方面解析近代中日关系与第三方国际力量间互动模式的强有说服力的观点和成果。基于此，本文力图在借鉴已有研究成果基础上，跳出单纯的中日关系范畴，多维视角解析近代中日关系的复杂性，试图构建起第三方国际力量与中日关系间的互动模式，探索其中的规律，即第三方国际力量与近代中日关系间相互影响的“强化”与“弱化”趋势的对比性发展。

一　命题的提出与范畴的界定

自古以来，中日关系就不乏第三方国际因素的影响和制约，近代中日关系更是深受第三方国际力量尤其是西方势力的影响。其一，近代中日关系是在以西方理念为准则的国际条约所代表的“软权力”的规范和协调下展开的；其二，中日争端的产生与解决无不受西方国际势力等“硬权力”的影响和干预。正如明治初期的公卿岩仓具视所言，“默察当今万国纵衡之势，有事迹象虽在东方，其情实操纵于西方，有事外表虽无端倪，实则隐伏远图，故仅视表象，不足以测知真情”。[①]

至今，中日关系仍难以摆脱其他国际力量的影响和制约，甚至于在某些方面对中日关系的能否正常、顺利发展起到决定性作用。因此，在全球化日益发展的今天，更有必要深入了解和研究中日关系的发展与第三方国际力量之间的相互影响与互动的范式。具体而言，深入探讨该问题的意义：一是理论方面，深入研究第三方势力

---

① ［日］东亚同文会编：《对华回忆录》，胡锡年译，商务印书馆1959年版，第23页。

特别是西方势力在东方，尤其是对中日关系发展的影响，有助于从一个新的角度进一步认识和理解西方国家所代表的工业文明的渗透力及其对近代国际社会及世界历史发展方向的巨大影响力。二是在现实中，有助于从更为广阔的视角全面认识近代中日关系发展的全貌，为今后中日关系发展道路上的问题和矛盾的解决提供历史借鉴。近代以来，影响任何两国间双边关系发展的因素逐渐复杂，这就打破了从两国的视角出发把握双边关系的陈规，为认识双边关系发展的全貌，就需要站在整个国际局势中审视两国间关系的变动。因此，只有将近代中日关系置于整个国际关系的变动中进行考察，才能够做到相对较为客观、全面地认识影响中日关系发展的诸因素，把握中日关系跃动的脉搏。

因此，本文所要提出的问题是：外部力量尤其是外部强势力量是如何影响东亚地区的格局变动的？在风云变动的国际社会内，东亚地区又该如何增强自己在国际事务中的发言权和影响力？

相关范畴：

本文对“近代”的界定是：在物质文明方面是以西方工业文明的发生、发展及扩张为标志；在制度文明上，是以民主制度的建立及完善为基准；在国际关系方面，“近代”意味着西方国家民主制度的外化，即以国际法为依据的新型国家间关系的产生。基于对“近代”的阐释及将中日关系置于整个国际关系体系中进行整体分析的需要，本文所指“近代中日关系”① 开始于以国际法、国际条约为规则的中日关系的建立，即 1871 年《中日修好条规》的签订，终于 1972 年

---

① 学界对近代中日关系的下限基本认同为 1945 年，但起始年份有如下几种观点：第一，以 1840 年鸦片战争为开端：有唐培吉（《应记取的近代中日关系史篇》，《上海大学学报》（社科版）1987 年第 4 期）、张声振（《中日关系史》卷一，吉林文史出版社 1986 年版）；第二，以日本明治政府开始侵华为开端，有杨孝臣（《中日关系史纲》，上海外语教育出版社 1987 年版）；第三，以 1871 年《中日修好条规》签订为起始，有苏崇民（《关于中日关系史分期的几个问题》，《日本的中国移民》，生活 · 读书 · 新知三联书店 1987 年版，第 24 页）、陈景彦（《浅论近代中日关系史分期问题》，《东北亚论坛》1994 年第 4 期）、曹祖平（《近代中日关系史论纲》，《通化师范学院学报》（社会科学版）1999 年第 1 期）、王魁喜（《近代中日关系的开端——从一八七一年〈中日修好条规〉谈起》，《东北师大学报》1981 年第 1 期）等。

《中日联合声明》的签署。19 世纪 70 年代，为彻底解决中日之间的朝鲜问题，草创时期的明治新政府便主动遣使要求与清政府订约，从而开启了近代中日关系的历史；第二次世界大战结束后，在“冷战”的特殊背景下，中日两国在外交选择上的“一边倒”政策（中苏结盟与日美结盟）影响了中日新型关系的建立，在“冷战”进入拐角年代后，中日之间才按照近代以来的国际规则建立起全新的双边关系，近代中日关系的历史宣告结束。

在近代中日关系波折动荡的一百年期间，与中日关系产生互动的第三方国际力量有很多，本文主要选取具有代表性的、影响较大的几支力量，如朝鲜、英国、美国等进行具体分析，以探求其中的基本规律，并力求构建一种国家间关系的变动模式。

二 “朝鲜问题”与近代中日关系的发轫（1871—1895）

“朝鲜的悲剧在于：它的地理位置使它成为中国和日本之间的一座天然桥梁。”① 自古以来，中日之间就围绕朝鲜问题进行了不间断的交涉，其中贯穿着友好往来，也夹杂着纷飞的战火。同时，朝鲜问题也反作用于中日关系的发展进程，这种交互作用的多边关系发展到 4 世纪中叶前后，东亚各国家间逐渐建立起以儒家文明的发源地——中国政权统治者为君，以周边国家和民族的统治者为臣，以文化关系为纽带，以册封、羁縻、征伐与和亲为维系手段，以朝贡—册封为表现形式的独具特色的东亚封贡体系。中朝关系是封贡体系最为典型的组成部分，而自“日本”国名确定后，该国一直是封贡体系的观望者、缺席者、挑战者及最终的破坏者，这也决定了中日关系从根本上来说是对立状态的实质，而朝鲜问题则是日本挑战以中国为中心的封贡体系的突破口。

---

① 斯塔夫里阿诺斯：《全球通史：1500 年以后的世界》，吴象婴、梁赤民译，上海社会科学出版社 1999 年版，第 805 页。

地缘政治因素决定了朝鲜问题是中日关系非双边性特点的最初诱发因素。古代中日交通的途径主要有：其一，经由辰韩到达日本山阴、北陆地区的日本海环流路，这是从朝鲜航行到日本的最方便的航路，“中国的文化也经由这条航路很早就传到日本”；其二，从弁韩、辰韩地区，中经对马、远瀛（冲之岛）、中瀛（大岛），到达筑前的胸形（宗像）的海路[①]。其中，辰韩、弁韩、马韩[②]为史称“三韩”的朝鲜半岛南部地区的三个部落集团。三韩部落集团各有联盟首领，其社会发展较中国文化影响较深的朝鲜半岛北部各地要落后得多。但在汉设四郡后，在汉文化的影响下，“三韩”部落集团逐渐形成百济和新罗两个奴隶制国家。而在百济、新罗形成为国家之前，在公元前37年，朱蒙便开始以高句丽共同体为基础建立高句丽国。由此朝鲜半岛上出现三个古代国家实体，三国间不断为统一朝鲜而发动争战，这为外来势力的介入提供了可能。由此可见，近代之前，朝鲜半岛作为中日文化交流及人员往来的重要通道，为中日间发生及发展友好关系提供了可能，同时，维护国家安全的需要及争夺对地区事务控制权的野心又使朝鲜半岛成为中日兵戎相见的诱因之一，古代中日关系中的这一历史问题同样延续到近代中日关系的发展历程中，甚至成为中日关系走向近代的催化剂。

中日关系走进“近代”是顺应世界潮流发展的结果，更是日本外向型发展道路进一步深化的必然结果。为稳定政局，转移人民视线，缓解国内政治危机，扭转在国际社会的外交颓势，明治新政府建立不久，即展开了密集的对外交涉活动，而其对东亚邻国的交涉则是于1868年12月由日本负责对朝鲜外交事务的对马藩主宗义派出特使樋口铁四郎赴朝鲜致送文书，通知朝鲜“爱我皇上登极，更张纲纪，亲裁万机，欲大修邻好”，并希望朝鲜能够体察“我皇上之诚意”，

---

① ［日］木宫泰彦：《日中文化交流史》，胡锡年译，商务印书馆1980年版，第1—5页。

② 马韩在今京畿道、忠清道、全罗道一带，辰韩在今庆尚道洛东江东侧，弁韩在洛东江西侧。

“以寻旧悃”。[1] 朝鲜以其措辞不同于先前，而拒绝接受。对朝外交的失败及中日甲午战争前国际社会对朝鲜国际地位的普遍认识，[2] 促使日本探索“曲线”外交道路，即先解决与中国的对等问题，然后再图谋朝鲜。

1870 年春，“日清交涉先行论”[3] 逐渐成为主流观点。1870 年至 1871 年柳原前光、伊达宗城等先后来华交涉签约事宜，其真实目的即在于确立对朝外交的优越地位，以打破与朝鲜交涉的僵局，因此，《中日修好条规》的目的即为“公同会议订立修好条规，以期彼此信守，历久弗渝”。这种以“条规”来规范两国间“历有年所”的往来关系，即遵从了西方“以约为信”的国际关系规则，从而被认为是开启了近代中日关系的历史。中日两国间由古代历史上曾经存在的及历代中国政权掌握者主观认为的“封贡关系”彻底转变为国际社会间平等的国际行为体，这就为日本挑战传统的封贡体系提供了可能，而朝鲜问题即为日本付诸实践行动的突破口。此后，日本对朝鲜的行动便以十年为一个节点，步步为营，逐渐实现其对朝外交的目标——吞并朝鲜，并以其为跳板推行并实践着其狂妄的“大陆政策”：自 1876 年的《江华条约》至 1885 年的《天津条约》、1894—1895 年中日甲午战争及其后的《马关条约》、1904—1905 年的日俄战争及其后的《朴次茅斯条约》，最终到 1910 年正式吞便朝鲜。与日本日渐强硬的外交行动相比，清代中国朝廷却是步步退让：《中日修好条规》承认了与日本的平等地位，而日本在中国统治者主观意识里一直是作为不称职的“朝贡国”而存在的，这无疑是对其自身在“封贡体系”中权威的否定；《江华条约》对朝鲜作为“完全主权”国家地位的认定，无疑在法理上否定了清廷的宗主国地位；《天津条约》却又矛盾

---

① 王芸生：《六十年来中国与日本》（卷一），生活·读书·新知三联书店 2005 年版，第 116 页；［日］《日本外交文书》（第一卷·第二册），第 692—693 页。

② 朝鲜是中国的势力范围，是处理中国事务的附属，而没有将朝鲜事务视为独立的格局成分，只有日本在试图削弱这种藩属关系。参见马士等《远东国际关系史》，姚曾廙译，上海书店出版社 1998 年版，第 370 页。

③ 即“先与清政府订约，日清平等后，朝鲜自然列于下位，从中国回来，路过朝鲜王城，再签订日朝条约。利用所谓远交近攻之策，使清廷无法援助朝鲜”。

性地承认了清廷的“上位”，但日本也取得了与清廷相同的权力，为其干涉朝鲜内政，确立在朝鲜的“优越地位”提供了可能；《马关条约》则彻底否定了清廷与朝鲜间的任何关系，“凡有亏损独立自主体制，即如该国向中国所修贡献典礼等，嗣后全行废绝”。[①] 至此，中国失去了最后一个屏藩，封贡体系彻底瓦解。

由上可见，朝鲜作为影响中日关系的永久性但相对较为弱势的第三方国际力量，某种意义上是诱发日本“大陆政策”的直接因素，对朝交涉的碰壁引发了中日对等国交，从而使朝鲜为日本“下位”的交涉，客观上促动中日关系进入“近代”。对于中日两国而言，尽管朝鲜国力不堪一击，但因其极端重要的战略意义而成为中日争取的对象，这使得朝鲜的地位极为不稳：在中日两国表面显示出国力相当的情况下，尚可维持既有状态，一旦两国力量对比失衡，处于弱势的朝鲜的灾难便拉开序幕。

三　英日同盟：近代日本侵华行动的保护伞（1895—1922）

甲午一战使中日关系正式被卷入世界范围内的国际关系领域，同时，清政府所采取的“以夷制夷”策略也为其他国家卷入中日纠纷提供了可能，又由于清政府处于列强共管的殖民地半殖民地状态，而日本则被国际社会认可为列强之一，这就使得中日关系在更深层次上受到其他国际力量的广泛影响，其中最重要的国际力量之一便是在中国享有全面且广泛殖民权益且与日本结盟的英国。同时，被卷入世界旋涡的中日关系在某种程度上也影响着国际关系的发展与走向。

处于欧亚大陆另一端的英国与中日关系产生互动的原因一是大航海时代以来人类活动的范围越来越大，各文明间的空间距离日渐缩小；二是以不断充实和壮大的实力为支撑的“米”字旗建立起了一

---

① 王铁崖编：《中外旧约章汇编》（第一册：1689—1901），生活·读书·新知三联书店1957年版，第614页。

个世界性的大帝国，这使得世界任何一个角落的事务都与英国有着或多或少的联系，由此便出现了第三，中日关系的变动影响到英国的利益；四是英国力图借中日间的矛盾和冲突谋取更大范围的殖民权益。与此同时，在亚洲的日本大肆扩张刚刚开始的时代，欧洲也出现了意欲挑战原有国际格局的新兴力量。随着德国的统一及其全球野心的逐渐显现，英国的“日不落帝国”地位日益受到威胁；在远东，随着西伯利亚铁路修建速度的加快，俄国也再次转向东方，尤其是俄国在义和团运动后的表现，不能不引起侵华权益最大享有国——英国的警惕；而几乎与义和团运动同时爆发的英布战争，使英国陷于外交与军事的双重困境中。为摆脱因自身力量相对衰落及诸强鼎立的帝国时代背景下面临的外交困境，英国不得不反思“光荣孤立”的外交原则，并试图调整与转变外交政策，以适应变化了的国际环境。

近代日本的外交政策服务于其近代以来的国策基准：为实现“大陆政策”而根据国际形势的变化随时调整对外政策。1895 年的“三国干涉”事件是日本进入国际社会以来外交上遭遇的重大挫折，为其外交转型提供了动力；1900 年的“厦门事件”则使日本更深刻地认识到“独立担当远东大局，实属困难，必须相机与欧洲某一国缔结某种协定”，这成为桂太郎内阁的最高执政纲领。[①] 中日甲午战争对于日本而言的另一重要影响就是在国际社会获得了“列强俱乐部”的入场券，得到了国际列强尤其是英国的青睐，共同的利益诱惑——侵华权益及敌意威胁——俄国南下，促使英日两国走向结盟。

共同的外交诉求促使英日两国在尝试中逐渐接近，并于 1902 年 1 月 30 日在同盟协定上签字，在随后的 5 月及 7 月，双方军事人员就两国海陆军间的合作事宜达成共识。在其后的二十年，英日两国又通过 1905 年 8 月及 1911 年 7 月的两次续约保持和巩固了两国间的同盟关系。从文本解读的角度来看，三次同盟条约内容的最大共同点就是有关中国的规定基本没有变换，如两国在第一次同盟条约中约定：

---

① ［日］井上清：《日本军国主义》（第 2 册），尚永清译，商务印书馆 1985 年版，第 173 页。

保证中华帝国和大韩帝国的独立和领土完整，谋求各国在该两国的工商业机会均等；[①] 第二次表述为：维护中国的独立与领土完整，及各相关国在华工商业机会均等与共同利益；[②] 第三次规定：维护清帝国的主权和领土完整以确保两国的共同利益，保障各国在中国的工商业机会均等。[③]

对中国而言，贫弱的中国为日英两国的结盟提供了历史平台。两同盟国宣称维持中国现状，意味着在日英同盟存在期间，中国不可能取得国家主权的独立与完整，只能维持半殖民地的政治现状，这无疑是对中国主权的侵犯与干预。同盟存在期间，日本在同盟的荫庇下极大地扩张了在华殖民利益。但至同盟后期，英国与日本续盟的目的之一已经变成在同盟关系范围内束缚日本的侵华活动，在客观上起到限制日本的作用。因此，同盟解体后，一方面，日本可以完全不必再考虑盟国的利益，而按照其既定政策大肆侵略和掠夺中国；另一方面，日本再次感到了国际孤立的危险。为了摆脱和掩饰对孤立的恐惧感，日本进一步加大了对外扩张的步伐，中国成为其首选目标。因此，日英结盟与同盟解体对中国而言均非幸事。

对于日本而言，与英国结盟的最大功效是为日本的侵华行动提供了保护伞，这具体表现在：其一，外交上，日英结盟大大拓展了日本外交活动的空间，为日本走上国际舞台，得到列强对其外交地位及外交行为的认可提供了可能。而通过战胜白种人的日俄战争及借助于英国作为中介者与庇护者，它又顺利地加入了 20 世纪初的大国俱乐部，并进而构建了日英法俄四国间在远东的友好关系网。就日本而言，这一网络不失为其侵华活动的外交庇护网。其二，侵华政治权益方面，日本通过逼迫中国政府签订一系列不平等条约，

---

① Anglo - Japanese Alliance, January 30, 1902, G. p. Gooch & H Temperly, *British Documents on the Origins of the War: 1898 - 1914*, （以下简称 BD）, London, 1926 - 1929, Vol. 2, №125, pp. 114 - 118.

② The Anglo - Japanese Alliance of August 12, 1905, F. O. Japan 673. BD: Vol. 4, №155, pp. 164 - 169.

③ Agreement between the United Kingdom and Japan, BD: Vol. 8, № 436, pp. 532 - 533.

尤其是“民四条约”的签署，至第一次世界大战结束时基本确立了其一直谋求的在政治、军事等全方位的对华优势地位。其三，在经济方面，日本通过不同阶段的侵华南北战略的调整，最终确立了其自中国北部的东三省、中经中部的山东，南至南部的福建等地的连点成线的经济特权，内容则涵盖了修路、开矿、港口、航运、建厂、商贸等经济活动的各个方面。

英国作为19世纪及20世纪初引领风骚的世界强国，其“日不落帝国”的特质表明世界任何一个角落的国际事件都或多或少地关系到英国的利益，它在中国享有的巨大殖民利益及权益，使其与近代日本的侵华活动密切联系起来；而它与中日两国关系的特殊性使它比其他任何列强都更加关注中日关系的变动，也更能够影响中日关系的进展。反过来，中日之间力量对比的变化及其关系的平稳与否也影响到英国对外政策的制定与实施：当面对俄国势力南下的威胁时，“一直以极大的兴趣与同情关注着日本政治结构的发展与进步”[1] 的英国做出了放弃与衰败中的清政府结盟的设想，转而选择向崛起中的日本示好的政策决定。在甲午战争前的1894年7月16日英日双方签订了重新修订的《通商航海条约》，历史事实表明，该约确实产生了“使已经团结起来的两个国家间的友谊更加紧密”[2] 的巨大作用。而当日本的侵华要求已经超出了列强所能够承受的范围时，英国又不失时机地向中日双方施加压力，使中日间的矛盾得以避免发展成为战争，如在中日间在谈判“二十一条”面临破裂的危险时，英国指出中日战争会“破坏中国的独立与完整，而这是英日同盟的目标之一”。“按照同盟第一款，相信日本政府不会在未同英国商讨，以便给英国一个提升两国友好关系的机会之前，就关闭与中国谈判的大门。”同时表示，“尽管在强国与弱国交涉时，弱国不适当的抵制是令人恼怒的，但强国应该有足够的耐心”。面对这种压力，日本方面表示并不要求日本人在中国政府的外国顾问中占有绝对多数，也并非要求在军械弹

① The Earl of Kimberly to Viscount Aoki, British Parliamentary Papers（以下简称BPP），[C-7548.], Japan, №1 (1894), Aug. 1894, p. 143.

② The Earl of Kimberly to Viscount Aoki, BPP, [C-7548.], p. 143.

药的供应方面享有排他性特权。① 这意味着日本部分地放弃了第五号要求。

之后，英国又向中国方面施压，英国外相格雷称，“我理解到，向一个没有任何讨价还价空间的最后通牒屈服是一件很困难的事情。但是，最后通牒并没有包括尚未解决的第五号要求，这就是日本的一种让步。我认为，中国应利用这一机会达成协议”。格雷在施加压力的同时，还彻底打破了中国妄图通过引起他国干涉的“以夷制夷”的幻想。他表示，“现在世界各国均忙于战争，没有其他任何国家能够干涉中日之间的纠纷，而只能由两国单独解决”。他诚挚地希望“在日本撤销了第五号要求后，两国能够达成协议”。格雷还同时指令在中国的朱尔典，“如果第五号要求已经从最后通牒中撤销，则你应该利用你的影响使中国接受日本的最后要求”。② 而朱尔典已经于5月7日向中国表示，“日本将第五号要求推迟到将来再行讨论的决定给人留下了值得赞赏的印象，并且这可以被认为是已经放弃了对第五号的要求”。“强烈建议中国接受，”同时，他很自信地表示“相信中国将会这么做”。③ 在接到格雷的指令后，朱尔典又回复格雷称，他“已经用最强烈的言辞敦促中国接受”。④ 1915年5月8日，中国正式决定按照英国的建议，即以“清晰、简洁的回答来接受日本的所有要求”时，英国的紧张情绪才有所放松。

由上述分析可以看出，当影响中日关系的第三方国际力量非常强大且居主导地位时，该种力量能够最大限度地维护中日关系基本处于平稳发展状态之中。但也需看到，作为19世纪末20世纪初影响中日

---

① Kenneth Bourne and D. Cameron watt, British Documents on Foreign Affairs: Reports and Papers from the Foreign Office Confidential Print,（以下简称 BDFA）, University Publication of America, 1989 – 1990. Part Ⅱ, Series E, Vol. 1: Japan, August 1914 – May 1915, Doc. 629, pp. 338 – 339.

② BDFA: Part Ⅱ, Series E, Vol. 1: Japan, August 1914 – May 1915, Doc. 639, pp. 342 – 343.

③ BDFA: Part Ⅱ, Series E, Vol. 1: Japan, August 1914 – May 1915, Doc. 637, p. 342.

④ BDFA: Part Ⅱ, Series E, Vol. 1: Japan, August 1914 – May 1915, Docs. 646, 647, pp. 345 – 346.

关系的主要国际力量，英国虽然仍不失为世界大国，但相比较而言，它已经走上发展的下坡路，其影响力也相应地日渐衰退，所以即使它在某种程度上能够较大地影响到中日关系的发展进程，但却无力改变中日关系发展的根本走向。另一方面，虽然中日关系的变动也会影响到英国某些领域内的外交活动，但基本不会改变其整体外交走势。其原因当然是由于当时的中日两国仍然是作为区域力量而存在，无论从软实力来观察还是从硬实力来评判，中日两国都不具有影响国际大势的实力，因而中日间关系的变动基本不会在国际社会引发“地震”效应。

四 美国：近代中日关系的“平衡器”与“终结者”（1922—1972）

作为英国全球扩张副产品之一的美国人的血脉中流淌着的完全是盎格鲁—撒克逊民族的血液，自然具有天然的扩张本性，所不同的只是美国作为天生的资本主义国家，它在大力推进资本主义发展的道路上几乎没有任何历史遗产的负担，它只需毫无顾忌地轻装前进，所以它能够在短期内完成旧大陆上百年间才能完成的资本主义发展的任务，并在仅仅一百年的时间内就成为世界上经济实力最强大的国家。这种成就当然来自资本追求利润最大化的扩张本性所创造的巨大生产力，而也正是资本的这种天然本性推动着美国走向世界舞台的中心。

虽然美国在立国之初曾经打出“孤立主义”的旗号，但这不过是一种在追求国家利益最大化的过程中抵制旧大陆干涉的权宜之计，当国家强大到足以以实力为后盾来推进其国家利益时，“门户开放”成为美国的口头禅，并迫使各国在华盛顿会议上公开接受这一原则，从而建立起美国主导的华盛顿体制，这表明美国开始尝试着主导国际事务，特别是远东太平洋地区的事务。明显的例证就是20世纪20年代的哈定政府“已经决定，美国未来的利益指向南方和西方而非东方”，并且将美国“海军的基本力量集中于太平洋，放弃了历史上形成的在大西洋保持第一流海军战斗力的传统政策”。[①] 这充分表明已经具备相当实力的美国开始取代英国成为亚太事务的主导力量，同时也成为影响中日关系的居主导地位的第三方国际力量。

曾经将日本从“锁国”状态拉入到国际社会中的美国，却又反过来由日本通过偷袭珍珠港的方式将“孤立主义”这块遮羞布彻底从美国头上揭下，使美国甚至在策略上也不再坚守“孤立主义”。潘多拉盒子被打开之后，世界就成了美国人的世界，第二次世界大战后美国人将“门罗主义”的原则扩展到世界任何一个角落，“它现在宣布，不论什么地方，不论直接或间接侵略威胁了和平，都与美国的安全有关”，[②] 在这种全球“遏制”战略支撑下，美国以其强大的实力为后盾，以资本主义阵营头领的身份与以苏联为首的社会主义阵营分庭抗礼，展开了持续近半个世纪之久的“冷战”，最终以“胜利者”的姿态在冷战结束后继续傲立于世界头号强国之巅。无论美利坚的强大帝国是“应邀”[③] 建立的，还是以其强大实力“强制”建立的，美帝国都以世界事务主导者的身份积极地活跃在世界舞台上，这当然也包括今天日趋成为热点地区之一的亚太地区的舞台。

自中日关系进入近代以来，其主旋律就是臭名昭著的“大陆政策”主导下的侵略与被侵略，只是方式和手段的差异：自 20 世纪 20 年代的华盛顿会议起至“九·一八”事变前的十年内，日本侵华战略开始以退为进，在退出山东的同时，却加强了在“满蒙”地区的扩张，并强化了“不干涉”幌子下的经济侵略政策。“九·一八”事变至太平洋战争爆发前的十年是“灾难性的十年，其开始和结束都伴随着日本的军事行动”。[④] 期间，日本侵占东三省，拼凑“伪满洲

---

① BDFA: Part Ⅱ, Series E, Vol. 3: Japan, January 1920 - June 1921, Doc. 340, pp. 398 - 399.

② ［美］哈里·杜鲁门：《杜鲁门回忆录》（第 2 卷·考验和希望的年代），李石译，东方出版社 2007 年版，第 128 页。

③ Geir Lundestad, *Empire by Invitation? The United States and Western Europe, 1945 - 1952*, Journal of Peace Research 23 (September 1986), pp. 263 - 277.

④ *Peace and War: United States Foreign Policy (1931 - 1941)*, Washington: United States Government Printing Office, 1943, p. 1.

国”，发动“一·二八”事变，侵占热河，推动“华北自治运动”，制造“蒙古军政府”，发动“七七事变”，从而开始了野心勃勃的全面侵华战争。“上帝令其灭亡者，必先令其疯狂”，偷袭珍珠港使日本最终走上毁灭的道路。太平洋战争爆发后，日本将对华作战的主力调往太平洋战场，对华则开始玩弄所谓“新政策”的政治骗局，不干涉占领区中国的内政，废除中日间一切不平等条约，将一切权益归还汪精卫政府，妄图使“蒋介石重庆政府再没有与日本继续战争的理由”，以造成“汪蒋与日本妥协的最大前提”。[①] 当然这种新政策并没有产生实际效果，最终日本在中外力量的联合打击下宣告投降。战后，中日双方分属“冷战”的两大阵营，这成为两国在第二次世界大战后近三十年间相互关系的主题。随着“冷战”的缓和，出现了中日双边关系正常化的契机，1972 年《中日和平友好条约》签署，正式结束了近代中日关系近百年的非正常状态的双边关系，开启了全新双边关系的历史。

综上可以看出，“兴于战争，衰于战争”的欧洲诸国经过第一次世界大战的打击，对国际事务的影响力已经开始弱化，之后，又经历了经济大危机及第二次世界大战的双重打击，欧洲列强已经开始唯美国的马首是瞻。在亚洲，随着在国际事务中逐渐显露头角的美国宣称“亚洲是亚洲人的亚洲”，[②] 美国也逐渐开始取代英国成为影响近代中日关系变动的主导因素。美国的亚太政策是在该地区扮演“平衡者”的角色，用现任美国国防部副部长卡特的话来说就是用美国的“每一个美元，每一艘军舰、每一架飞机”来确保美国能够“有效实施战略再平衡”，[③] 这种政策一直延续到今天，并且有继续下去的趋势，其目的以维持该地区的相对稳定，保持并乘机扩大美国在该地区的势力存在及影响力，同时防止该地区的两大国——中国与日本结成某种

---

① ［日］重光葵：《重光葵著作集》（卷 1），《昭和の动乱》，东京：原书房 1978 年版，第 224—227 页。

② Lindsay Russell, *America to Japan*, New York and London: G. p. Putnam's Sons, 1915, p. 292.

③ 路透社华盛顿 2012 年 10 月 3 日电。

超越伙伴关系的友好关系，而使其保持一种敌对—竞争而又相对稳定的关系，以使美国能够从中谋利。

华盛顿会议是美国在国际事务中扮演主导角色的第一次排练，也是美国面对处于强势的日本意图强力独霸软弱的中国的事实而深度介入中日关系以维持中日间相互关系相对“稳定”的第一次尝试，并且取得了巨大的成功：解体了日本侵华所赖以保护的英日同盟，重新从国际法意义上确认了对华“门户开放”政策的合法性，限制了日本海军的恶性扩张，逼迫日本交还山东等，从而建立起美国控制下的太平洋机制。但囿于经济利益（见表一）、军事实力（见表二）及国内民众的和平主义孤立主义情绪、“先欧后亚”战略等多种因素的影响，美国在太平洋战争爆发前并未能对中日关系的变动产生实际性影响，而中日关系也继续沿着被侵略与侵略的方向发展，并且有愈演愈烈之势。

当日本的侵华胃口不断扩大，且有灭亡中国之虞时，美国又开始主动地承担起维持中日关系相对“稳定”的任务，即逐渐采取部分措施来限制日本的行动，以防止日本彻底颠覆中国政府。如“九·一八”事变后，针对日本建立伪满洲国的行动，“美国政府不能认可任何事实上的情势的合法性；也无意承认中、日两国政府或其代理人之间缔结的可能有损美国或其在华侨民的条约权利的任何条约和协定，包括涉及中华民国的主权、独立或领土及行政完整，或通称为‘门户开放’政策的这一有关中国的国际政策在内的条约和协定；也无意承认因违背中、日、美均为缔约国的1928年8月27日《巴黎公约》的条款和义务所导致的任何局势、条约或协定”。[①] 这虽然是相对比较消极的声明，但它毕竟明确地提出反对日本用武力手段侵占中国土地，损害中国主权，破坏中国领土完整，且“不承认”其造成的事实，这无疑是对日本侵华行动的一种阻遏，也成为其后至太平洋战争爆发止美国针对中日间一系列“事变”的政策基调。

---

① United States Department of State, Foreign Relations of the United States（以下简称FRUS）, U. S. Government Printing Office, 1932, Vol. 3, the Far East, p. 8.

表一　　美国国民经济及美国对外经济活动简表

	20 世纪 20 年代（百万美元）	20 世纪 30 年代（百万美元）	20 世纪 40 年代（百万美元）
美国对亚洲出口	872	448	619
美国从亚洲进口	1397	854	980
美国对欧洲出口	4466	1838	1645
美国从欧洲进口	1228	911	390
美国出口总额	8228	3843	4021
美国进口总额	5278	3061	2625
美国国民生产总值（按当年价格计算）	91500	90400	99700

表二　　1941 年日美开战前两国海军舰艇情况对比表①

		战列舰	航空母舰	甲级巡洋舰	乙级巡洋舰	驱逐舰	潜艇	合计
日本	只数	10	10	18	20	112	65	235
	吨位	301400	152970	158800	98855	165868	97900	975798
美国	只数	17	8	18	19	172	111	345
	吨位	534300	162606	171200	157775	239530	116621	1382026

（注：自华盛顿会议后美国以日本为主要对手着重加强其最为倚重的海军的建设，虽然从数量上看，美国占有优势，但美国处于两洋作战的地位，而日本海军的注意力只在太平洋，因此相对而言在太平洋上日本仍处于优势地位。）

太平洋战争爆发后，罗斯福致电蒋介石称，中国在英勇抵抗日本的武力侵略四年半之后，得到了美国原则和实际上的同情，所有遭到日本威胁的国家如今都将加入到支持中国的阵营中来。② 自此，美国与中国结成针对日本的反法西斯同盟国，美国对中国取得抗日战争的胜利也作出了巨大贡献，如通过“租借”方式向中国政府输入军事

① 参见 Winston Churchill, *the Second World War: The Gathering Storm*, Mariner Books, Reissue edition, 1986, pp. 519 - 520；以及［日］服部卓四郎《大东亚战争全史》（第一册），张玉祥等译，商务印书馆 1984 年版，第 279 页。

② United States Department of State, FRUS, 1941, Vol. 4, p. 739.

物资,[1] 改善了中国军队装备；诸项借款（见表三）则在改善中国交通及通信状况，增强运输及国防力量；维护中国货币进而维护政局稳定，稳定人心等方面都起到了一定的作用，同时对增强中国坚持抗日的信心方面也收“打强心针之效能”。[2] 可以说，美国在结束中日间侵略与被侵略的非正常关系方面起到了不可或缺的推动作用。

表三　　**抗战期间美国对华借款统计**[3]

时间	名 称	年息（厘）	合同额（百万美元）	实际支用额（百万美元）	用途
1939	桐油借款	4.5	25	25	购买美国农产品及工业品
1939	联洲公司飞机借款	5	12	4.424	购买飞机及其配件
1940	华锡借款	4	20	20	购买美国农工产品（不可购军用飞机，但可购民用飞机）
1940	钨砂借款	4	25	25	购买美国物料
1941	平准基金借款	1.5	50	10	由美国联邦准备银行向国民政府购买法币
1941	金属借款	4	50	50	一半用以资助输美偿款金属运输等费，另一半用以支付输华美国农工产品货价
1942	财政援助借款		500	500	发行美元公债基金及美元节约储蓄券基金各1亿美元；购买美国布匹、印钞器材等8000万美元
1945	永利化学公司借款	4	16	2	采购美国机器设备与材料、雇用美国技术人员等

① 关于租借总额各方来源数据不一，具体参见吴景平《抗战时期中美租借关系述评》，《历史研究》1995年第4期。

② 中国社会科学院近代史所编：《胡适任驻美大使期间往来电稿》，中华书局1978年版，第97页。

③ 参见财政科学研究所、中国第二历史档案馆编，李增寿主编《中华民国史档案资料丛刊：民国外债档案史料》（11），档案出版社1991年版各部分；秦孝仪主编：《中华民国重要史料初编·对日抗战时期》，第三编：战时外交（一），中国国民党中央委员会党史委员会1981年版，经济援助及军事援助部分，第221—533页；Arthur N. Young, *China and the Helping Hand* (*1937-1945*), Harvard University press, 1963, p. 130.

日本战败投降后，特别是中华人民共和国成立后，中国逐渐成长为“世界上的一大强国”，且“被人不安地看作是一个令人畏惧的好斗的国家”，而不再是“一个被投以贪婪的目光、即将被瓜分的弱国”,① 相反，日本却面临着战后被“瓜分”的可能，中日双方又一次面临国力对比的失衡局面，为维持亚太地区的相对稳定，美国开始有意识地扶植日本，并力图将日本建设成为其在远东针对共产主义的“防波堤”。《旧金山和约》及其后的《日美安保条约》与《日美行政协定》共同将日本绑在了美国在亚太地区进行冷战的战车上，当然独立后的日本吉田茂政府的“外交三原则”也表明，日本甘愿充当美国在亚洲进行冷战的马前卒，自此，美国又与日本结成了针对以中国为主的冷战同盟。

但 20 世纪 70 年代初，随着日本成长为资本主义世界中仅次于美国的第二大经济体之后，日美经济摩擦愈演愈烈，美国又开始用中国作为平衡越战后日本在亚洲的影响的砝码，以维持美国对亚太地区事务的影响力。1971 年 7 月 15 日，尼克松在事前对日本未作任何通知的情况下，突然宣布他将正式访问中国。在美国越顶外交的刺激下，日本在对华政策上逐渐采取独立行动，并先于美国与中国建立起正式的外交关系，从而结束了中日关系历史上非正常状态的漫长的近代时期，而美国在此过程中发挥了积极的推动作用，因而可以说，美国扮演了近代中日关系“终结者”的角色。

结　论

通观全文的分析可以得出以下结论：

首先需要界定本文所要讨论的对象所处的几个历史前提：第一，本文所讨论的时间范畴是中日两国国力对比失衡的近代，在这一时段内的中日关系的主流形态是敌对状态，这种敌对又以抗日战争的胜利

① ［美］斯塔夫里阿诺斯：《全球通史：1500 年以后的世界》，上海社会科学出版社 1999 年版，第 803 页。

为节点分为前后两个时期：前一时期为以军事对抗为主的侵略与被侵略为其特色；后一阶段则以政治、军事、经济、意识形态等全方位的冷战为主。由此，本文所讨论的第三方国际力量与中日关系互动的前提是中日关系处于非友好状态。

第二，中日两国在近代这一时间段内的国力对比由最初的严重失衡向最后的逐渐平衡转化。

第三，在这一时间段内，本文所选取的对中日关系产生重要影响的国际力量包括当时对于中日两国国力而言处于弱势的朝鲜，同时还包括处于走向衰势的昔日强大帝国英国，以及正在走向并已经到达发展巅峰阶段的世界帝国美国。

在以上几个前提下，第三方国际力量与进度中日关系的互动模式可以总结为：

第一，当与近代中日关系进行互动的第三方力量相对于中日两国而言处于弱势地位，且对于中日两国而言都具有重要的战略意义时，该力量对中日关系的影响会因中日双方国力对比的变化而有所不同：其一，中日两国国力相当的情况下，该力量往往能够发挥相对重要的作用，通常也能够主动发挥影响力，它的选择倾向也常常会对中日双方产生决定性影响，这种主动选择的结果对中日关系而言在短期内可能会引起双方国力对比的失衡，而失衡的结果则可能会导致整个东亚格局的震荡和变迁。其二，当中日两国国力对比失衡且差距较大时，该力量往往是被动地发挥影响，即其被剥夺了选择权，其结果是消极的，对中日两国而言则是强者愈强，弱者愈弱。反之，中日关系的走向也深深地影响着处于弱势的第三方国际力量：当中日关系处于稳定发展态势时，该种力量自然也能深得其惠；但当中日双方处于敌对状态时，该种力量的命运则充满了变数。

第二，而当影响中日关系的第三方国际力量处于强势地位时，其影响程度视第三方国际力量的强大程度可分为两种结果：

其一，第三方力量的强势地位已因其他因素的影响而不再稳固，且其并未强大到足以改变中日关系的根本走向时，其对中日关系发挥影响的态度是消极的，甚至是牺牲中日双方间较弱一方的利益而对另一方采取绥靖政策，目的是维护其既得利益，在可能的情况下又助纣为虐，乘机使其既得利益最大化。但当其绥靖态度使中日双方国力对比发生根本性失衡，且可能会导致其中一方覆灭时，这当然会影响到该第三方的根本利益，该第三方也会采取适度措施，来限制其绥靖对象的过度扩张。

其二，当影响中日关系的第三方力量强大到成为一个真正的“世界帝国”，并足以改变中日关系的根本走向，甚至足以影响和改变整个世界局势的走向时，该“帝国”的世界性决定了其任务为维持它所建立的世界帝国的相对稳定，至少是防止出现足以颠覆其世界性“统治”地位的力量。其策略一是通过打击、压制等方式来直接消除挑战力量，以维持其治下的秩序稳定；二是通过在地区范围内制造纠纷来为地区内的挑战者寻找一个敌对、矛盾的竞争者，使挑战势力的能力在地区内部得以消耗殆尽，从而维持该地区的相对稳定，进而维系其世界性“帝国”的相对稳定，东亚地区正是后一种策略实施对象的典型案例。同时，可以看到，当与近代中日关系互动的第三方力量处于强势时，中日关系仅仅是该种力量全球战略中的一个并非处于关键地位的组成部分，因而，和平状态下中日关系对该力量的反作用是微乎其微的，只有当中日关系发展成为极端状态时才能够在较大程度上影响到该种力量的战略决策。但也必须认识到，在中日两国均为地区性国家，而尚未成长为世界性大国的时代，中日关系对处于强势地位第三方国际力量的影响是相对较弱的。

纵观全文的分析，可以对本文所提问题做如下总结：

从中日两国关系状态与强势力量的互动中可以看出，外部强势力量为维持其在东亚地区的权益而使该地区内主要国家（如中日两国）间始终处于一种敌对至少是非友好的关系状态中，以便于维持其在该地区的影响力和势力存在。

从中日两国关系状态与弱势力量的互动中可以得出结论：当东亚地区尚未成长为强大的国际政治力量的情况下，只有该地区内的主要国家间携起手来，才能加大自身在国际事务中的影响力，同时也才能够有效对抗地区外势力的不良影响。

【作者简介】朱海燕，女，山东人，吉林大学历史学博士，现为河南大学历史文化学院副教授，河南大学世界历史研究所成员，研究领域为世界当代史、日本史。

论中国改革开放政策对中日贸易关系的影响（1978—1991）

李愿富

【摘要】 1978—1991 年是中国改革开放的起步阶段，是由计划经济向社会主义市场经济过渡的探索时期。同时，该时期也是日本大力推行出口市场和能源资源进口市场多元化战略的重要时期。通过中国改革开放政策与日本政府的“两个市场多元化”战略的衔接，中国改革开放政策成为推动日本对华贸易政策调整的主要外部动力；日本企业则通过加强与中国各部、研究机构和地方企业的贸易合作，大力开展加工贸易、补偿贸易和技贸结合，响应中国的改革开放政策；这些战略和政策的调整反过来又改变了日本对外贸易格局，实现了日本进出口市场由美国以外地区向中国市场转移。改革开放初期，中国改革开放政策在促进中日贸易关系发展方面发挥了巨大作用。

【关键词】 改革开放；中日贸易；日本政府；日本企业

新中国成立后，在相当长时间里，中日贸易一直处在“有民间贸易而无官方往来”的不正常状态，至 1972 年中日邦交正常化后，中日贸易关系才逐步恢复正常。1978 年年底，中国改革开放政策的实施为中日贸易关系的腾飞插上了翅膀，中日贸易开始快速发展。1978—1991 年为中国改革开放的起步阶段，是由计划经济向社会主义市场经济过渡的探索时期。同时，该时期也是日本大力推行出口市场和能源资源进口市场多元化战略的重要时期，是日本企业积极开拓新边疆、寻求新兴市场的时期。从中国改革开放政策与日本“两个市场多元化”战略衔接的角度来全面系统探讨该时期中国改革开放政策对中日贸易关系的影响，国内学术界相关研究还没有。在当前中国进一步深化改革、扩大开放的大背景下，如何实现中日两国经贸战略的衔接，推动中日贸易关系的健康顺利发展，是摆在我们面前亟须认真思考的问题。

一 中国改革开放初期政策(1978—1991)

1978 年年底召开的党的十一届三中全会，作出了将党的工作重心转移到现代化建设上来，实行改革开放的伟大决定，揭开了中国历史的新篇章。1978—1991 年为改革开放起步阶段，我国在外贸管理体制、利用外资体制和区域开放战略方面进行诸多改革和调整。

外贸管理体制改革：调整外贸组织机构，成立进出口管理委员会以及海关总署和新的对外经济贸易部；下放部分外贸行政管理权，扩大直辖市、自治区、沿海省份的外贸审批和经营权；实行对外贸易经营代理制，强调工贸结合、技贸结合、进出口结合。1979 年建立外汇留成制度，允许出口企业将出口所得外汇按一定比例留成。1985 年在深圳设立外汇调剂中心，打破国有企业与外资企业之间外汇调剂的壁垒，逐步形成外汇市场；1981 年实行双重汇率制，成为对计划经济体制的突破。在出口政策方面，实行出口补贴和出口退税政策；在进口政策方面，为贯彻国家的产业政策和鼓励出口贸易，对进口生产资料以及经济特区和经济技术开放区的外商投资企业等实行关税减免优惠。但改革开放初期，还存在着一些行政性控制手段，例如进口替代商品清单及一些内部规定，透明度不高，不符合国际贸易惯例，维持着较高的进口税率。

利用外资体制改革：该阶段是我国由计划经济向市场经济转型的重要时期，一系列利用外资的重大政策和措施相继出台，成为我国改革开放的重要标志之一。1979 年 7 月，我国颁布了第一部利用外资的法律——《中华人民共和国中外合资经营企业法》，同年 8 月，国务院又设立了外国投资管理委员会。1986年制定了《国务院关于鼓励外商投资的规定》，改善外商投资企业的生产经营条件。例如，在所得税方面，对外资企业实行了“免二减三”政策；在工商统一税和关税方面，外商投资企业享受远高于国内企业的减免税优惠；在进口机器设备和原材料，以及出口产品时，还享受免税待遇；同时国家给予外企以外贸进出口经营权及其他的自主权等。

区域开放战略：1979年7月，中共中央、国务院批转了广东、福建两省委关于对外经济活动实行特殊政策和灵活措施的报告。1980年，中央决定在深圳市、珠海市、汕头市、厦门市试办经济特区。1984年和1985年，又开放沿海的大连、天津、青岛等14个港口城市，以及开辟长三角、珠三角、闽南厦漳泉三角洲和辽东半岛、胶东半岛为沿海经济开放区。1988年，国务院批准建立海南经济特区，1990年又决定开发上海浦东新区。至此，改革开放初期，我国通过经济特区——沿海开放城市——沿海经济开放区——内地，逐步形成了由沿海向内地梯度式发展的开放格局。国家给予这些经济特区和经济开放区更多的优惠政策，发展外向型经济，吸引三资企业和“三来一补”企业，主要有：扩大地区自主权；给予外资税收优惠；放宽审批限制，简化手续；允许提供先进技术的产品在国内市场部分销售等。

二　日本政府对华贸易政策的积极调整

1. 日本政府对中国改革开放政策的积极响应

1978年年底，随着中国实行改革开放政策，国家发展战略由“以阶级斗争为纲”转向“以经济建设为中心”的社会主义现代化建设上来。对此，日本政府作出了积极响应，并表示支持中国现代化建设和改革开放事业。1979年12月日本首相大平正芳访华时，表示：“对于中国的现代化，我国愿尽可能的进行合作。”[①] 双方在政府开发

① 财团法人霞山会，「日中関係基本资料集（一九四九年——九九七年）」，東京：霞山会，1998年版，第534頁。

援助、资源合作开发、特惠关税和科学技术合作等方面达成广泛共识，在基于中国改革开放政策，对中国现代化进行援助的方针下推进对华经济合作。该政策被此后历届日本政府所继承，并调整了其对华贸易政策。

2. 出口市场多元化战略下的对华市场转移政策

改革开放前，日本的出口市场逐渐形成了以美国、东南亚、西欧和中近东地区为中心的“四大支柱”格局，据日本通关统计，1978年其占日本出口比重分别为25.5%、24.4%、15.4%、10.5%（中国为3.1%）。[①] 但是自20世纪60年代末以来，日本与欧美等国就钢铁、彩电、汽车和半导体等商品贸易摩擦愈演愈烈。至80年代初，为了“减少在特定市场的贸易摩擦造成的出口贸易环境的不稳定性，进而强化经济基础”，[②] 日本适时提出出口市场多元化战略，日本试图在稳定并扩大欧美等传统出口市场的同时，转向亚洲地区。而实行改革开放政策，拥有巨大市场潜力的中国，无疑是这种多元化战略的重点。正如1987年前通产省事务次官小长启一曾建议日中经济协会官员，为了缓和与美国的贸易紧张状况，日本需要将其经济重心进一步移向亚洲而不至于损害日美双边关系。密切的日中经济合作可以很好地服务于这种贸易多元化战略。[③] 指出了该时期日本对华经济外交的基本目标。

为此，一方面，日本通过与美国签订有关纺织品、钢铁、汽车和半导体等协定，以自主出口限制方式抑制了对美市场急速扩张的势头。另一方面，采取措施开拓中国市场，实现出口市场的转移。1979年日本政府向中方提出延长《中日长期贸易协定》的建议，双方决

---

① 「昭和53年度の国际収支の概要」，「財政金融統計月報」1979年6月号（第326号）：http://www.mof.go.jp/kankou/hyou/g326/326_b.pdf。

② 「输出市场の多角化」，日本経済産業省，「通商白書」，1981年（S56年版）：http://www.meti.go.jp/policy/trade_policy/whitepaper/html/backnumber.html。

③ Nitchu Keizai Kyokai Kaiho, Journal of Japan - China economic association, Nov., 1987, pp. 10 - 11. Qingxin Ken Wang, "recent Japanese economic diplomacy in China: political alignment in a changing world order", Asian Survey, Vol. 33, No. 6, (Jun., 1993), pp. 625 - 641.

定将有效期延长至1990年，出口总额分别扩大到200亿—300亿美元，采取延期支付的方式，双方同意将1979年以来由中国技术进口总公司从日本进口的各种技术和成套设备，全部按照《中日长期贸易协定》进行交易。[①] 在中国解禁接受外国援助禁区后，1979年日本政府对华提供了第一次政府开发援助，也成为向中国出口成套设备和技术等的重要手段。中日之间租税条约（1983年）签订后，投资环境进一步改善，日本政府于1985年11月开始向中国提供贸易保险，[②] 该保险可以作为抵押用以获得日本输出入银行贷款以实现出口或海外投资。此外，日本政府还通过修订《出口贸易管理令》（1981年），进一步放宽电子计算机、半导体制造装置等高科技产品对华出口（1988年），逐步缓和了对华COCOM规制。在这些政策措施的推动下，在80年代，尤其是上半期中东和东南亚市场出口不振，日本与欧美等国就钢铁、彩电、汽车和半导体等贸易战白热化的情况下，对中国市场成套设备、钢铁等出口增长迅速，为苦于两次石油危机和日益恶化的国际贸易环境而出口增长缓慢的日本产业找到了作为出口其过剩商品的宝贵新兴市场。

针对中国市场调整其产业和贸易结构。中国实行改革开放后，为了实现“四个现代化”，引进西方先进的技术和设备变得不可或缺，尤其是资本和技术密集型的成套设备的进口。同时，随着人民生活水平的提高，对电视机、汽车等耐用消费品的需求提高。针对改革开放后中国市场的变化，1980年日本通产省提出的《日本产业政策》[③] 报告书，将实行改革开放政策后的中国置于巨大市场和资源稳定供应国的位置，指出应紧紧抓住作为日本制成品出口和重化学工业原料进口的中国市场，即中国市场与未来日本经济体制的发展方向直接联

---

① 财团法人霞山会，「日中関係基本资料集（一九四九年——九九七年）」，第530頁。

② JETRO White Paper: Foreign Direct Investment, 1985, p. 138. Qingxin Ken Wang. recent Japanese economic diplomacy in China: political alignment in a changing world order. Asian Survey, Vol. 33, No. 6, (Jun., 1993), pp. 625 - 641.

③ 通商産業省通商政策局北アジア課，「日本の産業政策（各論）」（一九八〇年九月），第178—181頁。

系。这表明日本政府将调整产业结构和贸易结构以适应中国市场的需要。一方面，20 世纪 80 年代日本政府确立了“技术立国”战略，通过创造性地自主技术开发，实现产业结构的高度化和高附加价值化，以维持以日本为雁首的东亚雁行形态，而将一些对中国来说仍待亟须发展的边际产业转移到中国，如低级食品加工、纺织、钢铁、化工等行业。另一方面，大力支持这些行业所需成套设备和技术的对华出口。例如，日本政府为了摆脱两次石油危机后国内经济的不景气，推进出口商品结构升级，有意识地把成套设备作为重要的战略性出口商品而积极加以扶植，针对改革开放后中国经济建设的需要，通过签订长期贸易协定和提供政府开发援助向中国市场出口。当时通产省矢野俊比古局长表示，“在一定程度上可以确保广阔的成套设备出口市场”。[①] 在中国改革开放政策的推动下，日本政府通过升级产业结构和贸易结构，提高自身产业和产品的竞争力，也促进了中日贸易量的增加和质的改善。

3. 进口市场多元化战略下的对华市场开放政策

改革开放前，由于受两国政治关系和国内技术设备等限制，中国能源资源对日出口主要以民间形式进行小规模的易货贸易。改革开放后，随着有关能源资源出口在思想和法律上的解禁，将石油、煤炭等能源资源作为“拳头商品”扩大出口，成为该时期我国外汇收入的重要来源。而对海外能源资源依存度较高的日本在两次石油危机冲击下，提出了经济上的综合安全保障战略。在能源资源对策方面，采取推进能源资源供应途径的多元化；积极推动资源开发；实施原料碳、铁矿石、铜、木材等广泛的长期合作，以确保进口等。[②] 在这种情况下，开发中国的能源资源就成为日本推进能源资源供应途径多元化战

---

① ［日］矢野俊比古：《日中长期贸易协定的意义和问题》，载［日］世界经济研究协会《世界经济评论》1978 年 5 月号，第 35—36 页。转引自金熙德《日本政府开发援助》，社会科学文献出版社 2000 年版，第 175 页。

② 「資源エネルギー问题に対する今后の対応」，「通商白書」，日本経済産業省，1980 年（S55 年版）：http：//www. meti. go. jp/policy/trade_ policy/whitepaper/html/backnumber. html。

略的重要一环。1979 年 12 月，日本首相大平正芳访华时就表示：“（中日）资源开发合作不仅有助于中国的现代化建设，而且也有助于我国资源的稳定供给，明年 4 月对中国实行特惠关税制度。从帮助中国人才培养的角度，今后将推动各个领域的技术合作。”①

在具体措施方面，第一，通过延长《中日长期贸易协定》至 1990 年，获得能源资源的稳定供给。通产省矢野俊比古局长曾表示，这（《中日长期贸易协定》）将“有助于确保资源、能源来源的安全保障，同时也有利于资源市场的多元化”。② 第二，对华提供贷款和援助。日本政府在 80 年代向中国提供了两次输出入银行能源贷款和政府开发援助，解决了中方在开发能源资源方面紧张的资金问题。当时日本外相大来佐武郎就指出，从确保资源能源的观点看，应对中国提供日元贷款。③ 第三，对华能源开发进行技术合作。1980 年 5 月，中日两国签订了《中日科学技术合作协定》，就科技人员派遣、共同研究、信息交换等方面作出了安排。日本通产省并于 6 月向中国派遣了煤炭液化访华团。第四，整顿国内炼油体制，支持开发专门针对中国重质油的技术和设备。当时矢野局长曾表示，“从轻质油向重质油的转变将更加重要”。④ 强调从中国进口重质油对于日本能源稳定供给的重要性。为了增加中国石油的进口，日本通产相的咨询机构——重质油对策恳谈会提出了《关于重质油对策的最终报告》，旨在推动重质油分解设备的研究开发和实用化。⑤ 同时，投入政府资金来建设“带有重质油分解设施的大型石化公司”，积极推动中国原油及煤炭的进口。第五，日本政府还间接参与中国石油、煤炭的勘探和开发。

① 财团法人霞山会，「日中関係基本资料集（一九四九年——九九七年）」，第 534 頁。

② ［日］矢野俊比古：《日中长期贸易协定的意义和问题》，第 35—36 页。转引自金熙德《日本政府开发援助》，第 175 页。

③ 関山健，「日中経済関係はこう変わった—対中国円借款 30 年の軌跡」，高文研，2008 年版，第 58 頁。

④ ［日］矢野俊比古：《日中长期贸易协定的意义和问题》，第 36 页。转引自金熙德《日本政府开发援助》，第 186 页。

⑤ 「日本経済新聞」1979 年 3 月 30 日。

1980年，由日本政府出资成立的日本石油公团[①]参与渤海石油勘探开发以及内蒙古石油和天然气的勘探，由此也成为第一个参与中国陆上资源开发的外国企业。[②] 尽管由于中国内需的急增对日供应量有可能得不到保障，但通产省和石油公团仍表示，“从长远来看，合作开发中国石油将可以增强资源供应的多元化”。[③] 第六，在稀土和稀有金属进口方面。1980年5月签订的《中日科学技术合作协定》，为稀土原材料的联合冶炼设立了框架。例如1979年日本从中国进口了超过1000万吨的稀土原材料，价值160亿美元，1980年几家日本公司和中国冶金进出口总公司签订了长期合同，提供进一步提炼和提纯援助。[④] 1986年8月召开的日中高级事务会议上，中日双方政府就共同开发稀有金属达成一致。[⑤]

对华开放其国内市场。在“两个市场多元化”战略下，日本从中国进口的主要是能源资源等初级产品，而出口的多是高附加价值的资本品，这就造成中日之间贸易的不平衡，尤其是80年代中期。为了推动中日贸易的可持续发展，日本必须对华开放其国内市场，中方也曾多次要求日本进一步开放市场、降低关税、放宽进口配额，取消不合理的限制等。[⑥]。早在1979年12月，日本首相大平正芳访华时，就表示“应中国政府的要求，日本政府决定从1980年4月对中国开始实施对发展中国家适用的特惠关税制度”，[⑦] 同时派遣大藏省关税局长专程访华介绍情况。1980年其在会见到访的华国锋主席时，就

① 自1967年10月成立的日本石油公团不直接从事石油生产和经营活动，而是通过协助和指导各私营石油公司的生产和经营活动来推行国家的石油政策。

② “Tokyo Plays the ‘Oil Card’”, Newsweek, 2 Apr. 1984, p. 11. Josehp Y. S. Cheng, “China’s Japan policy in the 1980s”, International Affairs (Royal Institute of International Affairs 1944 –), Vol. 61, No. 1 (Winter, 1984 – 1985), pp. 91 – 107.

③ 「日本経済新聞」1980年5月27日。

④ Josehp Y. S. Cheng, *China’s Japan policy in the 1980s*, International Affairs (Royal Institute of International Affairs 1944 –), Vol. 61, No. 1 (Winter, 1984 – 1985), pp. 91 – 107.

⑤ 「日本経済新聞」1986年8月27日。

⑥ 「日本経済新聞」1986年6月3日。

⑦ 財团法人霞山会，「日中関係基本资料集（一九四九年——一九九七年）」，第544—545頁。

有关日方出超造成的贸易不平衡问题，表示双方应该相互努力改善。[①] 80年代中期，受到国际社会要求日本开放国内市场的压力，日本政府以《前川报告》为蓝本，推动以内需为中心的经济成长战略，采取措施扩大进口，以缓和出口贸易摩擦和黑字的扩大。同时，在1985年和1990年先后两次彻底废除了工业制成品的关税，农产品仅剩17个品目，工矿产品剩1种。[②]这些开放措施用日本首相中曾根康弘的话就是，"原则上适用于任何国家"。[③] 日本村田通产相也表示将采取措施，奖励增加进口中国制成品的企业。[④] 1986年发表的《通商白皮书》也将"对实行积极的经济开放政策的中国出口的急增"[⑤] 作为1985年日本贸易黑字扩大的特殊要因之一，并向中国派遣进口促进代表团。这些措施将有效地促进中日贸易的发展，正如1988年竹下登首相在西安纪念演讲中表示的那样，"在经济结构调整下内需扩大的我国和开放政策下努力扩大出口的贵国之间，贸易的进一步扩大有巨大可能，相信对于两国的繁荣来说也是不可缺少的"[⑥]。

三 日本企业对华贸易战略的转变

1. 日本企业对中国改革开放政策的反应

1978年，中国的改革开放开辟了日本企业对华贸易的新纪元。在改革开放起步阶段，因日本相关制造业缺乏对华贸易专业人士，拥有丰富对华贸易经验的各大商社在拓展这个被日本企业看作世界上仅

---

① 財団法人霞山会，「日中関係基本资料集（一九四九年——九九七年）」，第552頁。

② 「输入大国に向けて顺调に増加する我が国の输入」，「通商白書」，日本経済産業省，1990年（H02年版）：http：//www. meti. go. jp/policy/trade _ policy/whitepaper/html/backnumber. html。

③ 日本経済新聞」（夕刊）1985年5月21日。

④ 日本経済新聞」1985年7月19日。

⑤ 「貿易摩擦問題への対応」，「通商白書」，日本経済産業省，1986年（S61年版）：http：//www. meti. go. jp/policy/trade_ policy/whitepaper/html/backnumber. html。

⑥ 財団法人霞山会，「日中関係基本资料集（一九四九年——九九七年）」，第732頁。

残留的“大边疆”中扮演着重要角色，中日贸易实为商社贸易。各大商社都对改革开放后的中国市场极为重视，伊藤忠商事中国室长藤野文晤曾表示“该社将中国放在超重点市场的位置”，而且伊藤忠商事米仓功和日商岩井速水优就任社长后最先访问的都是中国，表现重视中国的姿态。丸红中国室长石田锭二也表示“这5年来，最稳定增长，维持高成长率的是中国市场，成为（丸红）仅次于美国的贸易对象国”。[①] 即便是对中国采取较慎重态度的三菱商事中国贸易部长西田重造也认为，“在没有其他成长性市场的情况下，中国是可以期待的有魅力的市场”[②]。这种对改革开放后中国市场的认识成为各商社的共同看法。

2. 日本企业对华贸易战略的转变

改革开放前，由于中国实行高度集中的计划经济体制，对外贸易也主要由中央的十大专业贸易公司垄断经营，渠道单一，形式缺乏灵活性。实行改革开放后，中国在外贸管理体制、税收和外汇等方面的改革，拓宽了贸易渠道，增加了贸易的灵活性，这成为推动日本企业调整对华贸易战略的主要原因。

（1）积极开展与中国各部、研究机构和地方企业等的贸易合作

三井物产驻中国首席代表、北京事务所所长久佐贺义光就中国贸易权力下放，表示要积极扩大从中国进口以带动日本对中国的出口，而且“现在我们日常联系的贸易公司的经营者都以很强的势头采取用户（生产企业）对策，在用户阶段就产生商业，我们也有必要采取措施来满足用户的需求”。[③]表明三井物产为适应中国外贸管理体制改革而采取加强与中国地方贸易公司和生产企业合作的战略，改变改革开放前只通过中央专业贸易公司的商业模式。如1979年6月，三井物产和尤尼吉可公司与中国地方企业——内蒙古自治区纺织工业公

① 佐藤孝，「最後の大フロンティアへ全力疾走」，「週刊東洋経済」1985年4月20日，第51頁。

② 佐藤孝，「最後の大フロンティアへ全力疾走」，第54頁。

③ 「いま、北京は世界で一番面白い一日中貿易の現場からの証言一」，「週刊東洋経済（国際経済臨時増刊号）」1985年7月15日，第203頁。

司之间签订了羊毛加工成套设备出口合同。① 三菱商事北京事务所所长小岛哲卫在谈到中国外贸权下放后外贸公司如雨后春笋般出现时，也表示：“我们进行商谈的都是（中国）政府授权的公司，所以不用担心外汇支付的问题，例如冶金工业部所属工厂购买铣铁，其签订进口合同的只能是冶金工业部进出口总公司。如是地方城市，就是其分公司，也就是接受委托的地方公司。”② 伊藤忠商事则积极与中国内陆地方政府和企业加强事业合作。如伊藤忠商事联合日本马自达汽车公司与成都市当地企业合资设立了第一家合资企业——中日出租车有限公司（1985 年），其所需面包车和客车 200 台全部由伊藤忠商事从日本马自达汽车公司进口。③

此外，1980 年 4 月，三井物产等日本综合商社也视察了中国改革开放最前沿的福建省，与当地政府积极探讨合作意向，寻求商机。④ 7 月，三井集团 23 社与中国国际贸易促进委员会之间签订了经济合作及技术交流备忘录。⑤ 住友商事与中国科学技术交流中心，丸红与中国国际贸易促进会，东棉和浙江省也分别签订了广泛的业务合作协定。可见，中国外贸体制改革拓宽中日贸易的渠道，增加了贸易活动的灵活性。

（2）大力开展委托加工贸易、补偿贸易和技贸结合

委托加工贸易、补偿贸易和技贸结合等作为改革开放后中国鼓励开展的贸易形式，在进口原材料、零部件、机械设备和出口制成品等方面给予关税减免等优惠政策，吸引日本商社来华开展业务。1979 年 8 月，日本贸易会派遣以住友商事会长柴山幸雄为团长的友好代表团对中国进行访问。因中国经济建设进入调整阶段，补偿贸易和合资等新的方式引起广泛关注，与中国国家计划委员会等领导就有关扩大

---

① 「日本経済新聞」1979 年 6 月 26 日。

② 「いま、北京は世界で一番面白い一日中貿易の現場からの証言一」，第 203 頁。

③ 「悲観・楽観の両極に揺れる各社の思惑一ブームはいつまで続くか一」，「週刊東洋経済（国際経済臨時増刊号）」1985 年 7 月 15 日，第 230 頁。

④ 「日本経済新聞」1980 年 4 月 17 日。

⑤ 「日本経済新聞」1980 年 7 月 25 日。

贸易进行了意见交换。[①] 在补偿贸易方面，1980 年 10 月，日绵和美国农业综合技术公司迪卡尔布调查公司合作，大规模开垦黑龙江东部三江平原的国营农场，这是与中国农垦部之间协议进行的，包括开辟两万公顷大规模农田和技术开发，贷款结算主要用大豆等作物偿还，偿还期为 5 年。[②] 在加工贸易方面，1981 年三井物产与日本郡是有限公司在山东省济南市的济南针织厂建设专用工厂，生产针织内衣，其产品由郡是有限公司全部购买，该公司提供生产所必需的约 3 亿日元的成套设备，并进行技术指导。[③] 这是自从中国政府在 1979 年鼓励加工贸易出口和补偿贸易后，日本逐渐参与了这种服装进口，1985 年以后的日元升值决定性的加速了这种趋势。[④] 在技贸结合方面，为了满足中国市场对快速增长的家电等耐用消费品的需求，三井物产联合集团关联企业东芝公司对天津彩色电视机厂进行技术援助，工厂所需零部件经三井物产从日本进口。在其他贸易形式方面，1983 年《中日关于所得避免双重征税和防止偷漏税协定》的签订，便利了中日双方开展贸易型投资。例如，1985 年三井物产与中国投资银行、中国技术进口总公司合资在上海成立了中国国际租赁有限公司，三井物产主要承担进出口贸易业务，物产副社长龟头诚表示，“中方对该社贸易业务的期待很大”，[⑤] 与投资银行组建租赁公司还是首家。日本综合商社参与的这种贸易型投资极大地带动了中日贸易的发展和扩大。

(3) 加强与外汇得到优先配给的企业和产业的贸易合作

改革开放前，在计划经济体制下，我国对外汇实行一元化管理，

---

① 「日本経済新聞」1979 年 8 月 10 日。

② ［日］白根滋郎：《战后日中贸易史》，方桂芝译，辽宁人民出版社 1988 年版，第 189—190 页。

③ 上野秀夫，「日中間の委託加工・補償貿易の実態と問題点」，「月刊海外市場」1982 年 3 月，第 34 頁。

④ Shuichi Ono, *Sino - Japanese Economic Relationships——Trade, Direct Investment, and Future Strategy* (world band discussion papers), The World Bank Washington, D. C., 1992. p. 9.

⑤ 佐藤孝，「最後の大フロンティアへ全力疾走」，第 52—53 頁。

并对外汇使用进行严格的限制；本币高估下的单一汇率体制只是结算工具，其作为调节贸易的重要手段并没有得到应有的发挥。在这种外汇体制下，日本各大商社在开展对华贸易中受到极大限制。改革开放后，国家对外汇体制逐步进行市场化改革，实行外汇留成制度和内部结算汇率与官方汇率并存的二重体制（1985 年以后变为外汇调剂汇率），特别是 20 世纪 80 年代中期外汇调剂中心设立以后，根据市场需求外汇得到较为合理配置，增加了外汇的有效供给，尤其是对中央授权的外贸公司和企业以及国家鼓励的出口产业发展所急需的机械设备和零部件等进口用汇优先配置。如前所述，三菱商事为了保证对华贸易的稳定发展，在选择贸易伙伴方面非常注重加强与中央授权的外贸公司和企业的合作，因为经过外汇体制改革，这些外贸公司和企业拥有更多的外汇留成，而且可以通过外汇调剂中心筹集进口所需外汇，保证双方签订合同的顺利履行。日绵实业将重点放在了外汇得到优先配给的产业领域，该社中国总经理松村诚三认为，中国外汇使用的主要对象是进口家电组装生产线和零部件，以及有利于出口产业的技术合作；就具体产业而言，轻工业、食品加工、纺织等是最优先的领域。[①] 日绵也以与衣食住相关企业改造领域为重点，积极进行食品加工等的投资和市场营销。此外，三井、伊藤忠商事、住友商事等其他日本综合商业也采取了相似的应对措施，以保证其对华贸易的顺利开展。

四　日本对外贸易格局的变化

在中国改革开放政策的推动下，日本政府和企业对华贸易政策和战略的调整，促使日本对外贸易格局发生了较大改变。改革开放前，日本的出口市场形成了以美国、东南亚、西欧和中近东地区为中心的“四大支柱”格局，就国别而言，中国为日本第七大出口市场，第八大进口市场。实行改革开放后，中国在日本对外贸易格局中地位日益提高。据日本海关统计，如表一所示：

---

① 「いま、北京は世界で一番面白い—日中貿易の現場からの証言—」，第 205 頁。

表一　**日本对主要国家出口构成比**　（单位:%）

国别/地区　构成比　年份	1978		1985		1988		1991	
	出口	进口	出口	进口	出口	进口	出口	进口
美国	25.5	18.6	37.2	19.9	33.8	22.4	29.1	22.5
韩国	6.2	3.3	4.0	3.2	5.8	6.3	6.4	5.2
西德（德国）	3.7	2.5	4.0	2.3	6.0	4.3	6.6	4.5
中国台湾	3.7	2.2	2.9	2.6	5.4	4.7	5.8	4.0
沙特阿拉伯	3.3	1.7	2.2	7.9				
中国	3.1	2.6	7.1	5.0	3.6	5.3	2.7	6.0

资料来源：日本财政金融统计月报（第410号、第484号）1986、1992年：http：//www.mof.go.jp/pri/publication/zaikin_ geppo/index.htm。

中国在日本出口市场中的比重从1978年的3.1%升至1985年的7.1%，成为仅次于美国的日本第二大出口市场。在进口方面，中国在日本进口中的比重也由1978年的2.6%升至1985年的5.0%，进一步上升至1991年的6.0%，成为日本第二大进口市场（除去沙特阿拉伯和中国香港）。可见，在中国改革开放政策的推动下，中国已经成为日本的第二大市场。

在贸易结构方面，改革开放前，中国是日本纤维制品、化学制品和金属制品的重要出口市场之一，尤其是其中的合成纤维、化肥和钢铁，分别位列第五、第一和第二。而包括成套设备在内的机械机器类对华出口则较少，1977年仅占0.43%，主要向美国、亚洲四小龙、西欧、中近东等地区出口。进口方面，仅矿物性燃料就占44%（石油占33%），其中日本煤炭主要从澳大利亚、美国和加拿大进口，石油主要从中近东的沙特、伊朗、科威特和东南亚的印度尼西亚进口，中国只占其进口总额的0.6%和2.8%。[①] 改革开放后，中国掀起的经济建设高潮带动了对日本成套设备和工业制成品的旺盛需求，同时也带来了汽车、电视等耐用

① 以上数据为计算所得，请参见日本财政金融统计月报第317号：www.mof.go.jp/pri/publication/zaikin_ geppo/hyou/g317/317.htm。

消费品的大量进口。1991年，日本对华纺织品出口已经超过美国和韩国（中国台湾和香港除外），占出口总额的11.7%，居第一位。对华钢铁出口也超过美国，在1985年达31.9亿美元，占24%，中国成为日本最大的钢铁消费市场。机械机器类对华出口增长迅速，所占比重由1977年的0.43%上升到1985年的5.7%，[①] 仅次于美国，其中，增长最快的是电视和汽车。据世界银行统计，1985年日本对华电视机出口增长了15倍，汽车增长了12倍，日本在1985年对中国出口是1983年的2.5倍。[②] 电视机和汽车等机械机器类出口市场实现了由美国以外地区向中国市场的转移。1984年和1985年，中国市场也居于日本成套设备出口十大市场之首。[③]

改革开放初期，中国日益成为日本最重要的能源资源进口市场。如表二所示，日本从中近东和东南亚地区的石油进口逐步下降的同时，从中国进口则增长迅速，其所占比重由1977年的2.8%增长到1991年的5.9%，增加了两倍多，在日本石油进口来源国中的地位也由第六位升至第四位。由此可以看出，在中国改革开放后的初期，日本实现了进出口市场由美国以外地区向中国市场的转移。

表二　**日本石油进口国别构成比**　（单位:%）

	1977年	1985年	1991年
中国	2.8	6.4	5.9
印度尼西亚	14.2	11.2	12.9
伊朗	16.7	7.2	8.9
沙特阿拉伯	33.1	23.4	21.5

资料来源：以上数据为计算所得，参见日本财政金融统计月报第317、413、486号：http：//www. mof. go. jp/pri/publication/zaikin_ geppo/index. htm。

① 上数据为计算所得，请参见日本财政金融统计月报第317号、第413号、第486号：http：//www. mof. go. jp/pri/publication/zaikin_ geppo/index. htm。

② Shuichi Ono, *Sino－Japanese Economic Relationships——Trade*, Direct Investment and Future Strategy (world bank discussion papers), p. 3.

③ 马成三：《日本对外贸易概论》，中国对外经济贸易出版社1991年版，第48页。

结　语

20世纪80年代是中国改革开放起步阶段，也是由计划经济向市场经济转变的重要时期。中国在外贸管理体制、利用外资体制和区域开放等方面的一系列改革和开放政策措施，推动了日本对华贸易政策的积极调整，日本企业对华贸易战略的转变以及日本对外贸易格局的变化，从而促进了中日贸易关系的发展。

中国改革开放政策之所以能起到这样的作用，其与日本“两个市场多元化”战略的衔接是分不开的。为实现现代化，中国需要充分利用“两个市场，两种资源”，融入国际经济大循环中去。日本“两个市场多元化”战略的实践也需要一个广阔的，充满活力和拥有巨大潜力的新兴市场，通过中国的改革开放政策将两者很好地衔接起来，推动了日本对华市场的转移，促进了中国的现代化建设和中日贸易关系的发展。

在改革开放起步阶段，我国各项法律法规还不健全，例如，尽管建立了外汇留成制度，设立了外汇调剂中心，但仍有很多中国企业和外资企业无法获得开展贸易所需的外汇；中国虽颁布了“三资企业”法，但与其相关的很多配套法律法规尚未颁布和实施，使得该时期欲投资中国的日系企业抱有很大的疑虑，无法通过大规模投资带动对华贸易的扩大。这就为下一阶段进一步明确经济体制改革的目标，深化改革开放，完善各项法律法规提出了迫切的要求。

【作者简介】李愿富，男，河南焦作人，武汉大学历史学博士，现为河南大学历史文化学院讲师，主要从事亚太地区史研究。

史学理论与史学史研究专题

对象化历史世界的生成、再现和建构

周祥森

本文将通过对两部世界著名文学作品（普鲁斯特的《追忆逝水年华》、马尔克斯的《百年孤独》）和一部著名史学作品（孔子编纂的《春秋》）的局部读解，提出对象化的历史世界的生成、再现和建构问题。

一 《追忆逝水年华》开篇与历史世界的生成

普鲁斯特享誉世界的《追忆逝水年华》开篇，对于试图探索文学作品与人类历史世界生成之间的关系来说，是一个极好的剖析案例。《追忆逝水年华》的开篇似乎是在冗长地、无聊地、絮叨地描写作为叙述者的“我”“在床上翻来覆去睡不着觉”的关于睡眠的感觉经验，以至于一度让当年巴黎的大出版商阿尔弗莱德·安布罗（Alfred Humblot）摸不着头脑。其实，在这里，普鲁斯特是在以隐喻和意象等象征手法描写人类历史世界在人们内在的精神——灵魂生命世界里的生成过程。

（一）史学与文学、哲学的同一性

文史哲本一家。但是，现代以来随着学术共同体内部分工的越来越深入和学术研究的职业化，文史哲各自成为一个独立的学科门类，相互之间的统一似乎变得越来越困难。哲学，由于其固有的“统摄”

特性，对于文学和史学都表现出相当的宽容，并不那么排斥文学和史学；不宁唯是，而且积极地寻求文学化或历史学化的发展道路。因此，不少具有世界性影响的哲学家，既是哲学家，也是文学理论家、美学家或历史理论家、史学思想家。文学也向来对历史学持友好的态度，并且从历史学中吸取养料，以肥沃自己的田园。唯有历史学，也许眼见着哲学和文学都有求于己，因此不仅竭力排斥哲学（历史哲学）对于它在理论上的指导，而且抗拒文学的“入侵”，傲慢地以为自己无所不包，因而天然地就是龙头老大哥。实际上，在历史学的前职业化时代，史学始终是文学化的，也始终逃避不了以哲学作自己的理论前提的宿命。最近二三十年以来，在西方历史学界，史学与文学的融合出现了可喜的景象和趋势，一个突出的表现就是历史学家积极主动地向文学靠拢，承认文学作品的对于经验历史学所具有的史料地位和意义，以文学作品为基本史料进行经验历史学研究，取得了令人瞩目的成就，涌现了一批具有世界性影响意义的新史学作品。

文史哲本一家，在于从根本上说它们都旨在探讨人的生命活动和生命存在的经验问题。如果说哲学探讨的是极具抽象性的作为人的本身的存在及其存在形式（形态）问题，那么可以说，文学和历史学都旨在寻求更具有现实性的真实的我。文学家的真实的我是艺术自我，亦即是美。历史学家的真实的自我是历史自我，亦即是历史正义。文学以形象，历史学以历史经验事实，想象地或实证地描述人类自我既分裂又生成的历史过程。文学亦史学，史学亦文学，区别只在于表述方式和表现形式。

历史学家以文学作品为史料，通过对作品中作家所选用的形象的分析，不仅可以进行卓有成效的、经验的日常生活史或文化史研究，而且可以尝试性地进行历史理论或历史认识论的理论探索。就前者而言，当代西方历史学界的日常生活史（或曰微观史）和新文化史、尤其是美国著名的欧洲文化史学者罗伯特·达恩顿（Robert Darnton）关于法国大革命时期政治文化史的系列研究，已经展示了文学作品对于经验历史学的意义。但是，从后者来说，理论历史学研究者至今没有从经验历史学家以文学作品进行日常生活史和文化史研究的成功案例中获得新的启发，从而在文学作品中发现经典性文学作品对于理论历史学的意义。在文学作品与理论历史学研究之间建立起联系，这对于理论历史学家来说是一个冒险性的挑战。但是，对于实现文史哲在新的时代条件下和新的起点上的融合来说，这种冒险活动即使被证明失败，也是很有意义的。

（二）比喻性形象：普鲁斯特艺术表现手法的基本特征

马塞尔·普鲁斯特（Marcel Proust，1871—1922），安德烈·莫罗亚在“《追忆逝水年华》序”中称其为“我们时代（按：20 世纪前半个世纪）最伟大的小说家”；其享誉世界的长篇小说《追忆逝水年华》，被莫罗亚称作 1900—1950 年这一历史时期最“值得纪念的长篇小说杰作”，是“人类的圣经之一”。[①] 普鲁斯特想通过对逝水年华的寻求，建构一个人们以之为前提条件而得以创造新的幸福生活的“唯一真实的”世界。因为，他曾经这样说过：“唯一真实的乐园是人们失去的乐园。”“幸福岁月是失去的岁月，人们期待着痛苦以便工作。”[②]

如果把普鲁斯特的文学语言转化为历史学语言，那么，他上面的话的意思就是说，唯一真实的世界是历史世界。人们之所以要认识历史，是为要试图寻求、观念地再现、从而留住那唯一真实的、却已经失去了的过去存在世界，而根本上是为要寻找真实的自我。从这个意义上说，现实的人们似乎大多是历史退化论者。但是，我们必须清醒地认识到，这只是一种表层现象，而且仅只是一种诱人的假象。人们追忆或寻求逝水年华，乃是为要在“必然地失去”这种痛苦——这种痛苦犹如“病羁异乡的游子独宿在陌生的客舍”[③] 所遭受的阵阵疼

---

① 安德烈·莫罗亚：《〈追忆逝水年华〉序》，施康强译，普鲁斯特：《追忆逝水年华》第 1 卷《在斯万家那边》，李恒基、徐继曾译，译林出版社 2012 年修订版，第 1、4、15 页。

② 转引自安德烈·莫罗亚《〈追忆逝水年华〉序》，普鲁斯特：《追忆逝水年华》第 1 卷《在斯万家那边》，第 3 页。

③ 普鲁斯特：《追忆逝水年华》第 1 卷《在斯万家那边》，第 4 页。

痛——中奋起进取，以便创造更加美好幸福的、新的生活世界。

对于艺术家或作家来说，所要寻找的那个“真实的自我”，就是“艺术自我”，亦即是美，因为作家之为作家，乃在于他是美的化身。“他（普鲁斯特）认为美犹如童话里的公主，被某个可怕的魔法师关在一座城堡的塔楼里。为了搭救这位公主，我们打破一千扇门还是徒劳，而大部分人忙于享受生的乐趣，不久就放弃寻找。但是像普鲁斯特这样的人宁可放弃其他一切，也要找到被囚禁的公主。”①

对于历史学家来说，所要寻找的那个“真实的自我”，就是“历史自我”，亦即是历史正义。历史学家之为历史学家，在于他是历史正义的化身。历史学家通过穿越层层迷雾般的历史表象，粉碎一个个历史神话，揭示出被遮蔽了的历史本质，亦即过去存在的真相，显露出历史正义，这与艺术家或文学家“搭救被囚禁的公主”没有什么二致。

普鲁斯特以不断地驻足、流连忘返、如同长蛇般盘曲缠绕的独特表述方式，② 剖析自我在时间的流程中逐渐解体的过程，从而从“可怕的魔法师”手中解救出“被囚禁的公主”。就是说，发现美的过程，或者说，寻求真实的自我、艺术自我的过程，即是一个任何细节都不要轻易地放过、千万“别太快”（普鲁斯特的口头禅）地揭示美或者自我从雅斯贝尔斯意义上的“统摄”而逐渐“分裂”这个过程的过程。

但是，人类历史，一方面，是人类自我在时间的流程中逐渐解体的过程；另一方面，又是人类自我在时间的流程中逐渐生成的过程。普鲁斯特用文学的小说形式描述了人类自我的分裂、解体的历史。另一些潜意识流作家——用残雪的概念来说，就是“新实验写作”或“新实验小说”作家——则从相反的方面和方向描述了人类自我的生成的历史。相比较而言，普鲁斯特的工作更加艰难。因为人类自我在

---

① 安德烈·莫罗亚：《〈追忆逝水年华〉序》，普鲁斯特：《追忆逝水年华》第1卷《在斯万家那边》，第5页。

② 参见阿兰·德波顿《拥抱逝水年华》，余斌译，上海译文出版社2010年版，第31页。

时间的流程中逐渐分裂和解体的历史，在他之前，几乎不曾或者很少为文学家所注意。只有马克思，从哲学的高度，发现了人类自我、“真正人”的生成过程即是人类自我不断分裂（异化）的过程：它是同一个过程的两个相反而又相成的方面。因此，用安德烈·莫罗亚的话来说，普鲁斯特的工作是发现并开掘新的“矿藏”，而一般作家仅只是“满足于开发众所周知的‘矿脉’”。[①] 二者孰易孰难，就像秃子头上的虱子，是明摆着的。

不同于历史学家用经验的、具体的、确凿的历史事实描述和解释人类自我既分裂又生成的辩证统一过程，文学家运用的是各种形式和性质的形象——隐喻性的形象或形象性的隐喻。使用形象来表达陌生的、未知的事物或感情，这是人类在自己的原始（童年）时代就已经掌握和发展起来的一种自然的表达方式。人们用自己熟悉的形象来表达未知的事物或原本难以表达的抽象的感情，就是用已知的事物解释未知的事物。这“对于原始人……也是一种自然的表达手段”。“比喻的第二项，即那个好像是透明的、可以透过现实被看到的东西就与我们熟悉的感觉之间有了联系。荷马有理由吟唱：‘勇猛如狮子……’因为他的听众曾经与狮子搏斗过。”[②]

不言而喻，用以作为比喻的东西（形象），要么是人们业已熟悉的事物，要么是人们已经体验了的感觉。只有这样，才能起到理解并把握未知的事物或难以言说的感情的作用。但是，对于伟大的作家来说，仅仅从认识论上来运用各种形式的比喻（隐喻、提喻等），是不可能创造出有血有肉的、令人印象深刻的文学形象的。一个优秀的或伟大的作家，必须具有以比喻形式唤起形象之中蕴涵着的人们的感觉——味觉、嗅觉、触觉、听觉、视觉——的创作技艺。用人们熟悉的形象全方位地调动起读者或听众的感知活动，唤醒和激活读者或听众近乎麻木的感官世界，这是伟大作家必须具备的文学才能。“普鲁斯特指出现代的隐喻应该在事物后面唤起味觉、嗅觉、触觉这一类永

---

① 安德烈·莫罗亚：《〈追忆逝水年华〉序》，普鲁斯特：《追忆逝水年华》第1卷《在斯万家那边》，第1页。

② 同上书，第13、14页。

远真实的基本感觉，或者展示作为任何艺术的首要成分的动植物形象（夏吕斯变成大黄蜂，絮比安化成兰花，盖尔芒特家的人变作禽鸟）。”①

然而，作家选用什么样的形象进行转义性解释，并不是全凭自己丰富的想象可以随心所欲而为的，而必须考虑到他的读者的日常生活世界和知识世界的现实状况。这就是说，根据作家在其作品中使用的比喻性形象，我们可以窥见文学作品诞生的时代人们的日常生活史或知识接受史。这就使历史学家以文学作品为文献资料进行日常生活史和文化史研究成为可能。例如，普鲁斯特爱用的艺术表现手法之一“是借助艺术品说明实在的事物”。普鲁斯特为什么喜爱运用这一手法？安德烈·莫罗亚指出，原因在于“在他（普鲁斯特）生活的那个‘想象博物馆’的时代，凡是有教养的人都能理解美术作品提供的参考依据”②。如果没有法国有教养阶层良好的美术素质修养，那么，普鲁斯特大量地借助于艺术品形象解释现实世界里的实在性事物，无疑就是把读者闭锁在自己作品的大门之外。因此，通过对作家选用的形象的考察，我们也可以大略地了解到作家所预期的自己作品理想的读者对象。

我们不妨翻开当初“享有盛名的奥兰多夫出版公司的头儿”阿尔弗莱德·安布罗“实在搞不懂，这家伙干吗花了三十页纸写他在床上翻来覆去睡不着觉”③ 这一《追忆逝水年华》开篇，看一看普鲁斯特是如何用他独特的“盘曲缠绕，如同长蛇”（德波顿语）方式——普鲁斯特式，借助于一系列形象，描写叙述者即“我”的睡眠感觉经验的。

（三）夜不成寐者的椭圆形世界：历史世界由以生成的境域

在《在斯万家那边》第一部《贡布雷》，亦即《追忆逝水年华》

① 安德烈·莫罗亚：《〈追忆逝水年华〉序》，普鲁斯特：《追忆逝水年华》第1卷《在斯万家那边》，第14页。

② 同上书，第15页。

③ 阿兰·德波顿：《拥抱逝水年华》，第32页。

的开篇中，普鲁斯特一开始就通过梦境，向读者呈现了对于法国有教养阶层的人来说非常熟悉的几种类型的形象：宗教形象、音乐形象、政治学形象。普鲁斯特写道：

> 睡着的那会儿，我一直在思考刚才读的那本书，只是思路有点特别；我总觉得书里说的事，什么教堂呀，四重奏呀，弗朗索瓦一世和查理五世争强斗胜呀，全都同我直接有关。①

这样的开场白只能出现在法国或欧洲作家的笔下，而绝不可能目见于中国作家的文学作品中。因为现代中国人（更不用说古代中国人）比较普遍地没有音乐的、美术的、宗教文化的素质和修养，对于国家政治也是漠不关心——事不关己，高高挂起；“莫谈国事”。因此，在中国作家的文学作品中，读者很少能够读到此类用于提喻的形象：宗教的形象（教堂），音乐的形象（四重奏），政治学的形象（弗朗索瓦一世和查理五世争强斗胜）。但是，中国人有深厚的历史传统意识，有近乎病态的历史癖，所以在中国作家笔下，最为常见的表现手法和表述方式，是借助于历史学形象来说明实在的东西，而且特别喜爱创作历史题材的文学作品。

作家为什么都偏爱以形象方式进行表达？莫罗亚指出：“人既是灵魂，又是肉体，他需要物质性的象征帮助他在自身和不能表达的东西之间建立联系。普鲁斯特最先懂得，任何有用的思想的根子都在日常生活里，而隐喻的作用在于强迫精神与它的大地母亲重新接触，从而把属于精神的力量归还给它。”②

“任何有用的思想的根子都在日常生活里”，这话说得多么经典啊！

如果说上述以提喻方式出现的宗教形象、音乐形象以及政治学形象还只是法国有教养阶层的人的生活世界里他们熟悉的东西，那么，

---

① 普鲁斯特：《追忆逝水年华》第1卷《在斯万家那边》，第3页。

② 安德烈·莫罗亚：《〈追忆逝水年华〉序》，普鲁斯特：《追忆逝水年华》第1卷《在斯万家那边》，第15页。

下面众多的形象就可以说是普通百姓日常生活世界里耳熟能详的东西。

我们就来看看普鲁斯特是如何运用普通百姓在其日常生活世界里习见的事物形象来调动和唤起读者的视觉和听觉感觉经验的。在以宗教形象、音乐形象以及政治学形象描述自己的睡眠感觉后，普鲁斯特紧接着写道：

> 这种念头（按：指上述“全都同我直接有关”的念头）直到我醒来之后还延续了好几秒钟（按：暗示上面那段描述其实是一个梦境）；它倒与我的理性不很相悖，只是像眼罩似的蒙住我的眼睛，使我一时觉察不到烛火早已熄灭。后来，它开始变得令人费解，好像是上一辈子的思想，经过还魂转世来到我的面前，于是书里的内容同我脱节，愿不愿意再挂上钩，全凭我自己决定；这一来，我的视力得到恢复，我惊讶地发现周围原来漆黑一片……我不知道那时几点钟了；我听到火车鸣笛的声音，忽远忽近，就像林中鸟儿的啭鸣，标明距离的远近。汽笛声中，我仿佛看到一片空旷的田野，匆匆的旅人赶往附近的车站；他走过的小路将在他的心头留下难以磨灭的回忆，因为陌生的环境，不寻常的行止，不久前的交谈，以及在这静谧之夜仍萦绕在他耳畔的异乡灯下的话别，还有回家后即将享受的温暖，这一切使他心绪激荡。①

随后，普鲁斯特又描述了“病羁异乡的游子独宿在陌生的客舍，被一阵疼痛惊醒”，“门下透进”来的“一丝光芒”，“天亮了”，“拉铃”，旅馆值班的听差的“脚步声”，听差捻灭煤气灯……。

在这里，普鲁斯特选用的全部都是人们在日常生活世界里再熟悉不过的事物形象。由近而远，我们可以看到并且听到的有：犹如令人心惊肉跳的死亡之钟似的在滴答作响的时钟，可以自欺欺人的眼罩，

---

① 普鲁斯特：《追忆逝水年华》第1卷《在斯万家那边》，第3页。

鬼火般摇曳着的烛火，撒旦（魔鬼）之爪似的挂钩；——自然而然地引出了漆黑一片的黑暗世界（或阴间世界）；——从浮现在面前的地狱世界（还魂转世），又延展到了——田野，火车鸣笛声，森林，林中鸟儿的啭鸣声，火车站；旅途中的小路，病羁异乡客舍的游子，异乡夜店里的煤气灯，灯下夜话……这些人们日常物质——肉体生活和精神——灵魂生活世界里的形象，从叙述者的居室逐渐往外部世界延伸扩展，中经地狱和田野、森林、火车站，最终抵达异乡小旅馆里正在遭受病痛折磨而难以入睡的游子，构成了一个从这边躺在床上浮想联翩的“我”，到那边病羁异乡躺在旅馆床上疼痛难忍的游子“他”的难以成眠者的椭圆形世界。它们调动起了读者多重的视觉和听觉感官，甚至还有部分的触觉参与。这个辗转反侧、夜不成寐者的椭圆形世界，是一个主要由视觉和听觉组成的白昼与黑夜、地狱与人间来回交替的、喧闹嘈杂的感官世界，确切地说，是一个前文字时代的原始的感觉经验世界，也可以说幼儿世界。然而，无论是视觉形象还是听觉形象，都是与普鲁斯特正在重彩浓墨深描的睡眠相悖的。因此，虽然叙述者即“我”“早早就躺下了”，然而直到“时近子夜”“午夜时分”，却仍迟迟不能入寐成眠，也就可想而知了。

这个夜不成寐者的椭圆形世界，就是人类历史在其中由以生成的精神——灵魂世界（观念世界或思想世界）。日常生活白昼世界里发生的一切，只有在人们睡眠过程中才能再现，只有在静谧的黑夜世界衬托下才能浮现在人们的脑海或面前。黑暗中的回忆唤起人们或刚刚或很久以前失去了的在白昼世界里经历过的一切，似乎消失了的东西即过去存在就这样在人们睡眠的过程沉淀积聚成为或铸刻成为永恒的、唯一真实的历史世界。

可见，《追忆逝水年华》开篇那曾经让阿尔弗莱德·安布罗“实在搞不懂”的、无比冗长的关于“在床上翻来覆去睡不着觉”的睡眠感觉经验，其实是普鲁斯特以象征手法描写人类过去存在世界如何在人们观念之中生成为历史世界的过程，这是一个在疼痛折磨中不断地进行自我裂变而生成为历史世界的过程。历史世界生成过程的基础在于人们丰富的、“永远真实的基本感觉”经验世界里的生命活动经验，而它的作用机制则在于白昼世界与黑夜世界、地狱阴间世界与人世阳间世界——亦即人们外在的物质——肉体生命活动和生命存在世界与人们内在的精神——灵魂生命活动和生命存在世界——之间的相互交替、循环运动。

二　从《春秋》时间关系“正名”和用词特征看历史世界的再现

关于孔子编纂的《春秋》的性质问题，现有研究采用的或是功能解释或是意义阐释的方法，很少从孔子思想体系本身中的“正名”思想角度进行理解，更没有注意到《春秋》词汇使用的特征——高密度地使用名词和动词，而基本上不使用形容词——与《春秋》性质之间的关系。通过对孔子所修《春秋》对于历史时间的构型、从而对现实时间关系的“正名”的讨论，并且通过对《春秋》使用词汇的特征的简单分析，可以发现孔子所修《春秋》是一部以真实地再现、而不是任何形式的评价现实—历史世界的方式开展的历史主义的“正名”学实验著作。传统上认为《春秋》是一部褒善贬恶、亦即对历史世界进行评价的历史著作，是解读者以自己的寓言的或道德的（神秘的）阐释层面和“伦理符码的软弱重写”，来取消或遮蔽孔子的直义式的历史阐释层面和“强有力的重写”的结果。对孔子编纂的《春秋》的解读，实质上是当下作为此在①的我在与我自己相遇，在与我自己的生命进行对话和交流的活动，是生命的自我表达一种方式。

① “此在”（Dasein）是海德格尔哲学的一个重要术语。在海德格尔哲学中，“此在这个术语有两层意思。一是此在是一个以其存在为生存的存在者。第二层意思最重要，就是这个存在者在其作为生存的存在中对总体性的展示（Da）保持开放。Dasein（此在）这个词的第一音节 Da……在海德格尔哲学中是在世存在本质的展示的意思。换言之，此在指的是作为生存的存在者的存在的自我展示，而不是任何传统意义上的‘人’的意思”。（张汝伦：《〈存在与时间〉释义》第 1 卷，世纪出版集团、学林出版社、上海人民出版社 2012 年版，第 47 页）本文只是形式地借用海德格尔的“此在”术语。

（一）问题的提出

孔子编纂的《春秋》究竟是一部什么性质的作品？自从其问世以来，有“属辞比事”“礼义之大宗”“当一家之王法”“一字褒贬”式的道德教科书……不同的说法，今天的史学史研究者则似乎不言而喻地把它当作编年体史学的开山之作。从今天的时代高度来看，孔子所修《春秋》是一部历史编纂学著作，这是无疑的。但是，它究竟是一部什么性质的历史编纂学著作呢？从体裁上把它界定为编年体史学著作，固然便于对其进行归类处理，却不能揭示这一历史编纂学著作的本质属性。从它外在的即客观上可能具有的社会—政治功能或意义的角度，把它界定为“礼义”“王法”以及“褒善贬恶”等性质的历史编纂学著作，则未必符合孔子所修《春秋》的实际，更不能揭示它内在的本质属性。对于孔子所修《春秋》的性质，虽然有学者正式提出来过，并程度不同地做了研究，但是一方面都过于简略，另一方面大多是从形式上进行规定的，而很少结合孔子本人的思想体系和《春秋》的用词特征去理解《春秋》的本质属性①。

在我看来，如果说《春秋》是“礼义之大宗”“一家之王法”，“一字褒贬”式的道德教科书或历史编纂学著作，那么也只是从《春秋》学

---

① 赵伯雄在《春秋学史》一书中提出过“《春秋》的性质”问题，并用一节的篇幅进行了简略的论述。但是，他所说的“《春秋》的性质”的“《春秋》”并非专指孔子所修《春秋》，而是指“原本是鲁国的史书”的《春秋》，即一般所谓作为鲁国史记的“未修《春秋》”，以及墨子所说的“百国《春秋》”；而且，他所说的“《春秋》的性质”，主要是从史书的体裁角度说的，因此他认为作为“原本是鲁史的《春秋经》”，和“晋之《乘》，楚之《梼杌》”一样，是“纲要式的”和编年“大事记式的国史”。（赵伯雄：《春秋学史》，山东教育出版社2004年版，第1—4页）这就是说，赵伯雄所说的“《春秋》的性质”，主要是关于《春秋》形式上的属性规定。同样从形式上对《春秋》的性质进行界定的，还有沈玉成、刘宁。（沈玉成、刘宁：《春秋左传学史稿》，江苏古籍出版社1992年版，第15—25页）姚曼波也对“孔春秋”的性质进行了考论。由于她把孔子所修《春秋》（她称之为“孔春秋”）与《春秋经》区分为两部书，因此认为“孔春秋”是“内容涉及三代之史，而非如今之《春秋经》，仅及周之一代”的史书。（姚曼波：《〈春秋〉考论》，江苏古籍出版社2002年版，第75—81页）本文所说的孔子所修《春秋》的性质，是从两个方面进行的属性规定：一是根据孔子的思想体系，认为它是一部“正名”学实验著作；二是它与客观实在的现实—历史世界之间的关系，认为它是对客观实在的现实—历史世界的真实再现、而非评价之作。易言之，本文是对孔子所修《春秋》内涵上的属性规定，或者说是一种本体论上的属性界定。

学者们主观地构想的客观效果角度来说的，而未必是孔子真实意图的揭示，也未必符合《春秋》一书的实际。《春秋》实际上是孔子借历史事实材料进行“正名”的语言学实验之作，或者说是孔子的“正名”学著作。孔子编纂《春秋》的目的在于为自己首创的学堂教育提供一部进行“正名”教学的历史参考书，即以具体的历史材料为案例，教给弟子如何使名与实相副的“正名”知识和方法。如果说孔子所修《春秋》具有后世学者认为的“礼义之大宗”“一家之王法”“褒善贬恶”的道德和政治教化等功能或意义，那么其根源正在于它的“正名”这一本质属性。西汉时期人们甚至把《春秋》当作“决狱”的案例指南，根源也在于此。后人的这些说法正反映出“正名”的重要意义，确切地说，反映了语言与存在之间、概念与其表现的现实之间相副的重要意义。因此，如果说孔子“诗论”反映了孔子的“知言”思想，那么，《春秋》就是孔子“正名”思想的具体表现。

孔子所修《春秋》的“正名”内容，涉及现实的人们的生命活动和生命存在的众多领域，大致而言包括人们现实—历史世界的时间关系、社会关系、政治关系、军事关系、外交关系、民族关系、宗教关系等。也就是说，在《春秋》中，孔子试图通过历史主义地“正名”，使表现人们生活和生存于其中的现实—历史世界里各种关系的概念性语言与其所表现的存在事实或存在经验相副，从而使概念性语言能够在一种类似于恩格斯所说的“渐近线”（asymptote）意义上的真实，真实地再现现实—历史世界。当然，通过历史主义地“正名”的方式，孔子也寄寓了自己的社会—政治理想。

作为一部“正名”学实验著作，《春秋》与它旨在再现、而不是评价现实—历史世界有关。从孔子所修《春秋》高密度地使用名词和动词、而基本上摒弃形容词来说，《春秋》仅只是一部再现现实—历史世界、而不是对现实—历史世界进行所谓“一字褒贬”式评判的史学著作。

在对各种现实的或历史的存在关系的“正名”中，最重要的、也是最根本的是时间关系“正名”，因为“时间是一切存在理解的境域”，一切存在规定都是在时间境域中产生的，并且只有在时间境域里才能获得理解。[①] 虽然孔子在编纂《春秋》时并没有、也不可能明确地意识到“存在与时间的同源性”,[②] 但是在实际上，他把历史时间当作历史叙事的根本，并且在历史时间境域中规定和理解一切历史“行事”。而这正是孔子所修《春秋》对于中国古代史学最重要的一个贡献。因此，本文将集中于讨论孔子通过对历史时间的“正名”而进行现实的时间关系的“正名”,[③] 然后简单地对《春秋》经隐公元年（公元前722年)、二年（公元前721年）用词的基本特征进行分析，详细的研究或留待来日或留待对此问题感兴趣的同人。本文的初步展示足以使以下认识获得一定程度上的确证，即孔子所修《春秋》是一部以真实地再现现实—历史世界的方式而开展的历史主义的“正名”学实验著作。

（二）时间关系“正名”

晋杜预《春秋左氏传序》：“‘春秋’者，鲁史记之名也。记事者，以事系日，以日系月，以月系时，以时系年。”这是对孔子所修《春秋》编年特点的经典性解说。但是，杜预认为，《春秋》的这种历史叙事方式目的只在于“纪远近，别同异”。这是一种很肤浅的认识。孔颖达对于这一历史叙事方式的本质有更为准确的揭示。他说：“系者，以下缀上、以末连本之辞。”[④] 用今天的术语来说，孔子所修《春秋》的这一历史叙事方式表明，历史时间始本，过去存在世界——“曾经此在”（dagew-

---

① 张汝伦:《〈存在与时间〉释义》第1卷，世纪出版集团、学林出版社、上海人民出版社2012年版，第66—67页。

② 同上书，第66页。

③ 孔子所修《春秋》的旨趣之一是对时间关系进行“正名”，其实司马迁就已经正确地指出过。在《史记·三代世表》中，司马迁说：“孔子因史文次《春秋》，纪元年，正时日月，盖其详矣。”（司马迁：《史记》卷十三《三代世表》，中华书局1982年第2版，第487页）但是，在司马迁看来，孔子所正的时间关系，只涉及时日月，未及于年。而当代学者则把“正时日月”简单地理解为一种经验的历史考据方法，认为司马迁所说的“正时日月”，只是表现为孔子对“行事”的具体时间——时、日、月——的正误进行考订。（姚曼波:《〈春秋〉考论》，第76—77页）

④ 杜预:《春秋左氏传序》，左丘明传，杜预注，孔颖达疏:《春秋左传正义（上)》卷第一，浦卫忠等整理，《十三经注疏》整理标点本，北京大学出版社1999年版，第3页。

esene）的世界，“曾在”世界，——或者通常所说的历史世界中人们的“行事”始末。历史时间与过去的“曾在”世界人们的“行事”之间是本末关系。在孔子的历史编纂学中，过去的“曾在”世界里发生的人们的“行事”，仅只是历史时间的具体表现者和现实的构成要素，历史时间通过人们在过去“曾在”世界中具体的“行事”而获得其现实的表现。历史时间与过去的“曾在”世界中人们具体的“行事”之间的本末关系表明，现实的、有生命存在的个人是在自己的“行事”之中，更确切地说，是在他们表现自己的生命的实践活动中经验时间的，时间性（历史性）构成了现实的、有生命存在的个人表现自己的生命的活动，从而实现自己的生命存在的根本的或本质性的特征。同时，对于历史描述者来说，时间也是历史重写者或历史阐释者“由之出发的视野”，“我们必须把时间摆明为对存在的一切领会及解释的视野”。[①] 现实的、有生命存在的人是以时间为自己生命原始的存在方式的，并且最初总是在表现自己的生命的实践活动即“行事”中经验时间——现实的人们生命存在的原初方式。也许，孔子以鲁国史记为基础在编纂《春秋》时并没有、也不可能提出“什么是历史时间?”这个问题，不过他所修《春秋》的历史叙事方式潜在地隐含着这个问题，并且在事实上回答了这个问题，即过去“曾在”世界中现实的、有生命的人们表现自己的生命的实践活动，用孔子自己的术语来说，即“行事”，就是历史时间由以表现自己的形式。离开了时间，确切地说，离开了时间性，“行事”，亦即过去“曾在”世界中现实的人们表现自己的生命的实践活动，是无法得到真正理解（认知）的。但是，在孔子看来，并不是所有的“行事”都能够成为历史时间由以表现自己的存在者而进入历史世界之中安身立命的。只有那些或对周王室的王权，或从根本上说对鲁公室的君权具有某种意义的“行事”，才能成为历史时间的体现者，并因此成为具有历史性意义的“行事”，从而栖身于历史世界的家园。这就是说，“行事”本身，现实的人们表现自己的生命的实践活动本身，并不是都具有时间性的；是否

---

① 海德格尔：《存在与时间》（修订译本），陈嘉映、王庆节译，生活·读书·新知三联书店 1999 年版，第 21 页。

是时间性的，或者说是否是历史性的，在根本上取决于它对鲁公室君权的意义。

孔子所编纂的《春秋》的历史时间是一种混合性或综合性时间，而不是某种单一性时间。根据时间的本源及其属性，孔子在《春秋》中所形塑的历史时间由三种性质不同的、具体的时间组合而成：其一，政治世界的权力时间，即年、月；其二，自然世界的物理时间，即时（春夏秋冬）；其三，人文（或文化）世界的民俗时间，即日（如己巳、庚辰）。政治世界的权力时间是上本，自然世界的物理时间和人文世界的民俗时间都是下末。政治世界的权力时间又区分为表示鲁公室君权的政治时间和表示周王室王权的政治时间。鲁公室君权时间与周王室王权时间之间也是本末关系：周王室的王权时间、亦即月，是末；鲁公室的君权时间、亦即年，是本，并且是其他一切形式的时间的根本；周王室的王权时间月系诸自然世界的物理时间时，而自然世界的物理时间时又系诸鲁公室的君权时间年。这表明，在根本上，周王室从属于鲁国公室，周天子依附于鲁公。就政治世界的权力时间与人文世界的民俗时间、自然世界的物理时间之间的关系来说，根据日系诸月，时系诸年，则人文世界的民俗时间（日）和自然世界的物理时间（时）为下末，政治世界的权力时间（月、年）为上本，人文世界的民俗时间和自然世界的物理时间系诸政治世界的权力时间，从属和依附于政治世界的权力时间。

在时间关系“正名”中，值得引起高度注意的是，周王室的王权时间是末中之末：它所能管辖的只有人文世界的民俗时间，直接系之于自然世界的物理时间，间接系之于鲁公室的君权时间，即直接受自然世界的物理时间支配，而最终从属、依附于鲁公室的君权时间这一一切时间之本。就此而言，一方面，认为孔子尊周王室和周天子，——例如，司马迁《史记·太史公自序》云：“《春秋》采善贬恶，推三代之德，褒周室，非独刺讥而已也。”[①]《孔子世家》则云，

① 司马迁：《史记》卷一百三十《太史公自序》，第3299页。

孔子“因史记作《春秋》……据鲁，亲周，故殷，运之三代”，[①]——这种观点是站不住脚的。就《春秋》的历史时间形塑而言，孔子实际上尊的是自己的祖国鲁国，在根本上是轻视周王室和周天子的。另一方面，孔子关于时间关系的“正名”，本质上是他所处时代周王室式微和周天子权威严重衰弱、诸侯国君权力越来越凌驾于周王室王权之上这一政治世界的现实在历史时间观念上的表现。因为从根本上讲，正如朱谦之所说，“历史时间只是现在的关系，换言之［历史］时间只是过去的现在，现在的现在，与将来的现在。一切时间只是三个现象形式：希望，直观，记忆”；历史时间的这种本质属性正是历史的现在性或现代性的体现。[②] 所以，从这个意义上说，孔子对历史时间的构型——时间关系“正名”，——不仅是下面即将讨论到的孔子对“吾其为东周”的希望的表达，而且是他对自己生活于其中的时代周王室与诸侯国之间现实关系的直观。当然，如果我们承认孔子所修《春秋》是一部历史编纂学著作，那么，这种历史时间构型无疑正体现了朱谦之所说的“历史的现在性”或“历史的现代性”。

鲁公室君权时间是历史时间之根本，自然世界的物理时间是直接表现鲁公室君权时间的末，而周王室王权时间则是直接表现自然世界的物理时间和间接地表现鲁公室君权时间、因而在根本上依附于鲁公室君权时间的末中之末。《春秋》一开始就指明了这三者之间的从属性或依附性关系：隐公“元年，春，王正月”。[③] 典型的是事之所系年时月日四者皆

---

① 司马迁：《史记》卷四十七《孔子世家》，第1943页。但是，司马迁的一些说法是自相矛盾的。他一方面说孔子作《春秋》“褒周室”、“亲周”，另一方面又援引董仲舒的话说孔子所修《春秋》“贬天子，退诸侯，讨大夫”（司马迁：《史记》卷一百三十《太史公自序》，第3997页。着重号系笔者所加）。

② 朱谦之：《谈现代史学》，《读书知识》1940年第1卷第4—5期合刊，第189—190页；该文收入黄夏年编《朱谦之文集》第2卷，福建教育出版社2002年版，第189—192页，引文见第189页。另见氏著《现代史学概论·发端》，黄夏年编：《朱谦之文集》第6卷，福建教育出版社2002年版，第3页。《现代史学概论》一书的内容20世纪30年代在《现代史学》杂志分章刊载，20世纪40年代作为中山大学史学普通参考用书而由校出版部铅印；其中开篇《发端》内容与《谈现代史学》一文完全相同。

③ 《春秋左传正义（上）》卷二，《十三经注疏》整理标点本，第37页。

具者，例如隐公“二年，秋，（王）八月，庚辰，公及戎盟于唐”、[①] 隐公“三年，春，王二月，己巳，日有食之”[②] 之类。

这就是孔子通过历史时间描述而对现实的时间关系的“正名”，或者反过来说，是孔子根据现实世界中周室与诸侯国公室之间的关系而对历史时间所做的“强有力的”重写。[③] 通过对时间关系的“正名”这一方式而对历史时间进行重新构型，或者通过如弗雷德里克·詹姆逊所称的“强有力的”重写，孔子不仅实现了对“鲁国史记”的重新阐释，而且使历史具有了“现在的”或“此在的”性质。

孔子对现实时间关系的“正名”是与他的“如有用我者，吾其为东周乎”[④] 的社会—政治理想相一致的。孔子的社会—政治理想是在东方建设一个“继周者”，而自己的祖国鲁国是他实现这一理想的首选国家。孔子只是对在鲁国实现这一理想抱负深感无望时，才不得已离开自己的国家，开始十余年的周游列国的政治流亡生涯，寻求实现自己的社会—政治理想的次要目标国。但是，他最终的愿望还是寄托在鲁国身上。

以鲁为“东周”或“继周者”，其实说不上是孔子特有的理想，而

---

① 《春秋左传正义（上）》卷二，《十三经注疏》整理标点本，第65页。

② 同上书，第68页。

③ “‘强有力的’重写”，亦即阐释本身，是弗雷德里克·詹姆逊在论述阐释时使用的一个概念。与“‘强有力的’重写”相对应的是“对伦理符码的软弱重写”。（弗雷德里克·詹姆逊：《政治无意识》，王逢振、陈永国译，中国社会科学出版社1999年版，第50页）詹姆逊认为，阐释——亦即他所称的“强有力的”重写，实质上是阐释者为实现预设的意识形态目标而进行的符码转换行为。根据詹姆逊的阐释理论，认为孔子所修《春秋》是一部褒善贬恶之作，实际上是把孔子对于鲁隐公元年以来242年历史的“强有力的”重写置换成了对伦理符码的“软弱的”重写，这样做不仅没有抬高孔子所修《春秋》的地位，而且相反地，贬低了其地位；同时，也因此而把孔子的“强有力的”重写的阐释性历史再现活动转换成了软弱无力的伦理建构活动，孔子的直义的即历史或文本指涉的历史阐释也相应地被置换成了或寓言的或道德的历史阐释。（关于直义的、寓言的、道德的阐释层面，参见弗雷德里克·詹姆逊《政治无意识》，第21页）当然，后者其实是以传、注、疏等形式对孔子所修《春秋》进行二度阐释的阐释者预设的意识形态目标，是从孔子直义的历史阐释层面释放或生成出来的，而非孔子原初历史阐释行为预设的意识形态目标，——孔子的目标在于对现实—历史世界的各种关系进行“正名”，以使概念性语言能够清晰准确地表现世界的现实关系。换言之，从符码转换和阐释层面转换角度来说，褒贬论也不符合孔子所修《春秋》的实际。

④ 《论语·阳货》，何晏注，邢昺疏：《论语注疏》，朱汉民整理，《十三经注疏》整理标点本，北京大学出版社1999年版，第234页。

是鲁人的共有的理想。据《左传》昭公二年（公元前 540 年）叙述，鲁昭公二年春，韩宣子适鲁。在昭公为韩子举行的享宴上，鲁大夫“季武子赋《緜》之卒章”。杜预注云：《诗·大雅·緜》“卒章取文王有四臣，故能以绵绵致兴盛”，但他认为季武子是“以晋侯比文王，以韩子比四辅”却未必正确。实际上，季武子是以鲁昭公比周文王，而自比为四臣四辅，亦即表达了以鲁代周或以鲁为东周的政治理想。以鲁代周或以鲁为东周，是鲁国君臣共有的政治理想。季武子赋《緜》之卒章后，“韩子赋《角弓》”。杜注云：“《角弓》，《诗·小雅》。取其‘兄弟昏姻，无胥远矣’。言兄弟之国宜相亲。”韩宣子赋《角弓》表达的是晋鲁两国都是兄弟之国、而不是如周王室与诸侯国之间关系那样的主从之国的心志。很明显，韩子并不赞同季武子的看法，不认为鲁国可以代周。但是，韩子赋《角弓》后，“季武子拜曰：‘敢拜子之弥缝敝邑，寡君有望矣。’”①“寡君有望”一语足以表明季武子以鲁代周或以鲁为东周的心志。显然，季武子并没有读懂韩宣子，而误认为晋国会像兄弟那样支持鲁国的代周大业。孔子所修《春秋》亦表达了和季武子完全相同的政治理想。孔子出生于公元前 551 年，韩宣子适鲁并且观书于大史氏时，已经 11 岁。由是观之，以鲁代周或以鲁为东周其实是孔子时代鲁国人共有的政治理想。孔子生活并且成长在鲁国这样一种政治气候中，有“吾其为东周”的政治理想，实在一点也不奇怪。

关于《春秋》的历史时间与“行事”之间的关系问题，古代学者有“史之阙文”之说。本文承认存在着这种史学事实，但是这不影响本文的上述认识；相反地，如果“史之阙文”不是一种过去存在即“曾在”意义上的历史事实，那么，研究者倒是应该思考一下在这种表面上的“阙文”中孔子赋予了“阙文”性历史时间——没有具体的“行事”作为其具体的表现内容的空洞性历史时间——以何种真实的历史意义问题。

孔颖达《春秋左传正义》说：“史之所记，皆应［年时月日四者］具文，而《春秋》之经文多不具，或时而不月，月而不日，亦有日不系

① 《春秋左传正义（下）》卷四十二，《十三经注疏》整理标点本，第 1174 页。

月、月而无时者。史之所记，日必系月，月必系时，《春秋》二百四十二年之间，有日无月者十四，有月无时者二。”他认为，出现这种现象的原因有二：“或史文先阙而仲尼不改，或仲尼备文而后人脱误。”“四时必具，乃得成年。”但是，《春秋》“桓十七年五月，无夏；昭十年十二月，无冬；二者皆有月而无时”。在孔颖达看来，“其时而不月、月而不日者，史官立文，亦互自有详略，何则？案经朝聘、侵伐、执杀大夫、土功之属，或时或月未有书日者；其要盟、战败、崩薨、卒葬之属，虽不尽书日，而书日者多，是其本有详略也”。[①]

这种客观因素无疑是存在着的，但是，并不排除孔子“正名”方面的主观考虑。也许在孔子看来，有些“行事”对于周王室王权时间、因而对于鲁公室君权时间没有体现“史”性意义，仅只是一种值得“立此存照”的自然性“行事”而已。

孔颖达云：“经传书日者，凡六百八十一事：自文公以上，书日者二百四十九；宣公一下亦俱六公，书日者四百三十二。计年数略同，而日数向倍，此则久远遗落，不与近同；且他国之告有详有略，若告不以日，鲁史无由得其日而书之，如是，则当时之史亦不能使日月皆具。当时已自不具，仲尼从后修之，旧典参差，日月不等，仲尼安能尽得知其日月使齐同？”他还攻击《公羊》《穀梁》说：“《公羊》《穀梁》之书，道听途说之学，或日或月，妄生褒贬。”[②]

虽然年时月日本身不可能具有褒贬意义，但是书与不书却有“行事”关系“正名”的含义在焉。根据本文的意见，在《春秋》历史叙事中，日因其以干支纪时而在本质上是一种人文世界的民俗时间，不书日，即表明某“行事”并不具有人文性意义，但是它对于体现并构成周王室王权时间——人文世界的民俗时间日是周王室王权时间月唯一统属的时间——从而对于具体地表现并现实地构成鲁公室君权时间，却具有一定的实在意义。若将其排除在历史世界大门之外，则周王室王权时间就没有具体的表现内容了。

① 杜预：《春秋左氏传序》，《春秋左传正义（上）》卷一，《十三经注疏》整理标点本，第3页。

② 同上书，第4页。

还有一种情况是“空书”。如隐公元年空书“春，王正月”。又如隐公六年（公元前727年）空书“秋，［王］七月”。杜注云：“虽无事而书首月，具四时以成岁。”无事或有事，更多的是史家主观选择的结果。在现实的人们表现和确证自己的生命的活动、即使是政治生命活动领域，不可能整个季度都没有任何“行事”发生。20世纪20年代末，彭炜棠就撰文说：“窃尝疑之：以为一国之政事甚繁，固不当累月而无一事。况当时列国分立，较后世一统之朝，政事当更繁复。而《春秋》纪事，又不独限于鲁之一国——列国之事，亦皆书之；则累月无事，更远于事情。”他通过字数统计方法得出如下结论，“《春秋》首尾多缺略，而中幅较完好”，并且推论说是“脱落情形使之然也”。他所说的“脱落情形”，主要有“脱句”、“脱条”以及“脱简”三种情形。①

① 彭炜棠：《春秋无事书时说》，《国立第一中山大学语言历史学研究所周刊》1929年第72期，第12页。关于《春秋》经文的脱落情形，彭炜棠根据董仲舒、张晏、孔颖达等人的叙述，认为《春秋》在西汉时期有数万字［司马迁在《史记·太史公自序》中援引董仲舒之言说：“《春秋》文成数万，其指数千。”《集解》引张晏曰：“《春秋》万八千字，当言‘减’，而云‘成数’，字误也。”（司马迁：《史记》卷一百三十《太史公自序》，中华书局1982年第2版，第3297、3298页）］，从曹魏（张晏为曹魏时人）至唐代还有一万八千余字；然而，“现在所存之《春秋》，乃仅一万六千四百五十三字，与唐代万八千余字较，相差竟不下二千字焉”。（彭炜棠：《春秋无事书时说》，《国立第一中山大学语言历史学研究所周刊》1929年第72期，第12页）董仲舒所说的《春秋》，《史记》之《集解》《索隐》都认为是《公羊春秋》的字数。（司马迁：《史记》卷一百三十《太史公自序》，第3299页）今天的《春秋》学者通过考证也认为“董氏所引《春秋》颇有出《经》和《公羊》之外而见于《左传》者”。（详见姚曼波《〈春秋〉考论》，江苏古籍出版社2002年版，第67—73页）但是，姚曼波认为，司马迁所说的“《春秋》文成数万”，指的就是孔子所修《春秋》，并且认为“孔春秋”与《春秋经》是两部不同的书。（姚曼波：《〈春秋〉考论》，第75页）在姚曼波之前，彭炜棠也认为司马迁所说的“《春秋》文成数万”指的是孔子所修《春秋》，但他不认为孔子所修《春秋》是不同于《春秋经》的两部书。如果遵从大多数学者的看法，那么就可以说，在唐代至20世纪20年代，《春秋》经文脱落了两千字左右［根据南宋初时人王观国、李焘的叙述，南宋初，“《春秋经》，一万六千五百余字”；“依清乾隆甲寅（1794年）刻本，《春秋》为一万六千五百十二字”，与南宋初相较，“又少了六十字”。（杨伯峻：《春秋左传注·前言》，增订本，中华书局1990年第2版，第20页）从清乾隆甲寅至1929年，又少了59字。这表明，“脱落情形”主要发生在唐代以后至南宋初年［沈玉成、刘宁认为：“脱简、缺文以至与字数无关的错简，应当发生在汉初或更早。”（沈玉成、刘宁：《春秋左传学史稿》，第24页）］，南宋初之后至20世纪20年代末脱落较少，共计脱落119字。关于《春秋》经文字数的考论，除彭炜棠《春秋无事书时》一文外，还可参见杨伯峻《春秋左传注·前言》（增订本），第20页；沈玉成、刘宁：《春秋左传学史稿》，第22—25页。我们现在当然不能根据现存的已经脱落了两千字左右的《春秋》来解释“无事书时”现象，而必须根据何晏、孔颖达在注疏时提到的“史之阙文”或“空书”情形进行阐释。所以，彭炜棠根据唐代之后的脱落情形来否定《春秋》或存在着公羊家首倡的“无事书时”书法，甚至否定《春秋》为孔子所编纂，是不足为信的。

毋庸否认，彭炜棠所说的“脱落情形”是存在着的。但是，“传闻之世”和“所见之世”（按照公羊家说法）“无事之时”为多，“所闻之世无事之时最少”，并且后者“在字数统计表中，其所占字数又独多——成襄二公，每年在九十四字以上，为各公之冠”。[①] 这种现象的形成除了可能存在着的脱落因素外，也存在着其他的可能性。就“传闻之世”而言，之所以缺略较多，盖鲁国史官制度尚不健全，或如孔颖达所说“久远遗落，不与近同”，并因而在孔子看来诸多史实不甚清楚，无法达到严格地“正名”的目的；就“所见之世”缺略亦多而言，也可能既非脱落所致，亦非鲁大史纪事不力，而可能是鲁大史按照当时流行的名不副实方式进行记事，而孔子又不欲直接批评所见世的现实，因此对于鲁大史名与实不相符的记事就都予以删削了；易言之，是孔子“笔则笔，削则削”的结果。由是观之，“三世”之中最适合用来进行间接的现实批判的材料是“所闻之世”。这就是说，“传闻之世”、“所见之世“无事书时”和“所闻之世无事之时最少”这两种以相对的方式而存在的现象，恰恰是孔子以历史“行事”对用以观念地表现现实关系的概念性语言进行“正名”的结果，也是其“见之于行事之深切著明也”思想的一种体现。

总之，对于孔子所修《春秋》的历史时间，本文不否认前人所谓“史之阙文”“空书”以及“脱落”的事实，但是，如果按照本文把《春秋》当作一部孔子“正名”学实验之作来理解，那么，在这种“阙文”或“空书”之处，也许就有深意在焉。从这个意义上说，《春秋》是否如唐代和唐代之前的学者所认为的那样保存了周公制定的法典，实在是值得怀疑的。杜预、特别是孔颖达曲意为孔子辩解，其实是抹杀了孔子的“正名”本意或笔削、亦即历史重写所体现的思想独立的主体性意义。

（三）历史世界的真实再现

意大利著名文学家卡尔维诺在《关于〈烟云〉给一位批评者的

---

① 彭炜棠：《春秋无事书时说》，《国立第一中山大学语言历史学研究所周刊》1929年第72期，第12页。

信》中说："很长时间以来，我就想要证明：意大利散文中的坏处就来自这样一个事实，即句子的决定性意义被不断地打发给形容词，而名词和动词变得越来越平淡和缺乏意义。这使散文丧失了所有的坚强性：不是再现世界，而是对世界进行评价。"① 卡尔维诺道出了语言与存在之间的关系的一个重要事实，即再现世界是通过名词和动词完成的，而对世界进行评价则是通过形容词完成的。要完成以文字语言方式再现世界的任务，就应该高密度地运用名词和动词，同时低密度地，或者说，朴实无华地和本质性地使用形容词。这样，通过对作品中不同词性的语词使用密度的分析，就可以确定作品的主旨或作者的创作旨趣是在于再现世界，还是在于评价世界。这无论是对于文学作品还是对于史学作品，都是如此。

关于孔子所修《春秋》，或者一般地说，关于先秦时期的史官记事，古代学者一致地认为是褒善贬恶之作，也就是说，《春秋》是一部对历史世界进行评价、而不是再现历史世界的史学著作。既然《春秋》是一部对历史世界进行道德评价的史学著作，那么在词汇运用方面必然是高密度地使用形容词，亦即把历史世界的决定性意义打发给形容词。然而，孔子所修《春秋》的用词情况却并非如此，高密度地使用的不是形容词，而是名词和动词，形容词几乎在彻底摒弃之列。这表明，孔子所修《春秋》实际上是一部真实地再现历史世界的史学著作，而不是像历来学者们认为的那样是一部道德褒贬之作。真实地再现历史世界是与"正名"直接联系在一起的。只有真实地再现历史世界，才能达到"正名"目标。

孔子所修《春秋》究竟是不是对历史世界进行褒贬评判的著作，只要对《春秋》的不同性质和类型的词汇进行统计，就会一清二楚。

在这里，本文还不能这样做，而只是从简便和足以说明问题的角度，仅以《春秋》经隐公元年、二年为例：

---

① 伊塔洛·卡尔维诺：《关于〈烟云〉给一位批评者的信》，陆元昶译。伊塔洛·卡尔维诺：《烟云 阿根廷蚂蚁》，萧天佑、袁华清译，译林出版社 2012 年版，第 16 页。

元年，春，王正月。

三月，公及邾仪父盟于蔑。

夏，五月，郑伯克段于鄢。

秋，七月，天王使宰咺来归惠公、仲子之赗。

九月，及宋人盟于宿。

冬，十有二月，祭伯来。公子益师卒。①

二年，春，公会戎于潜。

夏，五月，莒人入向。无骇帅师入极。

秋，八月，庚辰，公及戎盟于唐。

九月，纪裂繻来逆女。

冬，十月，伯姬归于纪。纪子帛、莒子盟于密。

十有二月，乙卯，夫人子氏薨。郑人伐卫。②

隐公元年62字，隐公二年71字，共133字，除了必要的地点副词（“于”）、关系词（“及”、“有”—“又”）和代词（“之”）以外，其余皆为名词和动词，没有一个是用以对历史世界进行意义评价的形容词，也不存在任何的伦理符码或语言。名词主要是三类：(1)“行事”的历史时间；(2)“行事”的主体，即历史人物；(3)“行事”的空间问题，即地名。动词都是表示一定的历史时间中具体历史人物的具体“行事”内容、亦即历史行动或历史行为方面的语词。高密度地运用名词和动词，完全摒弃形容词，这是《春秋》用词最明显的特征。“行事”的具体历史时间→“行事”的具体历史时间中具体的历史人物→“行事”的具体历史时间中具体历史人物的具体历史行动或历史行为即“行事”本身→具体历史时间中具体历史人物进行具体“行事”的具体历史地点，这四者构成了《春秋》历史叙事的基本形式，也是孔子“我欲载诸空言，不如见之于行事之深切著明也”思想的一个具体表现。

① 《春秋左传正义（上）》卷二，《十三经注疏》整理标点本，第37—47页。

② 同上书，第63—67页。

《春秋》所使用的语词本身的性质和类型确凿无疑地表明，孔子所修《春秋》完全是对历史世界的再现，丝毫没有对历史世界进行道德的或其他的评判之意，何来褒贬之有？如果说《春秋》具有客观上的所谓褒善贬恶意义，那么这只能证明这样一个史学事实，即真实地再现历史世界，就是对历史本身最有力的评判。对于经验历史学来说，在真实地再现出来的历史世界面前，任何的评价性语词（形容词）、任何的解释性语言都是多余的。

也许有一个事实是无法回避的，即人们会认为《春秋》所使用的那些名词或动词本身就具有褒贬性质。其实，这也正是主张“一字褒贬”说者的依据。本文认为，这个问题其实并不复杂。所谓名词或动词的褒贬性质，实际上并不是名词或动词本身固有的词性规定，而是名词或动词在使用过程中人们主观地附加给它们的、因而是外在的属性；更确切地说，名词或动词的褒贬性质完全是社会—历史的产物，仅只是它们的社会—历史属性。因此，随着社会—历史的变迁，名词或动词的褒贬性质会发生甚至相反性质的变化。例如，同一个语词，在这个时代或社会里是褒义词，而在那个时代或社会里却可能是贬义词。根据名词或动词的社会—历史属性进行文本分析，不可能客观地揭示文本在本质属性上究竟是再现现实—历史世界还是评价现实—历史世界。要客观地确定文本世界与客观实在的现实—历史世界之间究竟是再现还是评价关系，必须以语词本身固有的属性规定（即名词、动词、形容词等）为最基本的依据。名词或动词本质上只承担观念地再现现实—历史世界的职能，而不执行对现实—历史世界进行评价的职能，后者是由形容词来完成的。如果不恰当地赋予名词或动词以评价世界的职能，而不是高密度地运用形容词来完成对世界进行评价的任务，那么只能表明语言能力和对世界进行评价的能力欠缺。

后世对《春秋》作传、注、疏、正义等的学者，固然可以认为孔子在《春秋》中所使用的语词具有褒贬性质，但是，这仅只是表明学者们个人的理解和认识，而不是孔子本人的看法。例如，较早对孔子所修《春秋》作传的左丘明，他的全部解释只能代表他个人的观点，而不能把它们当作是孔子的本意。一个最明显的事实是，孔子所修《春秋》在历史观上表现出来的是“行事”史观，用现代理论历史学术语来说，就是事件史观；然而，左丘明的《春秋左氏传》表现出来的却是过程史观。这是两种截然不同的、可以说是正相反的历史观形态。前者主静，是仁者史观；后者主动，是智者史观。因此，怎么可以把左丘明的理解当作孔子的本意呢？后世学者几乎一致地认为的《春秋》是一部褒善贬恶性质的道德评判之作，也完全不符合《春秋》实际，更不可能是孔子的本意，至少从《春秋》语词使用方面来说是这样；褒贬论只能代表后世学者对于《春秋》的看法。

实际上，诸如褒贬论、王法论、礼义之大宗论之类的本质属性规定，与其说是孔子所修《春秋》的本义，毋宁说是解读者以特定的视角解读的结果，或者说是解读者与其解读的对象即孔子所修《春秋》进行对话的产物。当然，正如英国曼彻斯特大学历史系教授 S. H. 里格比所说，“文本的意义不是由它的某些实质内容确定的，而是由读者特定的视角的解读确定的”，[①] 本文的解读又何尝不是笔者以自己的视角去解读孔子所修《春秋》并且与其展开对话的结果呢？因此，后世学者关于《春秋》的理解和认识不是没有历史意义的。这种历史意义就在于，——用 S. 詹金斯（S. Jenkins）的话来说，——后世各种表现形式的、由特定解读方式而产生的对于孔子所修《春秋》的解读性著作和孔子所修《春秋》本身一起，共同构成了一个“多种话语交汇的空间”，并且以互动方式“形成一个不稳定的和不断变化的话语结构”，这些“特定解读方式可以根据历史和社会背景予以确定”。[②]。但是在笔者看来，对于对象自身本质属性的理解，解读者特定视角的解读或由此而形成的“话语交汇的空间”、“不稳定的和不断变化的话语结构”固然重要，但首要的还是对象自

① S. H. 里格比：《马克思主义与历史学——一种批判性的研究·前言》，吴英译，译林出版社 2012 年版，第 2 页。

② 转引自 S. H. 里格比《马克思主义与历史学——一种批判性的研究·前言》，第 2 页。

己本身实质性的内容和现实地呈现的形式。准乎此，则后世学者如何阅读《春秋》，如何理解《春秋》，如何使用《春秋》，诸如此类的问题似乎应该是《春秋》阅读史或《春秋》学史、特别是《春秋》的意义生成史研究所要重点关注的课题，而不应当是对《春秋》本身进行研究所要关注的问题[①]。

当然，为了进入这个以孔子所修《春秋》为核心而形成的“话语空间”或“话语结构”之中，与先在的解读者进行对话和交流，我们必须有自己特定的解读视角。这种特定的解读视角并不是简单地在形式上用一套新的概念或术语去替换先在解读者的话语，而在实质上却是重复性地表述先在解读者已经表述过的看法。对历史性文本的解读，对过去存在的理解和认识，既不是浪漫地要去发思古之幽情，也“不是天真地要去重新把握或抓住某个失去的东西，它是事实的生命自己在说话”。[②] 文本解读也好，历史认识亦罢，本质上是“曾在”与“此在”、亦即生命与生命之间的对话和交流。就解读孔子所编纂的《春秋》而言，这种解读是作为“此在”的我的生命与作为“曾在”的孔子的生命之间的对话和交流活动，是“事实的生命自己在说话”，是生命本身在自我表达。在这种对话和交流过程中，作为历史人物的孔子不再是遥远地外在于我的个体生命存在，而是当下作为“此在”的我自己的生命活动的构成部分和生命存在的一种内在方式。“曾在”与“此在”之间的对话和交流，也不再存在两千五百多年的历史距离，因为这种对话和交流实质上是当下作为“此在”的我在与我自己相遇，在与我自己的生命进行着真诚的对话和交流。因此，解读孔子所编纂的《春秋》，进而言之，解读一切表现形式和存在模态的“文本”（广义上的），一方面必须首先尊重“曾在”自

---

① 姚曼波曾经指出：“孔子所修《春秋》，注重‘行事’……《春秋》大义，不存于《经》，而存在于《春秋传》的‘行事’之中。”（姚曼波：《〈春秋〉考论》，第67页）此论与本文的观点——孔子所修《春秋》仅只是真实地再现现实—历史世界，而不是对现实—历史世界进行评价；《春秋》的意义（大义）有一个生成的历史过程——有异曲同工之处。但是，姚曼波的考论过于烦琐。实际上，运用文本分析方法，通过非常简便的对孔子所修《春秋》所用词汇的词性的分析，就可以殊途同归地得出近乎一致的结论。

② 张汝伦：《〈存在与时间〉释义》第1卷，第29—30页。

身的生命的自我表达，另一方面以当下作为“此在”的我自己特定的解读视角融入对话空间，这才是最关键的。

三 《百年孤独》马孔多人的失眠症与历史世界的建构

根据前面的叙述，普鲁斯特已经向我们展示了睡眠、做梦对于人的重要意义。加西亚·马尔克斯的《百年孤独》为我们提供了另一个更经典的例证。在《百年孤独》中，印第安人瓜希拉部落公主比西塔西翁以其切身体验向人们描述了失眠症的恐惧性，亦即睡眠和做梦对于人的重要意义，而似乎被死亡之神遗忘了的马孔多的居民也短暂地经历了失眠的恐惧这令人惊恐的一幕。

比西塔西翁和她弟弟卡塔乌雷是印第安人瓜希拉部落的公主和王子。为了逃避部落中肆虐多年的失眠症，他们“背井离乡，永远抛下了他们古老的王国，抛下了公主与王子的尊贵身份”[①]，来到“死神尚未光顾的偏远角落”[②] 马孔多，“乌尔苏拉（森按：领导创建马孔多镇的何塞·阿尔卡蒂奥·布恩迪亚之妻）收留了他们帮忙做家务”。[③] 一天夜里，当比西塔西翁从仿佛自天而降般突然来到布恩迪亚家而成为家庭中新的一员的丽贝卡“像猫眼一般在黑暗中放光”的双眼里“认出了威胁他们的疫病”即失眠症时，她“心中充满恐惧和难逃宿命的凄苦”。结果，“天亮的时候”，她的弟弟“卡塔乌雷失去了踪影”，而她则“留了下来，认定了自己的宿命：就算逃到天边，这致命的疫病也会穷追不舍尾随而至”。[④] 比西塔西翁为什么对失眠症如此惊恐？她向何塞·阿尔卡蒂奥·布恩迪亚一家解释说：“失眠症最可怕之处不在于让人毫无倦意不能入睡，而是会不可逆转地恶化到更严重的境地：遗忘。也就是说，患者慢慢习惯了无眠的状

① 加西亚·马尔克斯：《百年孤独》，范晔译，南海出版公司 2011 年版，第 38 页。
② 同上书，第 43 页。
③ 同上书，第 33 页。
④ 同上书，第 38 页。

态，就开始淡忘童年的记忆，继之以事物的名称和概念，最后是各人的身份，以至失去自我，沦为没有过往的白痴。”①

失眠症的结果在于遗忘：遗忘语言，遗忘历史，遗忘人的存在，最终遗忘自己本身的生命活动和生命存在。比西塔西翁所说的“沦为没有过往的白痴”，即是沦为没有历史的白痴。由此可见，作为失眠症的可怕结果的遗忘，其实是历史遗忘症或历史失忆症。简洁地说，失眠症即是失忆症，亦即历史遗忘症。那么，与失眠症相反，睡眠和做（造）梦就是创造和建构历史的活动。普鲁斯特的《追忆逝水年华》正是以睡眠（或造梦）方式建构历史世界的文学典型。文学家的造梦，本质上即是创造或建构历史世界，特别是人类内在生命史——人类灵魂—精神世界里的生命史——的一种方式。当然，通过形象的运用，他们也创造和建构人类外在的生命史，即人类物质——肉体存在世界里的生命史。

拉丁美洲人的“百年孤独”不是拉丁美洲人的过错，而是欧洲人的过错。因为，正是欧洲人打断了拉丁美洲正常的历史进程，最后又遗弃了拉丁美洲。欧洲人患了严重的失眠症，欧洲人遗忘了自己的历史，“沦为了没有过去的白痴”，以致认为拉丁美洲的现实不可理喻，难以理解。拉丁美洲是“被孤独”的。但是，这只是1982年12月8日马尔克斯在斯德哥尔摩音乐厅诺贝尔文学奖颁奖典礼上所作演讲中说的“拉丁美洲的孤独”② 的一个方面，更重要的问题在于，失眠症是一种传染性极强的疫病。欧洲人就像那个不速而至的丽贝卡，把失眠症亦即历史遗忘症传染给了拉丁美洲。拉丁美洲是否能够像马孔多——马孔多即拉丁美洲的象征——一样幸运，有“一度死去，但难以忍受孤独又重返人世”③ 的吉卜赛老人梅尔基亚德斯来替它解除失眠症的魔咒？这就是马尔克斯《百年孤独》试图探询的东西。马尔克斯以文学形式探询的问题，也正是今天中国拉丁美洲史学者从

---

① 加西亚·马尔克斯：《百年孤独》，第38—39页。

② 加西亚·马尔克斯：《我不是来演讲的》，李静译，南海出版公司2012年版，第19—27页。

③ 加西亚·马尔克斯：《百年孤独》，第43页。

历史学角度致力探讨的课题。

丽贝卡既是失眠之神，也是遗忘之神，当然她更是新生之神，——乌尔苏拉最后发现，正是在丽贝卡的身上，具有布恩迪亚家族延续血脉所必需的品质。但是，在丽贝卡成为布恩迪亚家庭一员后不久，不仅她自己患上了失眠症，成了遗忘之神，而且在吓跑了印第安人瓜希拉部落王子卡塔乌雷后，还把这种可怕的疫病先是传染给了布恩迪亚一家，然后又通过布恩迪亚一家人迅速传染给了马孔多居民，使得他们也都患上了失眠症，都遗忘了自己的历史，甚至“自己童年最深刻的记忆都已消失”了。[①] 在母腹里就会哭泣，一生下来就睁着双眼聚精会神地观察世界，第一个在马孔多出生的孩子，似乎具有超自然的预言能力的奥雷里亚诺，亦即后来成为自由派军事领袖、反政府军总司令的奥雷里亚诺上校，何塞·阿尔卡蒂奥·布恩迪亚的次子，向马孔多人传授了在每样东西上贴标签以努力保存对每样事物的记忆的方法。“奶牛颈后所挂的名牌便是一个极好的例子，体现出马孔多居民与失忆作斗争的决心：这是奶牛，每天早晨都应挤奶，可得牛奶。牛奶应煮沸后和咖啡混合，可得牛奶咖啡。就这样，人们继续在捉摸不定的现实中生活，只是一旦标签文字的意义也被遗忘，这般靠语词暂时维系的现实终将一去不返。”[②] 就这样，马孔多人开始了用文字语言（语词）创造“虚拟现实”的一场“造梦运动”。[③] 文字语言在过去存在被遗忘的世界里开始显现出其神奇的魔力。

然而，依靠语词维系的过去存在和现实存在都只是“虚拟的”存在世界，只是一场梦。语词的意义一旦被遗忘，无论是过去“曾在”世界还是现实“此在”世界，都就将一去不返。而这就是我们的历史世界，我们只能依靠语词来维系的历史世界。这个以文字语言建构起来的历史世界，同时也就是我们的现实世界。因为当下性的“此在”现实世界终将进入语言之家，而转化成为历史世界；更何

① 加西亚·马尔克斯：《百年孤独》，第41页。
② 同上。
③ 同上书，第42页。

况，我们此在的当下现实同样是依靠语词来维系的，本质上就像历史世界一样，只不过是一个“虚拟世界”。

这种失眠症，或者说，更确切地讲，失忆症，历史遗忘症，“并不是心中暂时的尚可补救的遗忘，而是另一种更残酷且不可逆转的遗忘……那正是死亡的遗忘”。[①] 马孔多是一个被死神遗忘的偏远世界，直到政府派了一个管事的里正堂阿波利纳尔·摩斯科特到马孔多，马孔多“连自然死亡的人都没有”，马孔多人“至今还没有墓地”。[②] 因此，马孔多居民经历一场失眠症，应该是必然的，就像比西塔西翁认定的那样，是难逃的宿命。

就在马孔多成为一个“已经深陷失忆泥沼的村镇”，居民们用标签、纸牌、讲故事等方法与失忆作顽强斗争的时候，那个神秘的吉卜赛老人，他的部落据说“由于逾越了人类知识的界限，已从大地上被抹去”，[③] 他自己也被证实“的确在新加坡的沙洲上死于热病，被丢到了爪哇海的最深处”[④]，梅尔基亚德斯，摇着表示未染上失眠症的发出悲凉声响的小铃铛，“拖着一件绳索紧系的鼓囊囊的行李，拉着一辆黑布蒙住的小车”，突然出现在马孔多，来到了他的老朋友何塞·阿尔卡蒂奥·布恩迪亚的家，并从此在马孔多定居了下来。梅尔基亚德斯用“一种淡色液体”重新燃起了何塞·阿尔卡蒂奥·布恩迪亚的记忆之光，当然也治愈了全镇居民的失眠症。于是，马孔多重新获得记忆了。[⑤]

重获记忆之光即是恢复了历史。遗忘之神，死亡之神，从另一方面来说，其实也就是历史女神。被遗忘之神和死亡之神在屁股后面追赶着，即是被历史女神鞭打着前进。实际上，马孔多并没有被死神真正地遗忘。既然如此，那么，自然死亡，墓地，乃至更出乎意料的灾难，种种无妄之灾，都将不可避免，并且将接踵而至。马孔多重获记

① 加西亚·马尔克斯：《百年孤独》，第 43 页。

② 同上书，第 49 页。

③ 同上书，第 34 页。

④ 同上书，第 15 页。

⑤ 同上书，第 43 页。

忆，也就预示着这一切正在悄然地逼近。而将要带给马孔多人灾难的，就是那个在母腹里就会哭泣、似乎具有超自然的预言能力的奥雷里亚诺上校。不过，他现在还不是上校，而只是一个技艺高超的、以制作金鱼而闻名的金银匠。

【作者简介】周祥森，男，浙江人，河南大学历史文化学院教授、博士生导师、《史学月刊》编辑，兼任中国美国史研究会理事、中国英国史研究会理事等职务，主要从事史学理论与史学史研究。

历史：人类生活经验的回忆
——关于历史是什么及其作用的理解

刘克辉

【摘要】有关历史的定义很多，从普通人的角度出发，历史就是“对过去知识的回忆”、“是一种生活的经验”。我们常说的本能，其实就是一种历史经验的积累形成的生存智慧。历史的内容是丰富多彩的，有政治史、经济史、英雄人物的历史，也有人们的日常生活史。普通人所欢迎的，并不是高深的历史理论，而是与他们的生活息息相关的历史知识。注重研究普通个人生活经验，目的在于引导普通人自觉地参与历史的创造。需要把个人的经验进行概括和总结，把无数个人的经验汇结在一起，提炼成为全人类共同的经验。

【关键词】历史；生活经验；历史记忆；历史智慧

历史是什么？它有什么作用？虽然是个老话题，却时时吸引着人们去进行新的探讨，以期更为全面地认识这个问题。

一

西方学者关于历史的定义，可谓是众说纷呈。人们从不同的角度、不同的侧面提出了不同的看法。“一切真历史都是当代史”“一切历史都是思想史”等已成为名言，本文拟不作评述。这里我们仅就“历史是对过去知识的回忆”，或者“是一种生活的经验”的观点加以阐释。

持这种看法的西方学者很多，虽然其具体内容不太相同，但主要意思是一致的。法国学者亨利—伊雷内、马鲁给历史下的定义是："历史是人类过去的知识""历史是由历史学家的主动性在人类的两个画面——从前的人所生活过的过去和人类为了有利于人与以后的那些人而展开的回复过去的努力的现在——建立的关系、联结。"[①] 美国史学家康尼尔·李德的定义与马鲁的定义相似："历史是指记录下来的或未记录下来的对人类往昔经验的记忆。"他自己解释说："我之所以把历史称为记忆，是为了把那些从未被记载下来但对我们个人生活却往往有深刻影响的过去经验，特别是我们自身的过去经验，包括在它的范围之内。"[②] 与马鲁的定义相类似的，还有美国史学家卡尔。贝克尔的定义："历史是说过和做过事情的回忆。"他认为"每个普通人，同你我一样，记忆种种说过做过的事情，并且只要没有睡着，也一定是这样做的。假定这位'普通先生'早晨醒来而记不起任何说过做过的事情，那他真要成为一个失去心灵的人了"。[③] 英国史学家柯林武德也说过，"历史是过去的经验的再现实化"，"历史如同过去的经验的再现"。[④] 可以看出他们把视角伸向了历史的最后一层意义，即人们生活的经验及对这种经验的回忆。

对于这些定义，朱建军在其《历史究竟是什么?》一文中作了简短的评述，认为它们存在着这样那样的缺陷，诸如"缺乏主体"、"缺乏一致性和不严谨"，并指出它们最大的特点是，"指明历史就在人们的头脑中"。[⑤] 本文不准备讨论以上关于历史定义的合理性和精确性，而想就提出这一问题有何意义谈一谈自己的看法。

---

① 田汝康、金重远选编：《现代西方史学流派文选》，上海人民出版社 1982 年版，第 71、76 页。

② 张文杰等编著：《现代西方历史哲学译文集》，上海译文出版社 1984 年版，第 244 页。

③ 田汝康、金重远选编：《现代西方史学流派文选》，上海人民出版社 1982 年版，第 260、261 页。

④ 同上书，第 81 页。

⑤ 朱建军：《历史究竟是什么?》，《世界历史》1989 年第 1 期。

对于大多数人来说，历史就是过去。如果人们把过去置诸脑后，以便开始新的生活，就会徒劳无益。正是对这种过去经验的回忆，把一个人的过去、现在和未来联系在一起。

我们可以这样假设，一个人，早晨醒来，忽然发现自己完全失去了对往日的记忆，昨天都干了些什么？什么留待今日去完成，关于昨天的一切，都变得茫然无知，那么这个人起床之后，将会干些什么呢？他只能惘然不知所措。但正常地说来，一个人当他早晨醒来其记忆便伸入过去的时间领域和遥远的空间领域，并且立即重新创造他努力的天地，仿佛把昨天发生的事情、见到的东西、讲过的话、考虑的想法等的印象合在一起，并且同他现在的知觉和明天要说的要做的种种事情联系在一起。这种过去事件的印象和观念的结合就是历史，是一个人日常生活迫切需要的，它使我们在一个秩序井然的世界里生活，是认清个人的处境所必需的。它就是一个普通人所掌握的活的历史。在这种意义上，可以说每个人都懂得一点历史知识，而仅仅是从这种极其重要的意义上，才可以说每一个人都能获得历史知识。没有这种历史知识，没有这种说过做过事情的记忆，一个人的今日便漫无目的，他的明日也要失去意义，结果他就不知道自己是何许人，在何处，去何方或做什么。

因此，在真正的意义上，不可能把历史从生活中割离开来。一个人对说过做过事情的记忆（不论发生于我们贴近的昨天抑或人类久远的过去），是与他将说将做的事情的预期携手共行，使这个人能就自己知识和想象所及，获得智慧。这就是说，你现在要做的事情总是以你过去的经验为根据的，这样，我们所想到的过去，就成为我们现在这个假想世界的一个活生生的组成部分。

人们总是在经验的指导下生活。我们常说的本能，应是一种经验的反映，或者说是一种历史的本能。这种经验不论是属于个人的，还是属于别人的，都会有意无意地被一个人应用于自己的日常生活，也就是说一个人的生活少不了这种意义上的历史。美国历史学家卡尔·贝克尔说过："每个人的日常生活行为都以他对过去的认识以及这种认识对他目前行为和将来的计划的应用为根据。他在黑暗中上床就寝时知道太阳一定会像往常一样重新升起，而他自己也将在光明中和它一同起身。他在贮煤箱中装满煤炭或者在油桶里注满油料，是因为他知道随着由来已久的季节推移，在炎夏之后一定会有严冬。他把钱存在银行里，是因为他知道自己要用时随时可以提取。如此等等，举不胜举。人们并没有必要去推究那些明摆着的道理。可是，实际上我们所做的和我们计划的一切，都是以我们所谓的经验——我们亲身的经验或者我们对人类的经验或自然的观察为转移的。我们所说的有别于学问的'智慧'，就是用过去经验解决当前问题的能力。"① 因此，现实生活中的人的一切思想、计划和活动，都是以历史为根据，从历史的经验出发的。这是一个不必阐述即可明了的公理。因此可以说，人们的一切活动都是一定的历史引导的结果。每个人都有自己所掌握所凭借的历史知识，尽管不少人并没有专门地学习过历史，也确实并不怎么懂得真正的历史，也没有意识到自己在运用历史知识，但这都不妨碍他们从历史那里得到启迪和智慧，受到诱发和引导。当然这种历史知识和历史经验，可能是正确的或是错误的，深邃的或是浅薄的，高尚的或是卑鄙的，愉快的或是痛苦的。

二

人们在谈论历史的时候，往往会有一个固定的印象，即只是关于英雄个人的历史、国家的历史。而一般人，特别是对于那些处于最普通地位的老百姓来说，好像就没有历史，也不参与历史的创造。因而对历史于个人的作用的理解，也就相当狭窄。事实上，最普通的人，也是有其自己的历史的，只是往往被人忽视而已。他们的历史一般表现为生活的经验，前面所引几位历史学家的话提醒我们，要重视这方面问题的研究。这种作为被记载下来和未被记载下来的生活经验的记忆的历史，对于普通的个人来说，才具有最直接、最现实的作用，应该充分认识到它对人类生活所产生的影响。

① 张文杰等编著：《现代西方历史哲学译文集》，上海译文出版社 1984 年版，第 247 页。

有人把曾在历史上出现过的人区分为历史个人和普通个人，用意就在于强调历史个人的巨大作用，而认为普通个人的作用则是很小的或者根本没有什么作用。其实，这也是一种“英雄史观”，它否认了个人生活经验对于社会的意义。普通人同样有历史，同样有创造，也就是说任何人在历史上都会起着一定的作用。当然，这里的用意不在于把普通个人的历史创造提高到不适当的地步，抬得过高，往往会违背真实并失去其应有的意义。我们所要做的只是让人们注重他们的创造，注重他们生活经验的精华，仅此而已。

恩格斯说过：“人们自己创造着自己的历史”,[①] 这本身就肯定了普通人在创造历史中的作用。恩格斯在这里所讲的历史与我们通常意义上所讲的历史的内涵是有区别的。这种历史，在大多数情况下只表现为一种普通的生活常识，一般不为所谓的“历史学家”们所看重，原因在于它只表现为一个人日常生活经验的积累，好像没有多大的意义。这种态度是不正确的，我们无法忽视过去生活的经验对人们产生的巨大作用。

恩格斯在讲到“历史是如何创造”的时候说：“最终的结果总是从许多单个的意志的冲突中产生出来的，而其中每一个意志，又是由于许多特殊的生活条件，才成为它所成为的那样。这样就有无数互相交错的力量，有无数个力的平行四边形，而由此产生出一个总的结果，即历史事变，这个结果又可以看作一个作为整体的，不自觉地和不自主地起着作用的力量的产物。因为任何一个人的愿望都会受到任何另一个人的妨碍，而最后出现的结果就是谁都没有希望过的事物。所以以往的历史总是像一种自然过程一样地进行，而且实质上也是服从于同一运动规律的。但是，各个人的意志——其中的每一个人都希望得到他的体质和外部的，终归是经济的情况（或是他个人的。或是一般社会性的），使他向往的东西——虽然都达不到自己的愿望，而是融合为一个总的平均数，一个总的合力，然而从这一事实中决不应作出结论说，这些意志等于零。相反地，每个意志都对合力有所贡

① 《马克思恩格斯选集》第 4 卷，人民出版社 1972 年版，第 506 页。

献，因而是包括在这个合力里面的。”[①] 恩格斯所讲的虽然是高一层次的历史，但从他的话中我们会得出几点结论：（1）每个人都参与了历史的创造；（2）每个人在历史上都是起了一定作用的；（3）各个人创造历史的活动的合力作用推动历史的发展。从这里我们可以看出，普通的人对于历史的发展，也是起了作用的，那么由此推及开去，我们没有理由拒绝研究他们的生活经验，没有理由忽视似乎“默默无闻”的普通个人。这是我们提出重视人们生活经验的第一个根据。

历史的内容是丰富多彩的，不单是政治史、经济史、英雄人物的历史，还有人们的日常生活史，这就是我们提出要重视研究人类日常生活经验的第二个根据。如果我们把视角转向普通个人，去探讨他们的历史，说不定会发现许多让人惊奇的事实，这些很可能是在所谓的“历史个人”中间无法看到或不可能全部看到的东西。如果我们就此向前深入我们的考察和研究，是否会使历史的内容更丰富、更生动呢？这一点，从近几年的史学研究实践来看，答案是肯定的。现在，历史研究不断拓宽新的领域，人们渐渐地把研究的方向转到普通民众的生活上面去，注重研究他们的生活，风俗习惯、意识等内容。证明了我们提出重视普通人的生活经验的根据具有可行性与合理性。可以说，现在人们所注重的众多内容，大都只能是一种经验的东西。但是这些内容无论对于研究者来说，还是对于普通个人来说，都有着非凡的魅力。像人们注重研究社会风俗史就是一个例证。

风俗在人们日常生活中占有十分重要的地位，“入乡问俗”就是要弄清楚这个地方以前的历史，以适应当地生活。风俗就是人们日常生活的经验，经过反复以及长时间养成的一种固定的生活及行动的方式。历史上，由于各人类集团所处地理环境、气候条件和物产的不同，形成各自不同的生产方式和经济结构，以及随着生产力发展程度的不同，产生了不同的社会形态和制度。由于以上多种因素的作用，构成了不同人类集团的不同心理素质，并产生不同的民情风俗和生活

① 《马克思恩格斯选集》第4卷，第478—479页。

习惯。因此，风俗习惯是在长期社会历史的发展过程中形成和变化的。

风俗习惯一般分为物质生活方面和精神生活方面两类。物质方面的，如食、衣、住、行，主要是随气候、地理物产、生产力等条件的不同而不同。至于精神方面的，则主要表现在婚姻、节庆、丧葬、礼仪等各个方面。在某些时候，风俗习惯所起的管理和协调社会的功能是很大的。恩格斯描述氏族社会时说："一切问题都由当事人自己解决，在大多数情况下，历来的风俗就把一切调整好了。"[①] 从文明社会的过去直至现在，许多风俗习惯仍潜移默化在人们的思想中，支配着人们的行动，起着社会约束力的作用。

当然，风俗虽与人们日常的生活经验相联系，但它要高于日常生活经验，或者相比较而言，是一种具有系统化、理论化的东西，这同样是在肯定它们之间的共同内容。因而我们可以说，研究风俗史，在一定程度上也是在研究人们的生活经验。如果我们认为研究风俗史有价值、有意义，就没有理由去否认普通个人的生活经验这种似乎低层次的内容。

三

普通人所欢迎的，并不是高深的理论，而是与他们的生活息息相关的内容，这一点并不是所有从事历史研究的人都能意识到的。

为什么普通人并不太注意我们历史研究的成果？除了文化素质的原因之外，我想更为主要的是他们从中看不到自己生活的影子，因而不能引起他们的共鸣，激发他们的兴趣。从这个角度讲，如果我们把视角从纯粹的精英人物史，或政治史，或经济史，转向普通民众的生活习俗，研究他们所创造的一切，历史学则可能会有大的转机。一个社会，普通人是占绝大多数的，一个研究者不面向他们，不关心他们的历史，肯定会悲叹自己的研究成果不被人重视，这是情理中的事

① 《马克思恩格斯选集》第4卷，第92页。

情。在人们的意识中，一般人把历史看作是我们生活经历以外的某种东西，看成是锁在书本里的一堆僵死的知识，这种传统的观念掩盖了真正的历史含义。

出现这种情况的原因，在一定程度上，是由历史学家自己造成的。在中国的封建社会，史学著作里是看不到普通人的喜怒哀乐的，梁启超在所著《新史学》中对封建社会史学进行了深刻的揭露，他指出封建旧史学有六弊，其中之一是知朝廷而不知有国家，认为二十四史不过是二十四家谱，记载的只是"有权力者兴亡隆替之事，此兴彼亡，你来我往，争战不已"。因此二十四史可视为地球上"空前绝后的相斫书"。这样的史书，只是为封建统治者提供资鉴，而不为一般国民编著。[①] 因此根本谈不上一般的民众从历史中发现自己生活的遗迹，更不用说从中汲取养料，以作为生活的指南了。

新中国成立以来，中国的史学有了很大的发展，特别是在马克思主义唯物史观的指导下，中国史学跨进了很大一步。但是，由于各种错误思想的影响和机械地理解马克思主义，这中间也存在着许多问题，其中之一就是对下层群众的历史注意不够。虽然对农民起义研究很多，但只能看到农民战争的爆发、过程、失败等，对于他们生活中所思所想及其创造，却很少涉及。在这种情况下，普通民众对历史兴趣不高，从而影响了历史学的进一步发展。

我们提出注意写普通民众的历史，就是使他们从历史中认识自己，从而主动地参与历史创造。英国历史学家柯林武德在回答"历史是作什么用的"这一根本问题时写道："我的答案是：历史学是为了人类的自我认识。大家都认为，对于人类至关重要的就是，他应该认识自己，这里，认识自己就意味着不仅是认识个人特点，他与其他人的区别所在，而且也要认识他之作为人的本性。认识你自己就意味着，第一，认识成为一个人的是什么；第二，认识成为你那种人的是什么；第三，认识成为你这个人而不是别人的是什么？认识你自己就意味着你能做什么；而且既然没有谁在尝试之前就知道他能做什么，

① 梁启超：《饮冰室合集·文集》第4册，中华书局，第3页。

所以人能做什么的唯一线索就是人已做过什么。因而历史学的价值就在于，它告诉我们人已经做到什么，因此，就告诉我们人是什么。”[①] 中国最早的马克思主义者李大钊也讲过，历史能“引导我们在历史中发现了我们的世界，发现了我们自己，使我们自觉我们的权威，知道过去的历史，就是我们这样的人创造出来的，现在乃至将来的历史，还是如此”。[②] 人们通过认识历史而认识自己，这是一个历史发展过程，只有认识到自己的权威和力量，才能摆正自己在社会中的位置，才能有信心，产生一种奋发向上的动力。可是普通人在历史上根本见不到自己活动的迹象，如何让他们自觉地参加社会活动呢？他们如何能理解我们所宣传的内容呢？从长远来看，历史教学必须以社会方式，也就是说以对于一般公民显然有意义的方式进行，才能更具有生命力。现在我们总是感觉到普及历史知识比较困难，这是因为大部分人是无法接受高深的理论的。如果从他们生活中的经验开始，激发他们对历史的兴趣，然后慢慢上升到关于国家的历史、民族的历史，由注重个人的经验而注重国家、民族的历史，从而培养他们的爱国热情，可以想象其效果会有所改变的。

这里我们从另外一个角度强调了注重研究普通个人生活经验的重要性，目的在于引导普通人自觉地参与历史的创造，而要使普通人达到自觉，必须注意研究他们的生活。

四

前面我们强调了个人的生活经验对于人们日常生活的作用，但不能产生一种错觉，以为人类只要依靠这些日常生活的经验就可以了。个人的经验只是对个人，或少数人起作用，而我们人类现在所应用的并不单是哪个人的经验而是众多个人经验的综合，亦即理性化的经验。

---

① ［英］R. G. 柯林武德：《历史的观念》，中国社会科学出版社 1984 年版，第 10—11 页。

② 李大钊：《史学要论》，北京师范大学史学研究所校印 1980 年版，第 56 页。

这里就提出了一个新的问题，个人的生活经验毕竟是一种低层次的东西，必须把它上升为一种高层次的内容，亦即为全人类的经验，才能用以指导人类的生活。人类需要这种经过总结和概括而成的经验，是因为它比单个人的经验所反映的社会生活更高，更强烈，更有集中性，更典型，更理想，因此就更带有普遍性。

一旦达到了这样的高度，一方面，人类经验的那种明确而牢固的意义便最终显现出来；另一方面，普通人的生活经验就与我们所理解的一般意义上的历史联系起来，从而把个人与社会联系起来。这时，人们不再局限于狭隘的生活圈子里，从而开阔视野、追求更高更远的目标。

个人有个人的经验，民族、国家也有自己的经验。一个民族、一个国家的经验，首先表现为每个人的生活经验，或者某一个集体的经验，经过人们多少代、几千年的摸索、积累，逐步进行概括、总结而成的，是人类最宝贵的财富。像我们史书记载的关于大禹治水的传说，他所采用的“疏导”法，恐怕不是个人的创造发明，而是人们在治理洪水的过程中，经过多次摸索，也许经过了失败，然后才总结出这种方法，制服了洪水。再如，中国历史上出现了许多关于农业、医药等方面的书籍，是否可以看作是作者一个人的经验的总结呢？不是，应该把它们看作是由一代一代人的共同经验汇集而成的，是中华民族总体智慧的结晶。其他方面也是如此，这些经过概括和总结的经验就包含着科学的成分在内。一个民族、一个国家就是依靠这些科学的经验总结而延续、生存下来。

从上面的叙述可以看出，把个人的生活经验上升到全人类的经验，使它具有科学内容的重要意义。首先，人类在自身发展过程中，不断地接受新的挑战，需要解决新的问题，在这个尝试的过程中，不可避免要犯错误，走弯路，人类由此做出的牺牲是十分巨大的，只有经过积累经验，才能慢慢找到比较正确的、科学的途径。其次，人们往往只注重自身的经验，而不注重经过理论化的、比较科学的经验，尤其是拒绝接受新的知识。这在普通人、特别是农民身上表现得相当明显。这种思想意识，占据着他们的头脑，很难扭转过来，形成了社会发展的消极力量。因此，如果一个人只相信自己的经验，不但会影响自己的生活，也会不同程度地给社会带来影响。一旦这种意识变成普遍性的东西时，这种影响就会更大，它会使一个民族裹足不前，而沉湎于过去的旧梦里。在中国近代史上，当外国用洋枪洋炮打开国门，用一切手段显示西方工业革命威力的时候，中国人还沉醉在“天朝大国”的美梦之中，认为中国居于地球的中央，其他都是蛮夷之邦，应该由中国人去教化他们。顽固守旧的人不屑一顾于西方的文化，把它们视为奇技淫巧，拒绝使用。许多人把从祖宗那里留下来的一切视为天经地义的东西，不能更改。光绪皇帝害怕寒冷，在殿门上装了一块玻璃，就遭到西太后的反对。她斥责光绪：“皇上年少，何至怕冷如此？况祖宗体制极严，若于殿门上装起了玻璃窗，成何样子？”[①] 安装玻璃是何等小事，可太后还要用祖制来教训人，可以看出上层统治者对于不合祖制，或者与自己祖宗经验不符的举动的排斥态度。正是在这种心理支配下，近代史上出现了把修好的铁路拆掉、用马拉火车的怪事，让外人耻笑。中国近代史上的许多变革，都是由于受这种只知恪守经验态度的排斥而趋于失败。

从正反两个方面的论证可以看出，必须注重把个人的经验进行概括和总结，把无数个人的经验汇结在一起，提炼成为全人类共同的经验，这恐怕也是我们将历史学研究的对象转向最广大的普通人的社会生活的各个方面的一个基本依据吧！

【作者简介】刘克辉，男，河南商城人，河南大学历史文化学院教授、史学理论与史学史方向硕士研究生导师，主要从事史学理论和中国社会文化史的教学与研究。

① 何刚德：《春明梦录，客座偶谈》，《平斋家言》卷一，上海古籍出版社 1983 年版，第 14 页。

波利比乌斯历史思想初探
——兼与早期希腊史家比较

褚新国

【摘要】 基于实用主义的著史目的，波利比乌斯高度重视原因探究，进而围绕罗马国族兴衰提出了一系列重要主张。它们作为《历史》叙事渐次展开的理论产物，充分体现了波氏史观构建由浅入深的递嬗脉络。主要体现在如下四个层面：一、政体说表面上是理解波氏撰史意旨的主导线索，但其实际地位并非举足轻重；二、心性说具有较高理论水平，所含"人物史"意向是对政体说的某种扬弃；三、鉴于单纯人事性探究难以有效解释历史，命运观同样不可或缺；四、随着道德史观的孕育生成，波氏论史的悲观宿命色彩大大增强。在上述意义上，综合运用多组史观范畴表明波氏认识到了历史变化的复杂性，而部分瑕疵、分歧则暴露了其认知的局限性。另外，也从一个侧面深刻折射了西方古典史学史观领域的某些传承和流变。

【关键词】 波利比乌斯；《历史》；历史思想；希腊史学

毋庸置疑，著史要义旨在通过解释原因而探明真相。诚如斯言，"历史研究是一种因果关系的研究"，此乃西方史学的"显著特点"。[①] 古希腊史家显然深谙此道，典型实例是希罗多德（Herodotus，

---

① ［英］E. H. 卡尔：《历史是什么?》，陈恒译，商务印书馆 2007 年版，第 186 页；［美］彼得·伯克：《西方历史思想的十大特点》，王晴佳译，《史学理论研究》1997 年第 1 期，第 76 页。

约公元前484—前425年）与修昔底德（Thucydides，约公元前460—前395年）等早期代表人物有关撰史旨趣的开宗明义："特别是为了把他们发生纷争的原因给记载下来"，"我首先说明……引起这次希腊大战的原因"。[①] 就希腊化时代领军人物波利比乌斯（Polybius，约公元前200—前118年）及其史学实践而言，亦可如是观之：作为"古代史学中的亚里士多德"，[②] 40卷本《历史》[③] 代表了西方古典史学理性思维所及的广度和深度。突出体现在基于实用目的高度关注原因探究，进而围绕社会历史变化等形成并提出了一系列重要主张。鉴于史学史研究的"重点"和"固有的主题"是"史学思想方面"即"史学史是历史思想的历史"，[④] 拙文尝试通过比较性研究考察波氏史观构建中诸主要范畴的生成、内涵及关联等，兼及透视古希腊史学史观领域的流变轨迹。[⑤] 考虑到《历史》在文本层面很少明确提及城邦时代希腊史家，[⑥] 所谓"联系"主要是指一种历史性的逻辑关联。囿于学识水平所限拙文多有不当之处，敬请诸位方家批评指正为是。

---

① ［古希腊］希罗多德：《历史》，王以铸译，商务印书馆1959年版，第1页；［古希腊］修昔底德：《伯罗奔尼撒战争史》，谢德风译，商务印书馆1960年版，第21页。

② ［意］贝奈戴托·克罗齐：《历史学的理论和实际》，傅任敢译，商务印书馆1982年版，第148页。

③ 拙文引述依据帕顿（W. R. Paton）波利比乌斯：《历史》，（Polybius，The Histories）译，剑桥1922—1927年版"洛布古典丛书"（Loeb Classical Library）。

④ 贝奈戴托·克罗齐：《历史学的理论和实际》，第134、136页。

⑤ 据笔者所见，晚近相关专题性研究较少且多缺乏通观考论。国内学者相关研究成果主要包括易宁：《论波利比乌的"命运"说》，《史学理论研究》1993年第3期；隋竹丽：《波利比阿〈通史〉中的历史观》，《佳木斯师专学报》1995年第2期；易宁：《论波利比乌的"政体循环"说》，《世界历史》1998年第6期；易宁：《论司马迁和波利比乌的历史思想》，《北京师范大学学报》2001年第2期；易宁：《波利比乌斯的普世史观念》，《史学史研究》2007年第4期；郝彤：《波利比乌斯混合政体理论之局限》，《史学史研究》2009年第3期。欧美学者早期研究主要侧重于波氏"实用主义""普世主义"等论题，关于"命运观"等则失之偏颇，参阅沃尔特·席格弗里德《波利比奥斯历史哲学研究》（Walter Siegfried, *Studien sur Geschichtlichen Anschauung des Polybios*），莱比锡：特布纳出版社1928年版。关于国外学者的更多其他主要研究成果，下文注释中将有所标明。

⑥ 波氏《历史》中关于希、修等史家的论断屈指可数，并且多为插叙性质而未能在史学层面予以具体展开。有论者甚或据此认为他从未读过希罗多德等人，参阅保罗·彼得希《波利比的史学方法》（Paul Pédech, *La Méthode Historique de Polybe*），巴黎：美文出版社1964年版，第421页等相关论述。

一 罗马兴亡中的“政制元素”：政治抑或历史学概念

古人撰史往往很难回避的一个问题是，国族兴衰主要与哪些社会历史因素相关？与发达的城邦政制实践内在一致，早期希腊史家普遍关注政体。如希罗多德认为“风习律制乃是万物的主宰”，希腊借此“驱除了贫困和暴政”。特别是雅典、斯巴达崛起并赢得希波战争，与政体适宜密不可分。波斯立国伊始当局激辩何为“理想政体”，则集中体现了他的相关思想。① 修昔底德表达了类似的立场，如强调雅典崛起于“宪法和使我们伟大的生活方式”等。② 随着城邦体制危机加剧，柏拉图《理想国》、亚里士多德《雅典政制》和《政治学》、色诺芬《斯巴达政制》等专题性论述更是蔚为大观。对此，波利比乌斯坦言：“始从薛西斯登陆希腊”，它总是众多精英阶层的热门论题。③ 基于是，政治生活中的“体制问题”继续受到关注。

关于《历史》中的政体学说，学界目前主要有三种解读思路。其一，侧重政治层面的探究，强调需在“意识形态与政治背景”视域下认知。④ 其二，源于波氏对罗马史的深入研究——日后罗马政局

---

① 参阅希罗多德《历史》，第 212、504、379、518、31、231—234 页等相关论载。比较参阅肯尼斯·H. 瓦特斯《希罗多德论僭主与专制君主：客观性的研究》（Kenneth H. Waters, *Herodotos on Tyrants and Despots: A Study in Objectivity*），威斯巴登：弗兰茨·施坦纳出版社 1971 年版。

② 参阅修昔底德《伯罗奔尼撒战争史》，第 16、147、153、351、486、498、508—509、518—519、637、681 页等相关论载。比较参阅 A. 杰弗里·伍德西德《修昔底德论权力本相》（A. Geoffrey Woodhead, *Thucydides on the Nature of Power*），马萨诸塞剑桥：哈佛大学出版社 1970 年版。

③ 波利比乌斯：《历史》第三卷，第 293 页。

④ 参阅库尔特·冯·弗里茨《古代混融政体说：波利比乌斯政治思想论析》（Kurt Von Fritz, *The Theory of the Mixed Constitution in Antiquity: A Critical Analysis of Polybius's Political Idea*），纽约：艾耶出版公司 1954 年版；克莱格·B. 查姆比昂：《波利比乌斯〈历史〉中的文化政治学》（Craige B. Champion, *Cultural Politics In Polybius's Histories*），伯克莱：加利福尼亚大学出版社 2004 年版，第三部分（Part III: "*Ideological and Political Contexts*"）。

走势印证了其历史预见，能够作为解读国族兴衰的基本通则。[①]其三，严重遮蔽了波氏历史视野——尤其是忽视了罗马政治生活的实际貌相，堪为“希腊史”续编性的叙事产物。[②]然而在我们看来，如若认同波氏的实际身份乃是“政治史家”，相关探究无论如何也很难避开“史学”维度。事实上，上述众说纷纭往往导致两大理论极端：片面夸大政体论的政治内涵及其在波氏史观中的重要性。倘如是，以下四点或许值得关注。其一，鉴于政体论是波氏大力倡导的实用主义史学中非常重要的理论结晶，“政治学”考论显然不应轻忽史学意趣。其二，鉴于波氏历史写作很大程度上建基于对城邦及希腊化时代前期希腊史学的批判性继承——卷12中通篇史学批评即为真实写照，理应要在此间希腊史学发展演变史的视域下探究其政体论。其三，鉴于大约同期发轫的罗马民族史学未能揭橥罗马崛起的真实原因，波氏尝试通过政体论等予以“科学”地拨乱反正——如不满于匹克托的史著。问题是他的立场能否成为后世拉丁史家罗马观中特殊的理论成分，特别是在共和覆亡、帝制勃兴背景下政体论能否得到他们的整体认肯。其四，鉴于政体论本身的特质或不足——卷6中第6章节表明波氏对此应当有所意识，或许也为别的史观要素乘势而入提供了相应的理论预设。

较之早期希腊史家的插叙性论说——即使“政治史鼻祖”修昔底德也并未深入剖析，政体元素在波利比乌斯史学中得到了更进一步的强调和推重：“鉴于凡事成功或失败的首要原因是一国政制”，“一切行动构想、计划发端形成并最终实现”。典型实例是解明罗马何以能奇迹般崛起，强调“但当我们转向其政治体制”，则一切疑惑将迎刃而解。在波氏，罗马逐鹿地中海的关键是其独特的“混融政体”：“所有优越性表现为三种元素用于构建政体及其随后的

---

① 参阅保罗·彼得希《波利比的史学方法》，第312—317页及第六章相关论述。

② 参阅F. W. 沃尔班克《波利比乌斯》（F. W. Walbank, *Polybius*），伯克莱：加利福尼亚大学出版社1972年版，第130—156页。

施政实践，甚或国人很难确切断定整个体系究竟是贵族制、民主制还是君主制。这实乃与生俱来。”① 依据政体演变的基本原理，波氏进而通过“循环史论”解释了罗马共和国早期曾经的贫弱与晚年的急遽衰落：

> 以上即是政体沿革的循环周期，进程浑然天成，其间政体演变、消逝并最终复归原点……尤其是就罗马国家而言，这一路径将使我们理解它的形成、发展，同样是在不久的将来盛极而衰。如我所言，它较于任何他者是天然成长，并会经历自然地衰变。读者从本书随后章节中将能判定这一点的真实性。②

波氏由是尝试在史观高度系统地阐发政体论题，坚称“相关论讨或因疏漏特定细节而美中不足”。而且鉴于“它符合历史实际和人类常识”，他甚或有意以此推演历史兴亡的普遍规律。某种意义上作为理解《历史》意旨的主导线索——“罗马人通过何种方式并以何种政体，不足53年内成功君临几乎整个人类世界”，政体论贯穿始终：“我总是将该论题视作全部构想中不可或缺的部分，确信在大量章节及有关本书原则的导言性评论中已表露无遗。”突出体现在卷6集中阐述后，篇末“总结全书主旨”时再度重申：世人通过本书将“懂得整个世界怎样、通过何种政体臣服于罗马”。③

在论题阐述中，波利比乌斯体现了与古希腊史学传统的某些一致性。典型实例如界定“政制”外延，声言“任一国家中有两件事情至关重要”，“吾意是指风俗习惯与法制律令”——而柏、亚等人更多侧重后者；主要通过重大战争集中展现政制优劣，即鉴于布匿战争

---

① 波利比乌斯：《历史》第三卷，第271页；第一卷，第175页；第三卷，第295—296页。

② 同上书，第289页。

③ 同上书，第295、277页；同上书第一卷，第175页；同上书第三卷，第269页；第六卷，第453页。

年间是“混融政体”释放优越性的“登峰造极时代”，“我将阐释坎尼惨败期间罗马遭遇生死存亡的政体状况”等。但就其政体说的思想根源看，却与前辈同仁鲜有纠葛。《历史》文本信息表明，这主要源于两种途径。一方面，批判性地承袭借鉴了前人、特别是亚里士多德等人的理论成果。诚如波氏所言，“几乎所有著述家留给我们了关于斯巴达、克里特、曼提尼亚和迦太基政体优越性的慷慨赞誉。某些著述家也论及雅典和底比斯”。他们不仅基本厘清了地中海诸族各种政制的历史沿革、内涵特征、运演机理等，更在希腊败落、蛮族崛起背景下明确凸显了政体元素对于历史兴亡的极端重要性！另一方面，鉴于“史家从不曾偶然论及”以及“探讨它的著述家不称职”，亲身观察同样至关重要。特别是通过兼任阿卡亚联盟要职、兵败后长期人质罗马，波氏得以感同身受于诸族政体优劣——如“需要比较斯巴达、罗马与迦太基政体”，[①] 等等。

众所周知，西方古典史学史上长期流行形色各异的循环史论。若以波氏“混融政体说”的运演机理“循环史观”为例，或可更进一步集中折射其政体论的上述特征。关于早期希腊史家的史观意向，传统观点往往截然对立：社会历史变革思想兴起并有进步倾向标示着“希腊历史意识的觉醒”，[②] 修昔底德及后世希腊史家并不信奉循环史观，[③] 或是他们基本认同“循环史观”。[④] 另有论者主要以波氏为例，强调西方古典史家及是后圣经史家等皆应视为内涵丰富的历史循环论

---

① 波利比乌斯：《历史》第三卷，第 375—377、293、367—369 页；第一卷，第 175 页。比较参阅［古希腊］亚里士多德《政治学》，吴寿彭译，商务印书馆 1965 年版，卷二（“政治较为修明的现世各城邦”）、卷三（“论政体及其类别”）、卷四（“现实政体的类别”）等相关论载。

② 参阅切斯特·G. 斯塔尔《希腊历史意识的觉醒》（Chester G. Starr, *The Awakening of the Greek Historical Spirit*），纽约：诺弗出版社 1968 年版，第 57—77 页。

③ 参阅阿纳尔多·莫米格里亚诺《现代史学的古典根基》（Arnaldo Momigliano, *The Classical Foundations of Modern Historiography*），伯克莱：加利福尼亚大学出版社 1992 年版，第 18 页。

④ 参阅 W. 登·波尔《修昔底德论希腊进步》（W. den Boer, *Progress in the Greece of Thucydides*），阿姆斯特丹：北方荷兰出版公司 1977 年版，第 55 页。

的实践者和倡导者。[①] 关于上述论断，有三点需要指明：一是不应夸大古希腊史学滥觞阶段史观理性化的成熟度；二是如何通观性地考论《历史》《伯战史》中的所谓“循环史观”；三是波氏史观的学理渊源怎样。不可否认，早期希腊史学含有一定的“进步史观”色彩。突出体现在希氏笔下大量人种学研究如文明—蛮族对立，特别是《伯战史》绪论关于“五十年时期”希腊诸邦中雅典冉冉升起而一枝独秀。但就整体而言，早期希腊史学普遍洋溢着浓重的悲观情结。基于“在每件事开头的时候，是看不到它的结果的”，抑或“只要人性不变”则不幸“将来永远也会发生”，[②] 波斯、雅典帝国等皆生动演绎了“扩展—衰退”的历史规律，其核心是轮回性的“淤滞”而非永不消歇的颓败。[③] 而从波氏“循环史观”生成的历史语境抑或具体内涵来看，我们或可得出结论认为：其与希、修等人相关主张关联不大而更多属于政治理论术语性的表述。倘如是，波氏的主张固然可以看作一种特殊而复杂的历史哲学，但基于古典学传统探究似乎是人为地抬高了其蕴含的史学意涵。

波利比乌斯所论思想根源中的“非史学性”，深层体现则是“非历史性”。特别是在许多方面机械地袭用古希腊政治理论，寓意其相关史论往往是在表述政治而非历史概念。典型实例是罗马人构建的“现存最佳政体形制”，颇为类似于斯巴达莱库古宪政改革的翻版。另外，重理论性的推演思辨而轻实证性的历史研究。如尽管“希冀谋求有关其政体独特性的通透观点”，但对始从十二铜表法颁行直至坎尼会战间的罗马历史存在严重误读。典型实例是虽察觉 3 世纪前后元老贵族地位

---

① 比较参阅 G. W. 特鲁姆弗《西方思想中的循环史论：从古代至宗教改革》（G. W. Trompf, *Idea of Historical Recurrence in Western Thought*: *From Antiquity to the Reformation*），伯克莱：加利福尼亚大学出版社 1979 年版：第一章（Chapter I：“*The Polybian Anacyclosis*”）、第二章（Chapter II：“*The Polybius and the Elementary Models of Recurrence in the Classical Tradition*”）等相关论述。

② 希罗多德：《历史》，第 489 页；修昔底德：《伯罗奔尼撒战争史》，第 271 页。

③ 比较参阅弗吉尼亚·J. 汉特《希罗多德与修昔底德笔下的历史与进程》（Virginia J. Hunter, *Past and Process in Herodotus and Thucydides*），普林斯顿大学出版社 1982 年版；彼得·R. 庞西：《战争的必然性：修昔底德悲观主义研究》（Peter R. Pouncey, *The Necessities of War*: *A Study of Thucydides' Pessmism*），纽约：哥伦比亚大学出版社 1980 年版。

特殊——“凭赖政制的特殊优势与运筹帷幄的元老院”,[①] 却夸大了公民大会的实际作为及其“民主”元素。误读罗马政治生活领域的真实情状，使得波氏坚信罗马统治集团戮力同心而有强大的战斗力，进而则很难认识到罗马崛起过程中许多“非政制”性的重要力量。譬如，共和时代罗马与拉丁及意大利同盟者协同的重要性——共和末年广大同盟者主张公民权的同盟者战争充分展现了这一点，正如帝国时代意大利本土以外众多行省地位的提高及其对罗马繁盛的重要性。又如《历史》通篇强调罗马称雄地中海堪称“史无前例”，暗示波氏史论兼有进步意识，问题是若罗马政体“与生俱来”而非线性意义上渐次累积的增进过程——“我以为罗马政体可如是观之而完全适用，既然从一开始其形成与成长源于自然原因”，所谓发展如何可能？很大程度上这或许也说明了，为何拉丁史家整体上对此并不认同。诚如塔西佗在批判奥古斯都所创元首制中的精妙讽喻：

> 每一个国家或城邦的统治者或许是人民、或许是贵族、或许是一些个人，这三种统治方式适当配合起来的政体比较容易得到别人的称赞，然而却不是容易创造的。而且即使创造出来，它也无法长久维持下去。[②]

进言之，我们还注意到，波氏政体论在许多希腊史家著述实践中同样未能引起多少实质性的共鸣。突出体现在波塞冬（Posidonius，约公元前 135—前 51 年）所著 52 卷本《历史》旨在续写波氏史著——涵盖公元前 146 至前 88 年间以罗马势力扩张为中心的地中海世界区域史，但关于罗马崛起原因的解读显然较为理性，如一定程度上考虑到地形地貌、矿产资源、气候条件以及食物营养等诸多可能相关的因素、力量。狄奥尼修斯（Dionysius of Halicarnassus，约公元前 60—前 7 年后）撰述《罗马古代》，某种意义上或可视为是对波氏执

① 波利比乌斯：《历史》第三卷，第 273 页；第二卷，第 293 页。

② ［古罗马］塔西佗：《编年史》，王以铸等译，商务印书馆 1981 年版，第 223 页。

泥于“政治史”写作的矫正：罗马人威加海内固然是与其卓越品质密不可分，但问题的关键是他们实为古希腊人后代并成为新时期希腊先进文明传统的合法继承者。总之，政体说构建中的种种瑕疵预示其在波氏史观整体中并非文本层面宣扬的那般重要。相反，另有其他同样不容忽视的史观元素参与其中。它们不仅有力冲击了政体说的地位和影响，还合力强化了波氏史观的复杂性。

二 心性说的理论创新：“肇始与原因或意图”的界定及其人物史意向

鉴于历史归根结底是人的历史，动机及人性往往成为古希腊史家关注的重点——“一切历史都是思想史”显然涵括当事方“思想过程”。[①] 如在希罗多德看来，希波战争源于诸如私利与贪欲、违约与结怨、复仇与荣耀等人性深处的各种纠葛。不仅如此，《历史》基于人性视角就当时希腊诸邦内部恩仇的深刻反思同样耐人寻味。不妨摘取一则论断，以资说明：

> 拉凯戴孟人既然重新得到神托并且看到雅典人的实力与日俱增而且根本没有服从他们的意思……很可能会有一天做到与他们势均力敌的……既然有了这样的想法……[②]

希氏意在表明战前、战中以雅典、斯巴达为首的希腊诸邦何以频频内讧，并预示战后自相残杀性质的伯罗奔尼撒战争爆发实乃不可避免！修昔底德笔下的伯战爆发亦是如此：“使战争不可避免的真正原因是雅典势力的增长和因而引起斯巴达的恐惧”，而雅典人源于“安全、荣誉和自己的利益”等“三个很重要的动机”而同样热衷于战争。总之，“由于贪欲和个人野心所引起的统治欲”及伴随的“激烈

① ［英］柯林武德：《历史的观念》，何兆武等译，商务印书馆1997年版，第302—303、307页。

② 希罗多德：《历史》，第484页；参阅第7、36、419、463、472页等相关论载。

的疯狂情绪发生作用”，修氏尝试基于“人性总是人性”而谋求精准揭橥动机的根源。[①] 这在很大程度上也说明了他们为何并未深究政体，相反，考虑到叙事主题是战争何以爆发，交战方的动机意图及背后的人性情状才是解题的关键所在![②] 实际上，相关叙事构成了早期希腊史家历史解释中极其重要的内容之一。

需要指出的是，早期希腊史家普遍关注值得记忆的重大事迹。在气势恢弘的战争史叙事中，一方面为强调城邦体制下公民集体的智慧与力量，他们的叙事主角多为“希腊人和异邦人”组成的“人类”等宽泛而抽象的概念。另一方面因质疑人性而竭力反对突出个人，即若将国家事务委托个人，“不久就会引起城邦的毁灭”。而为数不多的相关载录也多为负面性质且很少展开，如修昔底德评判希波战争期间希腊联军司令波桑尼阿斯“开始暴露他妄自尊大的本性”，等等。是故，他们真正着意的是“人民的心理状态”等群体性情绪。典型实例是修氏通过“一般人性”意义上“城邦的性格”解读伯战结局，“正如其他许多次一样，斯巴达人证明是雅典人最有益的敌人，因为两个民族性格的大不相同”。[③] 早期史家借此表达城邦体制下希腊世

---

① 修昔底德：《伯罗奔尼撒战争史》，第 21、62、344、269 页；参阅第 20、23—71、82、92、170、240、268、493、698、702 页等相关论载。

② 显然对修氏而言伯战作为人性悲剧具有其历史必然性，参阅戴维·格林《人类狂妄：修昔底德与柏拉图政治哲学研究》（David Grene, *Man in His Pride: A Study of the Political Philosophy of Thucydides and Plato*），芝加哥大学出版社 1950 年版，第 55、64 页。另外，关于“西方医学之父”希波克拉底对修氏作为“心理史学之父”的深重影响，比较参阅克劳斯·魏道尔《修昔底德与希波克拉底论著》（Klaus Weidauer, *Thucydides und die Hippokratischen Schriften*），海德堡：卡·文特出版社 1954 年版；希波克拉底：《希波克拉底文集》，赵洪钧等译，中国中医药出版社 2007 年版，第 208—215 页（“自然人性论”）等相关论述。

③ 希罗多德：《历史》，第 1 页；修昔底德：《伯罗奔尼撒战争史》，第 2、488—489、169—170、75—76、53—70、125—126、213、234、711 页，比较参阅《伯罗奔尼撒战争史》，第 64、96—110、138、163、582、617—618、620—623、637—638、710—712 页等相关论载。在此意义上，有论者尝试“系统展示当时希腊诸邦间所体现的政治关系的本质特征”，参阅彼得·J. 弗里斯《修昔底德与两极化政治》（Peter J. Fliess, *Thucydides and the Politics of Bipolarity*），巴顿鲁吉：路易斯安那大学出版社 1966 年版，“前言”，第 7 页。另有论者指出修昔底德通过关注民族内部心理学而将伯战视作一元化希腊世界同室操戈的病理性“淤滞”而非真正意义上的“战争”，参阅乔纳森·J. 普利斯《修昔底德与内战》（Jonathan J. Price, *Thucydides and Internal War*），剑桥大学出版社 2001 年版。

界共同体的普遍利益诉求。倘如是，断言“集体的作用在西方史学中得到了异乎寻常的重视”且这一传统至少可以追溯到罗马史学的滥觞，[①] 似乎过于草率而有失偏颇。

较之早期史家，波利比乌斯相关主张理论性更强。突出体现在，《历史》以“普遍人性”及其对应动机为基质阐发政体、历史运演机理。如下两则论断，或能作为典型实例说明问题：

> 雅典多少仿若一艘没有指挥员的大船……恐惧于惊涛骇浪或强劲风暴，促使水手们小心谨慎并听从船长指令……而一旦他们自信膨胀……互相争执不休……其间凡事皆由一伙暴民肆无忌惮的冲动所掌控，他们在……暴力、激情氛围中教养而成。[②]
>
> 全部现存之物皆将趋于颓败，衰变乃是不争事实；因为大自然进程足以将此判罚加诸我们。经由两种途径任何国族归于式微，即分别为外部与自身流变……但当国族饱经磨难而终臻独大，显见在既有繁盛长久浸润下，生活将会变得奢华，公民竞争职位及其他物事则会更为狂暴。随着病灶逐日增进，恶化源出贪恋职权和寡廉鲜耻……将为自己谋求最大利益。倘如是，国族非是变成最美善的称谓即自由民主，而是沦为最恶劣的秉性即暴民政治。[③]

鉴于修昔底德撰史旨在抨击伯战中暴露的雅典政治的种种劣质，材料一所论在其笔下并不鲜见。但因多为现象罗列，其理论意识当是弱于波氏。更重要的是，波氏要以雅典等希腊诸邦政体变动为例推演人类历史规律：前述所谓“自然原因”即指国族兴亡直接取决于政体循环，隐于其后的深层动因则是“人性恶”。从中不难看出，他的心性说具有一定的概括深度。当然可以想见，波氏主张应有亚里士多

---

① 彼得·伯克：《西方历史思想的十大特点》，第 74 页。

② 波利比乌斯：《历史》第二卷，第 369—371 页。

③ 同上书，第 397—399 页。

德等人政治学研究的理论贡献而非单纯的史学传统。[①]

不仅是政体优劣论视域下的国族兴亡，就具体事务得失成败而言，波利比乌斯表面上也承袭了前辈同仁的惯常理路和解释框架，即强调人性情态通过特定动机化为具体行动。最典型的实例显然是罗马人取得西地中海霸权后何以加紧对外扩张而觊觎整个世界，诚如斯言：

> 先前世界的事件可谓分散孤立，既然它们是由各行其是的动机、结果或地区联结而成。[②]
>
> 既然举足轻重源出细微，事件初始动机才是解题关键。[③]

鉴于此，波氏高度关注并尝试在理论层面探究诸如“动机意向”等“更具价值”的历史信息。有关亚历山大东征等战事与布匿战争爆发原因的比较性论断，或许足以说明问题：

> 部分史家期待指明引致前述罗马与迦太基战争的原因，断言首因是迦太基人围攻撒根图姆……我当同意它们是战事开端，但绝不认可其为原因，除非我们声言亚历山大越抵亚洲为其攻侵波斯的原因……此乃难辨肇始与原因或意图实质性区别人士的一面之词，原因或意图至关重要，肇始随即展开。物事起始是指我们尝试将既定计划转为行动，目标动机在判断与意见中首当其冲，即经所涉意图、心理、逻辑等而获致决议和规划……腓力王心领神会于以上两种史实……关注战争预示的无上荣耀……是故我们须将前述原初事项视作征波原因，次为背景，亚历山大兵临亚洲

① 亚里士多德《政治学》卷五中以“一般的心理状态”“革命者的企图”“事变发生的动机”及11种事例为中心，阐述政体变更的“一般原因”；论及“各种政体发生变革的各别原因”，指出雅典等共和政体“常常积渐而归败坏”，“一切政体”皆有可能因内忧外患而倾覆。

② 波利比乌斯：《历史》第一卷，第7页。

③ 同上书，第21页。

则为战事开端。①

书归罗马与迦太基的战争，我们务必要将汉尼拔生父巴卡斯·哈米尔卡的愤懑视作它的首要动因。夺取西西里的战争使之心绪难平。②

上述材料至少表明两点：一是通过界定历史活动中“肇始与原因或意图”的内涵及作用，波氏的理论认知显然技高一筹；二是在承袭早期史家探究抽象心性的同时，他也开始关注重大史事中的“大人物”，甚或明确将个人意图视作直接动因。即一方面强调人类社会历史变化是诸多元素综合作用的必然产物，突出体现在如罗马成功扩张；另一方面细节性载论特定具体事务过程中却又往往以当事人为中心展开叙事。而且我们注意到波氏论载克列奥门尼、叙利亚等其他重大战事，同样津津乐道于当事方具体性情。典型实例是通过大量剖析个人心性，强调第三次马其顿战争源于公元前 188 年后马其顿王腓力五世执意图谋报仇雪耻等。鉴于这从侧面折射了古希腊史观领域更深层次的流变动向，我们有必要略加展开说明。

考虑到古希腊社会政治环境的历史剧变——公民政治理想破灭且君主专制统治大行其道背景下少数军政强人的现实影响日益凸显，波利比乌斯史学在承袭政治军事史叙事主题的基础上，通过提升、彰显重大史事中的主要人物而兼有浓厚的“人物史”意向。突出表现在，《历史》标题表明许多卷章细节载论具体事务中往往是以“大人物”为中心展开叙事。典型实例如以希腊化王国首脑为中心载论第 124 届奥林匹克纪年期间东地中海事务，并将其驾崩视作全书“前言”与正文区分的标志性事件；以斯巴达王克列奥门尼为中心载论“当时马其顿和希腊事务情况”，“腓力王与希腊主要领导人自此停战求和”则引致“希腊、意大利与非洲事务首度生发关联”——卷 5 通篇关注希腊化王国内忧外患情势下当权者处置失当及其分崩离析，主角是

① 波利比乌斯：《历史》第二卷，第 15—19 页。

② 同上书，第 25 页。

腓力五世、安条克三世与托勒密四世等人；“希洛凭赖个人能力辖制并统一了叙拉古”，以叙拉古僭主希罗尼穆斯为中心载论西西里事务——包括希洛、盖洛等其他大人物；以腓力五世与汉尼拔订约为中心载论当时希腊事务，以腓力五世为中心载论梅塞尼事务；以安条克和“阿迦托克勒斯的抱负与命运”为中心分别载论亚洲、埃及事务，等等。①

波利比乌斯史学“人物史”意向的深层体现是以个性为中心载论人物。典型实例如“鉴于其心性品质的独特性”，当以亚拉图斯为中心透视阿卡亚联盟兴亡史；卷 9 以汉尼拔为中心载论意大利事务，首先声言“事情进展吁求我们关注汉尼拔的心性”；卷 10 以西庇阿为中心载论西班牙事务，首先声言“我认为须要先向读者阐明其性格、禀赋”；卷 10 以阿卡亚联盟领袖斐洛波门为中心载论希腊事务，首先声言“现在责无旁贷要为之做同样的事情，正如在其他卓越人士个案中我曾尝试概略他们的修习与性格”；卷 11 同样主要是以大人物命名史事，且以之心性为中心展开叙事；卷 15 以塞琉古王安条克为中心载论亚洲事务，首先指明当事人心性，等等。对波氏来说，鉴于“大人物”的历史作用越发凸显，史家理当着意于剖析其心绪并由此深入理解事件本身——“我的分内工作”。尽管同时也关涉某一民族或阶层的心性动机，如埃托利亚人、阿卡狄亚人、罗德斯人、特别是连篇累牍于元老院与罗马人、迦太基人等。此外，《历史》中其他的相关论断则值得进一步关注。兹摘两例，以资说明：

> 有人说人性通过境遇得以彰显，或是当权而暴露、掩饰，或是通过挫折。但我对此难以苟同。我以为并非仅仅某些而是多数情形下人们言行举止与其真实念想南辕北辙。②
>
> 反观许多先前的实例，将展现于此。如西西里僭主阿迦托克

① 有论者探究了波氏有关大人物心理动机的分析，如腓力五世之子珀尔修斯的负面形象更多是因描绘其消极性格的影响而非源于偏见所致。参阅保罗·彼得希《波利比的史学方法》，第四章相关论述。

② 波利比乌斯：《历史》第四卷，第 51 页。

> 勒斯……又如斯巴达王克列奥门尼……现在我们无法假定性格迥异地存于同一类型。事实毋宁是有些王者随环境改变心性并总向他人呈现与其本质相左的性格……不仅涉及将军、君王也还关乎城邦。在雅典我们至少发现亚里斯提德与伯利克里统治时代，国家很少引发暴行……，但克里昂、查尔斯统治时代截然相反；拉凯戴蒙人称霸希腊时克列奥姆波洛图斯王所为皆在睦邻友好氛围中展开，但阿格西劳斯王却全然相反；故此，城邦性格随当权者性格而改变。腓力亦然，……①

显见正是基于对“大人物”心性的深度关注，波氏探究人性变化升至一定的理论高度——早期史家仅是零星地泛泛而论，如“人们的心理状态是随着事件的发展过程而变化的”② 等。抑或可以说，与修昔底德等人抽象的人性论相比，波氏的心性论似乎更为写实化与具象化。

倘若大人物通过心性动机主宰史事乃至左右国族心性变动，某种意义上彰显了波氏的英雄史观内涵。如早期阿卡亚联盟领袖亚拉图斯具有成为一名杰出政治家的所有素养且绝不逊于任何人，腓力二世与亚历山大父子将马其顿从蕞尔蛮邦跃居举世最辉煌的王国而享有“盖世英名”等。典型实例是罗马统一世界的绝对主角西庇阿，“事实上他几乎是有史以来最著名的人物，引得世人急欲了解他是怎样的人”。③ 进言之：

> 我们理当遵循的价值信条和历史的特定功用。吾意是指大力弘扬值得瞩目的光辉事迹。……史家更青睐吁请读者关注什么……最伟大的行迹以及最值得史家瞩目的人物。④

---

① 波利比乌斯：《历史》第四卷，第53—55页。

② 参阅修昔底德《伯罗奔尼撒战争史》，第111页。

③ 波利比乌斯：《历史》第四卷，第103页。

④ 波利比乌斯：《历史》第一卷，第393页。

载论英豪们“最出色禀赋与最值得尊崇之处”故此成为撰史的突出内容，这在早期史家看来简直无法想象——战争史中竟无英雄用武之地！而且有一点似乎也可以肯定，即强调历史变革中的个人心志很大程度上乃是对政体说的某种扬弃。事实上，较之希罗多德等人的故事讲说，波氏基于史观的高度论载历史人物相对严谨翔实。当然鉴于完全吻合当事人性格特点绝非易事——“因现实中条件、环境繁复多样而千变万化”,[①] 其中有些论载显然是源于波氏本人的逻辑推理而非客观史实。

三 命运观：历史叙事深进过程中神秘力量逐渐凸显

毋庸置疑，天命观历来是西方古典史家历史观复杂多样性极为特殊的重要组成部分。古希腊人尽管较早地认识到社会历史变革很大程度上是由人引起且人类为其行为负责，但囿于实践能力与认识水平等主客观局限，诸如政体说、心性论等单纯人事性的因果探究显然无法合理解释一切历史现象，如此则为“机缘”“命运”等神秘性因素乘虚而入提供了可能。诚如斯言，“神话与神话性的人事之重要性，是希腊历史编纂史上凸显的重要论题之一”[②]。如希罗多德笔下充溢大量神谕灵验、梦境成真等朕兆性异事，典型实例是《历史》论载希波战争时对过程本身轻描淡写，反而浓墨重彩于战前、战后的一系列的朕兆、神谶等。诚如斯言：

> 当城邦或是民族将要遇到巨大灾祸的时候，上天总是会垂示某种朕兆的。

① 波利比乌斯：《历史》第三卷，第465页。

② A. E. 瓦德曼：《希腊史学中的神话》（A. E. Wardman, “*Myth in Greek Historiography*”），载《历史学：古代史学刊》（*Historia: Zeitschrift für Alte Geschichte*）1960年第9卷第4期，第403页；比较参阅切斯特·G. 斯塔尔《希腊历史意识的觉醒》，第80页相关论述。

> 不容许过分高大的东西存在，这乃是上天的意旨。因此，一支人数众多的大军却会毁在一支人数较少的军队的手里……神除了他自己之外，是不容许任何人妄自尊大的。①

上述材料或有助于解释希氏史观中两大悬疑问题，即为何并未侧重交战双方政体优劣且很少在事功层面深入论载单体个人！继起的修昔底德专注于人事，强调“战争的胜利全靠聪明的裁断和经济的资源”。虽则如此，素以“理性”著称的他竟也坦承在伯罗奔尼撒战争期间：

> 过去有许多奇怪的古老故事……现在都变为可信了。例如，广大地区受到猛烈地震的影响；日蚀和月蚀比过去从来所记载的都频繁些；在全希腊各地区有广泛的旱灾。②

材料表明修氏对“神意”等尽管是以质疑为主——“当事物的发生出乎我们意料之外的时候，我们常常归咎于我们的命运”，但却似乎无意抑或根本无力将之彻底摒除。事实上，全书载论惨烈人祸往往总是频繁插叙诸如此类的灵异物事，能否暗示其与希氏史观的某种

---

① 希罗多德：《历史》，第412、470—471页，参阅第582页等相关论载。学界因希氏鼓吹天命神意而认为其在希腊史家中属于异数，参阅查尔斯·威廉·弗纳拉《古希腊、罗马时代历史学的实相》（Charles William Fornara, *The Nature of History in Ancient Greece and Rome*），伯克莱：加利福尼亚大学出版社1983年版，第77页；抑或体现了虔诚宗教信仰而并无实质性的史观内涵，参阅T. J. 卢斯《希腊历史学家》（T. J. Luce, *The Greek Historians*），伦敦：劳特利奇出版社1997年版，第54—55页；更有论者认为希罗多德“宗教化的情愫与阐释必须要与整体上其对人类事务特别是政治事务的理性立场区别开来”，参阅本雅明·希姆莱《希罗多德笔下的政治与信仰》（Binyamin Shimron, *Politics and Belief in Herodotus*），斯图加特：弗兰茨·斯坦纳出版社1989年版，第72页。在我们看来，上述论断显然严重低估了宗教信仰在希氏史观中的地位——必须强调“波斯战争的宗教背景”，参阅琼·D. 米卡尔森《希罗多德与波斯战争中的宗教信仰》（Jon. D. Mikalson, *Herodotus and Religion in the Persian Wars*），教堂山：北卡罗来纳大学出版社2003年版，第7页；比较参阅托马斯·哈里森《神意与历史：希罗多德的宗教信仰》（Thomas Harrison, *Divinity and History: The Religion of Herodotus*），牛津大学出版社2000年版。

② 修昔底德：《伯罗奔尼撒战争史》，第117、130页。

一致?[①]

作为修昔底德严肃撰史传统的铁杆拥趸，军政经验丰富的波利比乌斯似乎也不大可能为之太多留有余地：声言史家理当“引领读者关注世上正常或普遍发生之事”而非报道奇异朕兆与神话传说，或“将一切归于命运，强调她的变幻无常与人类规避的无能为力”。[②] 但实际上，其论较之前辈更为复杂。对此，传统观点通常认为：波氏未在哲学或语言学层面明确界定“命运”内涵，多是袭用希腊化时代习惯性话语程式——崇拜并强调命运女神喜怒无常且超越人力掌控；仅将极少数难以解释的偶发事端归于“命运”使然，抑或作为修辞学术语泛指历史变化的必然性。换言之，波氏并未将之视作历史解释的重要元素。[③] 如若通观并结合《历史》所论的具体语境，问题或许非是如此简单。诚如斯言：

> 波利比乌斯声称因发现有人把公私事务归于命运、机缘的荒谬，现就此阐述立场，只要一部严肃史著允许。对于个人而言确实无法或很难理解事件原因，通过将其定为一种神祇或机缘之举我们或可理直气壮地得以摆脱困境，吾意是指譬如连绵不绝的特大雨雪、农作物因严重的洪涝灾害而歉收、突如其来的持续性瘟疫，抑或其他不易探明原因的同类事情。关于此类物事我们顺理成章地遵从大多数人的意见，既然我们不能探明它

---

① 修昔底德：《伯罗奔尼撒战争史》，第20—21页，参阅第26、63、68、111、125、135、141、156、273—274、284、295、311、334、342—344、424、441、600、618、653、719页等相关论载。另有论者认为修氏未将命运视作客观的历史力量，而是“出人意料性的力量”——承认它在历史中的一席之地，但将其从“原因探究”中摒除，参阅罗威尔·埃德蒙兹《修昔底德笔下的时运与智能》（Lowell Edmunds, *Chance and Intelligence in Thucydides*），马萨诸塞剑桥：哈佛大学出版社1975年版，第207页。

② 波利比乌斯：《历史》第二卷，第139—141页；第四卷，第551页。

③ 参阅F. W. 沃尔班克《波利比乌斯》，第32—65页（Chapter 2：“*Historical Traditions*”），保罗·彼得希：《波利比〈历史〉：卷一》［Paul Pédech, *Polybe Histories* (Livre I)］，巴黎：美文出版社1969年版，“前言”，第24页；抑或认为他因人事大多失当而强调神意决定历史，参阅沃尔特·席格弗里德《波利比奥斯历史哲学研究》，第88页相关论述。

们何以发生……至于有可能揭示实际、主导缘由之事，我以为不应归于神意行为。譬如下列情形。我们时代希腊臣服蛮族……灾患原因显而易见，并且出路在我们自己手中……但无法或很难探知缘由情况下，问题则悬而未决。此类情形之一是马其顿问题。马其顿人……承蒙罗马眷顾摆脱严重的内乱相残……伪腓力们瞬间目睹了更多同胞被流放、折磨和杀戮……现在却为一可恶的家伙而战……挫败了罗马人。世人岂能不为之困惑？很难探明原因。是故论及同类现象，我们完全或可认为此乃神意所为，所有马其顿人激怒神灵，诚如随后事件所示。①

材料表明波氏在明确区分命运与人事的前提下，竟将本来毫无费解之处的人事肇因归于命运。② 若推而广之，我们注意到，《历史》通篇大量关涉神意且总是将其与人力两种元素并置而论。如此说来，是否意味着神秘因素在波氏的历史解释中实则据有一席之地乃至“不可或缺”？

为了便于说明问题，我们不妨将之归为两大类型。其一，关于个人的成败得失。波利比乌斯强调个人功业基于“聪慧与勤勉”，而非“承蒙命运眷顾”或“遵照托梦、朕兆指示”；军事胜利也非“凭赖机缘”，“失败多因指挥官犯错或失职所致”。而另一方面，许多大人物“挫伤了敌人却败于命运”。其二，关于国族的兴衰沉浮。典型实例是通过查究第一、二次布匿战争，波氏强调罗马崛起于“艰巨事业中的千锤百炼”而非“机缘巧合和无意之举”。虽则如此，《历史》却也并不避讳“神意”的在场。具言之，不仅仅是在具体战事层面，罗马统一世界本身更是集中体现了波氏史观中的复杂纠结：

我的著作的独特之处，即是当下时代最引人注目之处。命运

① 波利比乌斯：《历史》第六卷，第383—387页。

② 比较参阅波利比乌斯《历史》，第383—387页以“马其顿战争”为中心探究人事与天命等论载。

引领世上几乎所有事务……殊途同归；史家……将她实现整体目标的行动事迹展现在读者面前……尽管她曾创作新生事物并在人类生活中发挥作用，但在单一实例中不曾完成这般杰作且成绩骄人。……①

尽管波氏曾经反复强调罗马崛起实为理性计划的必然结果——正式发端于公元前241乃至前387年的侵略扩张中既已初露端倪，但上述所论表明《历史》阐释命运互相抵牾绝非是指它在其史观整体中无足轻重，而是寓意单纯人事性探究远不足以合理解释历史现象。与此息息相关而内在一致，更典型的实例则是阐释罗马崛起过程中备受推崇的政体说：

……。我未能看到发生于我们所在时代罗马命运机缘中其他任何更大的巨变。……②

……。命运通过何种方式、政体形制完成我们时代最出人意料的功业，即引致世界所有已知区域归于一统，绝对史无前例的一项事业……他们成就的伟大和政体的实效。……③

鉴于“混融政体”循环性成长机理亦非单纯人力所能掌控，论及罗马成功显见含有浓厚的神秘意识：在具体事务层面强调是纯粹理性的人力因素，整体而言又是命运的伟大杰作。而波氏论载希腊世界的盛衰，史观思路亦是如此。一方面强调全希腊及其属地总是厄运绵延，因为他们背信弃义、卑怯懦弱而致大祸临头；另一方面声言希波战争胜利基于雅典等邦“果敢举措”的同时，则强调随后伯战中雅典惨败是因斯巴达“错误”地强制命运握在他们之手；底比斯取代斯巴达、马其顿取代底比斯，充分演绎了希腊诸邦总是崛起伟大而复又命运逆变。而且这也解释了雅典与底比斯政体因何“无须鸿篇大论”，概因机

① 波利比乌斯：《历史》第一卷，第9—11页。

② 波利比乌斯：《历史》第三卷，第271页。

③ 同上书，第449—451页。

缘与环境使之光环转瞬即逝，他们遭受了“命运逆转”。而后希腊化诸国王位更变同样“是命运声称重建世界”，仅在小亚细亚、埃及“命运并未过于兴风作浪”——直至最终马其顿等族遭遇不幸！

在上述意义上，关于波利比乌斯“命运论”我们至少需要明确两点。一方面，它深刻折射了《历史》叙事中波氏史观构建的递嬗脉络：起初致力于寻求人事性因果关联，但随着史事深进而开始关注命运的力量。鉴于此，很大程度上这也解释了其间看似耐人寻味的现象：即关涉罗马全盛时代的前半部分理性元素胜出，神秘力量则在余后凸显！诚如其开篇所言：

> ……我所论及的主题，即已知人类世界如何、何时以及因何臣服于罗马统治，应当被视为一个系统的整体，它具有清晰可辨的肇始、确切不移的过程与无可置疑的结局……其中囊括的特定史事始于前述战争，高潮终于马其顿王国覆亡。起始间隙53载。……①
>
> ……关于后半部分历史，由于事件的重要性与出人意料性，尤其是我不仅耳闻目睹了绝大部分，且亲身参与甚或直接演绎了部分内容，我不由自主地提起笔来仿若构撰一部新作。②

另一方面，它的认识论基础同样源于对历史现实的深入反思：不仅削弱了政体论、心性说的理性能量，有时甚或升为较高层次的制导元素。倘若是，其他许多相关论断也许更值得深思：

> ……让我们铭记对于政治生活实践而言最好的教育和训练是研究历史，让我们铭记学会勇敢承受命运无常变迁最实效的唯一路径是回忆他人不幸……我选作论题的事件的出人意料性，足以引起新奇并激励人们精读我的系统史著。……③

---

① 波利比乌斯：《历史》第二卷，第3—5页。

② 同上书，第13页。

③ 波利比乌斯：《历史》第一卷，第3—5页。

……我认为向后世报道并记录诸如此类的命运插曲乃是历史的正当职能。……①

……至少这世上无人敢就其个人抑或国家命运自诩——即使眼前万事顺遂，常人没有谁能从其现状中获取未来他将飞黄腾达的任何可靠自信——我据此笃信诸如此类的知识不仅有益，且在终极层面不可或缺……许多情况下真理更是扑朔迷离。……②

材料表明在波氏，神秘元素作为深刻影响历史人事荣辱沉浮的特殊力量，理应成为历史写作中极其重要的组成部分，并在趋利避害的意义上有助史学功能的圆满实现。而且，这似乎也暗示《历史》当初即对单纯人力探究缺乏足够信心。事实上随着“道德史观”意向逐渐显明，预示着它不仅是不可或缺的读史视角，且能通过与其他元素并论孕育更深层次的历史意识。

四　道德史观：历史解释双重理路中的隐含主线

行文至此，亟须回答的问题是：古希腊史观的主导思想究竟是什么，它如何深度制约了史学目的？一言以蔽之，即是在政治伦理视域下强调道德对历史的深重影响。有学者强调西方古典史学“较早地赋有了更高的目的，特别是用以推进道德伦理与爱国主义”，斯言有道。而且这从根本上解释了耐人寻味的一种现象，即古希腊史家为何普遍是以重大战事为核心题材。③ 如在修昔底德，战争作

---

① 波利比乌斯：《历史》第一卷，第327—331页。

② 同上书，第71—73页。

③ 查尔斯·威廉·弗纳拉：《古希腊、罗马时代历史学的实相》，第105页；参阅J. 寇博特《希罗多德与修昔底德论战争》（J. Cobet, *Herodotus and Thucydides on War*），载I. S. 摩西昂、J. D. 施玛特、A. J. 伍德曼合编《过去的观念：希腊、罗马历史写作研究》（I. S. Moxon, J. D. Smart, and A. J. Woodman, eds., *Past Perspectives: Studies in Greek and Roman Historical Writing*），马萨诸塞剑桥：剑桥大学出版社1986年版，第1—18页相关论述。

为最紧张而特殊的政治形态即“战争是一个严厉的教师”意味深长：[①] 就致“一切都毁灭了”的伯战而言，它涤荡道德的能量前所未有。典型实例是雅典人“对神的畏惧和人为的法律都没有拘束的力量了”，特别是力主停战议和的尼西阿斯兵败惨死：“在所有的希腊人中间，他是最不应该遭到这么悲惨的结局的，因为他是终身致力于道德的研究和实践的。”总之，“在整个希腊世界中，品性普遍地堕落了”。鉴于此，希罗多德探明战争原因本身显然是对其野蛮残酷性极具政治伦理意味的强力批判：“没有一个人愚蠢到爱好战争甚于和平！”更重要的是，揭橥政治事务伦理内涵进而成为撰史目的。如希氏通过强调神意作为始终在场的惩戒性力量——神谕言曰“在短期间你虽然变得强大，可是很快地你就又会衰微下去了”，奉劝世人行事虔敬节制而施行公义。[②] 而他热衷比较希腊、西亚、北非诸族文化心理是非优劣等，正是意在表彰并希冀继续维系希腊城邦体制下的公民美德。

---

① 有论者指出修氏竭力试图通过理性揭橥人类历史现实的“非理性”（悲剧性），参阅杰奎琳·德·罗米丽《修昔底德笔下的历史理性》（Jacqueline de Romilly, *Histoire et Raison chez Thucydide*），巴黎：美文出版社 1956 年版；另有论者也指出修氏高度重视人类历史中的非理性，参阅汉斯—彼得·施塔尔《修昔底德：历史进程中的人类身位》（Hans – Peter Stahl, *Thukydides: Die Stellung Des Menschen Im Geschichtlichen Prozess*），慕尼黑：贝克出版社 1966 年版。

② 修昔底德：《伯罗奔尼撒战争史》，第 268、633、160、632、270 页；希罗多德：《历史》，第 45、473 页。有论者强调希、修等人撰史“首要意在载录成功事迹”，参阅戈登·S. 施林普顿《古希腊时代中的历史与记忆》（Gordon S. Shrimpton, *History and Memory in Ancient Greece*），蒙特利尔：皇后大学出版社 1997 年版，第 210 页。而在我们看来，他们更多着意于通过双方失误及天灾人祸等题材阐发重大战事的政治伦理意蕴。如希氏在“悲剧模式”上开创了“一种整体的、具有因果关系的、教谕性的历史叙事”，弗莱明·A. J. 尼尔森：《历史中的悲剧：希罗多德与申命记范式的史记》（Flemming A. J. Nielsen, *The Tragedy in History: Herodotus and the Deuteronomistic History*），舍菲尔德学术出版社 1997 年版，第 18、161—162 页；比较参阅苏珊·O. 夏彼罗《品味苦难：希罗多德笔下的人类智慧》（Susan O. Shapiro, *Learning through Suffering: Human Wisdom in Herodotus*），载《古典学刊》（*The Classical Journal*），第 89 卷，第 4 期，1994 年 4—5 月号，第 349—355 页。关于修昔底德笔下战争、堕落、衰变等历史论题的道德内涵，参阅克利福德·奥温《修昔底德的人道》（Clifford Orwin, *The Humanity of Thucydides*），普林斯顿大学出版社 1994 年版。

是后，希腊史学着意于“清晰展现道德垂范并使之成为撰史的首要焦点”。[①] 波利比乌斯亦不例外，突出体现在强调另有“深意”制约罗马兴亡。实际上，着笔之初很大程度上他已意识到人类历史变革中的道德力量。[②] 不妨摘引政体、心性与天命论中的数例，以资说明：

> ……既然不易准确叙述旷日持久的任何战事，抑或展现双方大规模的广泛筹备、连续活动、争斗以及命运剧变的任何战事。其间两个国家道德尚未沦丧，机缘中庸节制，力量旗鼓相当……能够形成一种关于各国禀赋的更好评判。……[③]
>
> ……复次，罗马关于获取财富的律法与习俗优于迦太基。……[④]
>
> ……依我之见，罗马国家首要优异的特质是他们的宗教虔诚。我以为正是这一点……维系了罗马统一。此类物事堂而皇之地进入公私生活，别无他物凌驾其上……但因人性易变无常，充斥非法欲望、肆意冲动和狂暴愤怒，俗众需要……节制。由是在下认为，古人于众生中引入有关神灵和地狱苦痛的观念并非草率、偶然之举，现代人摒弃它们却是鲁莽、愚昧至极。致使在希腊人中……公务人员……无法维系其信仰；而罗马……履行了虔敬。……[⑤]

显见在波氏，罗马创设优异政体的首要前提是政治伦理高于周

---

① 弗朗西斯·鲍威尔：《鉴往：四世纪散文中历史的教谕功用》（Frances Pownall, *Lessons from the Past: The Moral Use of History in Fourth - Century Prose*），安·阿伯：密歇根大学出版社 2004 年版，第 1 页。该书主要是以色诺芬等古典晚期史家为例展开讨论。

② 整体而言，波氏撰史的道德内涵长期遭到轻忽。事实上，《历史》叙事具有强烈的道德意味，且与其“实用主义”意旨内在一致。F. W. 沃尔班克对此有所阐发（如历史经验教训的“道德内涵”、“徘徊挣扎于权宜与道德之间”等），参阅《波利比乌斯》，第 58、84 页等相关论述。

③ 波利比乌斯：《历史》第一卷，第 33—35 页。

④ 波利比乌斯：《历史》第三卷，第 393—395 页。

⑤ 同上书，第 395—397 页。

边诸族！《历史》实则大量关涉国族良俗优法的比较，强调它们“可取抑或相反”关键是能否确保“民众私生活正当有序，国家整体特质温良公义”。而鉴于“宗教虔诚”至关重要，这似乎也契合了希、修对天意与人性的侧重。更重要的是，“尚未沦丧”寓意全书篇末将以道德视角解读罗马败落！特别是第三则引文，蕴含着非常丰富的历史内涵。突出体现在如就“混融政体论”而言，鉴于它首先主要是基于政治学层面考论“罗马崛起”，其中涵括的所谓“循环史观”显然也根本无法如实地描述罗马国族兴亡的历史“周期律”。另一方面，上述史论还折射了与早期希腊史家的一脉相承。突出体现在所谓“宗教虔敬”等皆有浓重的政治伦理色彩，而“天命论”往往匮乏哲学深度——直至罗马时代基督教会史家宣扬“神意史观”方才成为可能。当然就差异性而言，希、修等人的相关论说大多是与天命论等紧密相关而呈现出一种更为“胶着”的理论形态；相形之下，波氏倾向于将其视为理性史观元素的一部分并在政体论中予以探究。

不仅是国族兴亡，个人成败同样源于道德品性。典型实例是马其顿腓力五世的荣辱沉浮：

> ……没有哪位先前君王兼有成为一名好或坏统治者更多的禀赋……他的好禀赋与生俱来，劣性则随年龄与日俱增……向读者表达在下有关君王以及其他大人物的立场观点。……①

材料表明在波氏，道德修为影响人事得失并最终受制于心性善恶。事实上，他论载亚拉图斯、希罗尼穆斯、希洛王、腓力二世、汉尼拔、西庇阿、斐洛波门、阿迦托克勒斯、狄奥尼修斯、哈米尔卡、托勒密等“大人物”史事中竭力强调道德评判：“或难寻觅恰当语词形容他们的勇敢、勤勉与全部美德”，或盛赞英雄主义的功败垂成而

---

① 波利比乌斯：《历史》第四卷，第 164 页。

谴责卑劣可耻的苟安偷生。进言之：

> ……我们确实应当引领读者关注这类人物的丰功伟绩，有所触及命运的兴衰荣辱与人事的变幻无常，通常在如实直书之上附加启迪性的教谕，……①

材料表明关注史上大人物作为，其深层体现的是彰显史学“惩恶扬善”的道德目的：从前代人的成功或失败中，探究关于国家、个人值得褒扬或指摘的“正确判断”。倘若是，或可认为《历史》因果解释奉行了并行不悖的双重进路：鉴于政体说、心性论不足受用而引入命运元素，隐含的主线则是道德意趣并大大增进了其史观的复杂性。

随着《历史》叙事的深进展开，波利比乌斯越发着意于此乃至滋生所谓“道德史观”。而晚年目睹罗马统治危机渐趋暴露，特别是恰逢揭开共和后期大规模社会斗争序幕的两大标志性事件——西西里奴隶起义与格拉古兄弟改革，② 更进一步强力凸显了这一点。诚如斯言：

> 道德沦丧而玩物丧志……显然是共和国堕落的表征。首先是因他们认为马其顿败落后其世界统治无可置疑，其次是马其顿财富输往罗马后国家与个人拥有大量资财。③

---

① 波利比乌斯：《历史》第四卷，第553页。

② 有论者强烈反对F. W. 沃尔班克等人的观点（波氏是“彻底的实用主义”和“冷酷的马基雅维利主义”之信奉者），相反，波氏继承了“荷马式的处世态度”（强调“荣耀、崇高与责任”等英雄主义的自我牺牲）。参阅阿瑟·M. 埃克斯坦《波利比乌斯〈历史〉中的道德立场》（Arthur M. Eckstein, *Moral Vision in the Histories of Polybius*），伯克莱：加利福尼亚大学出版社1995年版，第25、54—55页等相关论述。但依笔者愚见，轻忽相关的社会历史背景显然弱化了论题的实际深意。

③ 波利比乌斯：《历史》第六卷，第213页。

显见波氏意识到危机本质乃是道德危机，并尝试探究了两大相关论题：一方面就其直接表征及深重影响而言，公民阶层普遍腐化堕落并引发了国内激烈的社会斗争，对外政策日益显露霸权本质并引发了被征服者的强烈反抗；另一方面就其根源而言，则是霸权地位确立后民族心性变得浮躁横暴，财富增进更为骄奢淫逸提供了直接的物质保障。推而广之，希罗多德论载希波战争期间的波斯帝国，特别是修昔底德笔下伯罗奔尼撒战争期间的雅典帝国的兴衰沉浮，抑或是色诺芬《希腊史》论载伯战后斯巴达霸权与曼提尼亚战争后底比斯霸权，其间史观立意又何尝不是如此——道德严重腐蚀基础上的内忧外患预示着当事方终将走向毁灭！

波利比乌斯叙事中史观领域的上述变化，集中表现在《历史》结构编排的显著更变。众所周知，波氏原定通过30卷本篇幅解明“罗马因何崛起”——为探究罗马衰亡的深层机理，而后追叙公元前167至前146年历史。其间，对罗马政制的顶礼膜拜逐渐让位于深沉痛彻的历史反思，特别是敏锐地注意到了罗马社会道德生活的急剧变化。事实上，他认为早在前200年代罗马统治集团上层的政治操守既已明显失范。突出体现在第二次马其顿战争期间罗马统帅弗拉米尼努斯的违规行径，波氏尝试发掘隐于其中的深厚历史内涵并以此为例指出：

> 若是论及先前时代，我将确信整体上所有罗马人中没有谁会如此行事；吾意是指他们海外扩张前的时代，期间他们恪守理论与实践。①

倘如是则如前所述，他进而将最终确立罗马地中海世界霸权地位的第三次马其顿战争结束视为其衰变的标志性历史起点。另外我们还注意到，波氏基于道德立场诠释罗马衰亡本身，同样也是其史观随着

① 波利比乌斯：《历史》第五卷，第163页。

《历史》叙事展开而逐渐由浅入深的必然产物。[①] 突出体现在如第 6 卷“关于罗马共和国的论述”中，仅是通过杂糅“人性恶”与“政体循环”等在理论层面推断公元前 146 年后共和国的衰微。而待到罗马统治大厦真正崩塌，则迫使波氏必须另寻其他更为紧要的因果关联以期直面现实。倘如是则似乎可以说，《历史》后 10 卷虽为补充且容量不大，但对深入理解波氏史观演进却至关重要——何况，皆是其亲身参与或耳闻目睹的历史内容。

在上述意义上，波氏史观深处滋生了浓烈的消极宿命意识。究其原因主要为两点，一是政治伦理视角下人性缺陷使得历史发展的道德基石无以为继，二是罗马事业竟难永葆青春直接孕育并强化了论史的命定色彩。[②] 兹摘《历史》卷 1、29、38 中三则相关论断，以资说明：

> ……若将罗马统治与过去曾构成史家首要主题的著名帝国展开比较，我所论时代的壮观场景是怎样的激动人心与庄重恢宏

① F. W. 沃尔班克以《历史》卷 31—39 为例指出波氏罗马观至此经历了显著变化，但本质上表明了其史观的矛盾性——须知前半部分历史叙事竭力强调罗马堪称“完美无缺”的奇迹般崛起。在此意义上，《历史》存有前后抵牾的两大部分，波氏自身无法调和、掩饰如此庞杂的体系与内容，参阅《波利比乌斯》，第 174 页及第六章（“Polybius and Rome”）相关论述（第 157—183 页）。有论者指出《历史》最后 10 卷叙事明显变得模棱两可（较之前文旗帜鲜明的论述），参阅克莱格 · B. 查姆比昂：《波利比乌斯〈历史〉中的文化政治学》，第 198—199 页。另有论者通过探究《历史》卷 30—39 的创作时间与环境进而得出结论认为其与前面 30 卷“甚不协调”，参阅米切尔 · 查恩特：《调适—抵制—融合：波利比乌斯与罗马政治》（Michael Zahrnt, *Anpassung - Widerstand - Integration: Polybius und die Römische Politik*），载 N. 埃尔哈特、L. —M. 君特尔合编《抵制—调适—融合：希腊国族世界与罗马》（N. Ehrhardt, L. - M. Günther, eds., *Widerstand - Anpassung - Integration: Die griechische Staatenwelt und Rom*），威斯巴登：弗兰茨 · 施坦纳出版社 2002 年版，第 77—102、85 页相关论述。依笔者愚见，上述论断显然不同程度上忽略了波氏史观变动及随之而来的复杂性。

② F. W. 沃尔班克指出波氏史论“颇有老生常谈的说教意味”（即强调功成名就的强权者务须中庸节制），参阅《波利比乌斯》，第 62、178—183 页。但笔者愚见以为波氏史观绝非就此裹足不前，诚如本段正文所示：道德史观作为前述命题的升华性完善并不意指其史观的圆满完结，相反，悲观宿命意识不仅充溢于《历史》最后 10 卷，很大程度上更是他晚年尴尬心境的主色调（关于波氏悲观的人性论，参阅阿瑟 · M. 埃克斯坦《波利比乌斯〈历史〉中的道德立场》，第八章相关论述）。

> ……波斯人拥有广袤统治……拉凯戴蒙人长期角逐希腊霸权……马其顿人……但罗马人拥有一个较之先前无限庞大，将来也无可匹敌的帝国。……①
>
> ……无须观照经年抑或数代，仅晚近50年即可领略命运的残酷。试问有谁能意识到……我们时代波斯人的名号将会彻底溃灭——他们曾是几乎整个世界的主宰，而先前鲜为人知的马其顿人现为主人？但命运从不始终如一，总是通过意外战胜谋算；通过挫败人意展现权能，如今也将通过奉赠马其顿人全部波斯财富，……不过将之寄存其手，直到她决计翻云覆雨。……②
>
> ……当西庇阿目睹城池彻底崩塌而垂死挣扎……凝思良久后他意识到所有城邦、族群和权能之士，必将如同芸芸众生而遭逢应有命数……煊赫一时的亚述、米底与波斯帝国遭逢，荣耀如此切近的马其顿亦难逃厄运。……③

材料一表明《历史》开篇尽管宣扬“循环史观”，但对罗马伟业之“前无古人后无来者”整体上仍持乐观期许；材料二表明《历史》前30卷结尾时竟倾向于认为是命运毁灭了波斯、马其顿帝国，随着政体优劣及循环史论消退则预示日后罗马势必在劫难逃——前述曾在第3卷6章中以腓力父子攻灭波斯为例界定“人事关联“；材料三更是独具匠心地通过插曲性载论标志罗马霸业即将实现的第三次布匿战争，强调统帅西庇阿“在功成时刻对命运易变铭记在心”并“预感有朝一日同样厄运将会降临我的祖国”，堪称“最具政治家风范且深谋远虑的识见”。临近全书结尾的卷39第8章，史家因感念世事无常而再度叹曰：“命运是多么易于妒忌人类，特别是在我们自认人生已功德圆满的情势下，她是多么偏好展示权能。”④

---

① 波利比乌斯：《历史》第一卷，第5—7页。

② 同上书，第77—79页。

③ 同上书，第439页。

④ 同上书，第437页；第六卷，第453页。

结　语

综上所述，希腊化时期的文化是对希腊古典文化的总结和发展，更是从希腊文化到罗马文化继而到西方文化的桥梁。波利比乌斯置身于希腊化时代中叶且希腊世界行将完全臣服于罗马的历史关头，其撰史实践无疑具有非常独特而繁复的史学内涵。突出体现在系统总结了希腊城邦与前期希腊化时代的史学遗产，并在史观领域进行了卓有成效的探索和精辟阐述。

波氏借多组命题反思历史变革表明其认识到了研究客体的复杂性，而诸史观范畴自身瑕疵及分歧则暴露了主观认知的某些局限性。事实上，鉴于古代世界所谓史学通常是指政治军事性质的现当代史写作，功利而狭促的意趣、视野往往使得无法完全理性地鉴往知来。[①] 鉴于此，不仅仅导致书写者往往由于轻忽诸如社会、经济、文化等其他要素而严重歪曲了历史的复杂多样性，而且意味着即使是对“政治史”本身的解读也往往难免或有“单薄”之嫌。典型实例是关于罗马究竟是否是在有预谋有计划地挥兵东进，《历史》卷首强调认为：

> ……鉴于汉尼拔战争中迦太基落败，罗马人觉得在其全球扩张计划中至关重要的步骤现已实现，开始敢于伸开双手攫取其余部分并兵临希腊和亚洲大陆。……[②]

问题是若将公元前3至2世纪罗马人的历史置于同期希腊世界的宏大历史背景下予以探究，没有证据表明前者竭力要将霸权扩张至东

① 有论者考察了西方“政治史之父”修昔底德的历史视野及观念的局限性等，比较参阅格里高利·柯雷恩《修昔底德与淳朴往昔：政治写实主义的局限》（Gregory Crane, *Thucydides and the Ancient Simplicity: The Limits of Political Realism*），伯克莱：加利福尼亚大学出版社1998年版。

② 波利比乌斯：《历史》第一卷，第7—9页。

地中海。须知当季罗马的主要精力是迫在眉睫的北意大利、南部高卢、西班牙与迦太基，同时竭力避免长时期大范围地陷身亚得里亚海以东事务——“罗马关于希腊的政策立场缺乏连续性或系统的规划”。[①] 波氏误读罗马的东方政策及其战略意图对《历史》的结构编排影响深重，突出体现在主要基于如是“心性论”立场连篇累牍于相关史事。但颇具讽刺意味的是，它显然未能明晰地正面回答其中的关紧问题：究竟是哪些主客观原因或条件逐渐诱发、增强了罗马干预的能量，直至最终掌控了希腊世界？

不唯如此，西方古典史家笔下频现所谓“命运观”，显然很难完全归咎于是书写者史识匮乏、宗教观所致，或从侧面也暴露出“政治化”视角无法完整解释纷繁复杂的历史兴亡的固有缺陷。特别是但当史家身处或描述国族“由盛转衰”的历史阶段，宿命意识通常随着叙事展开越发浓烈。如就波氏命运观而论，应当也是希腊世界行将败亡的现实写照——在急剧变革动荡而个人安身立命无所适从的希腊化时代，希腊—近东民族文化混融背景下希腊命运观、巴比伦占星术与埃及命运神崇拜相互应和而大行其道，无不预示着基督教未来的胜利[②]。

另需指出的是，古人论史通常也很难超脱特定历史条件下社会政治生态环境的束缚与制约。突出体现在本案中波氏似乎有意了回避了离世前夕大约30年间的史事——社会斗争风起云涌之际恰为政治史写作提供了适宜题材且易于原因探究，身为异邦人的他在小西庇阿等庇护人亡故的情势下岂敢轻易涉猎多事之秋的罗马？诚如波氏含蓄指

---

① 埃利希·S. 戈鲁恩：《希腊化世界与罗马崛起》（Erich S. Gruen, *The Hellenistic World and the Coming of Rome*），伯克莱：加利福尼亚大学出版社1984年版，第249页。

② 若将考论视野下延，我们注意到罗马史学史上的类似意趣：一方面，长期盛行分别对应罗马繁盛与衰败的两种“天命观“；另一方面，“3世纪危机”背景下随着基督教的蓬勃发展，相关论说越加系统而提升至宗教学研究的高度，“神意史观”甚或成为传统俗世史写作重要的读史视角。比较参阅J. P. 戴维斯《罗马宗教史：李维、塔西佗与阿米安笔下的神灵》（J. p. Davies, *Rome's Religious History: Livy, Tacitus and Ammianus on Their Gods*），剑桥大学出版社2004年版。

摘罗马人非分行径时所示，“而在当下，我则不敢冒险就此深入阐述”。① 毋庸置疑，相关疏漏实乃堪称政治军事史写作典范的《历史》的重大缺憾。凡此种种，某种程度上或许也解释了日后希腊史家们为何更愿首先主要从“文明史”的视角来解读罗马崛起及其对希腊世界的现实影响。②

在上述意义上，拙文存在诸多尚待发掘与完善之处。毋庸置疑，研究波氏这样一位西方古典史学史上重量级人物的历史思想难度很大——而《历史》本身的严重散佚，也使得意欲详尽厘清其史观的构建脉络绝非易事。譬如若就波氏政体论生成背景而言，似乎也暗示不应仅局限于史观层面的认知。须知公元前 2 世纪前后罗马对希腊文化的学习借鉴亦是硕果累累，以至于波氏作为人质居留罗马期间仿若置身于其所熟知的希腊本土。故此，或可理解他为何要以并且能以希腊城邦体制长期实践过程中孕育的政治学说解读罗马崛起。譬如囿于外语水平所限，不同时代希腊史家关于所谓“命运”的具体指称及其历史语境有着怎样的细微差异，抑或他们与拉丁史家笔下相关术语表达之间存在怎样的异同。又如文章引证过于烦琐，关于《历史》文本的某些阐述或有过度演绎之嫌；结构编排表明对历史解释四元素的内在关联有所探究即强调相辅相成而彼此呼应，但关于主次轻重则缺少深度的讨论；对于城邦时代末期、希腊化时代前期代表史家及滥觞阶段罗马民族史学的历史理论缺乏必要的对比研究，而单纯比较希、修等早期希腊史家显然并不足以通观性地考论西方史学史观领域的流变动向。更重要的是，波氏博大精深的历史思想也绝非拙文所能涵盖、辨明。突出体现为其另一核心命题即整体史观，分别在历史观与史学观层面具有怎样的内涵；倘若罗马人是波氏史观中的典范演员，《历史》是否堪称一部悲喜

---

① 波利比乌斯：《历史》第五卷，第 163 页。

② 关于罗马崛起、希腊世界衰落背景下希腊史学的所谓“文化史”转向，比较参阅 P. 卡特勒吉、P. 加恩熙、E. 戈鲁恩合编《希腊文化的构建：文化、历史与史学领域的探究》(p. Cartledge, p. Garnsey, and E. Gruen eds. , *Hellenistic Constructs: Essays in Culture, History and Historiography*)，伯克莱：加利福尼亚大学出版社 1997 年版。

交集的民族传记，等等。囿于篇幅，兹不赘述。

【作者简介】褚新国，男，复旦大学历史学博士，现为河南大学历史文化学院副教授、硕士生导师、河南大学世界历史研究所研究员，世界史博士后流动站工作人员。

近年来，为本科、研究生独立开设的必修、选修课程主要包括：中国先秦思想文化史，世界上古史，中古世界文明史（上）：拜占庭—西欧，中古世界文明史（中）：（中）波斯—阿拉伯（奥斯曼）；中古世界文明史（下）：即中古世界文明史（下）：中亚—南亚（东南亚），地中海—世界海洋文明史，阿拉伯文明，世界近代史（上、下卷），西方文化史（现、当代部分），西方史学理论与史学史，世界历史文选。

近年来，围绕先秦思想文化史、西方古典史学史等领域，有少量学术论文、著作发表、出版（其中部分为人大复印资料《世界史》《历史学》等全文或部分转载）；独立主持有国家社科基金青年项目（“罗马时代希腊世界的历史写作”），以及相关的中国博士后科研基金项目等。

目前，主要从事有关世界通史方面的教学与研究：特别是围绕高教版吴齐本《世界史》之上古、中古、近代部分，开展一系列名为“世界史的教与学：问题意识与课程体系”的教材解析、注疏工作。

安克斯密特历史表现理论研究

李　恒

【摘要】 安克斯密特在《历史表现》一书中提出了历史表现理论，它与叙事实体理论一脉相承，都是历史学家构建的某种叙事性解释。安克斯密特首先从词源学角度入手，详细考察了表现概念的发展变化，说明历史文本是对过去实在的一种模仿，是人们认识过去的一个途径。在认识过去的过程中，手段逐渐成为目的，模糊了历史表象与历史本体的边界。为了避免历史本体的消解，要求历史表现既要与历史本体相似，又要与之保持距离，这使历史表现理论陷入两难的境地之中。安克斯密特认为历史表现继承了叙事实体的整体性和实体性，是客观世界的真实存在，强调表现与被表现者在本体论上的地位是相等的，甚至本体的存在和对于本体的认识均有赖于其表象，这超出了人们惯常接受的认识论范围，使历史研究者不必再为恢复历史的原有面貌而穷经皓首。

【关键词】 安克斯密特；历史表现；本体；表象；模仿；认识论

弗兰克·安克斯密特是荷兰格罗宁根大学历史系教授，他于1983年出版《叙事的逻辑：历史学家语言的语义学分析》[①]，提出其叙事理论的核心概念——叙事实体（narrative substance），它由历史陈述构成，但是“叙事实体确实大于陈述之和”。[②] 叙事实体理论的提出引起西方史学理论学界的广泛争议，其中最为严厉的批评者是澳

---

① Frank Ankersmit, *Narrative Logic: A Semantic Analysis of the Historian's Language*, The Hague, Martinus Nijhoff Publishers, 1983.

② Ibid., p. 169.

大利亚的麦卡拉（C. Behan McCullagh）教授，他从叙事实体理论的适用范围、叙事观念论的合法性和衡量历史叙事优劣的标准三个方面对安克斯密特的叙事实体理论进行质疑，[①] 尖刻的批评使安克斯密特进入学者们的视野。此后，安克斯密特不断消化吸收学界的批评和意见，于2001年推出《历史表现》[②] 一书，提出历史表现理论（historical representation）——表现本质上是对某种不在场的东西的替代或取代[③]——将他关于历史文本与历史真实的分析延伸到美学领域。本文以安克斯密特的《历史表现》一书为主要依据，探讨历史表现与历史本体的关系。

一 历史表现的边界

首先，从词根上来看，“表现”让我们接近事物的本体论属性：“我们通过展示某一不在场者的替代物，使其‘再度呈现’（re－present)。原来的事物不在了，或者为我们所无法触及，另外的事物被给出以替代它。”[④]

历史是发生在过去的事情，它已经随风而逝，无从把握，对于这样一个当下缺场的事物，我们只能够通过历史文本将其“再度呈现”出来，相对于之前论述的叙事实体[⑤]，这个替代实在过去的文本就是历史表现。在这一意义上，我们用史学补偿本身不在场的过去。不同的是，历史表现是对一度在场事物的再度呈现，即是对过去在场者的“模仿”；既然是模仿，那么其预设的前提就是被模仿者，即被表现

① 参看拙文《麦卡拉对安克斯密特叙事实体理论的质疑》，载《史学理论研究》2011年第3期。

② Frank Ankersmit, *Historical Representation*, *Stanford*, Stanford University Press, 2001.

③ Ibid., p. 80.

④ Ibid., p. 11.

⑤ 叙事实体（narrative substance）是安克斯密特在其第一本专著《叙事的逻辑》（*Narrative Logic: A Semantic Analysis of the Historian's Language*, The Hague, Martinus Nijhoff Publishers, 1983）中提出的核心概念，相关论述可以参看拙文《范围、观念与标准——麦卡拉对安克斯密特叙事实体理论的全面质疑》，载《中国社会科学院研究生院学报》2012年第2期。安克斯密特在此后的理论发展过程中，逐渐用“历史表现”取代了“叙事实体”。

者在本体上是客观存在的，否则，历史学家依据什么蓝本去“临摹”呢？没有蓝本的表现是天马行空的想象，漫无边际的虚构，不是有根有据的模仿。后现代主义者如怀特和安克斯密特，尽管其理论遭到质疑和批评，但他们从未否定客观历史的真实存在，至少在本文现在所论述的这一层次上持肯定态度。对于安克斯密特而言，当其理论发展到崇高的历史经验时，情况会有变化，这不是本文要讨论的范围。

饶是如此，表现也是一件极具主观性的事情，因为它是在后现代的条件下进行的，不是古典时代毕肖自然的模仿。它不会按部就班地进行，也不可以随心所欲地涂鸦。卡尔·贝克在其著名的论文中曾经论述过这种对于历史学家的制约。他说：“每个人在这样创造他自己的历史时，却受到种种限制，如果超越，就可能受到惩罚。这些限制乃是他的伙伴们所规定的。如果人人都能十分单独地生活在毫无限制的天地里，那么他可以在记忆中自由地去肯定并保持任何异想天开的一系列事件，从而创造一个称心如意的假象世界。不幸，人人都得生活在一个勃朗和史密斯等人的世界上；这种可悲的经验使他得到教训，不得不采取权宜之计，去切切实实回想某些事件。”[①] 安克斯密特在《历史表现》一书中为历史学家的主观能动性高唱赞歌，尽管如此，他也丝毫没有触犯历史学的行业规则。[②] 而且，为了维护历史的本真性，安克斯密特逐渐采用“历史表现”一词替换了之前惯常使用的“叙事实体”，希望词语的转换能改变叙事实体所带有的虚构色彩，抹去了“讲故事”（story－telling）所可能衍生出来的不真实。

这里安克斯密特的逻辑是要论证历史表现具有本体上的地位，亦即本体与其表象，被表现者（过去实在）和历史表现（历史文本）都是客观存在的，从而赋予历史表现以本体存在的意义。按照通常的理解，表现是被表现者的影子，它的存在依靠被表现者、即客观存在的现实之物，是不可以脱离被表现者而单独存在的。所以，论证历史

---

① 卡尔·贝克：《人人都是自己的历史学家》，参看田汝康、金重远选编《现代西方史学流派文选》，上海人民出版社 1982 年版，第 267 页。

② Frank Ankersmit, *Historical Representation*, Stanford, Stanford University Press, 2001, pp. 75－103.

表现的本体论地位，是安克斯密特历史表现理论成立的关键所在。那么，表象在何种情境下才具有本体的地位呢？

安克斯密特认为，“representation”一词的字面意思就是“让（原来在场）当下不在场的东西重新出场（make something present again which is not present now）”①。换句话说，就是表现替换被表现者出场。一般认为表现是虚无的，并不是真实的存在，不具有本体论上的意义；被表现者才是真实的存在，不仅看得见，而且摸得着。

其实也不尽然！耳熟者不一定能详，熟视者亦可无睹。我们常常对身边的事物视而不见，最简单、最常见的例子就是电影中的特技场景。由于可能受伤或暴露隐私，主角不愿意出场，这时候就得用到替身演员了，替身演员在荧幕上尽力模仿主角，它就是主角的表现。如果没有特别的解说，观众一般难以识别主角本人并未出场，往往会把那个替身当成了主角本人，即把表现当作被表现者。在这种情况下，人们一般不会提出质疑。不仅如此，甚至还会对替身的表现赞赏有加，因为他（她）们具有更高超的技能，在荧幕上的表现比主角自身更加出色，或者说使主角在观众中的形象更为光辉、高大，就连主角本身也愿意在这种情况下被暂时代替。在那一刻，替身就是主角，表现成为被表现者，两者之间的差异被抹去，表现的实在性在观众的欢呼声中得到肯定和张扬。“在特定的层面上，表现意在成为与其所表现的东西相匹配的存在。更准确地说，表现意图成为其所表现物可信与有效的顶替者或替代者，以至于二者之间的区别完全可以忽略不计。”②

在这个例子中，表现替代了被表现者，它之所以能够轻易得逞，首先是因为替身在外形上与演员相似，或者故意装扮成近似的形象，使观众看起来就与演员自身的表演一样，这是表现的前提条件，即模仿。在这里，是替身对演员外观和言行的模仿，这是一般

① Frank Ankersmit, *Sublime Historical Experience*, Stanford, Stanford University Press, 2005, p. xiv.

② Frank Ankersmit, *Historical Representation*, Stanford, Stanford University Press, 2001, p. 81.

人都能够接受的；而且，两者都是实体意义上的“人”，具有同等的本体论地位。这一关键点在此例中不证自明，而且也正是笔者在此使用替身演员的用意。值得特别说明的一点是，这里的“人”区别于安克斯密特曾经说过的“两足直立且无毛的动物”，因为在这一意义上，人与很多动物都无法区分，而且后者明显不能替代那个主角登上荧幕。

然而，当我们说画家笔下的苹果替代了桌面上那个真实的苹果时，恐怕大家就不那么容易接受了。原因很简单，同为表现，替身演员还是一个活生生的人，与被表现者地位相同；而画中的苹果即使色泽鲜艳，红润可爱，甚至看起来多汁而美味，也许还能激起观者的食欲，但它绝不能像真正的苹果那样甜美可口、止渴充饥。既然如此，安克斯密特为何要说表现可以替代被表现者呢？难道他不知道画饼不能充饥吗？扎戈林从传统史学的角度对此提出尖锐批评，“在很大程度上，历史学表现为由事实所组成，叙说过去真实的或似乎确实有过的事实。它使用的许多句子都是真情实况的陈述。如果不是这样的话，读者就不会对它发生兴趣。所以，历史学表明自己与众不同的意义的，是完全信赖于它主张的真实性”。[①] 扎戈林的批评代表了史学界对后现代史学理论的一般态度和看法——实践的历史学家总是怀疑后现代主义学者犯了常识性错误，他们对史学实践的一无所知，决定了他们的论点经不起批驳。[②]

当我们沿用安克斯密特的抽象原则提取桌面的苹果和画面的苹果的共同点时，我们发现可以将它们概括为“圆形而红色的球体”。也许安克斯密特在这里有点笼统和武断，却不是丝毫没有道理。画面上的苹果是对桌上苹果的模仿，但仅仅是形状和颜色的模仿，而这些无疑只是桌上苹果的部分性状和功能，不是其全部的特征。换句话说，画面上的苹果只是桌上苹果的一种表现形式，它再现了真实苹果的形

---

① 李宏图主编：《表象的叙述——新社会文化史》，上海三联书店2003年版，第89页。

② 张耕华：《历史的“硬性”与解释的“弹性”——兼论安克斯密特与扎戈林的争论》，载《史学理论研究》2007年第2期，第44页。

状和颜色，却没有呈现出真实苹果的气味、重量等其他特征，它只是给出了苹果的某一个面相。如果我们仅考察苹果的形状和颜色，在此表象和本体是同一的。而这与替身演员的例子并无二致，替身演员只是对主角的外形和动作的模仿，除此外，如果我们进一步深究，恐怕就没有什么相似点了。值得庆幸的是，我们并不需要对被表现者的全部特征进行模仿才可以替代它。现实生活中，我们看到某个事物时，并不是一下子就觉察了它的全部特征，而且也不需要知悉它的全部特征，使用它的全部功能。我们首先注意到那些能引起我们感官刺激的特点，或是那些能满足我们某种需求的功能，其余的要等到需要的时候才会发现。“上帝或皇帝的塑像，一个人、一座城堡或一处风景的画像，其功能都是不在场的上帝、皇帝等的替代者，它们被创造出来就是为了成功地作为替代品。”[①] 就形状和颜色而言，本体及其表象这“两个苹果”看起来并没有差别。在这种意义上，表现能够替代被表现者。

论述至此，可能还会有人纠结于表现的实在性：替身演员是真实的；画中的苹果是虚假的。其实，他们犯了一个致命的错误——以描述来替代表现。安克斯密特对此早有察觉，并专门清算了这种错误的思想，即“大多数当代历史哲学的主要毛病是试图以描述——而非表现——的模式来处理史学的问题”。[②] 如果我们想一想艺术品、政治上的代表，或法学文本中的表述就会发现，被表现者与其表现之间享有同样的本体论地位，因为：“双方都属于世界，都毫无疑义地是实在清单上的东西。”[③] 我们是按照既定的话语体系在认识世界，事物种类的划分并不是先验的，它们是人类在漫长的认知过程中不断归入不同类别的，从而给我们一个有序的世界。事物的命名和分类充满了偶然性和随意性，不可以形而上学的观点来看待它们，这正是福柯在《词与物》中试图证明的。过多地纠缠于实在与虚假只会无谓地

① Frank Ankersmit, *Historical Representation*, Stanford, Stanford University Press, 2001, p. 11.

② Ibid., p. 12.

③ Ibid., p. 81.

消耗我们更多的精力，一知半解地满足于表面现象，而不能深入认识事物的本质。

因此，现在我们可以确立的论点是："在所有这些情况下，根本的洞见是，表现与被表现者在本体论上的地位是相同的。"① 只是在如此使用的时候，我们应该清楚，它所表现的是什么，所隐含的是什么。在此，安克斯密特带领我们触及了历史表现的边界。"既然替身或替代品真的占据了实在中某物本身的位置，因而具有了在实在中的同样的存在论地位，认识论问题就没有了存在的余地。"② 如果认识论的真假判断在此失去效力的话，那么我们还能依赖何种标准来权衡围绕同一历史对象而编纂出来的不同历史表现的优劣呢？

二 历史表现的两难

从上面的论述中，我们知道表现可以替代被表现者，但这里有个隐含的前提，即从某个角度来看，表现模仿了被表现者的外形或功能，表现所替代的，也正是其所模仿的部分，超出这个范围，表现将失去其生命力，难以维系自身的存在。按照这一思路发展，表现的唯一出路是全面、彻底地模仿被表现者，真正地替代被表现者。

其实不然！全面的模仿是不可能的。两个事物相似的程度取决于我们使用什么样的显微镜去观察它们。从物理学上讲，世界上没有两片完全一样的树叶，放大到一定的程度，它们在形状、颜色等方面的差异就会显现；从生物学来看，替身在外形上看起来与演员相似，但若仔细考量其身高、体重、声音等，就会发现两者之间的巨大差异，更不用说家庭背景、受教育程度，乃至血型、指纹、DNA 了。在西

---

① Frank Ankersmit, *Historical Representation*, Stanford, Stanford University Press, 2001, p. 11.

② 这是弗兰克林·安克斯密特在接受波兰历史学家多曼斯卡访谈时所说的话。其时，安克斯密特正在畅谈罗蒂的《哲学与自然之境》和丹图的《平庸之物的转化》（Arthur Danto, *The Transfiguration of the Commonplace*, Cambridge, Harvard University Press, 1981）对其史学理论的启示。参看埃娃·多曼斯卡编《邂逅：后现代主义之后的历史哲学》，彭刚译，北京大学出版社 2007 年版，第 90 页。

方哲学史上，赫拉克利特认为，万物皆流，无物常驻。它用川流不息的河水来说明世界上一切事物都在不断地运动、变化，不断地生成、消亡。比如："人不能两次踏进同一条河流"[1]，因为河水常流，再入水时，已非前水。赫拉克利特的辩证法思想得到了恩格斯的肯定，他指出："这个原始的、素朴的但实质上正确的世界观是古希腊哲学的世界观，而且是由赫拉克利特第一次明白地表述出来的。"[2] 其弟子克拉底鲁（Kratylos，公元前5世纪）对老师的命题作了发挥，提出"人一次也不能踏入同一条河流"。[3] 赫拉克利特主要关注的是河流的变化，如中国的孔子在大河边的感叹："逝者如斯夫，不舍昼夜。"殊不知，人作为一个生命体，不是一样在时间的长河中流动吗？这正是后来智者派的思路。这个例子告诉我们，万事万物都处在变化发展之中，不用说模仿他者，就是把握此刻的"我"也殊为不易。若非如此，我们又怎会连一次也踏不进去呢？当然，克拉底鲁的演绎有点极端化，以细部的运动变化否定了整体的稳定和谐。果真如此，整个世界就面目全非、混沌一片了。

现代科技如何呢？1996年7月5日，位于苏格兰爱丁堡市郊的罗斯林研究所里诞生了一头大个头儿羊羔，实验室编号为6LL3，克隆羊项目小组主管伊恩·威尔默特以著名乡村歌手多利·帕顿（Dolly Parton）的名字命名这头羊，这就是大名鼎鼎的"多利羊"，现代顶尖的生物技术——克隆——的产物。所谓"克隆"，简单而言，就是无性繁殖，克隆技术不需要雌雄交配，不需要精子和卵子的结合，只需从动物身上提取一个单细胞，用人工的方法将其培养成胚胎，再将胚胎植入雌性动物体内，就可孕育出新的个体。这种以单细胞培养出来的克隆动物，具有与单细胞供体完全相同的特征，是单细胞供体

---

① 第尔斯、克兰茨编：《苏格拉底以前哲学家残篇》，DK22B91，希德对照本，柏林：魏斯曼出版社1974年版。转引自叶秀山、王树人总主编《西方哲学史》（第二卷），姚介厚著：《古代希腊与罗马哲学》（上），凤凰出版社、江苏人民出版社2005年版，第137页。

② 《马克思恩格斯全集》第20卷，人民出版社1971年版，第23页。

③ 张志伟：《西方哲学十五讲》，北京大学出版社2004年版，第36—37页。

的“复制品”。实际上，多利确实与其供体一模一样，但是，深究到细胞核层面，依然存在差异。多利有 3 个母亲：它的“基因母亲”是芬兰多塞特白面母绵羊（A）；科学家取这头绵羊的乳腺细胞，将其细胞核移植到第二个母亲（借卵母亲）——一个剔除细胞核的苏格兰黑脸羊（B）的卵子中，使之融合、分裂、发育成胚胎；然后移植到第三头羊（C）——“代孕母亲”子宫内发育形成多利。从理论上讲，多利继承了提供体细胞的那只绵羊（A）的遗传特征，它是一只白脸羊，而不是黑脸羊。分子生物学的测定也表明，它与提供细胞核的那头羊，有完全相同的遗传物质，确切地说，是完全相同的细胞核遗传物质；但是，还有极少量的遗传物质存在于细胞质的线粒体中，遗传自提供卵母细胞的受体黑脸羊（B）。哪怕只有一点，也会为其纯度打上问号。[①] 无论多利像哪个母亲，它都会与另外两个母亲存在差异。事实是，多利继承了三个母亲的遗产，也因此而与它们都保持了一定的距离。由此可见，全面模仿是一条死胡同，多利告诉我们：此路不通！

另外，表象与本体之间的差距又是必要的，如果两者在任何显微镜下都是同一的，那么我们又如何区分表象与本体呢？更进一步讲，我们还需要表象或者本体吗？这就迫使我们回到安克斯密特的议题，历史表现的两难。表现既要与被表现者相似，又要与之不同；两者之间的不同，更是其价值所在。历史撰述的意义就在于安克斯密特认为，在美学和历史表现的论述中，有一点要引起我们特别关注，“就是在特定的层面上，表现意在成为与其所表现的东西相匹配的存在。更准确地说，首先，表现意图成为其所表现物可信和有效的替代者，以致于二者之间的区别完全可以忽略不计。然而，另一方面，这样的区别将且始终存在”。[②] 换言之，“表现是悖谬的，它兼有对区别的抑制与欲求”。[③] 一旦我们意识到概念与同一概念间的逻辑相似性，它就可以被解除，因为同一性与表现一样，试图以某种方式调和相同与差异，从而保持其自身同一性，尽管

---

① 关于多利羊的论述参看了以下网址：http：//baike. baidu. com/view/127968. htm。

② Frank Ankersmit, *Historical Representation*, Stanford, Stanford University Press, 2001, p. 81.

③ Ibid..

在其历史的不同阶段它们具有不同的属性。

基于这一认识，安克斯密特敏锐地意识到了蒯因和福柯都论述过的主题——词与物。[1] 虽然语言可以用于表现实在，正如史学文本所展示的那样，表现与被表现者之间的对应跟语言与实在之间的对应根本不是一回事。安克斯密特认为，如果我们依照惯例将认识论界定为探究认知语言与实在关系的哲学分支，那么，若是我们想要更多地知道被表现者与其表现之间的关系，认识论对我们就毫无帮助。“认识论将词语与事物联结起来，而表现所联结的则是事物与事物。”[2] 由此我们可以推断，那些想要发展一门能解释历史叙事与历史实在是如何或应该如何相互联系的历史认识论的历史理论家就像试图通过摄影的精确性来解释艺术优点的庸人。照相机所拍摄的照片无疑比画家的画作要精准得多，但是为什么众多博物馆展出的是肖像画和风景画等作品，而不是相机惟妙惟肖的写真，为什么在现今数码时代，相机的像素动辄几千万，达官显贵们仍然以拥有大师的亲笔画像为自豪呢？难道说人用笔画出来的图像比相机拍摄的照片还要逼真吗？这里，人们所追求的是机器所无法捕捉的精神和韵味。因为大师在创作的过程中能赋予画像以血肉、精神和情感，从而看起来不仅惟妙惟肖，而且跃然纸上，其结果就是画像既与模特相似，又不完全一致，这些多出来的东西是照片叹为观止的。这就是艺术，它已经超出了最基本的是非判断，进入审美的范围。它提醒我们，历史表现的相关性和重要性

---

① 蒯因在 1960 年出版 Word and Object，参看涂纪亮、陈波主编：《蒯因著作集》（第 4 卷），《语词与对象》，陈启伟、朱锐、张学广译，中国人民大学出版社 2007 年版；福柯在 1966 年出版 *Les Mots et Les Choses*，参看莫伟民译《词与物——人文科学考古学》，上海三联书店 2001 年版。两位当代西方思想大师先后对语词及其指称之间的关系进行论述。安克斯密特毫不掩饰他对福柯的尊敬与钦佩，他说：“20 世纪的历史著作中，我最敬佩的是福柯的《词与物》。那是一本精彩纷呈的书；它极富原创性，视野开阔，出人意料而又变化多端，我想不出本世纪还有别的什么书能够对福柯的这部杰作踵事增华。……他是所有人中最优秀而又最前后一贯的历史主义者。”显然，安克斯密特的历史表现理论受到了福柯和蒯因的影响。参看埃娃·多曼斯卡编《邂逅：后现代主义之后的历史哲学》，彭刚译，北京大学出版社 2007 年版，第 105 页。

② Frank Ankersmit, *Historical Representation*, Stanford, Stanford University Press, 2001, p. 82.

不能胡乱地献祭于历史认识的严格性和准确性，我们也能够依据审美的标准来衡量历史学家们构建的不同历史图景。①

三　超越本体的表象

为了使论述更加完整和具有说服力，笔者认为有必要在此介绍表现的相似理论。之前笔者一直在论述的是表现的替代理论，即通过模仿使表象能够在某个方面替代本体。根据这个理论，表现本质上是对不在场的某物的替代（不通，改），它最有力的支持来自贡布里希的"木马"。这匹木马很普通，"它通常是心满意足地待在幼儿园的角落里，没有什么美学雄心。的确，它甘居卑位，满足于扫帚把的身躯和制作拙劣的马头——马头仅仅用来标出木马的前部并用来套缰绳"。②但对于孩子而言，驾乘木马，乐趣无穷，玩具木马成为真马的替代品，因为在孩子的眼里，它所起的是替代真马的作用。这就和本文所探讨的"表现"一样。据查，represent 可用于下述意义："表现；表示；代表；代理；表现某人（某事物）的事物；（尤指）图画，雕塑，戏剧。"③ 木马模仿了真马的形状，它是真马的一种表现形式；它可以骑乘，使孩子从中得到快乐，在孩子眼里，它确实成为真马的替代品。同样，在安克斯密特看来，历史文本是以过去实在为蓝本的肖像画，它是对过去实在的模仿，表现了实在的某一个面相；由于实在的缺场，表现替代历史向我们展示过去发生的事情，这就是表现的替代理论。通常，我们也将这一历史表现成形的过程称为"历史构

---

① 这里，安克斯密特无意否认摄影创作的艺术性，他是通过绘画类比于历史写作，强调在历史文本的构建过程中历史学家的主观能动性；正是主观性赋予历史作品以血肉和精神，使它们看起来更加鲜活、更为丰富。所以，安克斯密特认为，主观性不是历史学家的道德原罪；相反，应该将主观性当作有益于我们对过去以及当下和未来认识的东西加以欢迎。参看 Frank Ankersmit, *In Praise of Subjectivity*, Historical Representation, Stanford, Stanford University Press, 2001, p. 100。

② E. H. 贡布里希：《木马沉思录》，徐一维译，北京大学出版社 1991 年版，第 1 页。

③ 霍恩比：《牛津高阶英汉双解词典》（第四版增补本），李北达编译，商务印书馆 2002 年版，第 1272 页。

图”。历史学家审视过去的角度不同，构造历史图景的思路不同，意图强调的重点不同，同一过去就会以不同的表现形式呈现在读者面前。“历史图像乃是历史学家的构思，历史学家的构思根据史实，但史实仅仅是根据。根据本身并不自行呈现为一幅历史图像……对历史的理解才形成历史图像……所以历史学家根据同样的史实可以构成不同的历史图像。”① “表现”一词在此展现出卓越的容纳能力，正是安克斯密特用之以替代“叙事实体”的原因之一。

一种范式的涵盖范围越广，其生命力也会越强；若能放之四海而皆准，想必能历经万世而无疆了。可是，凡事皆有其边界，安克斯密特提出的历史表现理论也不例外。无论历史学家如何构造他心目中的图景，有一点肯定是无法超越的，即必须以基本的史实为素材；跨越了这个界限，也就超出了史学的范围。再者，安克斯密特历史表现的形式是文本，是符合逻辑且前后融贯一致的理性产出，它势必将无法融入其中的元件剔除，从而过滤掉鲜活的历史经验，而只能使读者看到“驯化”过的图景。为了感触真实的历史，体验原生态的经验，安克斯密特后来提出了历史经验理论，希冀这一概念能承载此重任。这已经超出了本文的论述范围。

这里需要进一步阐述的关键问题是替代理论与相似理论的区别。其实根本的不同在于两者的本体地位是不对等的。最先注意到这一问题的是美国的艺术理论家布洛克，他提醒观众必须注意，无论如何相似，替身都只能是替身，他/她只是主角的影子，不可能成为被替代的主角本身，其存在依赖于主角，只能够作为被替代的主角附庸而存在。布洛克通过对比模仿与相似阐明了这一点：“‘相似’是双向的或相互的，模仿却是单向的或仅指一方对另一方而言。换句话说，‘相似’是一种‘对称关系’，模仿却是一种非对称关系……模仿的目的只有一个：使其看上去与我们日常生活中在周围看到的普通事物——椅子、桌子、树、石头等——完全相似。”② 布洛克在此点出

① 何兆武：《可能性、现实性和历史构图》，《历史理性批判论集》，清华大学出版社2001年版，第62—63页。

② H. G. 布洛克：《美学新解》，滕守尧译，辽宁人民出版社1987年版，第42页。

了模仿与真实的边界，廓清了表现与被表现者的界限；没有说明的一点是，表现与被表现者完全相似后便可以鱼目混珠。其实不必如此彻底，部分相似同样可以偷梁换柱，这在前文已经论述过了。由模仿而相似，由相似而替代，这样木马就真的欢快地奔跑起来，而画框中的苹果也真的令人垂涎欲滴。历经此平庸之物的转换，表现者脱胎换骨，在本体上获得了与其被表现者同等的地位，本来不对等的两者突然间可以平起平坐了。

然而，安克斯密特的表现理论是一次大胆的超越，它突破了我们一般所认定的模仿与真实之间的边界，或者说消解了表现与被表现者之间的界线。前面已经论证，在某种意义上，表现能够替代被表现者，在本体上与被表现者具有同等的地位，因为两者在某个角度看来具有同样的特征。这里，安克斯密特将其思路继续向前推进，提出被表现者的存在端赖其表现。“当某物与其自身的表现相符合时，我们才说它是‘真实的’，就像某人被命名为搬运工他才成为‘搬运工’一样。”[①] 假如一位历史学家正在撰写一部劳工运动史，那么这一举动本身就意味着“劳工运动史”这一短语对应着过去历史中的某一清晰可辨的事物，对于其历史，我们可以在过去的时空中追寻其变化的轨迹而给出连续性的叙述。如果有历史学家不同意我们所勾勒的关于劳工运动的历史图景，他们只要观察一下劳工运动的变化过程就能幸运地解决他们之间的分歧。这一观点成立的前提条件是存在大家一致认可的所谓“劳工运动”，这对于历史—化学[②]中不可再分的最小元素——单个历史人物而言是没有问题的，但是，对于历史事件来说就没有那么简单，因为单个的历史人物如马克思曾作为人类个体

---

① Arthur Danto, *The Transfiguration of the Commonplace*, Cambridge, Harvard University Press, 1981, p. 81.

② 这里引入了化学的词汇和观念，将其融入历史学中，目的是区分不可再分的历史最小单位——历史人物和可再分的历史单位——历史事件，因为任何历史事件都是一系列更小的其他事件的组合，而历史人物作为生活于某一历史时段的“人类个体”（individual human being，参看 Frank Ankersmit, *Historical Representation*, Stanford, Stanford University Press, 2001, p. 82）是相对稳定的，与莱布尼茨的“单子”相似，比如秦始皇和陈胜吴广起义，或是罗伯斯庇尔和法国大革命。

（individual human being）存在过，也作为弗兰茨·梅林或以赛亚·伯林（Isaiah Berlin）笔下的撰述对象存在着；而当我们考察劳工运动时却只拥有后者。于是，我们惊奇地发现，“关于劳工运动是，或者曾经是什么的探讨，以及这一短语被认为所指称的东西与历史学家关于其历史记载的探讨完全是一回事”。①

关于这一神奇的转换，我们可以请出大名鼎鼎的《蒙娜丽莎》作出进一步的阐述，相信她那神秘的微笑，比寻常的文字更具说服力，可以征服更多的读者。真实的蒙娜丽莎和她那神秘的微笑已经永远地消逝，只剩下达·芬奇的画作《蒙娜丽莎》，后人要想领略蒙娜丽莎的风采和神秘微笑的魅力，就只有去观赏这幅画了，画作成了真实的蒙娜丽莎的替代品。事实是，世界上的绝大多数人并没有真正见识过《蒙娜丽莎》，而只能看到它的仿制品，即使如此，它们也切实地肩负起了真正的《蒙娜丽莎》的责任，而且甚至比她本人做得更好。可见世人并不需要真正的《蒙娜丽莎》，或者是那位真实的蒙娜丽莎，他们多满足于其替代品，从而使表现得以形塑真实，进而取代真实，直至成为真实，最后得到公众的认可而跻身于世界客观实在的名录之中，成为其中的一分子。安克斯密特曾经说：“如果一个叙事性解释在很长时间里没有遭到质疑而被所有人认可，那么它就成为日常语言的一部分（因此也失去其历史编纂学本质），它有可能转化为一个（或一类）事物的概念。一个叙事性事物就成为实在中的某物。这就是我们关于事物观念（或事物类型观念）的生产过程。类型化程序（typification procedures）决定了什么仅仅只是叙事性事物和什么是实在中的事物；在阐释与归属于实在目录之间不存在任何固定的和绝对的界限。”② 通过这个类型化程序，替身演员、画框中的苹果和仿制的《蒙娜丽莎》从平庸之物转化为实在之物，享有了与其被替代者同等的本体地位。

---

① Frank Ankersmit, *Historical Representation*, Stanford, Stanford University Press, 2001, p. 83.

② Frank Ankersmit, “Six Theses on Narrative Philosophy of History”, in Historical and Tropology, Berkeley and Los Angeles, California, University of California Press, 1994, p. 39.

有鉴于此，我们必须认识到，关于过去实在实际上有两个范畴：有些事情我们不需要考虑其历史即可毫无疑问地确定之；另外一些事情的确定有赖于历史或者说我们所拥有的关于它们的历史表现。因此，安克斯密特认为："对于这些可表现的过去事物，当所给出的表现不在场的情况下，它们确实无以显形。换句话说，没有表现也就没有被表现者。"[①]

传统的历史学家和史学理论家对于之前提出的表现与被表现者在本体论上同等的地位已经很难接受了，现在安克斯密特又提出了被表现者的存在和显形有赖于其表现，这必然招致更为强烈的抵制，最具有挑战性的例证来自肖像画。被表现者即被画的对象首先在那里，从而其肖像，即对被表现者的表现才能被呈现出来；如果说人的存在依赖于其肖像，那岂不是本末倒置、荒唐可笑。安克斯密特认为这种反对意见对于来自肖像画的挑战是不公正的，因为，它将被表现者完全跟其与清晰准确的照片相对应的形体面貌画等号。安克斯密特以提香所画的查理五世肖像画为例进行反驳，我们对这幅表现国王的画像所赞赏的不是它的摄影式的准确性；我们赞赏提香所画的肖像画，是因为它将这位在无尽的政治斗争中耗尽了能量和精力的国王的人格及其精神状态如此令人震惊地展现在我们的面前。国王的这些特征"根本就不是明明白白毫无问题地摆在我们面前，它和劳工运动史家试图描述的历史实在的样貌一样是难以捉摸和没法准确定义的"。[②] 如此看来，与历史学家所表现的过去一样，肖像人物同样依赖于自身如何被表现。

结　语

安克斯密特在叙事实体理论的基础上提出了历史表现理论，表面上看来，这一转换是为了避免叙事所带有的"讲故事"色彩侵蚀历

① Frank Ankersmit, *Historical Representation*, Stanford, Stanford University Press, 2001, p. 83.

② Ibid. , p. 84.

史本体的真实性，而实际上，关键词的替换为安克斯密特的理论实践争取了更大的空间，使其研究极具灵活性，不仅可以从文学理论中汲取养分，还可以从美学、哲学等学科中多方采撷，从而摆脱海登·怀特对自身的束缚，形成别具一格的史学理论范式。同时，话语关键词的转换也展现出安克斯密特的理论雄心，试图以美学来容纳历史更多的面相，尝试着对历史文本与历史真实的关系作出新的探索。

安克斯密特在论证“表现”这一概念时，不仅认为用来“表现”过往实在的历史文本由于具有“替身”这一功能，从而具有了某种本体论的属性；而且认为过往实在的本体论有待于各种“表现”（各种历史文本）的呈现来加以确证。前一种观点更多地取自美学，后一种观点则是安克斯密特别出心裁的发挥。他的这一创见，虽然有悖于常识，却自有其学理上的依据，并且可以帮助我们很好地认识史学实践与史学理论之间的关系。尤为重要的是，安克斯密特的这一阐释，是与其“叙事实体”的看法一脉相承的。过往实在本来是模糊混沌的，包含各种因素，泥沙俱下，但又呈现不出任何具体特征；而“叙事实体”或历史学家的解释，虽然是对过往实在某种不充分的“表现”，却赋予了过往实在以形貌，使我们可以认识和区别。因此，历史学家的文本，虽然就丰富性而言，定然远远逊色于过往实在，但它却形塑了混沌一片的过去，使过往实在的某一面相得以呈现，而这种呈现是过往实在本身所无法做到的。就这一点而言，过往实在的存在恰恰要以历史表现为前提。这种激进的观点遭到了学者们的批评，但它确实有助于我们深刻理解历史著述，使我们不得不重新审视历史著作，并且重新认识我们所生活于其中的世界。

【作者简介】李恒，男，湖北武汉人，中国社会科学院研究生院历史学博士，河南大学中国史博士后流动站研究人员，研究方向为当代西方史学理论。

后　　记

世界史系的这本论文集终于集结完成，通读完全稿，不胜感慨。

历史文化学院的领导班子，一直非常重视院系的基层组织和团队工作，多次敦促各系大力进行集体研讨和团队合作，并拿出资金鼓励集体项目的申报和论证。世界史系一直有薪火相传、踏实努力的良好团队氛围，也一直在集合大家的智慧和干劲，积极成为教师们在教学、科研方面助推器。在完成了 2011 年河南省“世界史优秀教学团体”、省级双语教学示范工程和 2012 年河南省世界史省级教改项目的良好基础上，世界史系谋划再创编几套教学研究成果。我们手头的文集就是其中之一。

记得 2012 年教研室出版了《世界史诸课程教学指南》一书。在阎照祥老师的策划下，进行了世界史各通史课程和基本上全部的选修课程的指导性教学资料汇编。工作进行得很顺利，因为老师们有长期的教学活动经验和材料的积累。大家一呼百应，册子很快由河南大学编排印刷并应用于各课程的教学活动中，取得了很好的效果。之后不久，我们感觉应该做一个更好的、更能反映河南大学世界史研究水平的文集出来，这就是这本书的缘由。

同样，这本书也进行得非常顺利。2014 年春节前安排任务，2015 年 3 月稿子基本上就都交了上来。接着就是补充、修改、通读、校对、出版的事宜。在这些工作的进行中，我真切感受到教师们的认真、努力、精益求精的精神和态度，感动着世界史系的合作、和谐、向上的工作氛围，还有阎老师从始至终的鼓励和认真、细致的修改意见，这些都鞭策着我们把这本书做好，做成精品。

在本书中，世界史系的每位老师都参加了，同时吸收了在河南大学其他部门工作，但是担任世界史方向研究生导师、负责指导学生学习的相关教师的论文，共有20篇文章。在此特别感谢孙君健教授，在百忙之中赐稿给我们。感谢周祥森教授，不但一直在世界史研究生培养和课程教学中付出了大量的心血和汗水，并拿出他的深思熟虑的结晶充实我们的文集。感谢刘克辉教授，他虽然调任河南大学教务处，但是从未停止关心世界史学科尤其是史学理论的建设和发展。感谢张倩红教授一如既往地以最大的热情对犹太研究所的领导、支持和对学生的培养，并奉上锦上添花的文章。感谢马丹静博士，远在海外求学，依然为我们的论文集撰写文章。感谢刘百陆副院长，时刻关心世界史系的工作，多方给予指导和帮助，并馈赠他的论文。感谢张礼刚副院长和胡浩主任，海外访学中不辞辛苦，为我们呈上了自己的专项研究成果。感谢世界史系的全部同仁，努力奋进在世界史教学科研的征途上，在自己的学术园地辛勤耕耘，数年、数十年如一日，并拿出了各专业内的专业综述或科研论文。感谢梅祖蓉老师，刚来不久，不但承担起繁重的教学任务，还完成了论文的撰写。感谢李恒老师，做了许多组织、联络和校对工作，当然更有高质量的论文。更感谢阎照祥教授，作为我们的老师，长久以来对我们的成长和学科的发展劳心劳力。阎老师就像是一个辛勤的园丁，悉心呵护我们的成长。河南大学世界史学科能有今天的成绩，阎老师功不可没。

最后，感谢中国社会科学出版社的张湉老师和董晓月老师，她们严谨细致的工作为本书增色不少，也象征了本书的顺利出版。

希望世界史系的教学科研工作百尺竿头，更进一步！

史晓红

2016年1月